Das Zeitalter der Aufklärung zählt zu den spannendsten historischen Epochen und ist wie kaum eine andere bis heute aktuell geblieben. Als Reformbewegung erfaßte die Aufklärung alle Bereiche des Lebens und führte zu einem grundlegenden Wandel der Gesellschaft in Europa.

Renommierte AutorInnen eröffnen in acht historischen Längsschnitten luzide Einblicke in die spezifischen Lebenswelten der damaligen Menschen. Vorgestellt werden sowohl die Träger der alten Ordnung, die Adeligen, als auch die neuen gesellschaftlichen Gruppierungen, die Gelehrten, Wissenschaftler und Künstler, aber auch die Beamten und Priester, die im gesellschaftlichen Gefüge eine Zwischenposition einnahmen. In einem eigenen Beitrag wird auch der besonderen Stellung der Frauen Rechnung getragen, die zwar in den Salons den Ton angaben, aber gleichzeitig – wie die übrigen Frauen – für rechtlich und politisch unmündig gehalten wurden.

Dieser Band vermittelt eine plastische Vorstellung von der Zeit der Aufklärung und der Lebenswelt der damaligen Menschen.

Das vorliegende Buch ist das sechste in einer auf zehn Bände angelegten Buchreihe. Bereits erschienen sind: ›Der Mensch des Alten Ägypten‹ (Bd. 12601), ›Der Mensch der griechischen Antike‹ (Bd. 12602), ›Der Mensch der römischen Antike‹ (Bd. 12603), ›Der Mensch des Mittelalters‹ (Bd. 12604) und ›Der Mensch der Renaissance‹ (Bd. 12605).

Michel Vovelle, geboren 1933, war Meisterschüler von Ernest Labrousse, dem Nestor der modernen französischen Wirtschafts- und Sozialgeschichte, Stipendiat der École Normale Supérieur von Saint Cloud, lehrte Neuere Geschichte an der Universität von Aix-en-Provence und anschließend bis zu seiner Emeritierung an der Universität Paris I. Dort war er Leiter des Institut d'Histoire de la Révolution.

Im Fischer Taschenbuch Verlag ist seit vielen Jahren eines seiner berühmtesten Bücher lieferbar: ›Die Französische Revolution‹ (Bd. 4340).

Der Mensch der Aufklärung

Herausgegeben von
Michel Vovelle

Übersetzt von
Bodo Schulze, Rolf Schubert
und Andreas Simon

Fischer Taschenbuch Verlag

Veröffentlicht im Fischer Taschenbuch Verlag GmbH,
Frankfurt am Main, Juli 1998

Lizenzausgabe mit Genehmigung
des Campus Verlages GmbH, Frankfurt am Main
Die Originalausgabe erschien 1990 unter dem Titel ›L'Uomo dell' illuminismo‹
bei Editori Laterza, Rom und Bari
© 1992 by Gius. Laterza & Figli Spa, Rom und Bari
Die Deutsche Erstausgabe erschien 1996
im Campus Verlag GmbH, Frankfurt am Main
im Rahmen eines Abkommens mit der Wissenschaftsstiftung
Maison des Sciences de l'Homme, Paris
Für die deutsche Ausgabe:
© 1996 by Campus Verlag GmbH, Frankfurt am Main
Aus dem Französischen von Bodo Schulze (Einführung, Kapitel 1, 2, 3 und 8)
und von Rolf Schubert (Kapitel 5 und 7);
aus dem Italienischen von Andreas Simon (Kapitel 4 und 6).
Druck und Bindung: Clausen & Bosse, Leck
Printed in Germany
ISBN 3-596-12607-X

Inhalt

Einführung

Der Mensch der Aufklärung

Michel Vovelle

Der Mensch der Aufklärung? William Blake hat ihn auf seinem 1780 entstandenen Gemälde *Glad Day* in ruhiger, selbstsicherer Nacktheit dargestellt, mit weit ausgebreiteten Armen, in einem strahlenden Lichtkreis, der von ihm auszugehen scheint, umgeben von Finsternis. So steht er im Mittelpunkt des Universums: einen Lichtmenschen[1] ist man versucht ihn zu nennen. Fast identisch ist die Konzeption, mit der Regnault mitten in der Französischen Revolution sein Gemälde *La Liberté ou la Mort* beginnt. Auch hier sehen wir einen nackten Mann mit offenen Armen im Himmelsgewölbe schweben, ein Engel oder Ikarus, denn der Künstler hat ihn mit Flügeln versehen und seine Stirn mit einer himmlischen Flamme geschmückt. Doch ist die Symbolik hier weit komplexer, wenn auch tendenziell expliziter. Zu seiner Rechten, auf einer Wolke, ist eine einnehmende Gestalt plaziert, die Freiheit, die mit der einen Hand die Jakobinermütze schwenkt, in der anderen die Waage der Gleichheit hält. Kontrapunktisch sehen wir zur Linken den Tod, der einem Kenotaph aus dem Barock entstiegen scheint, ein fleischloses Gerippe, das sich, in Schwarz gehüllt, auf seine Sense stützt. Der freie Mensch, der die Welt erobert, ist der wahre Herr des Universums, der die Mächte des Schattens und der Vergangenheit gebannt hat.

---

1 Ein Wortspiel mit dem französischen Begriff für Aufklärung: *Les Lumières* leitet sich ab von *la lumière* (das Licht).

Der Mensch in der Wahrnehmung
der Aufklärung

Das 18. Jahrhundert, dessen Grenzen dahingestellt sein mögen, hat den Menschen in den Mittelpunkt seiner Weltanschauung und Reflexion gestellt. Darin gibt sich der Bruch mit dem Zeitalter des Barock zu erkennen, mit einer Geistesverfassung, die im Anschluß an das Tridentinum mehr als ein Jahrhundert den Ton angab und im übrigen, diszipliniert durch die Ordnung der Klassik, fortdauerte. Bis wann? Bis zur Mitte des Jahrhunderts würden wir sagen, wenn die Grenzen hier nicht so fließend wären und das Urteil nicht jedesmal anders ausfiele: je nachdem, ob wir uns auf die Vorwegnahmen der Entdecker, auf bereits gegen Ende des vorhergehenden Jahrhunderts verfaßte Werke oder auf die verschiedenen Anzeichen beziehen, an denen sich die je nach sozialer Gruppe und Land unterschiedlich ausgeprägte und kontrastreiche Verbreitung der Aufklärung ablesen läßt. Sie strahlte, von Frankreich und England ausgehend, später auch von Deutschland und Italien, in abnehmenden konzentrischen Wellen auf ganz Europa aus. Der Schlußpunkt scheint leichter feststellbar: Die Dämmerung der Aufklärung – eine bequeme Metapher – scheint mit jener Folge von Ereignissen am Ende des Jahrhunderts zusammenzufallen, von denen die Französische Revolution nur den Höhepunkt der Krise darstellt – eine Zeit, in der die Gewißheiten ins Wanken geraten, ohne daß dadurch freilich die irreversiblen Aspekte der vorhergegangenen Wende in der Menschheitsgeschichte in Frage gestellt worden wären.

Dabei sind wir uns der Zweideutigkeit unserer Themenstellung durchaus bewußt. Ersparen wir uns – die Autoren dieses Sammelbandes werden darauf noch zurückkommen – die ebenso grundlegende wie ergebnislose Diskussion über die notwendige Unterscheidung zwischen »dem Menschen der Aufklärung« als Idealtypus und »den Menschen der Aufklärung«, wie sie uns als anonyme und kontrastreiche Masse entgegentreten. Da wir sie offensichtlich nicht alle einzeln miteinander vergleichen können, tragen die hier versammelten Darstellungen unvermeidlich elitäre Züge. Denn mit Ausnahme der Frau – die in mancher Hinsicht am Rande der Welt der Aufklärung stand – werden nur die unmittelbaren Akteure behandelt, die unterschiedlich an diesem kollektiven Abenteuer beteiligt waren, nämlich die Adligen, Priester, Unternehmer, Gelehrten, Wissenschaftler, Künstler und Beamten. Man mag versucht sein, sie auf Anhieb dem einen oder anderen Lager zuzurechnen, in jedem Fall sind sie vom Zeitgeist geprägt. Der Mensch vom Land und der Mensch aus dem Volk fehlen in unserer Schilderung. Obgleich wir uns fragen müssen, in welchem Verhältnis er zu dem neuen, im Entstehen begriffenen Modell des ehrbaren Bürgers steht, ist er in diesem Diskurs über die Menschheit insgesamt doch immer schon mitgemeint.

Denn vom neuen Diskurs über den Menschen überhaupt müssen wir ausgehen, wenn wir die Haltung und das Selbstverständnis der verschiedenen Gruppen in ihrer Vielfalt ermessen wollen. Als Quelle unverzichtbar ist in dieser Hinsicht die *Grande Encyclopédie* von Diderot und d'Alembert. Schlagen wir dort unter dem Stichwort »Homme« nach; der Beitrag hält einige Überraschungen bereit. Von den fünfundvierzig Spalten sind sechsunddreißig der Anatomie, acht dem »moralischen Menschen« und eine halbe dem »politischen Menschen« gewidmet. Die Einleitung gibt den allgemeinen Ton an.

»Er ist ein empfindendes, reflektierendes, denkendes Wesen, das frei auf der Oberfläche der Erde wandelt, an der Spitze aller Tiere zu stehen scheint, in Gesellschaft lebt, Wissenschaften und Künste erfunden hat, eine ihm eigentümliche Güte und Boshaftigkeit besitzt, sich Herren gegeben hat, sich Gesetze gemacht usw.

Man kann es unter verschiedenen Blickwinkeln betrachten, deren wichtigste Gegenstand der folgenden Beiträge sind: Es besteht aus zwei Substanzen, deren eine Seele (siehe Stichwort Seele) genannt wird und deren andere unter dem Namen Körper bekannt ist.

Der Körper oder der materielle Teil des Menschen ist vielfach untersucht worden ...«

Nach einer kurzen Überleitung, in der eingeräumt wird, daß man den Menschen unter unendlich vielen Gesichtspunkten betrachten könnte – da »es nichts gibt, was sich nicht auf ihn beziehen ließe« –, beginnt eine umfangreiche, nichts auslassende Abhandlung, die uns die körperliche Beschaffenheit des Menschen, angefangen vom Fötus über die Pubertät bis hin zum Alter, vorstellt, seine Knochen, Muskeln und Organe in allen Einzelheiten beschreibt und es auch an einer Sterblichkeitstabelle nicht fehlen läßt.

Die kürzere Beschreibung des moralischen Menschen – ein »Beitrag von Monsieur Le Roi« – ist nicht weniger explizit und analysiert ihren Gegenstand unter einem Blickwinkel, der offenkundig vom Sensualismus Condillacs inspiriert ist. Zwar müsse man anerkennen, daß der

Mensch im Rahmen der Natur ein vorteilhaftes Bild abgibt, doch »wenn man die ungeheuren Werke des Menschen betrachtet, seine Künste im Detail und den Fortschritt der Wissenschaften untersucht und wenn man sieht, wie er die Meere überquert, den Himmel vermißt und dem Krach und den Wirkungen des Donners Konkurrenz macht«, dann könne man nur verwundert feststellen, zu welcher »Niedertracht und Scheußlichkeit [...] sich dieser König der Natur vielfach erniedrigt«.

Im Anschluß an diese paradoxe Formulierung des Problems werden die metaphysischen Erklärungen, die auf die Sündhaftigkeit des Menschen oder auf seine böse Natur verweisen, gleich eingangs abgewiesen, ohne daß dabei das erlaubte Maß an Aggressivität überschritten würde.

»Einige Moralisten bringen eine Mischung von Gutem und Bösem in Anschlag, die ihrerseits dringend erklärungsbedürftig ist. Eigendünkel, Aberglaube und Angst haben Systeme hervorgebracht und das Wissen über den Menschen mit tausend Vorurteilen verbaut, die durch die Beobachtung zerstört werden müssen. Der Religion obliegt die Aufgabe, uns auf der Straße des Glücks zu leiten, die uns auf das Jenseits vorbereitet. Die Philosophie muß die natürlichen Beweggründe für die Handlungsweisen des Menschen untersuchen, um ihn in diesem endlichen Leben besser und glücklicher zu machen.«

Und was sagt die Philosophie? Daß die Handlungen der Menschen durch ihre Empfindungen und Wünsche bestimmt sind. Der Mensch ist stets, wozu seine Bedürfnisse ihn machen, mag er auch, »indem er sich an anderen reibt«, in Gesellschaft treten. Das Ich ist keineswegs hassenswert, denn auch Freundschaft, Liebe, Leidenschaft und Ehrgeiz entstehen nach Maßgabe des Nutzens, den man sich von ihnen verspricht und ergeben sich aus dem Wunsch nach Selbstveredelung. Werden diese Neigungen gestört, so können im Menschen naturwidrige Ideen entstehen (siehe »Fanatismus«). Gegen diese pessimistische Sichtweise, die die Fröhlichkeit des Einzelnen mit seiner Jugend verlöschen und auf ausgewogene Gesellschaftsverhältnisse stets den Niedergang folgen sieht, gibt es allerdings ein Heilmittel: »Aber die entwickelte experimentelle Physik und das Schema der Natur, wie es einige Männer von seltener Geisteskraft darstellen, werden dem menschlichen Geist ein Schauspiel bieten können, das seine Ansichten erweitern und eine neue Ordnung der Dinge hervorbringen wird.«

Zwar »wäre die menschliche Gesellschaft somit eine einzig durch das Interesse zusammengehaltene Vereinigung von Bösen«, doch räumt der Verfasser ein, daß »der Mensch unverkennbar auch ein sanftes Gefühl besitzt, das ihn am Geschick Seinesgleichen Anteil nehmen läßt, sobald ihm sein eigenes keine Sorgen mehr macht«.

Das Empfindungsvermögen der Menschen kann Quelle aller Tugenden und warum nicht auch eines »zuversichtlichen Glücks« (siehe »Menschheit«) sein. Zu diesem Zweck sei es angebracht, auf eine Pädagogik zurückzugreifen, die bereits in der Kindheit ansetzt. So soll man schon bei den Kleinen das »tugendhafte Vaterlandsgefühl« fördern – als Beispiel dient hier Sparta –, positive Vorurteile gegenüber dem Allgemeinwohl und der Gesellschaft im besonderen bei ihnen wecken und sie dabei nicht nur durch Vorschriften, sondern durch das eigene Beispiel erziehen. Die menschliche Maschine, die durch die Lust geregelt wird, hält für dieses Unterfangen natürliche Hilfsmittel bereit, da die Selbstsucht durch die Neigung zur Nachahmung korrigiert wird. »Die Menschen stehen zueinander in geheimen Verhältnissen, durch die sie geeint sind«, was in dem Umstand Ausdruck findet, daß sie in Gesellschaft leben. Sie »verändern sich gegenseitig«, und die Brownsche Bewegung ihrer Sonderinteressen vereinheitlicht sich zu den allgemeinen Sitten ihrer Zeit. In historischer Perspektive ist es durchaus gerechtfertigt, vom Menschen der Aufklärung als einer Widerspiegelung des Geistes seiner Epoche zu sprechen: »Man spricht von einem Jahrhundert des Rittertums, man könnte von einem Jahrhundert der schönen Künste und der Philosophie sprechen, und es möge Gott gefallen, daß eines kommt, das als Jahrhundert der Wohltätigkeit und der Menschlichkeit [*humanité*] zu bezeichnen wäre.«

Um dieses Ideal zu erreichen, ist ein voluntaristischer Ansatz unumgänglich. »Da die Liebe zum Wohlstand durch Beispiel und Meinung bestimmt ist, folgt daraus, daß die Menschen *sich machen*[2] und es möglich ist, ihnen einigermaßen die gewünschte Form zu verleihen.« Der prägende Einfluß der politischen Bedingungen auf dieses Unterfangen bleibt keineswegs unerwähnt. »Das kann am besten in einer Monarchie geschehen; der Thron ist ein Piedestal, an dem die Nachahmung ihr Vorbild suchen wird. In den Republiken duldet es die Gleichheit nicht, daß ein Mensch sich genügend erhebt, um ununterbrochen im Mittelpunkt des Geschehens zu stehen ...« In jedem Fall aber sind die allgemeinen Umstände, die »Situationen«, zu beachten. Ein Staat, in dem Ordnung und Wohlstand herrschen, läuft Gefahr, in Genußsucht abzugleiten, so

---

2 Hervorhebung vom Verfasser.

daß die Individualinteressen den Sieg davontragen; in einem Staat, in dem Unruhen oder Krieg herrschen, führt Haß zu einer verderblichen Einheit.

Der Weg zur Bildung eines neuen Menschen ist also recht schmal, die Bedeutung einer ausgereiften Erziehungswissenschaft, die sich nicht nur an Kinder, sondern auch an Frauen wendet, daher nur um so größer.

Äußert sich im Artikel über den moralischen Menschen ein philosophischer Sensualist, so kommt in dem ausgesprochen knappen Beitrag über den politischen Menschen ein Physiokrat zu Wort, der das Thema, das schon bald darauf aus staatsbürgerlicher Sicht abgehandelt werden sollte, rein fachsprachlich angeht. »Es gibt an wahrhaften Reichtümern nur den Menschen und die Erde.« Gebraucht werden »robuste« und »geschickte« Menschen. Diese Eigenschaften haben die Menschen aber nur, wenn sie frei sind. Das Gewerbe müsse von allen Beschränkungen befreit, die Zahl der Luxusartikel herstellenden Arbeiter und der Hausangestellten verringert und dem Bauern mehr Aufmerksamkeit geschenkt werden; denn was nützen Manufakturen, solange es brachliegende Felder gibt.

Wenn die Menschen zusammen mit der Erde den Reichtum der Nationen bilden, müssen sie zahlreich sein, so daß abermals betont wird, wie wichtig eine Pädagogik ist, die sich an die Eltern und Ammen wendet. Darüber hinaus kommt der Autor auch auf die Argumentation des vorhergehenden Beitrags hinsichtlich der Beweggründe der Menschen zurück, obgleich seine Ausführungen hier weniger systematisch sind: »Man ergreift eine Stellung nur in der Hoffnung auf ein süßes Leben.« Deshalb darf man den Arbeiter nicht zur Verzweiflung treiben, sondern muß ihm einen anständigen Lohn zahlen und eine allzu ungleiche Verteilung des Nettoprodukts vermeiden.

Die *Encyclopédie,* einer der Haupttexte im Abenteuer der Aufklärung – was die Ausführlichkeit rechtfertigt, mit der wir auf diese Quelle eingegangen sind –, behandelt die vielfältigen Themen der damaligen Diskussion aber keineswegs erschöpfend. Auch spiegelt sie – aber das wird dem Leser nicht fremd sein – keinen allgemeinen Konsens der damaligen Philosophie wider. Dem sensualistischen Diskurs, der die erwähnten Ausführungen über den moralischen Menschen inspiriert, müßten wir die Lesart Rousseaus, wonach der Mensch ursprünglich gut sei und erst durch die Gesellschaft verdorben werde, und eine weitere Argumentationsrichtung, die im letzten Drittel des Jahrhunderts von

wachsender Bedeutung wird, gegenüberstellen. Damals trat die Bürgertugend, die im wohlverstandenen und wohlgeleiteten Eigeninteresse
nicht aufgeht, sowie der Begriff der Staatsbürgerlichkeit und des Naturrechts verstärkt in den Mittelpunkt der Diskussion, um während der Revolution theoretisch wie praktisch zur Geltung zu kommen. Die großan-
gelegten thematischen Fresken über die zeitgenössischen Vorstellungen
von Glück (R. Mauzi), Natur (J. Ehrard) und Besorgnis (J. Deprun), die
unsere Kenntnis des Denkens der Aufklärung in den vergangenen Jahrzehnten im Rahmen einer neuen Ideengeschichte erweiterten, haben das
Diskussionsfeld begrifflich abgesteckt, und es ist nicht unser Anliegen,
hier darauf zurückzukommen.

Halten wir indes fest – wobei wir keineswegs den übertriebenen Ehrgeiz haben, die Frage nach dem »Menschen der Aufklärung« mit derselben Präzision zu untersuchen, mit der sich Kant fragte: »Was ist Aufklärung?« –, daß wir aus dem Beitrag in der *Encyclopédie* eine Reihe von allgemeinen Themen herausfiltern können, in denen sich jenseits aller Kontroversen ein Minimalkonsens widerspiegelt und durch eine bestimmte
Betrachtungsweise des Menschen eine neue Weltanschauung zum Ausdruck kommt.

Am frappierendsten ist dabei zweifellos – mag der Geist der *Encyclopédie* den Sachverhalt auch ein wenig überzeichnen – die Aufgabe
der theozentrischen Anschauung, die die Ordnung des Universums
bisher beherrscht hatte. Der Mensch wird nicht mehr unter dem
Blickwinkel des Gottesbegriffs betrachtet, das Jenseits löst sich auf
und zur Frage der Seele wird auf einen anderen Beitrag verwiesen.
Schuld und Sünde gehören nunmehr zum Bereich der metaphysischen Spekulation, die unter Umständen schädlich sein kann (siehe
Beitrag »Fanatismus«).

Der Mensch wird als Tier mit besonderen Eigenschaften wieder in die
Natur eingegliedert und in seiner körperlichen Konsistenz betrachtet,
wobei die anatomische und physiologische Untersuchung aufdeckt,
worin die Einheit und Verschiedenartigkeit der menschlichen Gattung
besteht. Unwillkürlich muß man an den Zwerg vom Saturn aus Voltaires Erzählung *Mikromegas* denken – und wir wissen, daß damit Fontenelle gemeint war –, der die kleinen Wesen auf unserer Erde beobachtet
und in dem Glauben, sie seien mit der Reproduktion beschäftigt, aus-
ruft: »Ich habe die Natur auf frischer Tat ertappt« – und sich als neuer
Leeuwenhoek, als unerschrockener und unvorsichtiger Entdecker zu er-

kennen gibt. Beispiele für diese Wißbegierede finden sich in den Beiträgen über den Wissenschaftler, aber auch über den Beamten und den Priester, die allesamt damit betraut sind, die Verhaltensweisen, Sitten und vielfältigen Unterschiede innerhalb der Menschheit zu untersuchen. Der Theologe hält sich bedeckt oder versteift sich auf seine Positionen; der Wissenschaftler hat ihn abgelöst.

Als Geschöpf der Natur und durch die Triebkräfte seines Eigeninteresses geeintes Individuum scheint der Mensch, wie die *Encyclopédie* ihn vorstellt, den Hierarchien und Zwängen der bisherigen Ständegesellschaft nicht mehr zu unterliegen.

Zwar gibt es weiterhin eine Hierarchie – der Beitrag über den »politischen Menschen« läßt daran keinen Zweifel –, aber ihr Maßstab ist nunmehr der gesellschaftliche Nutzen des einzelnen und sein Beitrag zur Schaffung von Reichtum. Sicher lebt auch er in einer Gesellschaft, doch der Gesellschaftsvertrag, der hier anders als dann bei Rousseau auf »eine einzig durch das Interesse zusammengehaltene Vereinigung von Bösen« reduziert erscheint, beruht auf dem wesentlichen Postulat einer allen Menschen zukommenden naturrechtlichen Freiheit.

Als Herr über sein Schicksal – vorausgesetzt die Hypotheken des Vorurteils, der Religion und die mit seiner eigenen Natur zusammenhängenden Konditionierungen sind beseitigt –, unterscheidet sich der Mensch von allen anderen Tieren durch sein Vernunftvermögen: Er hat die Künste, die Wissenschaften, die reichtumproduzierende Tätigkeit, mit einem Wort: die Zivilisation geschaffen. Er ist formbar und vervollkommnungsfähig, die Geschichte der Menschen ist eine Geschichte des Fortschritts, der hier auf Erden stattfindet, in den Grenzen des diesseitigen Lebens, denn sein Endziel lautet irdisches Glück. »Ist er gut, ist er schlecht?« – um Diderot zu plagiieren. Die Diskussion über diese Frage ist, wie wir sehen, eröffnet, wobei die einen zu dem Schluß kommen, der Mensch sei ursprünglich gut und werde erst durch die Umstände verdorben, die anderen zu der Auffassung gelangen, wir hätten es mit einer wohlverstandenen Kombination individueller Eigeninteressen zu tun, die unter Umständen durch eine Neigung gemildert werden, die mit jenem »kostbaren Gefühl [zusammenhängt], das die Quelle aller Tugenden ist«. Gefühl gegen Vernunft – eine weitere Grundsatzdiskussion, die wir hier nicht weiter vertiefen wollen. Bleibt festzuhalten, daß die Ausgangsthese, der Mensch sei vervollkommnungsfähig, immer wieder die Frage aufwarf, wie die Menschen glücklicher und nützlicher gemacht werden könnten, und damit unweigerlich auf eine voluntaristische Politik hinauslief, sie sich zum Ziel setzte, die Sonderinteressen im Rahmen eines vernünftigen Gemeinwesens zu harmonisieren und die Grenzen der Zivilisation durch die Verbreitung der Aufklärung hinauszuschieben. So erklärt sich auch die Schlüsselrolle der Pädagogik in diesem Zusammenhang, denn von Kindesbeinen an müßten die guten Neigungen und die Kenntnisse des Menschen durch eine geeignete Erziehung entwickelt werden, um ihn so auf seine spätere Rolle vorzubereiten. Ein Anliegen, in das der Verfasser des Beitrags mit einer Vorurteilslosigkeit, die keineswegs von allen geteilt wurde, auch die Frauen einbezieht.

Daß das Staatsproblem bei dieser Konzeption nicht zu umgehen ist, versteht sich ebenso wie die Tatsache, daß der Verfasser des erwähnten Beitrags ihm geschickt ausweicht, ein Vorgehen, das nicht allein erzwungener Vorsicht zu verdanken ist. Das republikanische System wird nur beiläufig erwähnt; das monarchische erscheint als selbstverständlicher Bezugspunkt, ihm wird die größte Wirksamkeit zugesprochen. Auch diese Ansicht wurde im Zeitalter des aufgeklärten Absolutismus bekanntlich von der großen Mehrheit der Vertreter der philosophischen Partei geteilt. Ebensowenig wird man überrascht sein, daß die ständegesellschaftliche Hierarchie mit ihren sozialen Abstufungen lediglich über den Umweg der physiokratischen Argumentation in Frage gestellt wird. Das hat zweifellos seine Bewandtnis, läuft dieser Ansatz doch implizit darauf hinaus, das auf feinabgestuften Ehrentiteln beruhende Wertesystem der alten Ordnung durch das Wertesystem des künftigen Gemeinwesens, das auf Nützlichkeitserwägungen und Reichtumsbeschaffung basieren soll, zu ersetzen.

So stellt sich in unserem Textbeispiel, auf das wir uns hier aus Platzgründen beschränken müssen, der ideale Mensch der Aufklärung dar. Bleibt zu prüfen, inwieweit dieser Diskurs getragen, vermittelt und aufgenommen wurde. Wenn wir den soeben in groben Zügen beschriebenen Idealmenschen mit dem konkreten Menschen vergleichen wollen, noch bevor wir die von den Autoren dieses Sammelbands analysierten Hauptakteure vorstellen, müssen wir zunächst einmal die Frage beantworten, in welchem Maß der Traum der Aufklärung der Realität entspricht. Mit einem Wort: Ist der Mensch des 18. Jahrhunderts – vorausgesetzt, dieser Ausdruck hat überhaupt einen Sinn – auf der Höhe des voluntaristischen Programms?

Der gewöhnliche Mensch

Nehmen wir diesmal Voltaire zur Hand und entdecken wir, wie sehr sich seine Einschätzung im Laufe der Zeit verändert. Äußert sich der Philosoph im Gedicht »Le Mondain« noch positiv: »Ah, welch glückliche Zeit, dieses eiserne Jahrhundert«, so schließt die Erzählung *Die Welt, wie sie ist* mit dem unwiderruflichen Verdikt: »Rette sich, wer kann«. Aber vielleicht tun wir besser daran, uns auf die *Abenteuer der Vernunft* zu beziehen, in der die Vernunft, nachdem sie dem Brunnen entstiegen, in den sie sich mit ihrer Tochter, der Wahrheit, zurückgezogen hatte, diese sogenannte aufgeklärte Welt bereist. Die Bilanz fällt hier nuancierter aus. Wo aufgeklärte Fürsten regieren, besteht Anlaß zur Hoffnung, aber ansonsten: wieviel Krieg, wieviel Barbarei und mitunter auch Rückschritt. Am Ende kehren Mutter und Tochter wieder in ihren Brunnen zurück, um bessere Zeiten abzuwarten. Eine andere, eigene Art, Entdeckungen zu machen – im Gegensatz zu den großen Entdeckungsreisen, auf die wir gleich noch zurückkommen werden – finden wir bei Candide, der sich auf eine wilde, fieberhafte Irrfahrt durch Europa und die Welt begibt und grausame Kriege und die Scheiterhaufen der Inquisition zu Gesicht bekommt. Hat sich seit der pikaresken Welt des Simplicius Simplicissimus also nichts weiter verändert, als daß man sich inzwischen einer tragischen Absurdität bewußt geworden ist?

Hier scheint es angebracht, die heutigen Historiker zu befragen, nicht etwa um eine auf wenigen Seiten unmögliche Bilanz zu ziehen und darzustellen, inwiefern und inwieweit sich die materiellen Lebensbedingungen und die kollektiven Vorstellungsmuster der Menschen im Zeitalter der Aufklärung gewandelt hatten, sondern um einige, scheinbar naive Tatsachen ins Gedächtnis zu rufen. Wobei der Schein durchaus trügt, denn es herrscht auch hier keineswegs Einstimmigkeit. Pierre Chaunu tritt der geläufigen Anschauung vom »ruhmreichen 18. Jahrhundert«, von einer brodelnden Welt des kollektiven Fortschritts entgegen und äußert sich in seiner provokativen Synthese über die Zivilisation der Aufklärung wesentlich zurückhaltender: Für ihn bleibt das 17. Jahrhundert, eine Zeit revolutionärer Umwälzungen im Denken, das klassische Zeitalter, während das 18. diese Entwicklungen mit einigen Verschiebungen nur fortschreibe.

In einigen Punkten herrscht jedoch Übereinstimmung. Es gibt in Europa mehr Menschen als zuvor, die Bevölkerung nimmt explosionsartig zu, und die Stagnation der vorhergehenden Jahrhunderte ist zu Ende. Das Urteil von Ernest Labrousse, der sich mit den Einkommensverhältnissen der kleinen Städter und Bauern beschäftigt hat, wird von niemandem in Frage gestellt: »Sie haben damals zumindest ihren Lebensunterhalt verdient.« Das Bevölkerungswachstum, das schon in England und Frankreich, wo die Einwohnerzahl von 20 auf vielleicht 28 Millionen ansteigt, beträchtlich ist, erreicht in Mittel- und Osteuropa unerhörte Ausmaße – man denke nur an Ungarn, dessen Bevölkerung spektakuläre Wachstumsraten aufweist. Wir wollen uns hier nicht im Detail mit diesen verschiedenen Wachstumsphasen beschäftigen, die in der zweiten Jahrhunderthälfte mit Sicherheit höher ausfielen als in der ersten und je nach Gegend schwankten. Klar sind jedenfalls die dafür verantwortlichen Ursachen, die für die Länder Westeuropas eingehend untersucht wurden. Viel wichtiger als irgendeine medizinische oder wissenschaftliche Revolution, durch die man Krankheit und Tod beherrschbar machen wollte (inklusive des Pockenimpfstoff), war der beständige Rückgang der Hungersnöte und der damit einhergehenden Epidemien, so daß die Sterblichkeitkurve, die den in den Vorjahren angehäuften Geburtenüberschuß bisher regelmäßig hinweggerafft hatte, nun gleichmäßiger verlief. Wodurch sich das im übrigen durchaus reale der voluntaristischen Politik der Akteure der Aufklärung anzurechnende Verdienst einigermaßen relativiert.

Andererseits beginnen sich die kollektiven Haltungen gegenüber dem Leben, der Geburt, der Liebe, der Ehe, der Sexualität und dem Tod zu verändern. Philippe Ariès hat als einer der ersten hervorgehoben, daß man die Kinder, die kostbarer, mitunter auch seltener wurden, auf einmal mit neuen Augen sah. Empfängnisverhütung, von den Beichtvätern weiterhin als »unheilbringendes Geheimnis« gebrandmarkt, ist vor allem nach 1770 in verschiedenen Gegenden Frankreichs nachweisbar. Die außerehelichen Beziehungen nehmen zumal in Paris und anderen Großstädten drastisch zu. Die Menschen haben sich selbst in ihren intimsten Verhaltensweisen verändert. In welchen Grenzen, werden wir noch sehen.

Die Menschen sind zahlreicher geworden – sind sie auch glücklicher? Eine weitere Frage, die mit falscher Naivität auftritt, aber ein unmittelbares Anliegen der Aufklärerelite widerspiegelt. Die kriegerischen Massaker gehen zurück – eine Behauptung, gegen die es Einwände geben mag und die vielleicht auch ein wenig von Gallozentrismus verfälscht ist.

Denn Frankreich bleibt zwar von 1715 bis zur Revolution von den Plagen einer Invasion verschont, aber von Flandern bis Mittel- und Osteuropa, wo Voltaires *Candide* bitteres Anschauungsmaterial findet, sind kriegerische Auseinandersetzungen weiterhin an der Tagesordnung.

Die Analyse der materiellen Lebensbedingungen, wie sie sich im Alltag darstellten, muß bei der ländlichen Welt ansetzen, in der 1789 noch 85 Prozent der französischen Bevölkerung lebte (im nur schwach urbanisierten Mittel- und Osteuropa lag dieser Anteil noch höher). Waren die Bauern nun wohlhabend oder notleidend? Unzählig sind hier die Fallbeispiele und die einander widersprechenden Diskurse. Jedenfalls sollte man weder dem Lamento auf den Leim gehen, das noch Michelet im folgenden Jahrhundert anstimmte – »Seht, in welchem Elend er lebt« –, noch den idyllischen Darstellungen der Feldarbeit, die die Pastorale in Mode bringt, eine Landidylle, die sich sowohl auf einigen Gemälden von Goya im Escorial als auch in der idealisierten Darstellung der Dorfgemeinschaft wiederfindet, wie sie von Restif de la Bretonne in seinem Werk *La Vie de mon père* beschrieben ist. Machen wir es kurz, auch auf die Gefahr hin, karikaturistisch zu wirken: Die Produktion wächst, die Anbaufläche im dichtbesiedelten Teil Europas erreicht durch forcierte Urbarmachung ihre maximale Ausdehnung; in manchen Regionen – in England und Flandern, aber auch in Teilen Frankreichs und in der Poebene – werden die Grundlagen der später so genannten Agrarrevolution gelegt, und Osteuropa beginnt über die Ostsee und das Schwarze Meer Getreide zu exportieren.

Daß sich die Lebensbedingungen der Bauern dadurch auf spektakuläre Weise verbesserten, kann jedoch nicht behauptet werden. Im Gegensatz zur Grundrente und zum Handelsgewinn, die in Frankreich in der zweiten Hälfte des 18. Jahrhunderts sprunghaft ansteigen, verharrt der Lohn des Tagelöhners auf demselben Niveau, so daß die sozialen Unterschiede zunehmen. Vor allem aber bleibt das grundherrliche Abgabensystem weiterhin in Kraft. Möglicherweise steigen die Abgaben in den letzten Jahrzehnten sogar an, und zwar im Zuge dessen, was als »Reaktion der Grundherren« bezeichnet wurde. Der Begriff wird kontrovers diskutiert; den Streit zu entscheiden, ist hier nicht der Ort. Im Gegensatz jedenfalls zu Westeuropa, das sich gegen die Reste eines moribunden Feudalsystems auflehnt, von dem man sich in England bereits befreit hat, erlebt Osteuropa mit der »zweiten Leibeigenschaft« eine Stärkung der Abhängigkeitsverhältnisse im Rahmen des grundherrlichen Sozialgefüges.

Die industrielle Revolution, die auf den britischen Inseln bereits im Gange ist, ebenso wie die verschiedenen Formen der Protoindustrialisierung in Westeuropa führen unter dem uns hier interessierenden Blickwinkel eher auf dem Land als in der Stadt zu Neuerungen. Doch bedeutet dieser Einzug der Moderne für die Menschen nicht nur Fortschritt, sondern bringt auch neue Abhängigkeitsverhältnisse sowie eine Destabilisierung und Krise der althergebrachten Zunftbande mit sich. Daher ist Pierre Chaunu zuzustimmen, daß es für die überwiegende Mehrheit der Arbeiter in der Stadt und auf dem Land noch keine Revolution gab.

Gilt das 18. Jahrhundert auch als Blütezeit des Werkzeugs, wie es auf den Abbildungen der *Encyclopédie* gefeiert wird, eines perfektionierten Werkzeugs, das in der Textil- und Metallindustrie in Maschinenform Einzug hält, so trägt das Jahrhundert der Aufklärung nach einem Wort von Ernest Labrousse doch weitgehend noch die Züge einer Zivilisation »alten Stils«. Man wird diesem Urteil das Schauspiel der städtischen Zentren, der Hauptstädte London und Paris sowie der großen Hafenstädte des Überseehandels, entgegenhalten. Zweifellos kann der neue Mensch hier am ehesten zu Tage treten; er kann sogar aus den unteren Volksschichten stammen. In den Augen der Zeitgenossen gilt er als zweideutige Figur, wobei die negativen Anschauungen überwiegen. Ob bei Restif de la Bretonne oder im *Tableau de Paris* von Louis-Sébastien Mercier: Die Stadt erscheint als Ort des Verderbens, des Luxus und des Elends, der Zügellosigkeit und der Korruption in all ihren Ausformungen, ein Ort mephistophelischer Dünste, von Grund auf von Fäulnis zerfressen. Bleibt festzuhalten, daß die Stadt – der Wohnsitz der aristokratischen und bürgerlichen Eliten, des mittleren und Kleinbürgertums, das sich außerhalb von Westeuropa nur schwer behaupten kann, und vor allem des buntscheckigen Milieus der Kleinkrämer und unabhängigen Handwerker – als Umschlagplatz für Neuerungen fungiert, die anschließend ins Umland durchsickern. Ein Ort auch, an dem sich, wie neuerlich von Daniel Roche und Arlette Farge gezeigt, neue Gewohnheiten, Lebensweisen und Selbstdarstellungsmuster herausbilden. Innerhalb global unveränderter Strukturen, wie Gilden und Zünfte sie tradieren, bahnt sich die Moderne ihren Weg.

Sind sich die Zeitgenossen dessen bewußt? Hier liegt das ganze Problem der Kultur der Aufklärung, ihrer Verbreitung und ihrer Grenzen. Die Notiz eines Reisenden, er habe einen Kutscher, der auf Kunden wartete, beim Lesen beobachtet, reicht als Beleg bei weitem nicht aus. Wie leicht könnte man solchen Beobachtungen die anderslautenden Eindrücke des französischen Parlamentspräsidenten von Dijon, Charles de Brosses, oder des Briten Arthur Young entgegenhalten, die in allen Einzelheiten beschreiben, wie sehr eine Reise durch die französische Provinz einem abenteuerlichen Ausflug wenn nicht in die Wildnis, so doch in exotische Gefilde gleichkam, sobald man das kodierte Netz feststehender Kontakte und die Welt der Salons, in denen man erwartet wurde, verließ. Dabei äußern sie sich über die Eliten der Provinz nicht gerade besonders zuvorkommend. Aber lassen wir die Eliten zunächst einmal beiseite. Zur Unterscheidung zweier Bevölkerungsgruppen – die eine wurde von der Aufklärung erreicht, die andere nicht – bieten sich einige allerdings recht grobe Beurteilungskriterien an. Die Verbreitung der Alphabetisierung oder zumindest der Fähigkeit, mit dem eigenen Namen zu unterschreiben, gestattet schon einmal eine globale Gewichtung und eine Skizze der räumlichen Verteilung.

Während Nordwesteuropa bis hinein nach Frankreich nördlich der Linie Saint-Malo-Genf mehrheitlich alphabetisiert ist, nimmt der Alphabetisierungsgrad von West- nach Osteuropa kontinuierlich ab und ist in Südeuropa sehr niedrig. Dieser lange Zeit geltende Gegensatz gerät jedoch in Bewegung. Im Laufe des 18. Jahrhunderts macht die Alphabetisierung Fortschritte, und das bedeutet wohl, daß sich die Aufklärung ausbreitet. Und wem diese These zu unvorsichtig erscheint, der wird sicherlich einräumen, daß sich damit zumindest eine Minimalbedingung für den Zugang zur Schriftkultur verbreitet. Was allerdings nicht heißen soll – wie damals vielfach behauptet –, daß die andere Welt mit Unkultur gleichzusetzen wäre.

Denn auch die nichtalphabetisierte Welt ist im Wandel begriffen. Im Süden Frankreichs, in der Provence, wo es schon seit langem Männern vorbehaltene Geselligkeitseinrichtungen gab, deren Träger die Büßerklöster waren, finden strukturelle Veränderungen statt. Die Aufnahmebedingungen demokratisieren sich nicht zuletzt dadurch, daß die Eliten fernbleiben, weil sie in den Freimaurerlogen einen für ihre Zwecke geeigneteren Rahmen finden. Andererseits ist aber auch eine durch Austritte in Gang gesetzte interne Entwicklung zu verzeichnen. Dabei ist zweitrangig, ob man sie als Säkularisierung, Verweltlichung oder Entchristianisierung bezeichnet; die Tendenz ist jedenfalls unbestreitbar.

Wir berühren hier den Bereich der Religion, für die Menschen der Aufklärung ein heikler Punkt und ein umkämpftes Feld. Beginnen sich die Menschen damals von den etablierten Religionen zu lösen? Kann man von einer ansatzweisen »Entchristianisierung« sprechen? Es ist schwierig, den Menschen ins Herz zu schauen, und die statistischen Hilfsmittel der Religionssoziologie, die wir heute kennen, fehlen für die damalige Zeit. Listige Umwege sind nötig, wenn man nicht nur die Zeugnisse der Elite heranziehen, sondern wissen will, was die große Masse dachte. Ich habe zu diesem Zwecke tausende von Testamenten aus der Provence des 18. Jahrhunderts in Augenschein genommen und die Grabwünsche, frommen Vermächtnisse und Messebitten untersucht. Andere Monographien beschäftigen sich mit Paris (Pierre Chaunu), mit der französischen Provinz, mit Italien und mit der iberischen Halbinsel. Im größten Teil Frankreichs laufen die Entwicklungen in dieser Hinsicht parallel, anderswo sind die Ergebnisse durchwachsen. Prägten in der Provence noch gegen Ende des 17. Jahrhunderts sowohl in den oberen wie auch in den unteren Gesellschaftsschichten barocke Gesten die Beerdigungsfeierlichkeiten, so wendet sich das Blatt im allgemeinen zwischen 1750 und 1770, in manchen Regionen bereits um 1730 und in Paris schon seit Beginn des Jahrhunderts. Der Anteil der Testamente mit frommen Vermächtnissen geht vielfach um die Hälfte zurück. Dieser drastische Rückgang betrifft eher die Männer als die Frauen und eher die Stadt als das Land. Er fällt an beiden Enden der Gesellschaftspyramide, bei den Adligen und kleinen Leuten, geringer aus als im Bürgertum, bei den Freiberuflern und bei den kleinen Ladenbesitzern und Handwerkern. In anderen Regionen Europas verläuft die Entwicklung langsamer. In Spanien, Portugal und im größten Teil Italiens, wo die Wende erst um die Mitte des 19. Jahrhunderts erfolgt, ändern sich die Verhältnisse nur wenig. Ist der Rückgang der barocken Frömmigkeit als Vorspiel einer Entchristianisierung zu interpretieren oder schlicht als Übergang zu religiöser Innerlichkeit, zu einer eher gefühlsbetonten und gleichzeitig vernünftigeren Religion, wie Philippe Ariès meint? Wir werden uns hüten, diese Frage zu entscheiden und begnügen uns mit der Erkenntnis, daß wir es mit einem bedeutsamen Wendepunkt in der kollektiven Geistesverfassung zu tun haben, dessen Bedeutung um so größer ist, als er sich auf die Haltung der Menschen gegenüber dem Tod bezieht.

Unsere vorsichtige Skizze des anonymen Durchschnittsmenschen der Aufklärung, die unweigerlich bruchstückhaft bleiben muß und die realen Verhältnisse sicher verkürzt wiedergibt, zeigt uns ein recht kon-

trastreiches Bild. Auf der einen Seite sehen wir eine Stabilität der Tiefen-
strukturen und eine relative Unbeweglichkeit der Daseinsbedingungen,
auf der anderen können wir in dieser gering bevölkerten Welt, in der
sich die Moderne im Medium neuer Produktions-, Seins- und Selbstdar-
stellungsweisen ihren Weg bahnt, eine gewisse Mobilität in den kollektiven Haltungen und Vorstellungsmustern beobachten. Eine überaus
buntscheckige Welt (aber war sie früher etwa einheitlicher?), deren
Farbe je nachdem, welche gesellschaftliche Stellung, welche geographische Region und ob wir die Stadt oder das Land betrachten, ständig
wechselt. Im kulturellen wie auch im wirtschaftlichen und gesellschaftlichen Bereich zeichnen sich Zentren ab, von denen aus das Neue Verbreitung findet, während andere Gebiete im Schatten bleiben. Ein neues Gemeinwesen, das es erst noch zu schaffen und nach völlig neuen Normen
zu vereinheitlichen gilt, bietet sich der voluntaristischen Initiative der
neuen Akteure an, die den Menschen im Geist der Aufklärung umzubil-
den oder – wie man während der Revolution sagt – zu »regenerieren« suchen.

Im folgenden wollen wir uns gemäß einer engeren Definition des
Menschen der Aufklärung also auf diese *happy few* konzentrieren und
dabei die Typologie zugrundelegen, die die Verfasser der Beiträge dieses
Sammelbands vorschlagen.

Akteure und Protagonisten

Definieren wir den Menschen der Aufklärung über seine Weltanschauung, so verengt sich das Feld unserer Untersuchung auf spektakuläre
Weise. Im Gegensatz zur Dreiteilung der aus dem Mittelalter überkommenen Ständegesellschaft, die in den offiziellen Strukturen der Gesellschaft weiterlebt, zeichnet sich nun eine Zweiteilung zwischen Elite und
Masse, zwischen den aktiv an der Neuordnung der Welt Beteiligten und
denen, die eher passiv davon betroffen waren, ab. Das klassische Zeitalter hatte das Ideal des ehrbaren Bürgers geprägt, das auch weiterhin Bezugspunkt bleibt. In dieser Hinsicht kann durchaus von einer Kontinuität gesprochen werden, wie sich an den Äußerungen zeigt, die Prévost seinem »englischen Philosophen« in den Mund legt. Dieser war in Frankreich »nur einer Mischung aus ungehobelten Personen [begegnet], die

ebensowenig Geschmack wie Ähnlichkeit in ihrer Art, sich zu kleiden, und in ihrem ganzen Äußeren haben [...], so daß nur die kleine Zahl derer, die sich an der Spitze der anderen befinden, welche man als das Volk bezeichnet, eigentliche Franzosen sind«. Inhaltlich hat sich das Bild des ehrbaren Bürgers jedoch verändert, auch wenn man mitunter daran festhält, ihn in Begriffen von »guter Gesellschaft« zu thematisieren: Platz da für die Elite! Dabei ist bekanntlich umstritten, ob der Elitebegriff auf die Gesellschaft des 18. Jahrhunderts überhaupt anwendbar ist.

Die Elite stellt nicht nur die überkommene Schichtung der Ständegesellschaft in Frage, sondern bezieht, obwohl das Bürgertum gerade in dieser Zeit Gestalt annimmt und an Stärke gewinnt, auch gegen die Spaltung in Gesellschaftsklassen Stellung, gründen sie sich doch auf ein System gemeinsamer Werte, die durch den Geist der Aufklärung verbunden sind. Existiert diese Elite nun oder trügt der Schein? Das Porträt des Adligen, das wir in Kürze lesen werden, zeigt, daß die tiefverwurzelten Kasten- und Klassenhaltungen sowie das Bewußtsein der eigenen Differenz trotz einer scheinbaren Übereinstimmung in der Sichtweise fortbestehen, wobei die in Europa zu verzeichnende Verschiedenartigkeit der sozialen Maßstäbe die Ausarbeitung eines gemeinsamen Modells illusorisch erscheinen läßt.

Und dennoch, hält man sich an die kleine Gruppe derer, die als Träger des neuen Diskurses auftreten, so gibt sich dieses Jahrhundert sehr wohl als das Jahrhundert des Kosmopolitismus, des verstärkten Austauschs von Ideen und Menschen zu erkennen. Die länderübergreifende Durchmischung dieser Gruppe ist zu häufig beschrieben worden, als daß wir uns damit hier aufhalten wollen. Dies betrifft nicht nur die Gelehrten und Wissenschaftler, sondern auch die Verwaltungsbeamten und Soldaten, die im Europa der aufgeklärten Fürsten mit Leichtigkeit den Dienstherrn wechseln, ganz zu schweigen von jenen sich jeder Einordnung entziehenden Abenteurern aller Art, deren bekanntestes, wenn auch nicht repräsentativstes Beispiel Casanova ist.

Die unaufhörliche Durchmischung der Eliten trägt zur Idee einer durch die Vorherrschaft des Französischen zweifellos erleichterten kulturellen Einigung im »französischen Europa« des Jahrhunderts der Aufklärung bei, auch wenn diese Vorrangstellung durch eine fortschreitende und keineswegs auf eine Modeerscheinung zu reduzierende Anglomanie beziehungsweise durch eine im deutschsprachigen Raum sich abzeichnende Gegenbewegung ansatzweise in Frage gestellt wird. Die langsam Gestalt annehmenden Geselligkeitseinrichtungen – von den Akademien, die damals ihre Blütezeit erleben, bis hin zu den Freimaurerlogen, die sich, auf den britischen Inseln entstanden, über Frankreich bis nach Mitteleuropa ausbreiten – scheinen die Ausarbeitung einer gemeinsamen Sichtweise im Rahmen der Gelehrtenrepublik zu befördern. Vermittelt wird die Einigung der Eliten dabei hauptsächlich durch die Zunahme der mondänen und gelehrten Briefwechsel und die Verbreitung von Druckschriften, sei es auf dem normalen Vertriebsweg, wie bei der amtlich sanktionierten Literatur der Fall, sei es unterderhand, wie bei den Gazetten und Zeitschriften, die im gelehrten Deutschland in ungeheurer Zahl aus dem Boden sprießen.

Im Zuge dieser Entwicklung weitete sich die Gruppe der Dazugehörigen zunehmend aus. Die traditionelle Forschung hat immer wieder hervorgehoben, daß diese Zeit, in der die sozialen Schranken zu fallen scheinen, eine erhöhte soziale Mobilität kannte, obwohl diese möglicherweise mehr Schein als Realität war. Angesichts der steigenden Wertschätzung von Talent und Verdienst scheint die Hierarchie der althergebrachten Würdentitel erschüttert. Für manche Nichtadlige öffnen sich die Türen, sei es daß sie in den Akademien oder bei Hof in amtliche Würden kommen, sei es daß sie sich als Freischärler und Abenteurer heimlich oder gar, wie Messmer und Cagliostro, durch skandalerregende Falschmünzerei in den Vordergrund schieben. Man mag bedauern, daß wir dieser in mancher Hinsicht neuartigen Außenseitergruppe der Aufklärung kein eigenes Kapitel gewidmet haben, aber vielleicht hätten wir es uns damit auch zu leicht gemacht.

Denn auf dem Hintergrund des großen Durcheinanders, das den Chroniken des Jahrhunderts Stoff liefert und das Bild prägt, das man sich von ihm machte, zeichnet sich eine neue Rollenverteilung und eine Umbildung des sozialen Raums ab, wobei erst noch zu sehen wäre, inwiefern dieser Wandel real oder nur fiktional, ja illusorisch war. In diesem Jahrhundert, in dem die Porträtmalerei in Mode kam und die große Genremalerei aus Gründen mangelnder Unmittelbarkeit, Spontaneität und Wahrheitstreue auf Ablehnung stieß, eine »Porträtgalerie« galt nicht nur als eine akademische Übung.

Wie bei jedem Unterfangen dieser Art unvermeidlich, wird auch unsere Schilderung des 18. Jahrhunderts aufgrund ihrer Lückenhaftigkeit zwangsläufig unbefriedigend bleiben, ein Gefühl, das auch die Verfasser teilen. Man mag bedauern, daß eine Abhandlung über den Fürsten fehlt, der in der Zeit des aufgeklärten Despotismus immer noch im Mittelpunkt des gesellschaftlichen Gefüges steht. Möglicherweise wird man uns auch vorwerfen, daß wir dem Philosophen kein eigenständiges Kapitel widmen. Dem wäre entgegenzuhalten, daß er auf vielfältige Weise im Porträt des Gelehrten, des Wissenschaftlers und des Künstlers erscheint. Der abstrakten Figur des Bürgers haben wir die präzisere Gestalt des Unternehmers vorgezogen, anhand dessen sich die Züge des neuen Bürgertums, das als Träger der Moderne auftritt, genauer darstellen lassen. Und was jene Außenseiter und im umfassenden Wortsinn wohlverstandenen Abenteurer betrifft, von denen soeben die Rede war: Sie finden sich in allen oder fast allen hier dargestellten Gruppen und tragen ebenso dazu bei, das System in Frage zu stellen, dessen fester Bestandteil sie sind.

Unsere Schilderung gliedert sich also relativ zwanglos in einige übergreifende Rubriken. Da sind zunächst die Hauptakteure der Gesellschaft alten Stils: der Adlige, der Krieger und die Neuankömmlinge auf der gesellschaftlichen Bühne, wie etwa der Unternehmer. Anschließend kommen die Wortführer, die Träger des neuen Diskurses der Aufklärung, die ihre große Stunde erleben, mögen sie im übrigen auch noch durch zahlreiche Abhängigkeitsverhältnisse an die alte Welt gebunden sein: der Gelehrte, der Wissenschaftler und der Künstler. Das voluntaristische Unterfangen, die Gesellschaft umzuformen, erfordert Vermittler, jene kulturellen Zwischenträger, auf die sich die Aufmerksamkeit neuerdings richtet. Wird der Priester diese neue Rolle übernehmen? In jedem Fall tritt der Beamte, ein wesentlicher Bestandteil der aufgeklärten absoluten Monarchien, die davon träumen, den Staat zu rationalisieren, auf bemerkenswerte Weise in Erscheinung. Die Frau hat in diesem Gefüge die zweideutige Stellung, die das Jahrhundert ihr zuweist. Sie rückt zwar gesellschaftlich auf, findet größere Beachtung und entwickelt sich, was mit großer Besorgnis verfolgt wird, zur Königin der philosophischen Salons, aber ihre allgemeine, von Abhängigkeit geprägte Stellung bleibt unverändert, und es sollte noch recht lange dauern, bis es ihr gelingt, sich davon zu emanzipieren.

Die zur Zeit der Aufklärung lebenden Fürsten haben wir nicht porträtiert; denn Rundgänge durch diese Galerie gibt es zuhauf und man wird sie hier daher nicht vermissen. Indes scheint es angebracht, kurz auf einen Sachverhalt einzugehen, der sich vielleicht weniger auf den neuen Status des Fürsten (hat er sich wirklich grundlegend verändert?) als auf

seine neuartige Selbstdarstellung bezieht. In einer Anspielung auf Ra-
nuce-Ernest, eine nur wenig später auftretende Figur aus der *Kartause
von Parma* übernimmt Jean Pomeau in seiner Abhandlung *Europe des
Lumières* Stendhals Formulierung vom »Freund, der zu Freunden
spricht«. Ein immer wiederkehrendes Klischee, das durch zahlreiche
Beispiele scheinbar bestätigt wird, angefangen von Friedrich II., der auf
Sanssouci die philosophische Elite seiner Zeit – Voltaire, Maupertuis, La
Mettrie und den Marquis d'Argens – versammelt, über Katharina II., die
Semiramis des Nordens und Gönnerin Diderots, bis hin zu Joseph II.
und Gustaf III., die sich auf Bildungsreise begeben. Daß das nicht nur
Fassade war, ist bekannt. Als Diener am Gemeinwohl und Urheber
einer tiefgreifenden Umstrukturierung des Staates fühlt sich der Fürst –
wie er sich unter anderem in den so unterschiedlichen Persönlichkeiten
Friedrichs II. und Josephs II. verkörpert findet – mit einer neuen Mission betraut, die er entweder höchstpersönlich oder durch aufgeklärte
Minister wie Tanucci und Pombal, die seinen Willen mit der aufgeklärten Meinung verbinden, in Angriff nimmt. Ebenso deutlich sind aber
auch die Grenzen dieses neuen Fürstenverständnisses, das darauf abzielt, ihn zum Anti-Macchiavelli zu machen, um den Titel einer Abhandlung von Friedrich II. zu zitieren. Die bekannte Entgegnung von Katharina II. auf Diderot, der Souverän sei im Gegensatz zum Philosophen,
der nur auf dem Papier arbeitet, mit Sachzwängen konfrontiert, führt
uns in die gesellschaftliche Wirklichkeit zurück. Die Realpolitik[3] der aufgeklärten Monarchen, die zur selben Zeit, als sie ihre philosophischen
Kontakte pflegen, Polen zerstückeln, verleiht ihrem idealisierten Porträt
die Züge eines Trugbilds – mit Blick auf manche Herrscher sicherlich
ein ungerechtes Urteil.

Der Hauptzwang, der die Handlungsfreiheit des Fürsten beschränkt, ist wohl darin zu sehen, daß er weiterhin der Dreh- und Angelpunkt in einer in Bewegung geratenen Welt, genauer: der Herr und
zugleich Diener eines Gesellschaftssystems ist, in dem die Aristokratie
innerhalb der Hierarchie der Ehrentitel und Machtbefugnisse überall
noch immer an oberster Stelle rangiert. Zwar war der Adel mittlerweile gezähmt – wenn auch je nach Land in unterschiedlichem Maße –
und durch das damals in Blüte stehende Hofleben zivilisiert. Aber Ludwig XVI., der gescheiterte aufgeklärte Monarch, gab doch den Ton an

---

3 Deutsch im Original.

oder setzte vielmehr den Schlußakkord, als er am Vorabend der Revolution erklärte: »Ich werde mich niemals von meinem Klerus und von meinem Adel trennen.« Damit tat er seine grundsätzliche Verbundenheit mit der alten Welt kund.

Leistet also in erster Linie der Adel dem Geist der Aufklärung Widerstand? Ist er die Verkörperung der Vergangenheit? Dies jedenfalls behauptete der Diskurs der Französischen Revolution, die in ihrem rücksichtslosen Kampf gegen den Adelsstand weder halbherzige Maßnahmen noch eine ausgewogene Beurteilung duldete. Wegen seines Müßiggangs, seiner unrechtmäßig angemaßten Privilegien und seiner moralischen Verkommenheit an den Pranger gestellt, wurde der Adel lange Zeit als die antiaufklärerische Kraft schlechthin dargestellt. Die Untersuchung von Pierre Serna bringt uns dankenswerterweise den Ausgangspunkt der Diskussion in Erinnerung, die von Abbé Coyer und anderen schon vor der Revolution angeregt wurde. Das Klischee – doch nicht alle Klischees sind falsch – wurde in den vergangenen Jahrzehnten wiederholt in Frage gestellt; mit welchen Argumenten, das werden wir bei Pierre Serna noch sehen. Dabei datiert die Auseinandersetzung wie gesagt nicht von gestern, denn daß es auch einen gebildeten Adel gab, der allen Strömungen des modernen Denkens offen gegenüberstand, ist als Paradox schon seit langem geläufig. Man muß nur einen Blick in die Bibliotheken und in die Salons dieser Aristokraten werfen und sich vergegenwärtigen, wie sie mitunter bei Hof auftraten. Neuere Untersuchungen über die Akademien der französischen Provinz sowie über die Gelehrtengesellschaften zeigen, daß der Adel in den kulturtragenden Strukturen noch immer einen bedeutenden Platz einnahm.

Darüber hinaus hat man den Adel auch mit Blick auf die realen Grundlagen seiner gesellschaftlichen Machtstellung einer erneuten Betrachtung unterzogen. G. Taylor und G. Chaussinand-Nogaret zeigen ihn als dynamische Kraft – ob in der Landwirtschaft, wo er sich die physiokratischen Anschauungen zu eigen machte, als Manufakturbetreiber in den führenden Sektoren der Metallverarbeitung, als Kaufmann in den großen Häfen oder als Grundstücksspekulant in den Städten –, mit einem Wort: als Träger des Fortschritts, der durch seine dynamische Haltung wie durch seine Offenheit neuen Ideen gegenüber imstande war, sich in den neuen, im Entstehen begriffenen Eliten einen Ehrenplatz zu erobern. Dabei muß man natürlich sofort an die englische Gentry denken, die in die Produktionsprozesse einer rasch wachsenden Wirtschaft eingebunden war und sich ständig erneuerte. Ist Großbritannien hier die Ausnahme, die die Regel bestätigt? In der »Hitparade« der Forderungen, wie sie in den kollektiven Diskursen der Beschwerdehefte (*cahiers de doléances*) von 1789 zum Ausdruck kommen, steht der Adel im Hinblick auf die Forderung nach mehr Freiheitsrechten an erster Stelle, hinsichtlich der Abschaffung des grundherrlichen Regimes indes an letzter. Merkwürdig?

Vor dem Hintergrund seiner Stellung stehen dem Adligen widersprüchliche Optionen offen: Ein Rückzugsgefecht zur Verteidigung der alten Werte oder für das Recht des Blutes, gestützt auf Argumente, die gegen Ende des vorhergehenden Jahrhunderts ausgearbeitet wurden – man denke nur an die Nachfolger von Boulainvilliers – und die dem Adel jene »reaktionären« Züge verleihen, die wir bereits erwähnt haben. Oder sie fügen sich in die neuen Eliten ein, was nicht ohne Zweideutigkeiten und Mißverständnisse geschehen kann.

Manche Adlige wollen sich mit diesem bürgerlichen Kompromiß indes nicht abfinden; ihre Deklassierung gewinnt daher einen explosiven Charakter. Zu erwähnen wären hier die Fin-de-Siècle-Provenzalen Sade, Mirabeau, Boyer d'Argens, Antonelle und Barras, die sich, jeder auf seine Weise, mit aller Heftigkeit von ihrer Herkunftskaste abwenden und der Weltordnung, in die sie hineingeboren wurden, den Rücken kehren. Daß sich zahlreiche Adlige mit dem niederen Volk gleichstellen – ein Phänomen, das in Spanien die Gestalt des »majisme« annimmt –, ist Ausdruck einer die Gruppe erfassenden pathologischen Entwicklung, die von demselben kollektiven Unbehagen zeugt. Im Vergleich zu Molières Don Juan – von der entsprechenden Figur bei Tirso de Molina ganz zu schweigen – hat sich bei Mozart die emblematische Gestalt des freizügigen Grandseigneur grundlegend verändert. Nirgends wird das deutlicher als am Maskenball in *Don Giovanni.* Eine aristokratische Lustbarkeit, in der sich die Genußsucht des Privilegierten äußert, der aufgrund seiner Stellung nicht den allgemeinen Zwängen unterliegt, bildet den Rahmen, in dem Don Juan seine Gäste übertönt. Indes schließt der Wortwechsel mit dem quasirevolutionären Impetus der Arie *Viva la Libertà.* Unter der Maske, die auch an den Karneval von Venedig gemahnt, sieht sich der Adlige zu Worten hingerissen, die im Keim seinen Tod verkünden.

So wird verständlich, daß der Soldat durch die Konfrontation mit dem Ideal der Aufklärung in Mitleidenschaft gezogen wird. Das mag auf den ersten Blick verwundern, denn er hält in diesem Jahrhundert durchaus seine Stellung, wie emblematisch an Friedrich II., dem Soldaten und Philosophen, und vielleicht mehr noch an Maréchal de Saxe deutlich wird, dessen Grabstätte in Strasburg den Eintritt des Heros in die Unsterblichkeit, die seine Verdienste und sein Ruhm ihm verschafften, auf – im Geist des Jahrhunderts – edelste Weise versinnbildlicht. Und während England sich beim Gedanken an den Tod von General Wolfe auf den Hügeln von Montreal respektvoll verneigt, weint Frankreich um Montcalm. Indes stehen die kriegerischen Werte nun nicht mehr im Mittelpunkt. Sie gehören zur alten Welt einer Aristokratie, die sich zwar noch immer auf ihren Ehrenkodex bezieht, den Waffenberuf in weiten Teilen Europas aber nicht mehr als ihre wesentliche Berufung ansieht, obwohl sie wie in Frankreich gegen Ende des Ancien Régime hart darum kämpft, ihre Privilegien zu festigen. Das Modell, dem ein hartes Leben beschieden war, findet sich noch im folgenden Jahrhundert in der tragischen Figur von Büchners Woyzeck wieder, aber bekanntlich räumte die Französische Revolution mit der Schaffung einer Freiwilligenarmee gründlich damit auf und ersetzte es durch das Ideal des für die Freiheit kämpfenden Bürgers in Uniform (soldat citoyen).

An der Spitze der kosmopolitischen Aristokratie der Aufklärung, deren Einheit durch eine gemeinsame Denk- und Verhaltensweise garantiert schien, verschwimmt das Bild. Ist der Prinz von Ligne, der als repräsentative Figur jener hochrangigen Adligen gelten kann, die in immer wieder andere Rollen schlüpfen und nacheinander verschiedenen Herren dienen – und dessen Tagebuch immer wieder neu gelesen wird –, nun ein General, ein Diplomat, ein Denker oder ein Mann von Welt, der an den Höfen Europas ein und aus geht? Er ist alles zugleich und schmeichelt sich, »sechs oder sieben Vaterländer [zu haben]: das Kaiserreich, Flandern, Frankreich, Österreich, Polen, Rußland und beinahe auch Ungarn«. Dem Kaiser treu, wird er auch von der Zarin empfangen. Er preist sich, zu den letzten »ehrbaren Leuten« zu zählen. Mit Sicherheit ist er ein Mann der Aufklärung. Aber ebenso zweifellos ist er kein aufgeklärter Mensch im Sinne der Philosophen. Er zieht die »catins« (Dirnen) den »Catons« vor.

Kontrapunktisch zu diesen Repräsentanten der alten Welt hätte man in der Reihe der Protagonisten den Bürger erwartet. Aber er entzieht sich dem Zugriff. Muß er als nachträgliche Erfindung gelten, als Phantasiegeschöpf des 19. Jahrhunderts? Träumte Jaurès, als er der Mitleid hei-

schenden Darstellung Michelets, der sich auf das Elend der Bauern ver-
steifte, das ruhmreiche 18. Jahrhundert des aufsteigenden und schließlich siegreichen Bürgertums entgegenstellte? Zunächst wurde diese Konzeption des seit dem Mittelalter in beständigem Aufstieg begriffenen
Bürgertums nur belächelt. Schließlich aber regte sich offener Widerspruch. Die Wirtschafts- und Sozialhistoriker, die wie Ernest Labrousse
in der Tradition von Jaurès den langfristigen Aufschwung des bürgerlichen Profits und – in Konkurrenz dazu – der Grundrente darstellten,
sahen sich mit dem Gegenargument konfrontiert, daß der Bürger dann
nur schwerlich mit der Begrifflichkeit von Marx charakterisiert werden
könne. Der Angriff verläuft bei manchen Historikern, darunter wie gesagt Taylor und Chaussinand-Nogaret, über eine Neubewertung der
Rolle der Aristokratie und eine Infragestellung der neuen Figur, die man
dem Adligen entgegensetzen wollte. In Wirklichkeit lebt diese Gruppe
der sich selbst so bezeichnenden Bürger alten Stils, wie man sie in größeren und kleineren Städten antrifft, von der Grundrente; sie ahmt die mü-
ßiggängerische Lebensart des Adels nach und ist bestrebt, durch nobili-
tierenden Ämterkauf Zugang zum Kreis der Privilegierten zu erhalten.
Und so zeiht man die französischen Kaufleute und Geschäftsleute, die
nur davon träumen, für ihre Söhne eine Stelle als Parlamentsrat zu erwerben, des Verrats. Wenden wir uns der Mittelschicht der Advokaten, Pro-
kuratoren und Freiberufler zu, so fragt sich auch hier, ob wir es mit
einem Bürgertum im modernen Wortsinn zu tun haben. Der Bürger existiert nicht, meinen die einen; wir haben es mit einem »gemischten« Bürgertum, einem Bürgertum »des Übergangs« zu tun, antworten die anderen (R. Robin).

Der Bürger existiert, aber er zeigt sich noch nicht – darin besteht das
Paradox seiner Lage. Jean Ehrard legte anhand von literarischen Quellen dar, daß der Bürger, der nützliche Mensch, das Modell des neuen positiven Helden liefert, dem die Tugenden des gewissenhaften Wirtschaf-
ters eigen sind, was sich in der Geburt des »bürgerlichen Trauerspiels«
bei Sedaine und einigen anderen widerspiegelt. Monsieur Vanderk, der
Held in Sedaines *Philosophe sans le savoir,* stammt zwar aus dem Adel,
betätigt sich aber als Kaufmann und repräsentiert nicht nur durch seine
geschäftlichen Aktivitäten, sondern auch durch seine Bildung das Ideal
des gewünschten Rollentauschs.

Vielfach sind es nicht die eigentlichen Protagonisten, die dem neuen
Modell zur Geltung verhelfen. Daniel Roche hat in seinen Untersuchun-

gen über die Provinzakademien gezeigt, wie unauffällig und letztlich bescheiden die Mitwirkung der Kaufleute und Unternehmer an diesen Strukturen ausfiel. Weit stärker waren dann die Kaufleute aus Bordeaux oder Marseille, aber auch das freiberufliche Bürgertum in den Freimaurerlogen repräsentiert. Mit Blick auf die sich abzeichnende Dichotomie zwischen den Repräsentanten der alten und der neuen Welt fragt sich, zu welcher Seite das Bürgertum gehört. Die Situation ist hier vielleicht nicht weniger zweideutig als beim Adel. Eingebunden in die alte Produktionsweise, bilden die Repräsentanten des Handelskapitalismus, die Kaufleute, Bankiers und Geschäftsleute, einen integralen Bestandteil dieses wirtschaftlichen Gefüges. Auch wäre es zweifellos gekünstelt, wollte man ihnen die Gruppe der Unternehmer und Manufakturbetreiber entgegensetzen – die Grenzen sind hier fließend –, sozusagen, als stünde die Ablösung schon in den Startlöchern, bereit, den industriellen Profit und die Manufaktur, deren Bild im folgenden Jahrhundert vorherrschen sollte, als Alternative vorzuschlagen.

Um so dankenswerter ist es, daß Louis Bergeron die Gruppe der Kaufleute und Unternehmer unter die Lupe genommen hat. Er zeichnet die Etappen ihres gesellschaftlichen Aufstiegs nach und zeigt, daß sie teils aus alten Kaufmannsfamilien stammen, teils klein angefangen und sich aus eigener Kraft hochgearbeitet haben. Hier zeichnet sich nun eine andere Kultur ab, die sich abseits der Bahnen der klassischen Bildung entwickelt und vielmehr durch eine praktische Lehre, durch Bildungsreisen und Wanderjahre, mitunter auch durch wißbegieriges Autodidaktentum vermittelt ist, ein Vorspiel auf die Entstehung neuer Dynastien, die dank eines wohlverstandenen Paternalismus den Kontakt zu den Lohnabhängigen und zur Welt der Kleinproduzenten halten. Bergeron bezieht sich dabei auf die französischen, deutschen und schweizerischen Verhältnisse; noch deutlichere Beispiele für diesen neuen Typus des Unternehmers ließen sich in Großbritannien finden. Wer wird in Zweifel ziehen, daß diese Repräsentanten einer im Entstehen begriffenen neuen Welt Männer der Aufklärung waren! Sie tragen sämtliche charakteristischen Merkmale: Offenheit nach außen, Wißbegierde, Pragmatismus und den Willen, der Gesellschaft Nutzen zu bringen, und daran ändert auch nichts, daß sie teils noch konservative Züge aufweisen und insofern unauffällige Vertreter einer Welt im Umbruch sind. Die Rolle des Wortführers überlassen sie anderen.

Die Wortführer

Sie stehen im Vordergrund der Szenerie. Man mag uns mit einigem Recht vorwerfen, unzulässig zu vereinfachen, wenn wir die Gelehrten, Wissenschaftler und Künstler umstandslos zu Wortführern erklären. Aber auf dem rasch expandierenden Feld der wissenschaftlichen Erkenntnis und des künstlerischen Ausdrucks werden ihre Rollen deutlicher, und Roger Chartier analysiert die Prinzipien dieses Prozesses zurecht ausgehend von den Definitionen des Gelehrten, wie sie uns in den Wörterbüchern und Kommentaren entgegentreten. Eines jedenfalls haben diese gesellschaftlichen Akteure alle gemeinsam: Sie profitieren davon, daß der Intellektuelle im Jahrhundert der Aufklärung an gesellschaftlicher Bedeutung gewinnt. Ganz neu war diese Entwicklung zwar nicht, da der Grundstein dazu bereits seit dem Humanismus, der Renaissance und der Klassik im 17. Jahrhundert gelegt worden war. Aber die Weiterentwicklung der Wissenschaften und des Geisteslebens verleiht diesen Akteuren einen großen Einfluß auf die öffentliche Meinung, während der lange Zeit vorherrschende religiöse Diskurs relativ an Bedeutung verliert und eine defensive Haltung einnimmt. Darüber hinaus trägt eine begrenzte, aber durchaus reale Liberalisierung in den absoluten Monarchien zu einer freieren Meinungsäußerung bei.

Der Rahmen, in dem dies möglich ist, bleibt fest umrissen und zwingt zu Beschränkungen. Die königliche Schirmherrschaft, die bei der Herausbildung von Strukturen im vorigen Jahrhundert maßgebend war, bleibt im größten Teil des Europa der aufgeklärten Fürsten die Regel – obwohl sie einen neuen, möglicherweise flexibleren Charakter annimmt –, während sich die philosophische Partei offensichtlich zur meinungsbildenden Gegenmacht verselbständigt und das Recht auf Kritik ins Leben ruft, die geduldet wird, solange sie die herrschende Gewalt nicht frontal angreift.

Unter der mehr oder weniger direkten Leitung des Fürsten bleibt diese Welt der Wortführer hierarchisch strukturiert und spiegelt die Strukturen der bestehenden Gesellschaft wider. Trotz erheblicher Unterschiede zwischen dem englischen, französischen und bald auch deutschen Modell gilt die Akademie weiterhin als die Organisationsform der gelehrten Welt schlechthin. Sie umfaßt außer einer Gruppe von hochstehenden Persönlichkeiten, die – wie man heute sagen würde – das Ehrenkomitee bilden, die einstweilen noch begrenzte Gruppe der aktiven Mitglieder sowie die assoziierten Mitglieder und die Korrespondenten. Dies hätte durchaus zu einer Verknöcherung führen können, wie es denn auch mitunter der Fall war – man denke nur an die unerbittliche Äußerung Voltaires über die Akademie von Marseille: »ein liebes Mädchen, das niemandem je etwas zu Leide getan hat«.

Im Rahmen der bestehenden Zwänge brechen die festgefügten Strukturen unter dem Druck der kollektiven Nachfrage und durch die Dynamik des Erkenntnisprozesses selbst langsam auf. Das Phänomen der Akademien verbreitet sich über ganz Europa. In Frankreich wie in Italien bilden die Akademien, aber auch die Gelehrtengesellschaften ein dichtes, aktives Netz. Sie wirken durch regelmäßig ausgeschriebene Preisfragen und die Veröffentlichung von Korrespondenzen an der Herausbildung eines gemeinsamen Marktes der Erkenntnisse und des Ideenaustauschs mit.

Die Gestalt des Gelehrten und des Wissenschaftlers wandelt sich. Soziologisch betrachtet, nimmt die Bedeutung der Geistlichen und in geringerem Maße auch die der weiterhin stark vertretenen Adligen ab. Die Nichtadligen haben hier schon vor Beginn des 18. Jahrhunderts durchaus ihren Platz. Nur wenige leben von Pfründen, die meisten bestreiten ihren Lebensunterhalt mit Einkünften aus ihren Gütern, durch die Ausübung eines Amts oder aus Pensionszahlungen. Die Gestalt des Autors gilt noch gegen Ende des Jahrhunderts als etwas Neues. Daß der dilletierende, gebildete Liebhaber, der sich mal mit diesem, mal mit jenem beschäftigt und in seinem Kabinett Kuriositäten anhäuft, weiterhin eine charakteristische Gestalt des Jahrhunderts darstellt, kann nicht verdecken, daß insbesondere im Bereich der wissenschaftlichen Tätigkeit zunehmend eine durch den Erkenntnisfortschritt erzwungene Professionalisierung zu verzeichnen ist. Madame du Chatelet mag Voltaire, wie auf einem zeitgenössischen Stich dargestellt, eine Brille reichen, damit der Philosoph Newton lesen kann – ein Physiker wird er deshalb noch lange nicht. Die Praxis des Wissenschaftlers – ich verweise hier auf die Darstellung von Lagrange im Essay von Vincenzo Ferrone – nimmt allmählich Form an. Die zunehmende Zahl der Laboratorien, Observatorien und Experimentierfelder spiegelt das neue Praxisverständnis wider, auch wenn viele in diesem philosophischen Jahrhundert noch der Ansicht sind, es sei gut, seine »Wißbegierde auf alles« zu richten.

Was für die begrenzte Gruppe der anerkannten Intellektuellen gilt, trifft erst recht auf das aufgeklärte Publikum zu, dessen Wachstum ohne

Zweifel einen der markantesten Züge des Jahrhunderts darstellt. In den Pariser Salons, jenen gesellschaftlichen Räumen, die zwar unter der Leitung von Frauen stehen – Madame Geoffrin, Madame du Deffand, Mademoiselle Lespinasse, um nur einige zu nennen –, ansonsten aber von Männern aufgesucht werden, organisiert sich der Ideenaustausch in einem Klima der Freiheit, die an einem gewissen Ritual allerdings ihre Grenzen findet. Anders in den ausschließlich von Männern besuchten Gesellschaften, wie etwa beim Baron von Holbach, wo sich die »holbachsche Koterie« trifft: Hier fallen alle Schranken. Dabei sind diese Versammlungen nur ein Element, und zwar das elitärste, eines weitgespannten Netzes neuer Kommunikationsmöglichkeiten, das auf der Verbreitung von Büchern und gelehrten Zeitschriften sowie auf den informelleren, aber vielfältigeren Kontakten durch Briefwechsel und Reisen beruht und das zu bekannt ist, als daß wir uns hier dabei aufhalten wollen.

Dieser allgemeine Überblick müßte in vieler Hinsicht differenziert werden, um die länderspezifischen Unterschiede herauszuarbeiten und etwa darzustellen, daß sich die bedeutenden Gelehrtengesellschaften in England und in Italien jeweils unterschiedlichen Traditionen verdanken, im Kaiserreich die Universitäten an erster Stelle stehen und in den Besitzungen der Habsburger die Freimaurerlogen von herausragender Bedeutung sind. Das ist hier jedoch nicht unser Anliegen. Indes scheint es angebracht, mit einem Wort zumindest auf die Früchte dieser vielgestaltigen Aktivität einzugehen. Zu nennen wäre hier der pädagogische Anspruch, der mit dem Erkenntnisanspruch untrennbar verbunden ist, sowie die utilitaristische Ausrichtung eines Denkansatzes, dem unter Abweisung jeder Form von Metaphysik einzig der unmittelbare Zugriff auf die Wirklichkeit der zu entdeckenden Welt wichtig ist, mit dem Zweck, sie zu verändern. In diesem Zusammenhang ist auch die neue Rolle des Forschungsreisenden zu sehen, der zu Beginn des Jahrhunderts noch sehr einem Spion ähnelte, den man auf Entdeckungsreise schickte, im ausgehenden 18. Jahrhundert sich jedoch zum Träger einer Wißbegierde gewandelt hatte, die, mag sie auch zur Beherrschung der ihre Geheimnisse preisgebenden Welt beigetragen haben, durchaus als interesselos gelten kann. Wir begegnen hier den beherzten Entdeckern, die laut Fontenelle »die Natur auf frischer Tat ertappt« haben.

Robbespierre hat über die Philosophen der Aufklärung, für die bei ihm pars pro toto die Enzyklopädisten einstehen, in seinem Bericht vom 18. Floreal des Jahres II das härteste Urteil gefällt, obgleich er damit nicht allein steht, wie aus entsprechenden Äußerungen etwa von Marat ersichtlich ist. Robbespierre sieht die Verfechter der Freiheit in den Vorzimmern der Fürsten auf Knien kriechen, als Knechte des Ancien Régime, das sie untergraben, dem sie aber gleichzeitig dienen. Auf dem Hintergrund der Umstände, in denen sie formuliert wurde, ist diese rückblickende Einschätzung durchaus verständlich. Man könnte sie auf folgende Sentenz aus La Fontaines Fabel *Der Wolf und der Hund* beziehen: »Da plötzlich sieht er, daß am Halse kahl der Hund.« Doch sind die Wortführer der Aufklärung, mögen sie auch noch so sehr ins System eingebunden sein und gar zu dessen anerkannten Trägern avancieren, keineswegs Wachhunde der alten Ordnung. Die Zeit der Wölfe aber sollte erst noch kommen.

Kulturelle Vermittler

Wenn wir uns der allgemeinen Thematik der kulturellen Vermittler hier anhand der beiden Beispiele des Beamten und des Priesters nähern, so erheben wir keineswegs den Anspruch, dieses weite Feld damit erschöpfend behandelt zu haben. Motiviert durch ein erneutes Interesse an den Problemen der Kommunikation und der Verbreitung von Ideen beschäftigt sich die Forschung mit diesen teils untergeordneten, angesichts ihrer Rolle jedoch wesentlichen Akteuren erst seit kurzem. Die zweckgerichtete Politik der aufgeklärten Fürsten einerseits, aber auch die spontane Verbreitung der neuen Ideen lassen sich nur begreifen, wenn wir diese Zwischenträger, ohne die die Verbreitung der Aufklärung im Volk undenkbar wäre, in die Analyse einbeziehen. Ein Bühnenstück mit vielfältigen Akteuren zeichnet sich hier ab; es treten auf: der Amtsträger, der Notar, der Schulmeister und – warum nicht – der Schankwirt.

Beschränken wir uns indes auf die beiden bereits erwähnten Beispiele. Ist der Beamte eine neue Gestalt? Der Begriff selbst taucht in Frankreich, wie Carlo Capra darlegt, gegen Ende des Ancien Régime auf und scheint demnach mit den neuen Erfordernissen des modernen Staates zusammenzuhängen, der um eine rationellere und geregeltere Verwaltung bemüht ist. Doch hatten bereits die traditionellen Monarchien vor allem seit Beginn der Neuzeit zahlreiche Machtbefugnisse im Verwaltungs-, Finanz- und Gerichtswesen nach unterschiedlichen Modalitäten delegiert. In Frankreich brachte das System des Ämterkaufs das Korps der königlichen Offiziere hervor, die Eigentümer ihres vererblichen Amts waren und unter gewissen Bedingungen in den Adelsstand aufstiegen. Das System hatte jedoch keinen Ausschließlichkeitscharakter. Das Generalsteuerpachtamt, das mit der Steuereinziehung betraut war, besaß sein eigenes Personal, und vor allem das System der widerruflichen »Kommission«, deren Träger im unmittelbaren Dienst des Königs standen, weitete sich seit Ende des vorangegangenen Jahrhunderts merklich aus. In anderen Ländern entwickelte sich das Beamtenwesen auf andere Weise. In England tritt der *civil servant* zunächst im Dienst der Ostindischen Kompanie in Erscheinung, während Peter der Große in Rußland den *Tschin*, ein System von zivilen und militärischen Diensträngen und Würdenstellungen, einführte, das eine feste hierarchische Struktur bildete. Was uns bei all dieser Vielfalt aber eigentlich interessiert, ist die Tatsache, daß diese Entwicklung ganz Europa betrifft. Quantitativ ist entsprechend den neuen Bedürfnissen des Staates allgemein eine merkliche Zunahme des Personals zu verzeichnen, obwohl genaue Zahlenangaben hier schwierig sind; qualitativ haben wir es auf der Ebene der Zentralregierung mit einer Aufblähung der Büros zu tun, während auf sämtlichen Verwaltungsebenen eine Ausdifferenzierung des Beauftragtenwesens sowie eine Aufgabenspezialisierung zu verzeichnen ist. So verfügt Frankreich mit seinen staatlich angestellten Tiefbauingenieuren und Manufakturinspektoren über ein Korps von Technikern mit anerkannter Fachkompetenz, während die größeren und kleineren deutschen Staaten eine mit Methode eingerichtete Bürokratie hervorbringen. In diesen neuen Institutionen findet die Aufklärung vielfach motivierte Partner, die nicht nur vom Geist der Rationalisierung und der Kontrolle, sondern auch der Erneuerung im Dienste der Monarchie wie des Gemeinwohls beseelt sind.

Die Persönlichkeit eines Roland de la Platière, des späteren girondistischen Ministers, der unter dem Ancien Régime als Manufakturinspektor Karriere machte, ist in dieser Hinsicht beispielhaft. In Frankreich stellt die Revolution in diesem Zusammenhang einen entscheidenden, neuerungsträchtigen Wendepunkt dar, insofern sie die amtlichen Verantwortungsträger wählbar macht und gleichzeitig eine neue Bürokratie einführt, die unter dem Kaiserreich weiter ausgebaut wird. Aber sicher hieße es, der Geschichte vorgreifen, wenn wir der Aufklärung Leistungen zuschrieben, die sie lediglich vorbereitet hat und die erst im folgenden Jahrhundert zur Entfaltung kommen sollten, vorangetrieben durch Bürokraten, wie sie bei Balzac, Gogol und vielen anderen dargestellt sind. Der neue soziale Typus befindet sich also erst in seiner Konstitutionsphase und ist noch nicht fertig ausgebildet: Charakteristisch sind noch immer eine nepotistische Geisteshaltung, die sich in den oberen wie unteren Chargen mitunter bis zur dynastischen Gesinnung steigert, sowie ein weitverbreiteter Absentismus, der ebenso als archaisches Überbleibsel wie als Vorwegnahme späterer Verhältnisse gedeutet werden kann. Die Meritokratie hat sich noch längst nicht durchgesetzt.

Es wäre zweifellos übertrieben, die schwarzen Heerscharen der Pfarrgeistlichen als Diener des Staats der Aufklärung zu bezeichnen. Die nachtridentinische Kirche ist eine eigenständige Macht und kämpft nicht für dieses Lager. Die Welt des Klerus weist im 17. Jahrhundert nicht nur größtmögliche Homogenität, sondern auch außerordentliche Kontraste auf. Dominique Julia stellt in seiner Analyse detailgenau dar, wie vielfältig der Status der Geistlichen in Europa war und welch unterschiedliche soziale Stellungen sich daraus ergaben. Immerhin scheint die nachtridentinische Reform in diesem Jahrhundert einige der Ziele zu erreichen, die sie sich vorgenommen hatte. In Frankreich sind kaum noch Unregelmäßigkeiten in den Sitten oder in der Gestaltung des Gottesdienstes zu finden, während in Fragen der Lehre, wenn auch nicht der Geistigkeit, zumindest ein bescheidenes Bildungsniveau allgemein verwirklicht ist. Die Zahl der Seminare, die geographisch höchst ungleich verteilt sind, hat zugenommen; sie haben ihr Ziel erreicht. Daß die dortigen Bildungsinhalte die Geistlichen auf ein in Bewegung geratenes Jahrhundert vorbereiten, kann man nicht gerade sagen; im Mittelpunkt der Ausbildung steht vielmehr der Diskurs der Gegenreformation, der aus dem Kampf gegen den Jansenismus gestärkt hervorging. Dennoch wandelt sich der Priester im Frankreich des 18. Jahrhunderts mit der Zeit. Das Bild vom »guten Priester«, der seinen Schäflein nahesteht und sie in ihrer Not unterstützt, im Kreis seiner Verwandten bekannt ist und, anders als oft behauptet, vielfach einen bescheidenen Wohlstand genießt, ist nicht nur Fiktion, so daß die Beschreibung, die Restif de La Bretonne in *La Vie de mon père* von seinem Bruder anfertigt, durchaus als realitätsnah gelten kann. Nicht alle entsprechen dem Ideal des Savoyischen Vikars, und recht wenige, vielleicht eine Handvoll, sinnieren über die aufrührerischen Ideen, die Meslier, seines Zeichens Pfarrer, bereits zu Beginn des 18. Jahrhunderts seinem berühmten Testament anvertraut hat, ein atheistisches Glaubensbekenntnis, das Voltaire nach dessen Tod zugänglich machte. Die wenigen Bücher, die sie besitzen, beschäftigen sich meist mit Fragen der Andacht, in Ausnahmefällen gewähren sie auch einen Blick auf eine andere Kultur. Die Priester deshalb zu Multiplikatoren der Aufklärung zu machen, ginge zu weit. Diskutieren ließe sich dies eher mit Blick auf die direkt vom Staat abhängenden Pastoren im lutherischen Deutschland. In jedem Fall ist ein erheblicher Teil der Geistlichen auf die Rolle eines Lehrers der Moral und der Bürgertugend, die die Revolution mit ihren ehrgeizigen Bestrebungen ihnen wenig später anvertrauen wollte, gut vorbereitet. Dieser Überblick über die französischen Verhältnisse müßte selbstverständlich nach Stadt und Land sowie nach den einzelnen Regionen weiter differenziert werden. So gibt es ausgeprägte Unterschiede zwischen Gebieten, in denen sich wie im Umland von Paris die Beziehungen zwischen Priestern und Gläubigen ernsthaft gelockert haben und ein Rückgang der Gläubigkeit zu verzeichnen ist, und Regionen, die wie der Westen Frankreichs von einer gelungenen Symbiose, einer durch die Vitalität des Klerus bedingten realen Akkulturation zeugen. Um wieviel nuancierter fiele das Bild erst aus, wenn wir uns an die kontrastreiche Physiognomie Nord- und Süditaliens oder die scheinbare Monolithik des spanischen und portugiesischen Klerus heranwagten.

Bei unserer bisherigen Sondierung der Gesellschaft der Aufklärung haben wir die Frauen außer acht gelassen, und mit dieser unbeabsichtigten Ausgrenzung hat es durchaus seine Bewandtnis. Wo sollen wir die »schönere Hälfte« der Menschheit, wie es während der Revolution hieß, einordnen? Überall oder nirgends? Jedenfalls nicht überall. Von den Machtinstanzen ausgeschlossen und an niederster Stelle in den Produktionsprozeß eingebunden, haben die Frauen den altherbegrachten Fluch, der auf ihnen lastet, noch längst nicht abgeschüttelt. Im traditionellen religiösen Diskurs figuriert die Frau als Verführerin und Sünderin; der Arzt der Aufklärung verkündet apodiktisch: »tota mulier in utero«. Was sich auch eleganter zum einschmeichelnden Loblied auf die weiblichen Qualitäten und die Mutter wenden läßt, Komplimente, mit denen das Jahrhundert nicht knauserte. Gibt es gleichwohl einen merklichen Fortschritt? Manche Autoren haben diese Frage bejaht und das 18. Jahrhundert mit dem Argument, daß die Frauen in den Salons der Aufklärung an leitender Stelle standen und sich in den gehobenen Gesellschaftsschichten das Recht auf Bildung und mitunter auch auf eine ei-

gene Meinung erobert hatten, als »Jahrhundert der Frau« bezeichnet.
Der vielfach überaus heftige Frauenhaß von Jean-Jacques Rousseau ver-
bleicht vor dem Bild der starken Frau, wie sie in der *Neuen Héloise* in
Gestalt der Julie auftritt. Aber das sind nur erste Schritte auf einem langen Weg. Die Französische Revolution gewährte den Frauen zwar die
privatbürgerlichen Rechte, verweigert ihnen jedoch die politischen
Rechte des Staatsbürgers.

Hier trifft das Jahrhundert der Aufklärung auf seine Grenzen und auf
das, was man noch immer als seine Widersprüchlichkeit oder uneingelö-
sten Versprechen bezeichnen darf.

Doch dann trübt sich das Bild

Unsere bisherige Schilderung des Menschen der Aufklärung ist zu glatt.
Als hätten sich die Dinge nicht auch mit Blick auf die materiellen Lebensbedingungen der Menschen wie auf ihre Mentalitäten und Leidenschaften gewandelt. Als könnten die neu geschaffenen Rahmenbedingungen der wie immer aufgeklärten Monarchien und der Ständegesellschaft unberührt bleiben von dem unüberhörbaren Ruf, die Welt durch
den Menschen, wie ihn dieser Diskurs darstellte, zu verändern. In fast
allen folgenden Kapiteln kommt es an einen Punkt, an dem die Beschreibung abbricht und der Verfasser darüber reflektiert, wie spannungsreich
die Verhältnisse waren, wie sehr sie sich im Fluß befanden.

Gegen Ende des Jahrhunderts bekommt das Gebäude Risse. Hinter
den Masken der aristokratischen Lustbarkeiten schimmert das entstellte
Gesicht des alten Adels durch. Noch die bestgeregelten Institutionen erfüllen nicht mehr ihre Aufgabe, die Akademien werden in Frage gestellt
und erscheinen als Zufluchtsort einer Ordnung, von der man nichts
mehr wissen will.

Eine neue Generation tritt auf, in der Gelehrtenrepublik ebenso wie
in der Welt der Wissenschaften und des künstlerischen Schaffens. Mit
Mühe bahnt sie sich ihren Weg. Es ist, um mit einem von Robert Darnton wieder aufgenommenen Wort zu reden, die Zeit der »Gossen-Rousseaus«[4], einer Autorenplebs, die gegen das selbstzufriedene Establish-

---

4 Unnachahmliches Wortspiel: *Rousseau des ruisseaux.*

ment protestiert. Mit ihrer unterderhand weitergereichten politischen
Protestliteratur ebenso wie durch pornographische Schriften werfen sie
die etablierten Kompromisse über den Haufen. In der Welt der Wissenschaften wird die Reihe der geradlinig aufeinanderfolgenden Entdeckungen gleichfalls durch die Einmischung neuer, wie immer wahrer oder falscher Gelehrter in Frage gestellt: Cagliostro, Messmer – auch Marat? –,
sie alle ziehen das geordnete Universum der Newtonschen Anschau-
ungsweise, die aus den Kämpfen des Jahrhunderts gerade siegreich hervorgegangen war, in Zweifel. Sollte es in der Welt weniger rational zuge-
hen, als bisher angenommen?

An allen Fronten einer wachen Sensibilität wird hinterfragt. Wie
schreibt doch Jean Starobinski: »Im Bewußtsein ihrer Macht und ihrer
Vorrechte gewiß, nimmt die Vernunft die Mächte des Gefühls und der
Leidenschaft, denen sie einen zusätzlichen Energieschub abverlangt, in
sich auf.« Doch bringt diese Wende, die im Rousseauismus des ausgehenden Jahrhunderts Ausdruck findet, auch Gefahren mit sich. Wer diese
Tür öffnet, sieht sich den Mächten des Schattens und des Traums gegenüber.

Bezeichnenderweise beginnt der Beitrag über den Künstler der Aufklärung mit Füssli und schließt mit der Welt Goyas, wobei allerdings
auch David nicht vergessen wird. Von Füssli konnten die Zeitgenossen
den *Alptraum* betrachten, eine Darstellung der Mächte des Schattens
und der Nacht. Der Goya der *Einfälle* und der *Schrecken des Krieges* offenbarte ihnen das Reich der Phantasiegebilde und der Grausamkeit.
Gleichwohl haben wir es hier mit Künstlern der Aufklärung zu tun, und
Goya erklärt, er verfolge mit seinen Werken pädagogische Ziele und
treibe eine Art Exorzismus. Die Finsternis, deren Erscheinungsformen
die Aufklärung negieren oder zerstören wollte, umgibt den Menschen
allseits; sie gehört zu seiner eigenen Natur. Sade offenbarte dem Menschen der Aufklärung in seinem Theater der Grausamkeit einen anderen
Menschen, in dem er sich wiedererkennt. In einer Zeit, in der die Dichtung die Friedhöfe wieder entdeckt und der Gruselroman aus England
überall Leser findet, tritt der Tod, den man zwar nicht verkannt hatte,
aber beherrscht glaubte, erneut in Erscheinung.

Die Schlußapotheose der *Zauberflöte*, in der die Sonne das Universum in strahlendes Licht taucht, ist der letztgültige, doch beschwörende
Ausdruck der Aufklärung. Bald schon wird Goethe in Person des Mephisto argumentieren, auch die Finsternis sei positiv, da die Aufklärung

ohne sie nicht existieren würde. Die Französische Revolution, ein Akt
der Gewalt und der prometheischen Befreiung zugleich, konfrontiert
den Menschen mit den Erfordernissen einer Freiheit, die erobert sein
will. Eine neue, verständigere, aber auch unruhigere Menschheit befindet sich auf Selbstsuche.

Kapitel 1

Der Adlige

Pierre Serna

»Aber eines hat mich erstaunt: die Ordnung in der Unordnung«
Abbé Coyer, *Voyages d'Italie et de Hollande*

Jacques der Fatalist: »Ein Paradox ist nicht immer eine Unwahrheit«
Denis Diderot, *Jacques der Fatalist*

Die Betrachtung des Abbé Coyer kann auf zweierlei Weise gelesen werden: Entweder es gibt eine vernünftig geordnete Unordnung, oder aber es gibt eine Ordnung, die jeden logischen Zusammenhalt verloren hat. Auf den Adel angewandt – dem Abbé Coyer einen Teil seines Werks widmete –, erhält seine Bemerkung ein ganz anderes Profil. Sie würde auf subtile und aufschlußreiche Weise andeuten, daß der Zweite Stand, je nachdem, entweder durch ausgesprochene Stellungsunterschiede, durch eine ungeheure Vielfalt und möglicherweise auch durch ein weitgehendes Durcheinander geprägt ist, oder aber daß bei aller sozialer Buntschekkigkeit doch reale Einheit herrscht. Und so erscheint denn auch der Adel im Zeitalter der Aufklärung auf den ersten Blick: reich oder arm, gefeiert oder verkannt, konservativ oder aufgeklärt, neu oder alt. Aber wie Jacques der Fatalist, der weit herumgekommen ist und seine Zeitgenossen genau beobachtet hat, seinem Herrn anvertraut: »Ein Paradox ist nicht immer eine Unwahrheit.« Allerdings muß man erst noch die beiden Seiten des Paradoxes beleuchten und die Figur des Adligen eingehender untersuchen, um ihn in seinem Harlekinsgewand klarer zu sehen.

Ein Porträt setzt voraus, daß der Porträtierende den Porträtierten richtig erkannt und sich ein klares Bild von ihm gemacht hat. Nun sind wir bei der Untersuchung unseres Gegenstands mit einem semantischen Problem konfrontiert, da die zahlreichen Synonyme, die den Adligen gleichermaßen als Edelmann, Edelgeborenen, Ritter, Aristokraten oder umschreibend als Mitglied der Elite bezeichnen, schließlich verdunkeln, mit wem wir es eigentlich zu tun haben. Sicher verweist jede dieser Bezeichnungen auf die realen Verhältnisse des Adels; da aber alle einen eige-

nen Sinn haben und dem Porträt des Adligen folglich unterschiedliche
Nuancen hinzufügen, muß man sie mit Bedacht verwenden.

Das terminologische Gewirr verweist auf eine weitere Schwierigkeit,
die mit der geschichtlichen Entwicklung des Adelsporträts seit dem 18.
Jahrhundert zusammenhängt.

Die Geschichte des Verhältnisses zwischen dem Adel und der geistigen Bewegung der Aufklärung wurde zumeist unter dem verfälschen-
den Blickwinkel der 1789 beginnenden revolutionären Ereignisse geschrieben. Diese ließen den Adligen in einem ganz bestimmten Licht erscheinen, denn für die Zeitgenossen des ausgehenden 18. Jahrhunderts
war der Untergang des Ancien Régime durch den Verfall des Zweiten
Standes bedingt.

Die Auffassung vom heruntergekommenen Adligen wurde im übrigen nicht nur von den Revolutionären geteilt, sondern auch von den Verfechtern der Restauration, die davon ausgingen, daß der Adel gestärkt
und mit neuem Leben aus dieser Prüfung hervorgehen werde. Noch Anfang des 20. Jahrhunderts herrschen dieselben Sichtweisen vor. Bei H. de
Carré erscheint der Adlige in moralischer Verkommenheit, bei P. de Vays-
sières trägt er seine Not mit Würde, aber beide Autoren vermitteln uns
übereinstimmend einen negativen Eindruck vom Adel als Gruppe. Später dann, in den dreißiger Jahren, schildert uns Lucien Febvre eine Figur,
die ihrer Zeit hinterherhinkt und um die Wahrung ihrer althergebrachten
Rechte ringt. In der Ideologie seiner Klasse befangen, lehnte der Adlige
die Errungenschaften der Aufklärung ab und forderte weiterhin Privilegien ein, die mehrere Jahrhunderte alt und bereits eingeschlafen waren.

Bis in die dreißiger Jahre vermittelte die Forschung keineswegs die
Vorstellung, daß der Adel in der Elite der Aufklärung seinen Platz hatte.
Dann eröffneten Forschungen aus den Vereinigten Staaten neue Perspektiven. Gegen Ende der fünfziger Jahre werteten die Arbeiten von Robert
Forster die Rolle des Adligen in der Gesellschaft des Ancien Régime teilweise wieder auf. Seither haben zahlreiche Historiker diesen For-
schungsansatz weiter verfolgt und den Adel mitunter zur aufgeklärten,
toleranten, philantropischen Avantgarde des Jahrhunderts der Aufklärung uminterpretiert. Ein vollständiger Perspektivenwechsel fand statt,
so daß sich Emmanuel Le Roy Ladurie zu der Bemerkung veranlaßt
sieht: »So stünde also alles zum Besten. Wie erklärt sich dann aber, daß
der Adel in den 1790er Jahren eine völlige Kehrtwendung gegen die Revolution vollzog und die Sansculotten ihm mit ausgesprochenem Haß

begegneten?« (Le Roy Ladurie 1984, S. V) Deutlich wird, daß es keine bündige, sachliche, gar objektive Beschreibung des Adligen geben kann, da sich kein Historiker der dabei stets mitschwingenden politischen Diskussion entziehen kann. Womit wir möglicherweise erkannt haben, daß der Historiker mit seiner Aufgabe, neue Theorien zu finden, aber auch mit seinen konservativen Tendenzen, mit seinen Zweideutigkeiten, Hoffnungen, ausweglosen Ansätzen und mehr oder weniger weiten oder begrenzten Perspektiven bei unserem Versuch, den Geist der Aufklärung zu erfassen, eine/die Schlüsselfigur ist.

Das Porträt eines Adligen im Zeitalter der Aufklärung zu zeichnen, läuft also darauf hinaus, das dialektische Verhältnis zwischen einer Gruppe an der Spitze der Gesellschaftspyramide und einem modernen Denken zu setzen, dessen Abstraktionen ihren Reiz haben mögen, das in seiner praktischen Ausformulierung jedoch riskant und am Ende gar gefährlich sein kann.

Der Adlige besitzt einen rechtlichen Status, der auf unantastbaren Attributen beruht und durch sie »demonstriert« wird. Tief verwurzelt in der Geschichte, aus der er seinen Stolz (die *nobilitas)* zieht, besitzt er in der Gesellschaft eine Prestigefunktion militärischen Ursprungs, die mit seinen moralischen Werten (der *virtus)* zusammenhängt, und ist mit Landgütern (der *certa habitatio)* ausgestattet. Seine »Welt ist die der *constantia,* der Bindung an das Dauerhafte, der Tradition, der Verachtung von Veränderungen und Neuerungen, eine Welt der habituellen Insistenz auf Erblichkeit« (Labatut 1978, S. 7). Das ist die theoretische Fassade. Sie verweist auf eine Zweite Ordnung, die je nach Land durch markante Hierarchien und Rangordnungen geprägt ist.

In Frankreich zum Beispiel haben die mit den ältesten Familien verbundenen Herzöge und Pairs die angesehensten Stellen inne und nehmen am Hofleben teil. Nach ihnen kommen die großen Familien des Amtsadels, die Geschlechter der Minister und Staatssekretäre. Darunter behaupten drei gleichgestellte Gruppen ihre Originalität: der niedere Amtsadel, der im Gerichtswesen tätig ist, der Militäradel und der Geldadel. Am unteren Ende der Skala haben wir den Landadel, der »nie in die Stadt geht, ständig auf seinen Gütern residiert, das Landleben liebt und einen Widerwillen gegen mondäne Zusammenkünfte hat« (Carré 1977, S. 107). Das ist die Grobeinteilung. »Innerhalb jeder Gruppe bildet sich [dann] nach Maßgabe von Alter und Erlauchtheit eine interne Hierarchie aus.« (Labatut 1978, S. 66) Im Laufe des 18. Jahrhunderts ge-

winnt mit Blick auf diese gelehrte Einteilung noch ein dritter Faktor an
Bedeutung: der Reichtum. Dies gilt für Europa insgesamt, für Spanien
ebenso wie für Polen.

Auf der iberischen Halbinsel gibt es 1780 119 Granden von Spanien,
553 Adlige von Kastilien und 500 000 Edelleute. Letztere teilen sich in
die Ritter *(caballeros)* und den vom König *(de privilegio)* ernannten
Briefadel *(hidalgos de carta),* die 500-Sueldos-Adligen, so genannt, weil
sie dem König für ein Gehalt von 500 Sueldos im Krieg gedient haben,
die Dachrinnen-Adligen *(de goteras),* deren Privilegien nur in ihrem
Dorf anerkannt sind, und schließlich die Hosenschlitz-Adligen *(de bra-
gueta),* die wegen der Zeugung von sieben männlichen Erben geadelt
wurden (nach Desdevises du Dézert 1925, S. 192-95). Ungeachtet dieser
subtilen rechtlichen Unterscheidungen bestimmt sich die soziale Rangstellung aber ausschließlich nach dem Reichtum und insbesondere nach
der Höhe der Grundrente.

Dasselbe trifft auch auf den polnischen Adel zu. Rechtlich sind die
mächtigen Aristokraten dem »Volksadel«, der der Bauernschaft sehr
nahe steht (Meyer 1973, S. 154), zwar gleichgestellt, aber in Wirklichkeit
sind sie durch ihren Reichtum, ihre umfangreichen Landgüter und ihre
Lebensweise doch sehr weit von ihm entfernt.

Der Adlige bewegt sich mithin innerhalb einer legitimen Gruppe,
deren innere Rangordnung sich nach zwei Faktoren bestimmt: nach
dem Alter des Geschlechts – hier wird symbolisch zwischen dem Ur-
adel, dem Hochadel und dem Adel, der in männlicher Linie bis in die
vierte Generation zurückreicht, unterschieden – und nach der Fähigkeit, seinen Rang durch Reichtum zu wahren. Die Bewußtwerdung der
Identität als Adliger geht einher mit der erklärten Absicht – und darin
macht sich bereits der Einfluß des neuen, schon zu Beginn des Jahrhunderts auftretenden Geistes, dem es um Wissen und logisches Argumentieren geht, bemerkbar –, *den eigenen Ursprung,* den Anfang zu beschreiben und sich über die Werte des Adligen Rechenschaft abzulegen. Parallel zu diesem Streben nach Selbstbestimmung entsteht das Bedürfnis,
die eigene Vorrangstellung zu rechtfertigen. Erkennen und zählen, wer
dazugehört, wird daher rasch von herausragender Bedeutung.

Dazu muß man sich aber erst einmal einig werden, wer als Adliger gelten darf und wer nicht, wer in die Adelsregister aufgenommen wird und
wer davon ausgeschlossen bleibt. Das war das Ziel der Adelsreform zwischen 1668 und 1672. Wie Jean Meyer am Beispiel des bretonischen

Adels anmerkt, »konnte keine wie immer geartete Rationalisierung der sozialen Strukturen verfehlen, große Unzufriedenheit hervorzurufen, denn im Grunde markiert die Adelsreform einen zwar unvollständigen, aber gleichwohl realen Wechsel im Kriterium der Zugehörigkeit zum Adelsstand: War dafür bisher der öffentliche Ruf und die stillschweigende Anerkennung durch die anderen gesellschaftlichen Gruppen der Region maßgebend, so mußten nun Nachweise erbracht werden [...].« (Meyer 1972, S. 53) Zwar wurde die Reform nicht immer konsequent durchgezogen, aber sie förderte doch zu Tage, daß der Adel je nach Region vielfach ein recht unterschiedliches Gepräge trug. Während in der Bretagne zum Beispiel nur 17 Prozent der Adelsfamilien nach 1550 entstanden waren, war in der Region von Lille und von Lyon, in der Franche-Comté und im Maine »der größte Teil des Adels neueren Datums« (ebd., S. 58). Dabei ist hervorzuheben, daß die Suche nach den Briefen und Chartas zur Beglaubigung einer adligen Ahnenreihe einen hohen finanziellen Aufwand erforderte. So mußte die Familie des jungen Grafen von Tilly unter großen Kosten einen gewisssen Abbé Guérin zum Tower von London, nach Dänemark und nach Vaneville in der Normandie entsenden, um die nötigen Papiere zum Nachweis ihrer adligen Herkunft beizubringen (Tilly 1828, S. 320). Ein weiterer Beleg dafür, daß die Herkunft aus einer alten Adelsfamilie und also die Legitimität als Adliger nur mit einem großen Vermögen gestützt werden konnte.

Die Zählungen waren aber bei weitem nicht vollständig und fielen, wie Jean Meyer in einer seiner Arbeiten darlegt, recht unterschiedlich aus. Abbé Coyer schätzt die Zahl der Adligen in Frankreich im Jahr 1755 auf 360 000, der Intendant Moheau kommt in seinen *Considérations sur la population de France* auf 80 000, und Abbé Sieyès zählt in seiner Schrift *Qu'est-ce que le Tiers État?* 100 000-110 000 Angehörige des Zweiten Standes (Meyer 1977).

Diese Diskrepanzen zeigen nicht nur die Grenzen des damaligen statistischen Apparats, sondern offenbaren auch, daß die Autoren bei ihren Zählungen unterschiedliche Zwecke verfolgten: Abbé Coyer prangert an, daß es zu viele arme Adlige gibt; Abbé Sieyès kritisiert, daß die Privilegierten nur eine Minderheit bilden. Aber bei beiden wird deutlich, wie ungewiß während des gesamten 18. Jahrhunderts der Status bestimmter Adliger war, der neu in den Adelsstand erhobenen ebenso wie der deklassierten. Waren erstere wirklich Adlige? Sollte man sie mitzählen? Wie groß war ihre Zahl? Inwiefern hatten sie

sich ihren Titel unrechtmäßig angeeignet? Noch mehr Beunruhigung
bereitete die Frage: Wer war kein Adliger mehr? Konnten Adlige ihren
Adel verlieren? Und wenn ja, wie? Auf welchen Kriterien sollte die
neue Kodifizierung beruhen? Welche Legitimität des Adels ginge aus
der neuen Klassifizierung hervor?

Mit Sicherheit sind in Frankreich zwischen 1710 und 1790 50 000 Personen in den Adelsstand erhoben worden – eine beträchtliche Zahl. Wieviel Tausend rutschten dagegen unbemerkt und ohne Aufhebens aus
dem Zweiten in den Dritten Stand ab? Diese sozialen Statuswechsel erklären zu einem großen Teil die außerordentlichen Abweichungen zwischen den einzelnen Schätzungen und die Dringlichkeit der Frage nach
den ersten Ursprüngen des Adels. In der Identitätssuche und der Zählung äußert sich eine nachhaltige Beunruhigung über die Natur des
Zweiten Standes. Als weiterer Ausdruck dieser Unsicherheit ist die im
18. Jahrhundert erneut auflebende historische Diskussion über den Ursprung des Adels zu verstehen.

Woher kommt der Adel? Wie ist er in Frankreich entstanden? Woher
hat er seine Legitimität? Der Graf von Montlosier faßt die Frage folgendermaßen zusammen:

»Die aufeinanderfolgenden Historiker unterschiedlicher Schattierung haben unsere Geschichte nach Maßgabe des Geistes, dem sie zuneigten, geschrieben, die
einen im Geist der römischen Gesetze, die anderen im Sinn der fränkischen Gesetze, wieder andere im Geist des Klerus, und auf einem Gebiet, das voller Verwirrung ist, neue Verwirrung gestiftet. Der Graf von Boulainvilliers und der
Abbé Duclos, der eine im Sinn des Adels, der andere im Sinn des Volkes, haben
auf diese Weise ein Skandalstück begonnen, das der Historiograph Moreau anschließend im Sinn der absoluten Herrschaft auf schlimmere Weise fortführte.«
(Montlosier 1830, S. 126)

Die Angelegenheit ist in der Tat von außerordentlicher Tragweite und
taucht in den Memoiren und Briefwechseln immer wieder auf: »Waren
das Lehnswesen und mit ihm der erste Adel Institutionen der Barbaren?
Die grundherrliche Gerichtsbarkeit eine widerrechtliche Aneignung der
königlichen Autorität? Die Zinsherrschaft ein Raub am Volk?« fragt
Montlosier und fährt fort: »Es war allgemein anerkannt, daß die Völkerschaften aus Germanien, als sie nach Gallien einfielen, sämtliche Besitz-
tümer an sich gebracht und die Einheimischen verknechtet haben […].
Daher zweifele ich nicht, daß die Schloßherren einst regelrechte Räuber
waren.« (Ebd., S. 80) Diese historischen »Entdeckungen« brachten man-

che Adlige, die in ihrem wahren Ursprung Legimität zu finden wähn-
ten, arg in Verlegenheit.

So blieben ihnen, um sich zu empfehlen, nur noch die weltlichen und
heiligen Werte des adligen Moralkodex. So war die Ehre, »die ruhmreiche Wertschätzung der Tugendhaftigkeit und des Muts«, das Beste, was
ein europäischer Edelmann erreichen konnte, und dies in erster Linie in
der Waffenführung. Aus der Ehre floß das Bewußtsein, zum Adel zu gehören, was sich auf zweierlei Weise äußerte: Die Selbstwahrnehmung als
Adliger implizierte eine Haltung, ein Benehmen, eine Sprache, eine besondere Daseinsweise; die Fremdwahrnehmung eines Menschen als Adligen äußerte sich in einem System von Vorstellungen, das alle verstanden und akzeptierten und anhand dessen der Edelgeborene auf Anhieb
zu erkennen war. Im Rahmen der Identitätssuche bot sich das als stim-
mig wahrgenommene Schauspiel des Zweiten Standes als soziales Unter-
scheidungsmerkmal und Legitimitätsprinzip an, das durch die alltägli-
chen Praktiken stets von neuem bekräftigt wurde.

Zu den Unterscheidungsmerkmalen, die die Einheit des Standes
durch einen gemeinsamen Lebensstil ermöglichen, gehört zum Beispiel
die Kleidung: »In der Gesellschaft der Ungleichheit muß sich die repräsentative Rangordnung mit der sozialen Rangordnung decken; letztere
wird durch die Repräsentation sogar strukturiert [...]. Ist der Adlige vor
allem, was er repräsentiert, und der Bürger, was er produziert, so muß ersterer vor allem scheinen und letzterer wesentlich sein.« (Roche 1989,
S. 92) Wie Daniel Roche zum »Kleiderluxus« (ebd., S. 97) anmerkt, »sind
einige sehr große Vermögen dafür verantwortlich, daß die Rolle von
Prunk und Luxus, die wachsenden Ausgaben des Höflingsmilieus zu
Zwecken der Prahlerei so bedeutend erscheint« (ebd., S. 98). In diesem
Spiel der gesellschaftlichen Wahrnehmungsweisen ist es mithin ebenso
wichtig, sich als Adliger zu sehen, wie als solcher wahrgenommen zu
werden. Doch ist die Kleidung nur das Paradigma eines umfassenderen
Ensembles, das sich als adlige Lebenskunst zusammenfassen läßt.

Nimmt diese Kunst in Paris schon bemerkenswerte Formen an, so ist
sie in der Provinz noch viel wesentlicher. M. Cubells hebt in seiner Untersuchung über das Leben des Adels in Aix-en-Provence im 18. Jahrhundert hervor, wie zahlreich die Dienerschaft, wie reich das Mobiliar, wie
wertvoll die Sammlungen und wie umfangreich die Bibliotheken waren,
woran sich eindeutig die Lebensumstände und die luxuriöse Haushaltsführung der Herren des Parlaments ablesen lassen. Diese Lebenskunst,

die sich in der Unmittelbarkeit der Erscheinung als Unterscheidungs-
merkmal zu erkennen gibt, konnte als Zeichen der Macht, aber auch als
Machtmißbrauch wahrgenommen werden. Mochten die Tatsachen mitunter auch eine andere Sprache sprechen – und Daniel Roche warnt davor, »in die üblichen Übertreibungen zu verfallen, die die Ausschweifun-
gen einer kleinen Zahl den Predigern, den Moralisten und den Historikern, die ihnen darin zu sehr folgen, diktiert haben« (ebd., S. 99) –,
der Adel ermöglichte es durch seine Selbstdarstellung, ein Porträt von
ihm zu zeichnen, das zweifellos karikative Züge trug, mit Blick auf die
darin mitgeteilten Einzelheiten aber gleichwohl authentisch war. Genau
diesen Eindruck erweckt die Beschreibung, die Henri Carré vom Tagesablauf eines Adligen liefert: Am Vormittag allem Anschein nach nichts,
oder vielmehr die vestimentären Vorbereitungen; anschließend das Diner, gefolgt von Unterhaltungen im Salon, Lektüre, Gesang, Abstecher
in die Bibliothek, Spaziergänge, Jagdpartien, Spiele (Paume-Spiel, Ball-
spiele, Federball, Billard, Tricktrack, Schach, Domino); am Abend nach
dem Souper beschließt ein galantes Fest, eine Theatervorstellung oder
ein Ball den Tag. Ein Eindruck von Leichtigkeit, Müßiggang und vor
allem von Oberflächlichkeit entsteht, wenn man sich diesen Zeitplan,
den neuere Untersuchungen widerlegt haben, vor Augen hält – obgleich
es unbestritten ist, daß die Elemente, die Henri Carré festgehalten hat,
den aristokratischen Lebensstil, und die adlige Geselligkeit wesentlich
mitprägten. In diesem Sinn ging der Blick, den die Zeitgenossen und in
ihrem Gefolge die Historiker auf den Adel warfen, vielfach in die Irre.
Andererseits verweist diese fehlerhafte Perspektive jedoch auf den Umstand, daß die überwiegende Mehrheit der Bürger das Gefühl der sozialen Distanz und der Minderwertigkeit verinnerlicht hatte, das der Adel
wünschte und pflegte, die Nichtadligen aber als Ausgrenzung aus der
Gruppe der Privilegierten erlebten.

Bleibt zu sehen, wie diese ursprünglich aufwertenden Unterschei-
dungszeichen den Adel gegen Ende des Jahrhunderts schließlich zum
Gefangenen zunehmend negativ konnotierter Repräsentationssysteme
machten. Unser Interesse ist dabei nicht, den Adel als eine Summe von
Individuen darzustellen, die letztendlich tugendhafter waren, als man
lange glaubte, sondern als eine geeinte, solidarische Gruppe, die sich mit
dem von ihnen ebenso geschaffenen wie erlittenen Lebenskodex und
ihrer adligen Geselligkeit durch eine neue Auffassung von Sein und gesellschaftlichem Werden in Frage gestellt sah.

Diese Gruppenlogik impliziert ausdrücklich eine Einheit des Adels, die sich um die Mitte des 18. Jahrhunderts jedoch keineswegs von selbst versteht. Als Vertreter eines Geschlechts, dessen lebendiger Ausdruck sie sind, als Träger der Werte ihrer Gruppe, sind die Adligen einander theoretisch gleichgestellt, so daß das erwachende Gefühl der Gruppeneinheit die Angehörigen des Zweiten Standes eigentlich miteinander verbinden müßte. Nun erweist es sich aber als unmöglich, das Porträt des Adligen anders als in Form einer kaleidoskopartigen Skizze zu zeichnen, die mehr als nur kleinere Abstufungen in der Lage der Adligen offenbart, Diskrepanzen vielmehr, die sich mitunter als unüberbrückbare Gräben zu erkennen geben.

So ist der Adlige eigentlich unauffindbar, oder vielmehr: Er zeigt überall ein anderes Gesicht. Diese Kontraste sind zunächst einmal ebenso geographischer wie historischer Art. Was haben »die Hidalgos, die den Müßiggang auf dem Land stets als untrennbare Eigenschaft des Adels betrachten und jede Arbeit als unvereinbar mit dem Glanz ihrer Titel beurteilen werden« (Campomanes 1925, S. 194), mit den Angehörigen der englischen Gentry gemein, deren »wesentliches Merkmal ihre Fähigkeit zur Anpassung an die wirtschaftlichen Gegebenheiten und zur Aufnahme neuer Mitglieder ist« (Meyer 1973, S. 221)? Der englische Adel, »der sich aus Geschäfts- und Kaufleuten zusammensetzt, belastet sich also nicht mit einem armen niederen Adel; wobei sich der Erfolg und die faktischen Privilegien dieser Gentry dem Umstand verdanken, daß es praktisch keine Tätigkeit gab, durch deren Ausübung der Adlige seine Privilegien verlor« (ebd., S. 235). Der Unterschied zwischen der Lage des spanischen und des englischen Adels ist mithin ausgeprochen groß und keineswegs nur der geographischen Entfernung geschuldet.

Mit Blick auf Frankreich fragt sich, inwiefern der Adel überhaupt eine einheitliche, zusammenhängende Gruppe bildete. Verfolgt man die einschlägigen Diskussionen, so werden zahlreiche Gegensätze deutlich. Die polemischen Auseinandersetzungen vermitteln die Vorstellung einer großen Verwirrrung in den Verhältnissen und den Eindruck, daß der Zweite Stand auseinandergebrochen ist. Zu berücksichtigen ist dabei nicht nur die strenge Rangordnung innerhalb des Adels, sondern auch ob ein Adliger dem Hofadel, dem Pariser Adel, dem Adel, der in Paris eine Residenz hat oder dem Provinzadel angehört. In Paris, wo die Teilnahme am mondänen Leben ein gewisses Vermögen erfordert, ist der Lebensstil ganz offensichtlich prunkvoller als in der Provinz und

hebt sich deutlich von der Bescheidenheit, ja Kargheit der Lebensbedingungen eines Großteils des Adels ab. Während es in Versailles, wie der
junge Graf von Tilly bemerkt, äußerst schwierig ist, bei Hof vorgelassen
und eingeführt zu werden und den Pagendienst zu absolvieren (Tilly
1828, S. 155), hat man bei seinem Onkel in der Provinz Maine ganz andere Sorgen. Die Frauen dort sind sittsam, und man geht früh zu Bett.
Der Herr, völlig in Anspruch genommen durch die Bestellung seiner Felder, »starb vor Angst, das Schloßleben und die Eintönigkeit des Landda-
seins könnten einen Wunderbaren wie mich, Tilly, vor Langeweile einge-
hen lassen« (ebd., S. 214f.).

Von grundsätzlicherer Bedeutung ist die kulturelle Zweiteilung. Sie
scheint in diesem Jahrhundert großer geistiger Umwälzungen den Adel
tatsächlich in zwei Gruppen zu spalten, die eine fähig, sich einem originären Denken anzupassen, die andere entschlossen, den neuen brennen-
den Fragen, die unter anderem philosophischer und politischer Natur
waren, mit Feindseligkeit oder zumindest mit Desinteresse zu begegnen.

Diese Zäsur innerhalb des Adelsstandes ist insofern von Bedeutung,
als der Zugang zur Kultur, der Erwerb und die Annahme einer neuen
Konzeption insbesondere der gesellschaftlichen Rangordnungen auch,
aber nicht nur, an unterschiedliche Vermögensverhältnisse gebunden
war und langfristig eine ideologische Auseinanderentwicklung des
Adels bewirkte.

Bereits als Kind las der Graf von Montlosier die Schriften von Plu-
che, *Les Entretiens sur la Pluralité des Mondes* von Fontenelle, *Gil Blas,
Don Quixote, Gullivers Reisen und Robinson Crusoe.* Als junger Mann
besucht er, den Degen an der Seite (er hat eine Stelle in der Miliz) und
das Skalpell in der Hand, einen Anatomie- und einen Chemiekurs.
»Aber das genügte mir noch nicht«, schreibt er. »Ein gutmütiger iri-
scher Kapuziner, der Beichtvater meiner Familie, legte mir ans Herz,
einen Kurs in öffentlichem Recht bei ihm zu nehmen, was ich denn
auch tat. Auf der einen Seite hatte ich also meinen Burlamaqui, meinen
Grotius und meinen Pufendorf, auf der anderen meine anatomischen Se-
zierübungen, die Grundlagen der Chirurgie von La Faye und die Anatomie von Winslow.« (Montlosier 1830, S. 35) Auch was es mit der Religion auf sich hat, möchte Montlosier wissen und liest daher Voltaire,
Rousseau, Diderot und andere Aufklärer. »Auf diese Weise wurde ich,
was man damals einen Philosophen nannte. Ich betrachtete die Unabhängigkeit als das erste Naturrecht und die Gleichheit als das Natur-

recht der Gesellschaften.« (Ebd., S. 36) »Hätte mich die Revolution in
diesem Lebensabschnitt überrascht«, bekennt er mit Ironie, »ich
glaube, ich hätte schöne Dinge gesagt oder getan.« (Ebd., S. 80) Diese
wenigen Bemerkungen zeigen, wie ausgedehnt die Bildung des jungen
Grafen aus der Auvergne war und welchen Einfluß sie auf seine politischen Anschauungen besaß.

Ganz andere Mitschüler hatte Vaublanc am Collège de la Flèche.
»Was hatte ich nach meiner siebenjährigen Erziehung im Kloster, die
zwei Jahre Pensionat in Paris mitgezählt, schon gelernt? Zwei Gesänge
aus der *Aeneis,* die Philippika gegen Catilina und die erste Rede gegen
Verres von Cicero und einige Passagen aus den Kommentaren von Cä-
sar, darin erschöpfte sich meine ganze armselige Bildung; wobei sich meinem Verständnis nur die schönen Stücke, die leidenschaftlichen Verse,
mit Leichtigkeit erschlossen. Denn diese sind so einfach, daß man sie
wie seine eigene Sprache versteht.« (Vaublanc 1857, S. 20) Sein Besuch
der École Militaire in Paris verläuft ergebnislos. Jedoch findet er in dieser Zeit, wie aus seiner Lebensbeschreibung hervorgeht, Zugang zur
Welt der Literatur und der Kultur in einem umfassenden Sinne. Aber
wie zahlreich waren in den Garnisonsstädten die ungehobelten Kerle,
die kaum schreiben konnten, niemals ein Buch zur Hand nahmen, stolz
auf ihre Vorurteile waren, sich auf ihre politischen Gewißheiten etwas
einbildeten und jedem Reformgedanken, den der Geist des Jahrhunderts mit sich brachte, verschlossen waren.

Unterschiede im Wissen, Unterschiede in den politischen Anschauungen: Die Philosophie der Aufklärung scheint, da sie von den einen geteilt, von den anderen abgelehnt oder schlicht nicht zur Kenntnis genommen wird, Unordnung in den Zweiten Stand zu bringen; und dies sicherlich auch deshalb, weil der Adel im 18. Jahrhundert im Hinblick auf
seine Funktion latent bereits gespalten war. Wissen und Bildung verschärften dieses Problem insofern, als das 18. Jahrhundert vielfältige
Möglichkeiten bot, eine in dieser Hinsicht anspruchsvolle Position zu
bekleiden und daraus gesellschaftliches Ansehen zu ziehen.

Der amerikaische Historiker G. Huppert konnte zeigen, daß sich in
Frankreich gegen Ende des 16. Jahrhunderts eine Gentry herausgebildet
hatte, die auf ihr Wissen und ihre schriftstellerischen Qualitäten bauen
konnte, »vom Bürgertum, aus dem sie hervorging«, jedoch abgeschnit-
ten war. Sie fand in der Nation keinen Halt und mußte vor den »Degen-
trägern« daher die Waffen strecken. Huppert kommt zu dem Schluß:

»Die Tugenden dieses kurzlebigen Vierten Standes, wie Montaigne sie aufführte – Frieden, Gewinn, Wissen, Gerechtigkeit und Vernunft –, waren alles in allem nicht dazu angetan, den Tugenden des Adels – Krieg, Ehre, Handeln, Tapferkeit und Kraft – in der öffentlichen Meinung den Rang abzulaufen. Um zu den höchsten Ehren zu gelangen, mußte man die Werte des Feindes annehmen. Es gab keine andere Lösung, als sich als etwas auszugeben, was man nicht war, ein ›Amphibienmensch‹ zu werden und tagsüber die Robe eines Mannes des Gesetzes und abends das Kostüm eines Edelmanns zu tragen.« (Huppert 1983, S. 274)

Anderthalb Jahrhunderte später ist der Konflikt anscheinend verschwunden. Die Forschungen von F. Bluche, J. Meyer und M. Cubells über die Parlamente von Paris, Rennes und Aix-en-Provence zeigen, daß das Verhältnis der verschiedenen Adelsgruppen nicht mehr durch Ungleichheit geprägt war und der Amtsadel, der seine Stellung nunmehr mit Stolz ausfüllte, keine negativen Vorurteile mehr zu gewärtigen hatte. »Halten wir einstweilen fest«, schreibt M. Cubells, »daß im 18. Jahrhundert nur wenige Angehörige der provenzalischen Parlaments-Familien dem Amtsadel aus freien Stücken untreu werden und eine noch geringere Zahl direkt zum Schwertadel überwechselt. [...] Der Schwertadel scheint dem Amtsadel nicht mehr en bloc gegenüberzutreten und nunmehr weder unter ihm – das versteht sich –, noch über ihm, sondern vielmehr auf gleicher Stufe neben ihm zu stehen.« (Cubells 1984, S. 58f.) Dieser Eindruck einer in sich zusammenhängenden Gruppe bestätigt sich, wenn man berücksichtigt, daß Schwert- und Amtsadel durch zahlreiche Eheschließungen miteinander verbunden sind und es bei geselligen Zusammenkünften in dieser Hinsicht keine Rangunterschiede mehr gibt. Die Freimaurerlogen sind hier ein gutes Beispiel:

»Daß in diesen privilegierten Gesellschaften die erlauchtesten Familien des Hofadels, die Magistratselite und ein Teil der Hochfinanz miteinander verkehren, muß als gesellschaftliche Herrschaftsform interpretiert werden. Die dabei sich herauskristallisierende Gleichheit betrifft nicht das Verhältnis zwischen einem Pair des Königreichs und einem Strickwarenhändler, einem Steuereinnehmer und einem Essigfabrikanten oder einem Präsidenten und einem Mitglied der Gardekapelle, sondern das Verhältnis zwischen den drei Adligengruppen, deren Zusammenkunft einigen Logen ein solches Ansehen verleiht.« (Bluche 1973, S. 73)

Wie jedoch aus verschiedenen Briefwechseln und Memoiren hervorgeht, begegnet man dem Amtsadel noch immer mit beträchtlicher Geringschätzung, sei's aus archaischem Reflex, sei's als Zeichen einer neuerlichen, noch unklar definierten Gruppenspaltung. Der junge Marquis d'Argens lehnt sich gegen seine Zukunft als Parlamentsmitglied auf: »Die Stellung, die man mir bereiten wollte, erschien mir schrecklich; ich betrachtete sie als Grab aller Vergnügungen. Das sinnenfreudige Leben eines Offiziers übte auf mich einen weit glanzvolleren Reiz aus als die mühselige Aufgabe, in fremden Angelegenheiten Ermittlungen durchzuführen und zu Gericht zu sitzen.« (Argens 1807, S. 133) Um einiges bissiger ist die Kritik, die zwei andere provenzalische Adlige einige Jahre später äußerten. Mirabeau wettert gegen die »100 000 Familien, die aus der Nation hervortraten und unsere Rechte teilen« und beschreibt »den Wahn und die Unverschämtheit der Bürgerlichen, die aus der Menge hervorzutreten streben und glauben, durch einen Brief des Fürsten, den sie um Geldes Preis erstehen, zum Adligen zu werden« (Mirabeau 1835, S. 277).

In der Bastille in Haft sitzend, malt sich de Sade aus, wie sich sein Ankläger über ihn geäußert haben mag: »Dieser kleine Kümmerling, der weder ein Präsident noch ein Rechnungsführer ist, wollte wie ein großer Kammerherr genießen! [...] Dieser kleine Landadlige wollte mitspielen, als ob es ihm erlaubt wäre, uns zu gleichen. Was! Ohne Hermelin und ohne Mörser?« (Sade 1964, S. 268) Der subjektive Charakter dieser Zeugnisse ist deshalb so interessant, weil sie deutlich zu erkennen geben, welche zwei Faktoren den Adel entzweien: die wachsende Bedeutung des neuen Adels in Verwaltung und Justizwesen und die zunehmend prägnante Macht des Geldes in den zunehmend selektiveren Hierarchien. Auch in seiner Selbstdarstellung erweist sich der Adel nicht als Einheit.

Daß aber die reichste Adelsschicht eine Einheit bildet, daß zahlreiche Edelgeborene wirtschaftlichen Unternehmungsgeist an den Tag legen, neuen Ideen offen gegenüberstehen und an der Ausarbeitung einer neuen Auffassung von Staat und gesellschaftlichen Verhältnissen mitwirkten, scheint außer Frage zu stehen und wurde schon von den Zeitgenossen erkannt. Unter diesem Blickwinkel stellt de Sade nicht ohne Zynismus die Protagonisten der 120 Tage vor:

»Man täte unrecht, zu meinen, daß nur Diebe sich mit Gelderpressungen abgaben, dieses Gewerbe hatte an seiner Spitze sehr vornehme Herren. Der Herzog von Blangis und sein Bruder, der Bischof von ..., die sich beide auf diese Weise unermeßliche Vermögen erworben hatten, sind unantastbare Beweise dafür, daß der Adel ebensowenig wie die anderen die Mittel verschmähte, um sich auf solche Art zu bereichern. Diese beiden vornehmen Persönlichkeiten [waren] eng verbündet sowohl in den Vergnügungen als in den Geschäften mit dem berühmten Durcet und dem Präsidenten von Curval.« (Sade 1986, S. 19)

Nur folgerichtig scheint es daher, wenn diese dynamische Adelsfraktion
den neuen Wertekodex akzeptiert und anerkennt, daß »dem Verdienst
eine herausragende Würde zukommt und es ein geeignetes Kriterium
ist, die außergewöhnliche Persönlichkeit zu definieren, sie aus der
Menge hervorzuheben und ihre Adelung zu rechtfertigen« (Chaussinand-Nogaret 1981, S. 59); nur folgerichtig, wenn dieser Adel mit den
Reichsten des Dritten Standes schließlich eine durch Interessengemein-
schaft verbundene »Elite« bildet. Am deutlichsten ist diese Fusion in
England erkennbar. Um ein Beispiel zu nehmen: Ein Kaufmann »erwirbt ein bedeutendes Landgut, läßt sich auf seinem Gutsbesitz nieder,
nimmt das Gebaren eines Gentleman an und glänzt durch seine Qualitäten als Gesprächspartner und Gastgeber. Er empfängt seine Nachbarn
nach allen Regeln der Kunst und gibt zu verstehen, daß er sehr ehrbare
Vorfahren hat. [...] Edelgeborene und Bürger haben zahlreiche Gemeinsamkeiten« (Labatut 1978, S. 149) und bilden eine neue Aristokratie.

Bewußt oder unbewußt macht die europäische Großaristokratie, die
sich in dieser Hinsicht mit den königlichen Staatsverwaltungen aus-
nahmsweise einmal einig ist, mit den Geldmächten gemeinsame Sache
und tendiert zunehmend dazu, Adel und Reichtum gleichzusetzen. Wie
Quesnay erklärt: »Ein Adel von dunkler Herkunft und dunklem Stand
mißt der Wertschätzung einen weniger hohen Preis zu, während Reichtum und Erlauchtheit den Hochadel, unsere Großgrundbesitzer, unsere
Magnaten bilden.« (Meyer 1973, S. 162) Politisch endete diese Sachlage
in dem Versuch, alle Adligen auszugrenzen, die ihren Rang ökonomisch
nicht halten konnten.

Dagegen aber legte der sogenannte arme Adel, der von den Prestige
verleihenden Führungsfunktionen ausgeschlossen, an den Rand gedrängt und gedemütigt war, allen erdenklichen Widerstand an den Tag.
Denn war dieser adlige Plebs auch mittellos, »er verstand sich als einzigartig und vom Volk unterschieden und mischte sein Blut niemals mit
dem vermögenden Adel« (Chaussinand-Nogaret 1981, S. 65). G. Chaussinand-Nogaret schätzt, daß mindestens tausend Familien über Jahres-
einkünfte von weniger als tausend Livres verfügten. »Die glücklichsten
unter ihnen sind Bauern, die beklagenswertesten verschämte Arme.«
(Ebd., S. 88)

J. Meyer hat ausgeführt, daß diese »Armut« mit Bedacht zu verstehen
ist. »Abgesehen von einem wirklich und im eigentlichen Wortsinn im
Elend lebenden Adel, gibt es auch einen Adel, der sich nach Maßgabe sei-

ner besonderen Bedürfnisse arm fühlt, während der Dritte Stand und vor allem das Volk auf dem Land dieses ›Reichtumsniveau‹ keineswegs als typisch für Armut empfindet. Es gibt eben wirkliches Elend und relatives Elend ...« (Meyer 1971, S. 161ff.) Gleichwohl war sich dieser Adel, der weniger arm war, als er glaubte, der Gefährdung seines Status bewußt und entwickelte daher eine Argumentation, die sich gegen die bessergestellten Adligen wandte, deren Titel von zweifelhafter Qualität oder neueren Datums war. Durchaus denkbar, daß diese Wahrnehmungsweise nach und nach von denen geteilt wurde, die in den Kleinstädten, Marktflecken und Dörfern tagtäglich mit diesem Adel zu tun hatten.

So existierten im Zweiten Stand zwei Denkweisen nebeneinander her, die eine aufgeklärt und aristokratisch, die andere entstanden im Milieu des mittellosen Adels, dessen gesellschaftliche Identität auf der Vergangenheit, auf Würde und Reputation beruhte. Letztere Sichtweise konnte durchaus von der großen Mehrheit der Bevölkerung geteilt werden. Die Dorfbewohner von Montlosier »billigten unter sich eine bestimmte Art von Adel, der sich wie überall aus dem Alter der Familien, aus ihrer Rechtschaffenheit und ihrem Talent herschrieb – Eigenschaften, die als Erbgut der Familie galten, wenn sie seit langer Zeit vom Vater auf den Sohn übergegangen waren. Der Reichtum – ich meine, der neuerworbene Reichtum – wurde allgemein als zweitrangig angesehen. Schlimmer noch war es, wenn man ihn auf unlauterem Wege erworben wähnte.« (Montlosier 1830, S. 68)

Der Zwist zwischen den Adelsfraktionen mußte schließlich zur Implosion des Zweiten Standes führen. Es fragt sich daher, inwiefern sich die 6500 Familien, die im Laufe des 18. Jahrhunderts durch Ämterkauf, Adelsbriefe und zu einem geringeren Teil auch durch unrechtmäßige Anmaßung (vgl. Cubells 1970) in den Adelsstand aufgestiegen waren, ebenso wie die armen Adligen, denen nur noch die Erinnerung an ihren einstigen Glanz blieb, einer Illusion, einem Ideal, einer Hoffnung hingaben.

Allzu lang vernachlässigt und im Spiegel einiger skandalerregender oder beklagenswerter Beispiele beschrieben, bildet der verarmte Adel je nach Region eine mehr oder weniger bedeutende Gruppe, die die allgemeine Wahrnehmung des Zweiten Standes nachhaltig beeinflußt haben muß. »Ein Grund für die beachtliche quantitative Stärke des bretonischen Adels ist in der Fülle der armen Adligen zu sehen, die eine regelrechte Adelsplebs bilden. Ein Drittel des Adels von Saint-Brieuc ›geht

am Bettelstab‹. In Plouha zahlen nur zwei Familien 30 Livres Kopfsteuer, eine zahlt 22 Livres, eine weitere 15 Livres, elf dagegen zahlen 9
Livres, vier zahlen 4 Livres 10 Sols und vierundzwanzig Familien von
insgesamt vierundsechzig sind außerstande, die Kopfsteuer zu entrichten. Nimmt man zu diesem unteren Drittel, das am Rande des Elends
lebt, jene hinzu, die unter 10 Livres zahlen, kommt man auf 70 Prozent
der Gesamtzahl. Addiert man noch die sieben Prozent dazu, die zwischen 10 und 20 Livres entrichten, so ergibt sich, daß der im Elend lebende Adel, der sich – wie das örtliche Sprichwort »Noblaz plouha,
noblaz netia« festhält – in vielen Fällen durch nichts von der übrigen bäuerlichen Bevölkerung unterscheidet, unglaubliche 77 Prozent ausmacht.«
(Meyer 1972, S. 35f.) Ein extremes Ergebnis, welches durch die in der Bretagne mögliche »Dormition« des Adelstitels noch abgeschwächt wird, die
es einem in finanzielle Bedrängnis geratenen Adligen erlaubt, einer Tätigkeit nachzugehen, durch die er anderswo seinen Titel verliert.

In anderen Regionen hat die Verarmung des Adels weitreichende politische Konsequenzen. In der Provence emanzipieren sich die Dorfgemeinschaften des Lubéron infolge der finanziellen Schwierigkeiten
ihrer Grundherren von der Vorstellung, sie hätten ihren ruinierten Herren weiterhin mit Achtung und Ehrerbietung zu begegnen. Der Fall des
Marquis de Sade, der von M. Vovelle untersucht wurde, wirft darauf ein
schlagendes Licht. »Wenn das Dorf Lacoste den Marquis nicht desavou-
ierte, so lag das möglicherweise schlicht daran, daß es sich die Abwesenheit seines Herrn zunutze machte und ohne viel Aufhebens schon vor
der Revolution mit der alten Ordnung brach.« (Vovelle 1968, S. 23ff.)
Dieser durch den Ruin mancher Adliger heraufbeschworene Bruch innerhalb der traditionellen Strukturen ist durch die zahlreichen Prozesse
zwischen Dorfbewohnern und Grundherren sowie durch die vielfältigen Klagen gegen die grundherrliche Gerichtsbarkeit gut belegt. Was
nicht heißt, daß es nicht auch zahlreiche Gegenbeispiele für die wirtschaftliche Prosperität des Adels und eine gelungene Symbiose zwischen Grundherren und Dorfbewohnern gab.

Aber es geht uns hier nicht darum, das quantitative Verhältnis zwi-
schen armem und reichem Adel zu bestimmen und daraus systematische
Schlüsse zu ziehen. Auch ist es nicht unser Anliegen, ein paar lasterhafte
Invididuen vorzuführen und dann auf die allgemeine Dekadenz des
Zweiten Standes zu schließen. Denn es erscheint ebenso unsinnig, einen
»Niedergang« wie einen »Aufstieg des Adels« im Jahrhundert der Auf-

klärung skizzieren zu wollen. Die Überprüfung der einen wie der anderen Annahme anhand von Beispielen führt zu keinem stichhaltigen Ergebnis. Oder vielmehr: Sie führt zu dem Ergebnis, daß der Adel keine völlig homogene Gruppe mehr darstellt und das Jahrhundert mit seinen Neuerungen den Zweiten Stand in zahlreiche, vielfach gegensätzliche individuelle Schicksale zerstreut hat.

Verstand es der Adel, sich an diese neue Konzeption der sozialen Schichtung, in deren Mittelpunkt das Individuum, seine wirtschaftliche Funktion, sein Geldwert und sein Wissen steht, anzupassen? Hat er sich in der Summe dieser extremen Unterschiede wiedererkannt? Fühlten sich diejenigen, »deren zickzackförmige Laufbahn ein Ausdruck der Instabilität der materiellen, sozialen und politischen Lage der europäischen Adelsklassen war« (Meyer 1973, S. 21), und diejenigen, die, einer eher philantropischen Philosophie folgend, als Träger einer neuen Form von Macht auftraten, real derselben Gruppe zugehörig?

Adlige des Tages, Adlige der Nacht – so könnte man die Dichotomie zwischen dem aufgeklärten Teil der Aristokratie und jenen eher unscheinbaren Adligen beschreiben, deren existentielles Unbehagen Ausdruck einer realen Deklassierung war. Zwei Gruppen mithin, in denen die sozialen Unterschiede innerhalb des Zweiten Standes zum Vorschein kamen.

Unter den dynamischen Adligen lassen sich drei Typen unterscheiden: der Industrielle, der Grundeigentümer und der Militär. G. Richard untersuchte nahezu eintausend Adelsfamilien, die am wirtschaftlichen Wandel des 18. Jahrhunderts mitwirkten, sei es im Kolonialhandel oder in Gewerbezweigen, die wie der Bergbau und die Hütten-, Textil- und Chemieindustrie grundlegender Neuerungen unterworfen waren.

Um das Hindernis der Deroganz-Bestimmung aus dem Weg zu räumen, wurde über einen Zeitraum von nahezu einhundert Jahren ein Gesetzeswerk geschaffen, das den Adligen nach und nach die Möglichkeit eröffnete, gewerblich aktiv zu werden. So durfte sich der Adel seit 1669 im Seehandel, seit 1681 in der Reederei und im Schiffsbau, seit 1686 in der Seetransportversicherung, seit 1701 im Großhandel und seit 1767 im Manufaktur- und Bankenwesen betätigen (Richard 1974, S. 18). Auf diese Weise bildete sich im Laufe des 18. Jahrhunderts ein regelrechter Geschäftsadel heraus, dessen Motivation zwar feudal, dessen Anliegen aber bürgerlich waren. »Durch ihre Bekehrung zum Industriekapitalismus sicherte die Grundeigentümeraristokratie ihr Überdauern und bewahrte sich in der im Werden begriffenen Gesellschaft den ersten Platz, den sie schon im Rahmen des Ancien Régime innehatte.« (Ebd., S. 18f.)

Ein Musterbeispiel ist in dieser Hinsicht die Familie Dietrich aus dem Elsaß. Jean III. Dietrich (1715-1795) erbt die Hütten und Zechen von Jaegerthal. Mit Hilfe seines Schwagers, des Bankiers Herman, kann er die 1,1 Mio. Livres auftreiben, die er für den Kauf seiner Ländereien, die Finanzierung seiner Innovationen und die Verwirklichung seiner Bauvorhaben benötigt. Die gesellschaftlichen Weihen erhält er im Jahr 1761 mit der Verleihung des Adelstitels. Daraufhin bricht Jean III. mit allem, was an seine bürgerliche Herkunft erinnert, um sich ausschließlich seinen Ländereien und seinem Industrieunternehmen zu widmen. Schon bald besitzt der König des Eisens, wie man ihn nannte, fünf der acht Hochöfen, die der Finanzbezirk zählte, und befehligt 1500 Arbeiter und 300 Bergleute. Sein Sohn Philippe Frédéric hatte als Bergbau-, Hütten- und Fabrikinspektor von Frankreich sowie Mitglied der Académie des Sciences das Zeug, die Nachfolge anzutreten (Richard 1974).

Am anderen Ende Frankreichs bringt sich der Adel im Bereich der Gutsverwaltung gesellschaftlich zur Geltung. In Vieillevigne, einem einige Hundert Einwohner zählenden Dorf südöstlich von Toulouse, nennt der Marquis d'Escouloubres ein beträchtliches Vermögen sein eigen. Außer seinem Landgut besitzt der Marquis drei Pachthöfe und vier Gehöfte, die ihm Jahr für Jahr sechstausend Livres einbringen. Hinzu kommen die grundherrlichen Rechte, der Grundzins, die Bannrechte, der Lehnsvorkauf, die Besitzwechselabgabe (*lods et ventes*), die Teilfrucht, der Frondienst und das Jagdrecht (Forster 1960, S. 31ff.). Dies scheint kein Einzelfall in der Gegend um Toulouse zu sein. Und auch in der Region von Bordeaux und Rennes traf R. Forster auf Spuren derselben Vitalität. In den Augen des amerikanischen Historikers

»besteht die Reaktion der Grundherren in einer geschickten Anpassung an den in voller Expansion begriffenen Agrarmarkt. [...] Diese Anpassung impliziert mit Blick auf die Gutsverwaltung die Anwendung einer Reihe von Methoden, insbesondere die verstärkte Durchsetzung der grundherrlichen Rechte, die Verfolgung verschuldeter Bauern, die Abschaffung der Gemeinderechte und die Einzäunung der Almende. Darüber hinaus versucht der Großgrundbesitzer seinen Einfluß auf das örtliche Parlament geltend zu machen und vertritt im Bereich des Handels mit den umliegenden Städten die physiokratischen Theorien ›über den guten Getreidepreis‹. Diese Aktivitäten erwecken nicht gerade den Eindruck einer Klasse von *absentee landlords* oder einer Schicht, die in archaischen Vorstellungen befangen ist.« (Forster 1963, S. 681ff.)

Andererseits läßt sich auch die These vertreten – und R. Forster weist selbst auf diese Zweideutigkeit hin –, daß die beschriebene Dynamik zahlreicher Grundherren einer mimetischen Anpassung an die bürgerliche Lebensweise entsprang, die sich mit ihren Wertvorstellungen von Disziplin, strenger Verwaltung und Mäßigung des Zweiten Standes im Laufe des Jahrhunderts aufdrängte. Der Adel hätte seine Machtinstrumente (Grundbesitz und Lehnsrechte) somit an eine neue Ethik angepaßt. Mehr noch: Er hätte ein symbolisches Prestige geopfert, das zu einem Großteil auf festen, ausgeglichenen Beziehungen zu den Dorfgemeinschaften beruhte, um in einen Kapitalbildungsprozeß einzutreten, der ihn in die Nähe des Bürgertums rückte, dessen wirtschaftlicher Rivale er dadurch wurde.

Diese Interpretation, deren politische Konsequenzen unverkennbar sind, verdient insofern Beachtung, als sie nahelegt, daß die Dynamik und die Vitalität des Adels auf die stillschweigende Anerkennung der wirtschaftlichen und sozialen Überlegenheit eines anderen Modells zurückzuführen ist. Wie ging der Adel mit dieser faktischen Verbürgerlichung um? Liefen die Adligen durch die Bezugnahme auf ein Denken, das sich außerhalb der Bahnen der feudalen Vorurteile und adligen Vorrechte entwickelte, nicht Gefahr, die Legitimität ihrer Macht zu untergraben? Besteht nicht gerade darin die ganze Zweideutigkeit der Militärreform von 1781?

Stürzte sich der Adlige mitunter erfolgreich in das Abenteuer der modernen Ökonomie und Agronomie, so konnte ihn im Prinzip nur die militärische Laufbahn davon abhalten, und genau mit Blick auf sie rechtfertigte er auch seine Privilegien und seinen eigentlichen Wert. »Der wahrhafte Adel kommt aus den Waffen, und durch die Waffen hat er sich aufrechtzuhalten. Die Kriegsführung ist zugleich eine wesentliche Bedingung seines Bestehens und seines Überdauerns.« (Vaissière 1986, S. 247)

Ungeachtet dieses Grundsatzes machte nicht jeder, der die militärische Laufbahn einschlug, eine glanzvolle Karriere. Zahlreiche Memoiren schildern, wie häufig Enttäuschungen waren, wie vorzeitig viele ihre militärische Karriere aufgaben. Der Graf von Tilly beschreibt das Garnisonsleben folgendermaßen:

»[…] nur mit mir beschäftigt, von meiner Person eingenommen, vom Eigendünkel über meine bisherigen Abenteuer aufgebläht, mit mir überaus zufrieden und vollkommen überzeugt, ich würde es weit bringen […], so langte ich in Falaise an […]. Das Leben, das ich in Falaise führte, war himmelweit von alledem

verschieden, was ich bisher [...] getrieben hatte [...]. Da gab es anstatt der Freuden der Hauptstadt Dragoner, die von Zeit zu Zeit einexerziert, zugestutzt und
bearbeitet werden mußten, – Offiziere, die dem Neuangekommenen nicht alle
mit Liebenswürdigkeit entgegenkamen, alte Haudegen, die im Subalterndienst
grau geworden [...] und vor allem die militärische Disziplin und einen ins
Kleinste und Kleinliche getriebenen Gamaschendienst, den ich lernen und dem
ich mich unterwerfen mußte. Überdies war Falaise eine recht häßliche, kleine
Stadt mit wenigen hübschen Frauen, die aber ziemlich streng bewacht wurden,
und mit vielen anderen – die keines Wächters bedurften.« (Tilly 1923, S. 65)

Die Männer in Uniform, die sich vielfach nicht gerade mustergültig be-
nahmen, waren Zielscheibe heftiger Angriffe. »Im Jahr 1756 machten
sich die Leutnants und Kapitäne in Eu an manchen Abenden einen Spaß
daraus, Zünder durch die offenen Fenster der Bürgerhäuser zu werfen.«
Andernorts, so wird berichtet, brüstete sich im Jahr 1671 ein junger Adliger damit, »die Befehle des Intendanten zu mißachten; er glaubt sich
nicht zu demselben Gehorsam verpflichtet wie ein Bürger« (Bluche
1973, S. 45).
   Eine mittelmäßige Karriere, wenig Gelegenheit zu kühnen Taten und
eine vielfach schlechte finanzielle Situation kennzeichneten die Lage des
Militäradels, und dies wurde auch durch die Rückkehr ins zivile Leben
nicht aufgewogen: »Die Provinzen sind voll mit Trägern des Saint-
Louis-Kreuzes, mit Leuten, die, mit einer Pension versehen, nicht mehr
als vierzig Jahre alt sind, in ihrem besten Alter, und die noch lange und
gut dienen können. Diese Leute sind für den Staat von keinerlei Nutzen,
sie ruinieren und entehren ihn, sie sind weder Bürger noch im Stande,
aus den ihnen zuteil gewordenen Gnadenerweisen Gewinn zu schlagen.« (Torcy in einem Schreiben vom 17. März 1758, zit. n. Tuetey 1908,
S. 132)
   Unbehagen bereitet auch, daß zahlreiche Adlige für den Militärdienst
aufgrund ihrer finanziellen Notlage nicht in Frage kommen und durch
wohlhabende Bürger ersetzt werden. Deshalb »müssen Wege gefunden
werden, den Lebensunterhalt des armen Adels zu sichern, der nicht
mehr verlangt, als zu dienen«; denn wenn diesen Leuten kein Ausweg geboten wird, wenn ihnen keine »Ausbildung und Unterstützungszahlun-
gen gewährt werden, die es ihnen ermöglichen, in diesem Dienst zu
kämpfen, sind sie für den König verloren. Ihre Zahl ist schon viel zu
groß ...« (Projet d'écoles militaires [nichtgezeichnetes Gutachten um
1742], zit. n. ebd., S. 34)

Die Waffenführung steht rechtmäßig dem Adel zu, und die Einführung neuer Parameter – und sei es die Macht oder das Geld – würde unweigerlich zur Schwächung des Zweiten Standes insgesamt führen. Was im Bereich von Geschäftsführung und Gutsverwaltung verständlich und akzeptabel war, ist hier undenkbar.

»Der Adel empfindet es als demütigend, daß ihm die Stellung streitig gemacht wird, die seine Vorfahren besaßen und in ihrem Blut zementiert haben. Die Reichtümer, die alles verderben und alle Unterschiede zerstören, die Ehre und Ruhm zwischen den Bürgern errichtet haben, gelten heutzutage als ausreichender Titel, um auf jede beliebige Stellung Anspruch zu erheben. Nicht ohne Grund sage ich voraus, daß diese Verwirrung der Rangunterschiede verhängnisvolle Folgen haben wird. Schon jetzt ist sie dafür verantwortlich, daß der Adel Anstrengungen machen muß, um die Auszeichnung aufrechtzuerhalten, die ihn für immer von den Nichtadligen trennen sollte. Forderungen werden erhoben, Ränke geschmiedet und niedere Mittel angewandt, um sich über die Stellung zu erheben und die Stellung zu verlassen, deren man sich einst rühmte und die man verachtet, seit andere das Recht haben, sie ebenfalls einzunehmen.« (Bohan)

1781 erreicht die Reaktion gegen diese Verwirrung ihren Höhepunkt. Das in diesem Jahr erlassene neue Militärreglement sieht vor, daß nur Adlige, die die Ahnenprobe in männlicher Linie bis zur vierten Generation erbringen, den Offiziersgrad erwerben können. Wie David Bien zeigen konnte, richtete sich diese Reform keineswegs gegen die Nichtadligen: »Der Armeeausschuß, der das Reglement von Ségur erörterte und annahm, wußte sehr wohl, daß sich das Offizierskorps seit vielen Jahren nahezu ausschließlich aus den Reihen des Adels rekrutierte.« (Bien 1974, H. 1, S. 23ff.) Zweck der Reform war vielmehr, das Los der Offiziere durch die Verleihung eines unbestreitbaren Status zu verbessern, und diese Absicht erforderte die Bildung einer homogenen, motivierten und fachlich qualifizierten Gruppe, die aus dem Adel, der in männlicher Linie bis in die vierte Generation zurückreicht, rekrutiert wurde. Gegen wen richtete sich die Reform also? Gegen die neuen Adligen, gegen die Geadelten.

»Die Armee sah in ihnen eine Gruppe von Zivilisten, die als solche zusammenhielten und gleichermaßen reich waren. Sämtliche Angehörige dieser Gruppe konnten es sich leisten, kostspielige Ämter zu kaufen, und alle, oder nahezu alle, hatten Söhne, die imstande waren, die Kosten des Militärdienstes eines Offiziers zu bestreiten. Manche Familien hatten den Laden gerade verlassen, andere waren durch Rechtsberufe und juristische Aufgaben fest darin verankert [...].

Wenn die Armee beabsichtigte, nicht die Bürgerlichen, sondern die reichen Adligen ohne Militärausbildung aus dem Offizierskorps hinauszusäubern, dann zeigte das Reglement von Ségur Wirkung.« (Ebd., H. 2, S. 515)

So war die Zielsetzung der Reform von 1781, die dem Adel aufgenötigt wurde, an sich insofern positiv, als sie einem der Aspekte der Aufklärungsphilosophie Rechnung trug: der Bedeutung von Bildung, Ausbildung und Umfeld, und dies mit Blick auf Verbesserungen im Bereich der Waffenführung, die zunehmend als Beruf betrachtet wurde. Gleichwohl machte sich der Militäradel wie schon die adligen Grundherren von Toulouse den Geist des Jahrhunderts insofern zu eigen, als er ein Modell bekräftigte, das unweigerlich und logischerweise als rückwärtsgewandt galt: die Ahnenprobe in männlicher Linie bis zur vierten Generation. Drei mögliche Adlige also, drei exemplarische Aristokraten: der Industrielle, der landsässige Edelmann und der neue Offizier, allesamt Verkörperungen einer aufgeklärten Elite. Damit ist unsere Porträtgalerie aber noch keineswegs erschöpft.

Am anderen Ende des Zweiten Standes, im Dunkel der Marginalität, zeichnet sich ein nicht weniger reales Bild von Unordnung, Protest und dumpfem Aufbegehren ab, das die soziale Wirklichkeit des Adels in der zweiten Hälfte des 18. Jahrhunderts ebenso authentisch beschreibt wie die soeben ausgeführten Erfolgsporträts. Dabei scheint es angebracht, die moralisch konnotierten Begriffe »Niedergang« und »Dekadenz« zu meiden und besser von Deklassierung zu sprechen. Die Elendsten erleben diese Deklassierung als unabwendbares Schicksal: »Der Adel geht nach und nach in der gemeinen Masse der Bürgerlichen unter.« Doch viele klammern sich an ihren Titel, den letzten Halt ihrer Würde, die letzte Zuflucht vor der völligen Verelendung.

Im Jahr 1763 nehmen vier der Gebrüder Parigny am Siebenjährigen Krieg teil; nur einer kehrt wohlbehalten auf sein Landgut in Sainte-Maure in der Touraine zurück. Dort erwarten ihn große Schwierigkeiten. Die Felder sind nach fünfundzwanzigjähriger Brache in einem äußerst schlechten Zustand, »das Wohnhaus ist gänzlich verfallen und kann von jedem betreten werden; Teile des Gebälks, die Türen, die Fensterkreuze und -läden, die Schlösser und selbst die Bedachung sind entwendet worden; die Scheune und die Ställe sind völlig eingefallen, und sämtliche Obstbäume wurden geschlagen«, schreibt der ehemalige Soldat 1766 an den leitenden Beamten des Generalkontrollamts. Um die Re-

paraturen, die erneute Urbarmachung und das nötige Saatgut zu finanzieren, muß Parigny Schulden machen.

Im Jahr 1771 hat sich die Situation weiter verschlechtert. Parigny hat
gegen einen Wucherer einen Prozeß verloren und wird von ihm verfolgt. In der Zwischenzeit waren der Stall und die halbe Scheune einge-
stürzt. Was sollten die Dorfbewohner, die Feldarbeiter und Bauern von
diesem Schauspiel der Armut denken, die zwar mit Würde getragen
wurde, gleichwohl aber eine unbezweifelbare Deklassierung offenbarte? Auf welche Legitimität konnte sich dieser Adel gründen? Blieb
zwischen dem Mitleid des Feldarbeiters und der Unnachgiebigkeit des
Wucherers noch Raum für die Achtung oder auch nur für die gesellschaftliche Anerkennung, die mit dem Status als Adliger verbunden waren? Dabei hatte Parigny noch seine Ehre bewahren können; nie fehlte
er gegen seine Ehrbarkeit. Was sollte man da erst von all denjenigen denken, die sich wie gesetzlose Gesellen aufführten und das Bild einer typisch adligen Kriminalität prägten?

Zahlreiche Geschichten waren darüber im Umlauf. Trotz gelegentli-
cher Übertreibungen bilden sie ein Bündel von Hinweisen auf das, was
J. Meyer als »Unbehagen des Adels im 18. Jahrhundert« bezeichnet.
Daß diese Gesetzesverstöße nur von einer Minderheit begangen wurden, unterliegt keinem Zweifel; daß sie einer Trennung vom Zweiten
Stand gleichkommen oder Ausdruck der Unfähigkeit sind, seine Rangstellung zu wahren, ist ebenso deutlich. Unter diesen Bedingungen versteht es sich beinahe von selbst, daß die skandalerregenden Tatbestände
übertrieben und mitunter entstellt wurden, waren die Täter doch eigentlich mit der tugendhaften Reproduktion eines gesellschaftlichen Modells betraut, für das sie nun nicht mehr die Verantwortung übernehmen
wollten. In ihrem Verhalten konkretisierte sich die Möglichkeit des Zu-
sammenbruchs des Adels.

Aufschlußreich ist in diesem Zusammenhang das Duell. Man könnte
meinen, es sei seit dem Ende des 17. Jahrhunderts weitgehend außer Gebrauch gekommen, aber nur in wenigen Memoiren ist davon nicht die
Rede. »Man schlägt sich mit und ohne Grund; selbst die Robenträger
zücken den Degen und haben damit gegen die Militärs mitunter sogar
Erfolg.« (Bluche 1973, S. 45) Auch der Graf von Montlosier, der alles andere als ein Säbelraßler war, mußte sich zweimal einem Duell stellen.
Sein Bruder, der in einer Auseinandersetzung einen Sohn aus gutem
Hause tötete, bereitete seiner Familie große Schwierigkeiten. Tilly bestä-

tigt diesen Eindruck: »Frankreich ist das Vaterland des Duells. [...] Nirgendwo anders begegnete mir diese verhängnisvolle Reizbarkeit, diese traurige Neigung, sich beleidigt zu fühlen und eine Kränkung zurückweisen zu wollen. [...] Ich sage nicht, daß diese Klasse [der Duellanten] zahlreich war; allein, es gab sie, und das ist Beleg genug für die Duelliermanie, die die Nation heimsuchte, sowie für das Vorurteil, welches stillschweigend zum feststehenden Grundsatz erklärt, daß nichts so adlig und großartig ist wie diese Art von Kühnheit.« Andere Beobachter haben den selbstzerstörerischen Symbolgehalt des Duells eindringlich beschrieben.

Aber es gab noch andere, weitaus gefährlichere Verhaltensweisen, die den Zweiten Stand nachhaltig in Verruf brachten. Etwa die Affäre Beaulieu de Montigny im Jahr 1737. Der junge Offizier tötete einen Ehemann, der sich nicht gefällig zeigte... Trotz wiederholter Bittgesuche seitens seiner Familie verurteilt ihn das Gericht zum Tode durch Enthauptung. Im Jahr 1768 ließ der junge Herzog von Fronsac, ein Sohn des Maréchal de Richelieu, in der Rue Saint-Honoré bei hellichtem Tage ein junges Mädchen entführen, das die Polizei in der Wohnung eines Zuhälters wiederfand. Um die Affäre zu ersticken, wurden beträchtliche Pressionen ausgeübt, denn wie der Buchhändler Hardy berichtet, »seufzte man im Geheimen unablässig, ein schreckliches Verbrechen, das jeder anderen Privatperson die strengste Bestrafung eingebracht hätte, könnte in der Person eines Großen ungesühnt bleiben«. Aufschlußreich ist auch die Eskalation der Gewalt, die den Fall des Marquis de Pleumartin, Victor Ysoré, kennzeichnet.

»Er liebte einigermaßen grausame Späße. [...] Eines seiner Lieblingsvergnügen bestand darin, Bauern mit der Drohung, sie hinabstürzen zu lassen, an einer Turmspitze aufzuhängen. Der Bruch mit der Moral und der öffentlichen Ordnung war vollendet, als der Marquis am 9. März 1753 vier Amtsdiener folterte. Als der Polizeioffizier von Châtellerault ihn am 10. Juni in Gewahrsam nehmen sollte, tötete er zwei Männer und fügte einem weiteren schwere Verletzungen zu. Nachdem er im Januar 1755 schließlich verhaftet wurde, starb er noch vor der Hinrichtung in seiner Zelle.« (Carré 1977, S. 170f. u. S. 298ff.)

Zwei spektakuläre Fälle von Deklassierung gewähren Einblick in das Unbehagen einer bestimmten Adelsschicht. Dabei standen dem Marquis de Sade und dem Grafen von Mirabeau zwei gleichermaßen übersteigerte Reaktionsweisen offen: Entweder sie verhalten sich reaktionär, klammern sich an ihre Privilegien und bestreiten damit ihre Marginalisie-

rung, oder aber sie finden sich mit ihrem sozialen Fall ab und wünschen
das Ende des Regimes, das ihnen keinen privilegierten Status mehr garantieren kann, herbei, oder sehen es zumindest voraus.

Wenn der Marquis an seine Frau schreibt: »Glauben Sie mir, wir
haben der Dauphiné und der Provence lange genug ein Schauspiel geliefert. In den Archiven von Valence steht mein Name neben dem von Man-
drin« (Sade 1964, S. 84f.) – so gibt sich die Schande einer ganzen Familie
zu erkennen. Die Deklassierung gelangt als sozialer Skandal an die Öffentlichkeit und wird jedenfalls als schwerer Raub erlebt.

Der soziale Abstieg von Sade und Mirabeau weist in seinem Verlauf
Parallelen auf, die von M. Vovelle eindringlich dargestellt wurden. Die
Schwächung ihrer Stellung beginnt bei beiden Adligen mit einer »wirtschaftlichen Katastrophe«. Sade ist nicht in der Lage, seinen Gutsbesitz
ordentlich zu verwalten. Während seine Einkünfte im Jahr 1769 13 329
Livres betragen, belaufen sie sich zwanzig Jahre später lediglich auf
14 425 Livres. »In einer Zeit, in der die Rente überall ansteigt, ist diese Stagnation bereits ein Anzeichen von Niedergang.« (Vovelle 1968, S. 36) Bei
Mirabeau trägt der Niedergang noch deutlichere Züge. Beliefen sich seine
jährlichen Einkünfte zwischen 1772 und 1774 auf 27 000 Livres, wird er
in den folgenden Jahren einen Schuldenberg von 161 116 Livres anhäufen
(*Mémoire à consulter et consultations pour Madame la Comtesse de Mirabeau*, 1783). Die Unordnung in der Gutsverwaltung spricht Bände: Die
Fälle von Forstfrevel nehmen ebenso überhand wie die gerichtlichen Hän-
del zwischen Dorfgemeinschaft und Grundherrn. »Dieser ausgabenfreu-
dige, verschwenderische und oberflächliche Adel, der seine Güter auf
dem Altar mondäner Festlichkeiten opfert, bietet ein überaus abstoßendes Bild seiner Klasse. Dolce vita oblige ...« (Vovelle 1968, S. 36)

Ein weiteres Stigma der Deklassierung ist die Gefängnishaft. Die beiden Rebellen erfahren die Demütigung einer Inhaftierung in der Bastille, in Vincennes, in Pontarlier und im Château d'If und werden von
ihrer Gruppe gemieden. Damit könnten wir die Beschreibung der Ausgrenzung dieser Unruhestifter abschließen. Indes tritt zur Deklassierung hier noch der Umstand hinzu, daß die beiden Libertins ihre Ausgrenzung gedanklich fruchtbar machten und zur Gesellschaftskritik
wandten. »Der Libertin schließt sich nicht nur aus, er kann sich auch aus-
schließen.« (Delon 1983, S. 76ff.)

Sades Position gegenüber der Religion und Mirabeaus Verhältnis zur
Willkür der Monarchie können daher als Versuch gelten, den eigenen

»Niedergang« in eine Destabilisierung der herrschenden Ordnung umzuinterpretieren.

Die sexuelle Ausschweifung wird faktisch zu einem politischen Verhalten. Unsere beiden Adligen betrachten das Boudoir als Experimentierfeld, auf dem die sexuellen Triebe Situationen mimen, die aus einem Konflikt mit der Macht resultieren. Die Rollen der Liebenden sind gemäß einer klar formulierten sozialen Ungleichheit verteilt: Herr und Sklave, Unterdrücker und Unterdrückter, Henker und Opfer. So daß der »Sadist« am Fall, am Untergang, am Verlust der Würde seines Opfers und der »Masochist« im Schmerz, in der Unterordnung und in der Hinnahme seines Untergangs Lust empfinden. Mirabeau und Sade haben diese Logik der Macht am eigenen Leib, aber auch in ihrer Literatur erfahren. Die Perversionen, die Sade und Mirabeau sich ausgedacht und beschrieben haben, sind als Gestalten einer umgetriebenen, überschießenden und – nach einem Wort von Foucault – peripheren Sexualität zu verstehen. Sie spiegeln eine erniedrigende Deklassierung, in der sich die Wahrheit des Weltverhältnisses der beiden Adligen verrät: Ihre schwierigen Familienverhältnisse – Mirabeau wird von seinem Vater, der sich weigert, ihm aus seinen finanziellen Schwierigkeiten zu helfen, mit mehreren königlichen Geheimbefehlen ebenso hartnäckig verfolgt wie Sade von der amtsadligen Familie seiner Frau – sind Ausdruck der überaus rauhen gesellschaftlichen Beziehungen innerhalb dieser eng umgrenzten Gruppen. »So hat der immer wiederkehrende Inzest in Sades *Die Wonnen des Lasters* und in Mirabeaus *Der gelüftete Vorhang* keine andere Bedeutung, keine andere Funktion, als die Unmöglichkeit einer gelungenen Integration darzustellen.« (Rustin 1979, S. 239f.)

Sades Beschreibung der Grausamkeit und Härte des Libertins ist als Anspielung auf die Grausamkeit und Härte zumal der politischen Machthaber zu verstehen. Als Vereinzelter und sexuell Deklassierter kann der Libertin in aller Ruhe – die Justiz mußte in den Jahren 1768, 1774 und 1775 wiederholt wegen seiner Gewalttaten gegen Frauen und Mädchen einschreiten – die Beweggründe des Henkers schildern (vgl. Lely 1962, S. 114ff.). Erreicht die »Krankheit der Gesellschaft« nicht ihren Höhepunkt, als Sade am Morgen des 27. Juni 1772, von Prostituierten ausgepeitscht und von seinem Knecht sodomisiert, seinen Diener Latour in spöttischer Verkehrung als »Monsieur le Marquis« (ebd., S. 115) betitelt?

In diesem Sinn ist die »sadistische« Literatur als Negativ zu verstehen: Die Beschreibung des Räderwerks der Macht eröffnet die Möglichkeit

zum Umsturz. Bei Mirabeau tragen die Deklassierung und die zu be-
wußter Rebellion gegen den Zweiten Stand gewandte Entzweiung mit
dem Adel eher politische, wenn auch nicht weniger heftige Züge. Bereits
1776 attackiert er das Regime der absoluten Monarchie und vergleicht es
mit dem »Despotismus, der keineswegs eine Regierungsform ist; [denn]
wäre dies der Fall, so handelte es sich um eine kriminelle Räuberbande,
gegen die sich alle Menschen zusammenschließen müssen« (Mirabeau
1935, S. 72).

Aus diesen Porträts ergibt sich der Eindruck, daß der Adel einem im
Alltagsleben erfahrbaren und erlittenen Zersplitterungsprozeß unterliegt. Dennoch sind alle Angehörigen des Standes Adlige und verstehen
sich als solche. Dies ist dem Umstand geschuldet, daß die Adeligen auch
das Produkt eines ideologischen Diskurses sind, der sie aneinander-
schweißt, ihnen Identität verleiht, ihre gesellschaftliche Höherstellung
sichert und ihr Dasein in Vergangenheit, Gegenwart und Zukunft rechtfertigt.

Sobald sich die Produzenten dieses Diskurses aber ändern oder die
für unangreifbar und unwidersprochen gehaltenen Wahrheiten in Frage
gestellt werden, geben sich die Buntscheckigkeit des Zweiten Standes
und die tiefen Brüche, die diese Klasse durchziehen, zu erkennen, so daß
das vielfältige Schicksal des Adels nun in einem neuen Licht erscheint.

Dabei läßt sich durchaus vertreten, daß diese Zersplitterung nicht erst
im 18. Jahrhundert auftrat. Standesunterschiede innerhalb der Adelsschicht sind bereits für das 16. und 17. Jahrhundert belegt. Die Identi-
täts- und Legitimationskrise des Adels ist nicht unbedingt ein neues Phänomen. Denn schon zwischen 1560 und 1650

»hat der Adel Selbstzweifel, er ist mit Selbstsuche und Selbstvergewisserung beschäftigt, er zieht sich auf eine illusorische Reinheit zurück und klammert sich
an überalterte Symbole […], während er gleichzeitig unfähig ist, sich eine Dok-
trin und eine politische Organisation zu geben. Während die Staatsverwaltung
ihm entgleitet. Während er in der Gesellschaft ansonsten weiterhin ein ungeheu-
res Prestige genießt. Während er noch immer und überall große Teile der Macht
besitzt. Während sein materielles Vermögen gesichert ist und mitunter sogar zunimmt.« (Billacois 1976, S. 258ff.)

Der Grund dafür liegt weitgehend in der Kurialisierung des Adels, die
nach Beendigung der Bürgerkriege und der Fronde einsetzt. Ins Abseits
der Macht gerückt, wird der Adel gehegt und gepflegt und in seinem Status geschützt; von den Staatsangelegenheiten ferngehalten, bindet er

sich enger an die Person des Königs; von der Entscheidungsfindung ausgeschlossen, entwickelt er einen Lebensstil, der auf das gesamte Königreich ausstrahlt. Die vielfältigen Schicksale der Adligen wurden durch
den gemeinsamen Bezug auf den Hof sublimiert; von ihm kamen die
Moden, denen man zu folgen, und die Verhaltensweisen, die man anzunehmen, zu kopieren und nachzuahmen hatte. Nichtsdestotrotz litt der
Adel an fehlender politischer Repräsentation. Der Hof war kein geeigne-
ter Ort, um einen ideologischen Diskurs und einen stimmigen Forde-
rungskatalog zur Einigung des Adels auszuarbeiten. Faktisch gibt es
keine Institution der Monarchie, die dem politischen Programm des
Zweiten Standes Ausdruck verleihen könnte. Nicht einmal die Parlamente, die sich vor allem aus Adligen zusammensetzen, sprechen im
Namen der Gruppe insgesamt. In Frankreich keine Spur von einem
Oberhaus wie in England, keine Spur von einer organisierten Aristokratie wie in Venedig, keine Spur von einer Einrichtung, die in der Lage
wäre, die Interessen der Gesamtgruppe repräsentativ zu artikulieren.

Als nun die Pracht des Hoflebens im 18. Jahrhundert nachließ, mußte
es im Verhältnis zwischen Staat und Adel notgedrungen zu Spannungen
kommen. Da die Edelgeborenen, die zunehmend ins Schußfeld der Kritik geraten und deren Status in Frage gestellt wird, über keinerlei offizielle Mittel verfügen, um sich als solidarische und einige Gruppe zur
Wehr zu setzen und ihren Zusammenhalt und ihre Macht zu artikulieren, bleibt ihnen nichts übrig, als sich unter die wohlwollende Protektion des Königs zu begeben, was die Unterschiede innerhalb des Adels
jedoch keineswegs aufhebt. Tocqueville bemerkt denn auch die wachsende Spaltung zwischen dem neuen und dem alten Adel, zwischen den
reichen Aristokraten und den immer zahlreicher werdenden Edelgeborenen, die »allenthalben genau in dem Verhältnis [verarmten], wie sie ihre
politische Macht verloren« (Tocqueville 1978, S. 88). Und dabei konnte
nicht eine einzige Institution für sich in Anspruch nehmen, dem Adel,
der sich seit 1720 immer heftigeren Angriffen ausgesetzt sah, politisch
strukturierenden Zusammenhalt zu verleihen.

Gibt es dennoch eine Möglichkeit, aus diesen Gegensätzen im Temperament der Akteure, aus der Vielfalt ihrer Schicksale und den Unterschieden in ihrer gesellschaftlichen und vor allem wirtschaftlichen Lage
eine Einheit des Zweiten Standes herauszulesen?

Wahrnehmbar und erkennbar wird der Adlige nur dann, wenn man
ihn im Zusammenhang eines interaktiven Beziehungsgeflechts aus Rea-

lem und Imaginärem, aus Diskurs und Praxis betrachtet. So gibt es zwar einen Einheit stiftenden, anerkannten Lebensstil des Adels, jedoch weichen die Lebensläufe der einzelnen Adligen stark voneinander ab. Desgleichen herrscht zwar Einigkeit über die Zielvorstellung eines homogenen Adelsstandes, nicht aber über die Werte, die den Adel einigen sollen. Insgesamt wäre es also falsch, auf der einen Seite eine objektive Beschreibung der Praktiken anzuvisieren und dem die subjektive Realität eines ideologischen Diskurses gegenüberzustellen. Andersherum wird der Adlige faßbar, wenn man ihn in der beständigen Interaktion zwischen den kodifizierten und zu einem Wertesystem integrierten Formen seiner Geselligkeit und den Ideen, die von ihm praktisch umgesetzt, aufgenommen oder gebraucht werden, betrachtet. Der Reflexionsprozeß, der um 1720 anhebt, bringt für die Edelgeborenen mithin eine tiefgreifende geistige Umwälzung und mehr noch bedeutende Veränderungen in den kulturellen Wahrnehmungsweisen gesellschaftlicher Phänomene mit sich, was im Hinblick auf Anerkennung und Auszeichnung an der Spitze der Gesellschaft zu einem radikalen Wertewandel führt und sich in einer neuen Konzeption des Phänomens »Adel« äußert.

Es ist daher wichtig, Form und Inhalt des Diskurses zu betrachten, der auf die Beschreibung, Benennung, Definition und Erkennung des Adligen abzielt. Ebenso bedeutsam ist, wer über den Adligen schreibt – er selbst oder die Bürgerlichen –, wer ein Interesse daran hat, den Zweiten Stand als ein homogenes Ganzes darzustellen und zu diesem Zweck ein System gemeinsamer Werte ausarbeitet, wer ein Interesse daran hat, den Adligen zum Gegenstand der Kritik zu machen und mit negativ konnotierten Zügen physiologischer, körperlicher, sittlicher und kultureller Art auszustatten.

Um es klar und deutlich zu formulieren: Wir müssen herausfinden, welche Ziele die Produzenten der Zuschreibungen verfolgen, die sich zwischen 1720 und 1770 im Medium der Literatur, des Theaters, der Presse, der Salons und der politischen und philosophischen Schriften äußern, und wie ihre Absichten mit ihrer gesellschaftlichen Rangposition zusammenhängen.

Der Adlige steht in diesen fünfzig Jahren im Mittelpunkt eines umfassenden Reflexionsprozesses, der das politische Denken und die gesellschaftlichen Grundlagen in Europa in vieler Hinsicht erneuert. Diese den gesamten Kontinent ergreifende geistige Reformation stellt die

Rolle und die traditionelle Funktion der Aristokratie unter Berufung auf neue Werte in Frage.

In den Augen der Aufklärer ist der Adlige kein biologisch höhergestelltes Wesen, dem aufgrund seiner Geburt gesellschaftliche Privilegien und wegen seines mehr oder weniger glanzvollen Stammbaums öffentliche Protektion zustehen. Von Lissabon bis nach Moskau wird an einem neuen politischen Diskurs gearbeitet, der darauf abzielt, die gesellschaftliche Hierarchie unter Zugrundelegung anderer Werte als der adligen neu zu bestimmen und neu zu ordnen.

An die Stelle der Geburt rückt das Verdienst, eine Eigenschaft, die man in aller Bescheidenheit durch einen langen Lernprozeß erwirbt und die durch beruflichen Aufstieg symbolisiert und durch einen gewissen Reichtum belohnt wird. An die Stelle von Mut, Tapferkeit und militärischen Großtaten tritt die Tugend des ehrbaren Bürgers – eine Mischung aus ausgedehnten Kenntnissen, maßvoller Weisheit und Vernunftvermögen – die in der Tätigkeit des Geistes zur gewissenhaften Anwendung kommt. An die Stelle der Achtung von Tradition und historisch gewachsener Ordnung rückt der Wille zur Reform und die Etablierung einer natürlichen Gleichheit aller Menschen.

Mit diesem Selbstverständnis setzte der Aufklärer dem typischen Porträt des Adligen ein Gegenmodell entgegen; was einzelne Adlige natürlich keineswegs hinderte, an der aufklärerischen Dynamik mitzuwirken und die geistige Schöpfung des neuen Menschen mitunter maßgebend voranzutreiben.

Wie Daniel Roche ausführt, lassen sich mit Blick auf die Ausarbeitung der neuen Konzeption mehrere Partizipationsebenen unterscheiden. Da sind zunächst jene, die man als Konsumenten bezeichnen könnte, die Leser unter den Adligen, die die Ideale der Philosophen zwar nicht unbedingt teilen, sie aber kennen und ihnen in Form historischer und literarischer Werke einen Platz in ihrer Bibliothek einräumen. Zum einen »findet die neue Reflexion über Gesellschaft und Regierung durch die allmähliche Erneuerung des historischen Denkens der Aufklärung, dessen gesellschaftliche Zielvorstellungen und Reformhoffnungen durchaus zweideutig sind, Verbreitung«; zum anderen »gibt die verbreitete Lektüre der Erzählungen von Voltaire und der Romane von Rousseau, die dem aristokratischen Verhaltensideal bekanntlich über weite Strecken treu bleiben, zu erkennen, daß neue Sichtweisen Gefallen finden und der gesellschaftliche Geschmack sich verändert« (Roche 1988, S. 99).

Die Engagierteren unter den Adligen, die das System aktiv in Frage stellen, lassen ihre Schriften im Untergrund oder auch öffentlich zirkulieren und führen in den Salons auf mehr oder weniger provozierende Weise das Wort. Archetypisch sind hier die Zusammenkünfte bei d'Holbach. Der »Großbaron« ist ein Musterbeispiel an adliger Integration. Als reicher Mann verschafft er seinem ältesten Sohn eine Stelle als Rat im Parlament, verheiratet seine Tochter mit einem Aristokraten, der bei den Dragonern als Hauptmann dient, und erwirbt für seinen jüngsten Sohn die Führung einer Kompanie im Regiment von Schonberg. Gesellschaftlich macht er seiner Stellung in der erlesensten Gesellschaft seiner Zeit alle Ehre. Aber geistig geht er auf Abstand: »In seinen Werken prangert der Meister immer wieder die königliche Autorität, die Tyrannei, die Höherstellung der Aristokratie und den Fanatismus der Kirche an. [...] Dieser Kontrast zwischen praktischem Verhalten und Weltanschauung wirft die Frage nach der sozialen Bedeutung der radikalen Ideen und nach der Haltung der Intellektuellen gegenüber Veränderungen auf.« (Ebd., S. 130) Er gestattet es auch, die Subtilität einer geistigen Konstruktion zu begreifen, die auf der einen Seite ein Porträt des aufgeklärten Menschen entwirft, eines neuen Menschen, den d'Holbach in Anlehnung an bestehende Vorbilder aus den Kreisen des Adels und des Bürgertums, die ihm als lebendige Beispiele eines neuen Geistes gelten, entwickkelt und zum positiven Bezugspunkt erklärt; auf der anderen Seite das Gegenporträt des hochverschuldeten Adligen, der mit allen Fehlern belastet ist und als negativer Bezugspunkt dient, als verschrienes Sinnbild einer gesellschaftlichen Realität, die durch eine andere ersetzt werden muß, als vollendete Gegenfigur zum aufgeklärten Menschen. So kristallisiert sich im kritischen Diskurs der Aufklärung langsam das Bild des müßiggängerischen Adligen heraus: unnütz für die Wirtschaft des Landes, zügellos in seinen Sitten, herablassend und hochnäsig, so er reich, ein allen zur Last fallender Parasit, so er zu arm ist, unwissend, weil er die kühnen Gedanken der Philosophen ablehnt, und ein Feigling, da der Siebenjährige Krieg offenbart hat, wie schlecht der Adel mitunter auf den Kampf vorbereitet war. Dieser zu reiche, zu arme, ungebildete und der Wollust fröhnende Adlige existiert zwar nicht, aber seine Beschreibung ist Teil der ideologischen Maschinerie, die die Aufklärer gegen das bestehende Gesellschaftssystem auffahren. Und diese Maschinerie zeigt umso mehr Wirkung, als die angesprochenen Exzesse, Fehler, Abweichungen, beklagenswerten Lebensbedingungen und kriminellen Akte die gesellschaftliche Realität eines Teils des Adels, welche Provinz man auch betrachtet, nicht nur treffend beschreiben, sondern durch die kritische Literatur, die hier gern übertreibt und aus eigenen Stücken hinzufügt, weithin verbreitet werden und sich in der öffentlichen Meinung schließlich als allgemeine Wesenszüge des Adels festsetzen.

Dagegen zeigt sich am persönlichen Schicksal der Adligen, die die von der neuen philosophischen Strömung gepriesenen Eigenschaften besitzen, daß die neuen Werte die Fähigsten aus allen Klassen, auch aus der Adligenschicht, anziehen; denn ihr Erfolg, der alle Anzeichen der ehrbaren Umsicht und tugendhaften Respektabilität des wohlsituierten Bürgertums trägt, kann in keinem Fall auf ihre Herkunft aus der Adelsschicht oder auf deren Wertesystem zurückgeführt werden.

So sieht sich der Adlige mit einer ideologischen Herausforderung konfrontiert, die ihm nur zwei Alternativen übrig läßt: Entweder er entwickelt als Antwort auf das beschriebene Negativporträt ein anderes Selbstbild, begibt sich auf die Suche nach seinen alten Qualitäten, verleiht ihnen neuen Glanz und setzt sie der Leidenschaft des Neuen und dem Risiko der Veränderung entgegen; oder aber er erarbeitet ein System radikal neuer Werte. In beiden Fällen, ob er nun für oder gegen den Aufklärungsdiskurs Partei ergreift, findet er sich in der Objektposition wieder und macht die Erfahrung eines originären, für die Legitimation einer neuen sozialen Gruppe bestimmenden politischen Diskurses, der sich auf die Werte der Tugend, der Vernunft, des Verdienstes und des Naturrechts gründet und im Gegensatz zum Faktum Adel steht, das auf den Banden von Geblüt und Rasse, auf absolutistischer Ordnung, Abstammung und Herkunft beruht. Diese kulturelle Herausforderung offenbart den Kampf um den Besitz der gesellschaftlichen Legitimationsmittel und um die Herrschaft über die symbolischen Produktionsgüter, mit denen die Distinktionszeichen im Europa des 18. Jahrhunderts zu allgemeinverbindlicher und unwidersprochener Geltung gebracht werden. Alles in allem wird dieser Kampf zwischen zwei Eliten mit ebenso harten Bandagen geführt wie die parallel dazu verlaufende Auseinandersetzung um die materiellen Produktionsmittel im Bereich der Wirtschaft.

Die neuen Werte, die die Aufklärung hervorbrachte und zu einem positiven System und zu symbolischen Zeichen gesellschaftlicher Herrschaft errichtete, nötigten den Adel zu einer neuen Selbstbestimmung und Selbstrechtfertigung und provozierten schließlich einen Klassifizierungskampf, in dem sich der Adel faktisch in der Objektposition wiederfand und teilweise immer schon diskreditiert war. Da er nicht in der Lage war, das stereotype Porträt seines Standes loszuwerden, das sicherlich mit allen Mängeln einer subjektiven Sichtweise behaftet war und umso grausamere Züge trug, wenn es von einem Adligen selbst gezeichnet wurde, und da er sich außerstande zeigte, einem neuen Bild des Adligen, der seiner erneut bekräftigten oder neu gefaßten Legitimität sicher ist, Geltung zu verschaffen, begannen seine Fundamente zu wanken.

Fragt sich nur, warum und wie der Adel in die Position des kulturell Beherrschten und also ideologisch Diskreditierten geriet. Im folgenden wollen wir uns daher mit dem Legitimationsdiskurs beschäftigen, den der Adel, der angesichts der gegen ihn gerichteten Kritik zu keiner Zeit in Passivität verharrte, in Anlehnung an, aber gegen den Geist der Aufklärung entwickelte, wobei er sich vielfach der Illusion hingab, er könne die Tatsache, daß es ihm um die Bewahrung althergebrachter Werte geht, durch Anpassung an die Form des neuen Diskurses kaschieren. Die Polemik, die inmitten der Aufklärung zwischen Abbé Coyer und dem Chevalier d'Arcq ausbrach, mag den erwähnten Klassifizierungskampf veranschaulichen.

Die beiden Werke *La noblesse commerçante* von Abbé Coyer und *La noblesse militaire* des Chevalier d'Arcq, die in den Jahren 1756 bis 1760 eine der berühmtesten Kontroversen des Jahrhunderts auslösten, sind so oft zitiert worden, daß das Schicksal der beiden Autoren und ihr Gesamtwerk darüber aus dem Blick gerieten. Dabei bringen gerade die Biographie und die anderen Schriften der beiden Intellektuellen neues Licht in die Diskussion der Aufklärung über die Rolle des Adligen.

Hinter dem theoretischen Streit zeichnen sich zwei Lebensläufe ab, an denen sich die Brüche, Widersprüche und Überraschungen dieser Zeit gut veranschaulichen lassen. Coyer stammt aus dem Bürgertum und war Hauslehrer des Fürsten von Turenne, dem er das sorgenfreie Dasein verdankte, dessen er sich zeit seines Lebens erfreute. Seit 1743 war er als oberster Militärgeistlicher der Kavallerie tätig und wurde 1768 in die Royal Academy von London, in die Akademie der Arkadier zu Rom und schließlich in die Académie de Nancy aufgenommen. Von den hochgestellten Persönlichkeiten seiner Zeit umworben und protegiert, zeugt sein lange Zeit unterschätztes Werk von einer überaus lebhaften Kritik des Zweiten Standes ... D'Arcq gehörte als unehelicher Sohn des Grafen von Toulouse zum Adel und wurde von der Gräfin von Orléans protegiert. Er erhielt die Leitung einer Kavalleriekompanie und wurde für seine glänzenden Leistungen im Krieg mit dem Saint-Louis-Kreuz ausgezeichnet. Nachdem er seine militärische Laufbahn im Jahr 1748 aufgeben muß, betätigt er sich als Schriftsteller. Er heiratet ein »leichtes Mädchen« und macht, da er über seine Verhältnisse lebt, krumme Geschäfte. Auf königlichen Geheimbefehl muß er sich nach Tulle zurückziehen. Ein Erlaß vom 6. Mai 1785 untersagt ihm, den Namen d'Arcq zu führen. Ein neuerlicher Geheimbefehl weist ihm Montauban als Wohnsitz zu. Der Verfechter der Sache des Adels, der Anwalt der Ehre und der Tugend der Aristokraten hatte den größten Teil seines Lebens keinen Pfennig in der Tasche, war schlecht verheiratet und durfte, ins Exil verbannt und deklassiert, nicht einmal seine Titel im Namen führen.

Ebenso lehrreich ist ein Blick auf das schriftstellerische Werk der beiden Persönlichkeiten. Die Lektüre von *La noblesse commerçante* vermittelt den Eindruck, daß sich Abbé Coyer einzig gegen den müßiggängerischen, armen Adel wendet. Tatsächlich scheint ihm kein Wort hart genug, diese beklagenswerte Klasse zu beschreiben, die »ihre Notdürftigkeit und Unfruchtbarkeit auf alles ausbreitet, was sie umgibt« (Coyer 1756, S. 82). Sein Mißkredit gilt »all denjenigen, die die Teuerung der Lebensmittel in den Städten inkommodieren, den bornierten Rentiers, die weder für sich noch für den Staat arbeiten, den Edelleuten, die sich die Zeit damit vertreiben, ihren Kredit zu zählen, den Müßiggängern, die Kost und Logis haben, aber keiner Beschäftigung nachgehen wollen« (Coyer 1758, S. 18). Coyer schließt mit dem Ausruf: »Ihr fürchtet die Verachtung und verharrt in eurer Not! Ihr liebt die Wertschätzung und seid Nichtsnutze! Ewige Opfer des Vorurteils, das euch tötet!« (Coyer 1756, S. 214) Auf subtile Weise prangert der Abbé mit seiner Kritik an der Bedürftigkeit einer bestimmten Adelsschicht den moralischen und politischen Kodex des Zweiten Standes überhaupt an: Er allein sei für ihre Verarmung verantwortlich. Das Titelblatt seines Werkes zeigt im übrigen einen Edelmann mit zwei Pergamentrollen links und rechts, auf denen seine Titel verzeichnet sind, aus denen er keinerlei Nutzen zog.

An Italien geißelt Coyer, daß es dort »von Baronen, Grafen, Herzögen und Fürsten nur so wimmelt [...]. Derart viele gibt es davon, daß es fast schon eine Auszeichnung ist, nichts zu sein.« (Coyer 1755, S. 253) Stück für Stück denunziert und demontiert der Abbé das Adelssystem mit seinen Insignien, Vorurteilen, Blockaden und archaischen Strukturen, die die Weiterentwicklung der Gesellschaft langfristig lähmen. Sein ganzer Spott gilt »den Privilegien, dem Erbe der Vorfahren, der ersten Namenssilbe, die den Namen wie eine Vorspeise verlängert, die verwunderliche Befreiung von der Kopfsteuer [...], die Schikanen und Demütigungen, mit denen die Bürger und ehrenhaften Leute traktiert werden, die Möglichkeit, an den Universitäten mehr Wissenschaft in weniger Zeit zu erwerben« (Coyer 1768, S. 19).

Die Hauptfigur von Coyers *Histoire cochinchinoise,* der brave Bauer Chinki, konnte beobachten, wie der Herrscher die Adligen schuf, die »sich sogleich einbilden, ihr Blut sei reiner und den großen Tugenden angemessener als das der anderen Menschen [...], und die ihr Privileg von Generation zu Generation weitergeben«. Als er in die Stadt geht, um für seine beiden Kinder Arbeit zu suchen, muß er feststellen, daß sein Sohn weder Bäcker, Schneider, Schuster, Essigmacher noch Schlosser werden kann, und zwar allein deshalb, weil er selbst Bauer ist und ein Arbeiter nicht nach seinem Werk, sondern nach seiner Geburt beurteilt wird. »Erbt der Sohn des Meisters die Geschicklichkeit seines Vaters?« fragt Chinki. Das typisch adlige Vorurteil der Geburt blockiert, wenn es sich in die Funktionsweise der Zünfte einmischt, die Weiterentwicklung der Berufe und die fruchtbare Erneuerung des Handwerkerstandes. Coyer prangert an, daß das aristokratische Modell die Welt der Arbeit infiziert hat und die unfruchtbaren Praktiken des Adels sich in den anderen Gesellschaftsschichten gefährlich verbreiten.

Es reicht aber nicht, den Adel zu kritisieren; alles an der Gesellschaft, was sich an seinen Vorurteilen und Bräuchen angesteckt hat, muß korrigiert werden. Das gesamte Zunftsystem, das durch das Vorurteil der Geburt verdorben wurde und durch die Regel des Privilegiums blockiert ist, ist im Namen einer neuen Philosophie und neuer Werte zu reformieren. In den *Bagatelles morales* fährt Abbé Coyer mit seiner Infragestellung des Adelssystems im Namen der Tugend, der Talente und der Natur fort. »Dieser Jüngling hat zwanzig Jahre vor sich hin vegetiert; Spiele, Theater, Kleidung, Hunde und eine Mätresse füllten all seine Stunden aus. Der Vater stirbt, man hat keine Einwände: Das Bübchen ist Richter ...« (Coyer 1754, S. 85). Am Ende von Chikis Abenteuern verschwinden mit der Abschaffung des Adels auf dem Land und der Neuverteilung von Grund und Boden nicht zufällig auch die Meister und die Zünfte in der Stadt.

Die Handlung der Geschichte entbehrt nicht der Stringenz, denn Coyer hat auch eine Lösung parat: die Ersetzung des Adels durch die neue Gruppe der Kaufleute. Wenn es überhaupt einen Adel gibt, so ist er, das duldet keinen Zweifel, im Handel zu finden. »Eines räume ich gerne ein: Solange das Spiel, die Vergnügungen, die tolle Ausgabensucht, der Prunk und das Unnütze einen Schein von Adel bewahren, wird der Handel ihn nicht erlangen. Der Kaufmann spielt erst nach dem Fleiß; er gibt sich erst nach der Mühsal dem Vergnügen hin; er gibt seine Mittel mit Bedacht aus; er macht Geschenke, nachdem er seine Schulden bezahlt hat.« (Coyer 1756, S. 119f.) So bestätigt sich nach der Lektüre des Gesamtwerks von Coyer der anfängliche Eindruck, daß der Kaufmannsberuf für Coyer den einzig anerkennenswerten Adelstitel darstellt und der alte Adel, will er sich den drohenden Gefahren entziehen und verhindern, daß andere seinen Platz einnehmen, sich schleunigst einen neuen Verhaltenskodex zulegen sollte. Mit einem Wort: »Der Handel käme auch ohne den Adel aus, aber der Adel hat ihn dringend nötig.«

Es ist nicht verwunderlich, daß Coyers Blick bei der Suche nach einem neuen Gesellschaftsmodell auf England fiel. In London entdeckt er »das ehrenwerte Bürgertum, jenen so kostbaren Teil der Nationen, den man zu Rate ziehen muß« (Coyer 1779, S. 17). Aber auch der englische Adel verdiene Lob, da er finanziell auf eigenen Füßen steht: Bestimmend für seinen Wert seien sein Reichtum und seine Beteiligung an wirtschaftlichen Unternehmungen... »Der englische Adel verfügt nicht nur über genügend Mittel, um weiter anzuwachsen und sich Dauer zu verleihen, sondern auch um nicht in Armut zu versinken, beziehungsweise um sich daraus zu befreien. Der Handel steht ihm jederzeit und in jeder Branche offen, und kein Wirtschaftszweig kann sein Zartgefühl verletzen. Während ein Lord im Oberhaus die öffentlichen Angelegenheiten verwaltet, führt sein Bruder ein Handelsunternehmen, wobei er das Wort ›Deroganz‹ in keiner Weise fürchtet, weil die damit bezeichnete Sache schlicht nicht existiert.« In diesem Sinn stellt der Adel, wie er in England existiert, für Abbé Coyer den Schlußpunkt eines sozialen Aufstiegs dar, der »allen Männern von Verdienst« offenstehe, denn alle, ob Arzt, Jurist oder Professor, können es dank ihrer Fähigkeiten, die vom König unterschiedslos anerkannt werden, zu Ehren und Vermögen bringen. Was dem Abbé Coyer also faktisch vorschwebt, ist die schlichte Ersetzung des alten Adels durch eine neue, auf ihre Fähigkeiten und ihren Verdienst sich gründende Aristokratie. »Die Herrschaft von Ludwig XIV. war das Jahrhundert des Genies und der Eroberungen. Möge die Herrschaft von Ludwig XV. das Jahrhundert der Philosophie, des Handels und des Glücks sein.«

(Coyer 1756, S. 214) Entweder der alte Adel gibt seine Schimären auf und nimmt die bürgerlichen Werte der Kaufleute an, oder aber er gerät gesellschaftlich an den Rand, verarmt und hat, da er eine Gefahr für die öffentlichen Sitten würde, keine Daseinsberechtigung mehr.

Was konnte der Chevalier d'Arcq auf dieses regelrechte Ultimatum entgegnen? Seine Argumentation zur Verteidigung des Adligen gibt zu erkennen, daß ihm sein Status Sorgen macht und er fest entschlossen ist, ihn zu rechtfertigen und ein stimmiges, positives Bild davon zu zeichnen. Dabei ist er keineswegs so borniert, sich an eine mehr oder weniger ruhmreiche Vergangenheit zu klammern, sondern interpretiert bestimmte Sachverhalte, an denen Abbé Coyer mit seiner Kritik ansetzt, schlicht zu positiven Eigenschaften des Adels um. Gerade dadurch aber tappt er in die Falle, denn seine Ausführungen über den Wert des armen Adels, über die Verwirrung der Ordnungen und den Mißbrauch des philosophischen Denkens bestätigen, ja untermauern, was Abbé Coyer am Adel zu kritisieren hat. D'Arcq stellt nicht den Wahrheitsgehalt der Beobachtungen von Coyer in Frage, sondern kritisiert allein, wie dieser die Mißstände im Adel zu beheben gedenkt.

So widerspricht er dem Abbé Coyer keineswegs, was die Armut des Zweiten Standes anbelangt, erblickt darin aber vielmehr einen Ruhmestitel.

»Ich finde sie um so ehrenhafter [bekennt der Held des *Roman du jour*], als der, der ihr in einem solchen Fall preisgegeben wird, ihrethalber nicht zu erröten braucht. [...] Das Vermögen, das der Handel verschafft, scheint diejenigen, die er begünstigt, zwar aus dem Dunkel zu ziehen, aber nur um sie in ein wahrhaftes Nichts zu stürzen. Ist es, wenn man die Wahl hat, nicht besser, den Weg einzuschlagen, der zum Ruhm führt, zur Wahrheit ohne Reichtum im Überfluß zwar, aber auch ohne Gefahr für die eigene Rechtschaffenheit, den Weg einer ehrenhaften und natürlichen Freiheit, als einen Weg zu beschreiten, der uns dieser an sich unschuldigen Freiheit beraubt, der nur selten zu Vermögen führt, ohne das Zartgefühl zu erweichen, und auf dem sich dieses Vermögen nicht immer sorgenfrei und ohne Bitterkeit genießen läßt? Ein Mann von Geist braucht nicht lange zu überlegen, ob er seinem Vaterland dienen oder es verraten soll.« (Chevalier d'Arcq 1754, S. 63ff.)

Daher muß die Zugehörigkeit zum Adel gleichbedeutend mit Waffenführung sein. Der Chevalier d'Arcq verteidigt die Armut des Adels, weil er in ihr den Garanten eines desinteressierten militärischen Engagements, dem einzig wahrhaften Schicksal eines jeden Adligen, erblickt. »Reichtum und Leben hat er geringzuschätzen und sein ganzes Streben hat dem Ruhm zu gelten, wobei die kriegerischen Tugenden untrennbar mit Bescheidenheit, Sanftmut, Menschlichkeit, Arglosigkeit und Mäßigung verbunden sein müssen.« (Ebd., S. 98)

Der Chevalier d'Arcq ist sich durchaus im klaren, wie raffiniert Coyer seine Attacke vorträgt. Denn indem die Philosophie der Aufklärung an Stelle der Standeszugehörigkeit den Beruf zum Kriterium der sozialen Schichtung macht, beraubt sie den Adel seines Prestiges. »Wir werden dann also einen Militäradel, einen Kaufmannsadel und einen Landwirtsadel haben, so daß man nur noch einen Gewerbeadel zu bilden braucht, und alles wird Adel sein; das heißt, es wird keinen mehr geben ...« Der Chevalier weiß sehr wohl, was mit der Kritik des Abbé Coyer auf dem Spiel steht und wie destabilisierend sie wirken kann. Wenn Adel und Waffenführung deckungsgleich sind, muß jeder bekämpft werden, der die hergebrachte gesellschaftliche Schichtung in Verwirrung zu bringen sucht. Um sich gegen den neuen Geist, der das Jahrhundert heimsucht, zu wappnen, gibt es nur ein Mittel: die Wahrung der Ehrentitel, der symbolischen Funktionen und der Insignien des Privilegs. Daß der Adlige höher steht als die anderen Stände, ist ein unerschütterlicher Grundsatz, denn nur diese Ungleichheit gewährt ihm Schutz und wertet ihn auf. »Der Staat beginnt erst in dem Augenblick zu wanken, wo die Ränge aufhören, voneinander unterschieden zu sein, wo sie sich vermischen, verwirren und ineinander aufgehen.«

Als weitere Gefahr prangert der Chevalier die soziale Mobilität an, die im Kriterium der Berufszugehörigkeit erscheint und sich durch Anhäufung von Reichtum oder Untergang in Armut äußert. Es reicht nicht, die Ungleichheit durch Geburt zu wahren, »ebenso gefährlich ist es [...], wenn sich die niederen Bürger in die höhere Klasse erheben [...] oder die höhere Klasse sich entwürdigt, in die niedere abzusteigen«, denn dadurch »geraten die Ränge nicht weniger in Verwirrung und gerät der Staat nicht weniger auf die abschüssige Bahn« (Chevalier d'Arcq, *La Noblesse militaire*, S. 35f.).

Die gesellschaftlichen Veränderungen, die durch die Einführung eines neuen, nicht mehr auf Geburt, sondern auf beruflichen Erfolg sich gründenden Kodex der Respektabilität eine völlige Umschichtung sämtlicher Eliten bewirken, werden von d'Arcq nicht nur verurteilt, sondern auch scharfsinnig analysiert.

Schließlich scheint er sich aber doch geschlagen zu geben und attackiert nicht mehr Form und Inhalt der Argumente von Abbé Coyer, son-

dern die Wortführer der gegen den Adel gerichteten Kritik selbst. Die
Philosophen werden als sozial Zukurzgekommene dargestellt, als würden nur Nichtprivilegierte die bestehende Ordnung in Frage stellen.
»Da erhebt plötzlich einer von dunklem Rang, mit finsterem Charakter
und geheimen Ambitionen hochmütig seine Stimme und schreit: Ich bin
Philosoph. Dann maßt er sich das Recht an, die Größe verächtlich zu machen, die Großen zu beleidigen [...] [und] glaubt, seine tatsächliche
Nutzlosigkeit hinter der geschäftigen Mine des Reformators verbergen
zu können [...].« (Chevalier d'Arcq 1756, S. 286f.) »Der wahrhaft philosophische Geist [hingegen] beabsichtigt weder, sämtliche Stellungen auf
eine Art Sklavendasein unter dem Despotismus eines Einzelnen zu reduzieren, noch sie auf jene Gleichheit zurückzuführen, die einige Unvor-
sichtige herbeiwünschen und die das allgemeine Unglück wäre; sein ganzer Wille gilt der Festigung der Ordnung durch weise Unordnung.«

Mit diesen drei Argumenten – indem er erstens die Ehre des armen
Adligen verteidigt, zweitens die Verwirrung zwischen Stand und Beruf
und zwischen gesellschaftlicher Funktion und Vermögen anprangert
und drittens sämtliche Philosophen, die der Rolle des Adels mit Skepsis
begegnen, in Mißkredit bringt – sucht der Chevalier d'Arcq dem Adligen erneut kulturelle und politische Identität zu verleihen. Seine Abhandlung über *La Noblesse militaire* schließt mit folgendem Adelsideal:
Die Adligen »wollen keine Reichtümer, wenn sie ihnen die Ehre kosten;
sie wollen keine Güter, wenn sie nicht an Ruhm gebunden sind« (Chevalier d'Arcq, *La Noblesse militaire*, S. 210). Dennoch nimmt der Chevalier eher eine Verteidigungshaltung ein, als daß es ihm um die konstruk-
tive Widerlegung der Anschauungen des Abbé Coyer ginge, wobei er
eine letztlich beklagenswerte Wirtschaftsunordnung einzig im Namen
des überkommenen Prinzips der unveränderlichen Vergangenheit verteidigt, die selbstverständlich nur kritisieren kann, wer verbittert und von
den Privilegien ausgeschlossen ist. Es ist zweifellos möglich, so zu argumentieren, aber den strengen Gedankengängen des Abbé ist damit
kaum zu begegnen.

Die Satire und die literarische Karikatur des Adligen bringen den
Zweiten Stand vielleicht noch nachhaltiger in Verruf; zumal der Adel
eine Zeitlang außerstande ist, seinem Widersacher, der den Kampf ent-
schlossen auf die öffentliche Bühne der Literatur, des Theaters und der
Presse verlagert, mit derselben derben Sprachgewalt und satirischen
Überzeichnung zu begegnen. Zwar entsprechen auch die in diesen Wer-

ken und Theaterstücken gezeichneten Porträts keineswegs der Realität, aber sie festigen im Endeffekt das Bild vom parasitären Adligen.

Wenn die ins Lächerliche gezogene Adelsfigur also nicht völlig der »Wahrheit« entspricht, ist die Frage weiterhin offen, warum es dem Adel nicht gelang, die mitunter grobschlächtigen Attacken abzuwehren. Schließlich verfügt er über die finanziellen Mittel, durch seine eigene Literatur und sein eigenes Theater ein Gegenbild zu entwerfen und zu verbreiten. Aus welchem Grund will oder kann er das nicht? Er ist durch den neuen Geist, der über Europa weht und alles verneint, was den Adel zu einer privilegierten Klasse macht, ja nicht geradewegs hypnotisiert! Aber vielleicht hat er die Gefahr einfach nicht erkannt. Vielleicht hat er nicht erkannt, welche Gefahr der neue Geist darstellte.

Die Vorgänge in Spanien sind in dieser Hinsicht überaus aufschlußreich, obgleich sie noch wenig untersucht wurden. Wie im übrigen Europa verleiht die Aufklärung auch auf der iberischen Halbinsel dem Bedürfnis nach einer Reform und Erneuerung des Adels Ausdruck. Schon früh kreist die philosophische Diskussion um die Bedingungen des Wandels. Parallel zu diesen hochkarätigen Betrachtungen entwickelt sich ein satirischer, über Erzählungen und die Presse Verbreitung findender Diskurs, der die Edelgeborenen Spaniens ins Lächerliche zieht und mit sarkastischer Kritik überzieht.

In den Augen mancher Denker ist der Adel krank. Maßlose Libertinage, Religionslosigkeit und Atheismus, Verschwendungssucht und Sittenverwilderung gelten als eindeutige Anzeichen eines unheilbaren Übels. Schlimmer noch: Der Virus ist ansteckend, verbreitet sich im Laufe des Jahrhunderts auch in den unteren Schichten und vergiftet und lähmt die spanische Gesellschaft insgesamt. Nur die Vertreter des aufgeklärten Spanien, darunter auch Adlige, sind gegen das nationale Übel immun und warnen ihre Zeitgenossen unablässig vor der dräuenden Ansteckungsgefahr.

Auch Jovellanos, Magistrat von Sevilla, ein Verandter von Olavide, Gründer des asturischen Instituts von Gijón und Justizminister unter Karl IV., gibt eine Satire zum Besten:

»Welch schönes Leben!
Eines Adligen würdig! Soll ich es dir zusammenfassen?
Er führte ein ausschweifendes Leben, spielte, verlor Gesundheit und Vermögen
Und hatte noch keine vierzig Lenze
Da stieß ihn die Hand des Vergnügens ins Grab.« (Jovellanos 1899)

Die Satire nimmt die Mitglieder einer gesellschaftlichen Gruppe ins Visier, die mit ihrer Kleidung oder durch ihr körperliches Aussehen ein bestimmtes Erscheinungsbild an den Tag legen. Die Schriftsteller, Essayisten, Philosophen, Chronisten und Maler versuchen also, die sozial instabile Lage mancher Adliger am lächerlichen Schauspiel, das sie bieten, an ihrer albernen Mode oder ihren mißgestalteten Körpern aufzuzeigen.

Sieht man von den Übertreibungen und der Überspitztheit der Satire einmal ab, so tritt das Moment an rationaler Kritik zu Tage, das die angeprangerten Mißstände als durchaus real ausweist.

Auf subtile Weise wird zunächst ein Gegensatz zwischen den zeitgenössischen Adligen und ihren Vorfahren aufgemacht – ein bis zum Ende des Jahrhunderts immer wiederkehrendes Motiv.

»Die einst lebenden Spanier der alten Tradition und noch diejenigen, die sich in unseren ruhmreichen Zeiten bei Promenaden, Abendgesellschaften, Feldzügen, Schlachten und anderen mühseligen Unternehmungen haben sehen lassen, waren in all ihrer Mannhaftigkeit gewöhnliche Männer. [...] Aber unsere heutigen jungen Herren mit feingezogenem Schnurrbart oder Currutacos, unsere kleinen Tänzer, sind feinfühlig, zartbesaitet, schmeichlerisch und jeder ernsthaften Beschäftigung abhold.« (Don Preciso 1796)

Dieser Vergleich, der den Adel des 18. Jahrhunderts in einem wenig vorteilhaften Licht erscheinen läßt, rückt als weiteres Motiv der Satire in den Vordergrund, daß die kleinen Herren durch ihr Raffinement, ihren Narzißmus und ihr Zartgefühl an Männlichkeit einbüßen. Der Niedergang beginnt mit dem Verlust der geschlechtlichen Identität: »Man erkennt die Männer nicht als solche, weil sie sich den Frauen angleichen, indem sie die Kleidung zum Idol, die Haartracht zur ernsthaften Beschäftigung, den Spiegel zum Berater, die Nachahmung zum Studieninhalt, den Geschmack zur Regel, die Erfindung zum Verdienst, das Befremdende zum Schmuck und den Geckenblason zum Adelsnachweis erheben.« (Clavijo y Fajardo 1755) Bis zu der Behauptung, daß der Adel nur Verkleidung und seine Legitimität nur Maskerade ist, ist es dann nur noch ein kleiner Schritt, den zu tun manche sich keineswegs scheuen. Clavijo y Fajardo nimmt die drohende Gefahr durchaus wahr und geißelt daher jenen Teil des Adels, den die öffentliche Meinung schnurstracks mit dem Zweiten Stand insgesamt gleichsetzt. In einer Gesellschaft, in der das Erscheinungsbild zählt, »müssen alle ihre Kleidung an der Qualität ihrer Persönlichkeit oder dem Charakter ihrer Funktion ausrichten, damit zwischen den Untertanen Unterscheidung herrsche und die derzeitige Verwirrung vermieden werde« (ebd., S.26f.).

Unterscheidung oder Verwirrung – diese beiden Alternativen der kulturellen und sozialen Herausforderung, mit der die Aufklärung den Adel im Klassifizierungskampf konfrontiert, wurden von Clavijo, dem unermüdlichen Mann der Presse und Redakteur der großen spanischen Satirezeitschrift *Pensador,* seit 1762 mit aller gebotenen Deutlichkeit herausgearbeitet.

Beginnend mit der Kleidung setzt sich die Deklassierung am nackten Körper fort, was der Vorstellung vom Niedergang des Adels weiter an Schärfe verleiht. Die Kleidung kann den Körper durch Verkleidung nicht mehr verbergen, sondern ist nur noch Zitat seines Verlusts an Männlichkeit. Wird dem Adligen nicht auch durch die Disqualifizierung und Asexualisierung seines Körpers jener Wert bestritten, der den Zweiten Stand begründen soll: die Erblichkeit seines Werts und seines Rangs? Ramirez y Gongora beschränkt sich bei der Beschreibung des Adligen in einem satirischen Roman auf die Peripherie seines Körpers, auf seinen Fuß, sein Ohr, seine Größe, seine Hand, sein Herz, mithin auf Körperteile, an denen sich sonst eher die Schilderung weiblicher Reize festmacht. Ins Lächerliche gezogen und auf seine »Äußerlichkeiten« zurückgedrängt, kann der Körper des Adligen dem Vergleich mit dem des gesunden, robusten und starken Spaniers von einst, dem der beschriebene Verfall fremd war, nicht standhalten. Die Satire begründet eine Umwertung der politischen Werte: Die Natur regeneriert die Körper und gibt ihnen Lebenskraft und Männlichkeit, die einzig wahrhaften Adelstitel, während das aristokratische Blut die ausgezehrten, verkommenen Körper der degenerierten Adligen aller Lebenssubstanz entleert und welken läßt.

Nur folgerichtig ist es daher, daß sich dem kritischen Elan der Reformer des 18. Jahrhunderts ein weiteres, stets wiederkehrendes und allgegenwärtiges Motiv aufdrängt: Krankheit, Übertragung und Ansteckung. Der Adlige ist in den Augen der spanischen Satiriker nicht nur mißgestaltet und verweiblicht, sondern gilt ihnen auch als das verderbliche Element, das den Gesellschaftskörper untergräbt. Seine Laster sind ansteckend und strahlen auf die übrigen Spanier, auch auf die Frauen, aus. So beschreibt Moratin in *L'Arte de las Putas,* daß die Damen der käuflichen Liebe, deren Namen Berühmtheit erlangten, von nur »schlecht verborgenen Schwächen« gezeichnet waren. Wer immer mit diesem Adel in Berührung gerät, weist die Symptome jenes Übels auf, das zu Zügellosigkeit, Untätigkeit und Unanständigkeit führt und im Ruin endet. Angesichts dieser wahnhaften Wahrnehmungsweise nimmt es nicht Wunder, daß sich die Ansteckungsgefahr assoziativ an die »Geschlechtskrankheit« heftet. Der harte Schanker symbolisiert den Herd, der dem Untergang weiht, wer sich an ihm ansteckt.

Die Libertinage und Neigung zu unnützen Ausgaben, die der Adel den Spaniern einimpft, wird durch den übermäßigen Umgang mit der Kanaille von Madrid gefördert, den manche Edelgeborene, angezogen von der Sprache, dem Gehabe, den Bräuchen und der Kleidung des niederen Volkes, pflegen. Am adligen »Majo« geißeln die Männer der Aufklärung, daß er durch Diebstahl und schmutzige Duelle, durch einen vulgären Lebenswandel hart an der Grenze zur Kriminalität, seine erhabene Geburt in den Schmutz zieht. Daß er die Stierkampfarena besucht und sich unters gemeine Volk mischt, gilt den spanischen Satirikern und Wortführern der Aufklärung als Tiefpunkt seines moralischen Verfalls. Eine Streitschrift aus dem Jahr 1791 prangert die *plaza de toros* mit heftiger Ironie an: »Wer wird sich schon ein erhabenes Bild machen von unseren Adligen, die nur damit beschäftigt sind, ein barbarisches Schauspiel zu bieten, die Toreros zu ehren, die Verzweiflung und den Wahnsinn zu honorieren und den ruchlosesten Männern der Republik die bestmögliche Protektion angedeihen zu lassen?« (Elorza 1971, S. 27)

Spanien steht hier allerdings nicht allein. Auch in Frankreich und Italien wird der Adlige in der Literatur, in der Presse und im Theater satirisch aufs Korn genommen, angeprangert und ins Lächerliche gezogen, so daß sich allmählich die Vorstellung durchsetzt, er sei für die Gesellschaft von keinerlei Nutzen, schade dem Geist der Aufklärung und behindere notwendige Reformen.

Sollten sich die Adligen das gefallen lassen, ohne zu reagieren? Wußten sie nicht, wie sie diesen Kampf der Symbole führen und den Archetyp eines Aristokraten, der für die Qualitäten des Zweiten Standes insgesamt einstünde, entwerfen sollen? Verfügten sie im Bereich der Verbreitung kultureller Werte nicht über hinreichend mächtige Netze, um der Satire etwas entgegenzusetzen und dem Publikum des 18. Jahrhunderts ein vorteilhafteres Bild von ihrem Wesen zu vermitteln? Waren sie nicht erfindungsreich und kreativ genug, einen neuen Adligentypus zu formulieren, um sich an die Spitze der neu zusammengesetzten gesellschaftlichen Hierarchie der Zukunft zu setzen? Nahmen sie überhaupt wahr,

daß sie Stück für Stück an den Rand jenes ideologischen Raumes gedrängt wurden, in dem neue gesellschaftliche Modelle erarbeitet und die
gegen den Adel gerichteten politischen Waffen geschmiedet wurden?

Drei Reaktionsmöglichkeiten standen dem Adel angesichts der beschriebenen Kritik offen. Manche Adlige schlossen sich den Attacken
gegen den Zweiten Stand umstandslos an. Sie waren zwar nur eine Minderheit, haben aber nicht nur daran mitgearbeitet, ihren Stand in Verruf
zu bringen, sondern sich mit ihren Erklärungen bisweilen sogar an die
Spitze der Bewegung gesetzt (Chaussinand-Nogaret 1982). Ihre Haltung sowie die zugrundeliegende Absage an ihre Gruppe verdient eine
genauere Betrachtung. Nicht allen droht wie Sade und Mirabeau der
Ausschluß aus der Gesellschaft und die Marginalisierung. Manche, die
durchaus wohlangesehen sind und durch die Höhe ihrer Einkünfte eine
beneidenswerte Stellung innehaben, sagen sich von ihrer alten Denk-
weise ganz bewußt los. Auch treiben sie nicht unbedingt das doppelte
Spiel, mit kühnen Gedanken vorzupreschen und dabei doch die gesellschaftlichen Konventionen zu wahren. Ihr Fall ist zwar selten, ihr Einfluß im entscheidenden Augenblick aber unabweisbar.

Einer von ihnen ist der Marquis d'Antonelle. Unablässig verfaßt der
reiche Grundbesitzer aus Arles und pensionierte Offizier Reformpro-
jekte und wettert gegen den Adel, den er der mittelalterlichen Räuberei
bezichtigt. Er reflektiert, liest und schreibt. Im Jahr 1789 macht er den
politischen und sozialen Umbruch zu seiner eigenen Sache und profi-
liert sich in der Provence als einer der Wortführer der Revolution.

Ein weiterer, größerer Teil des Adels hält den theoretischen Diskurs
der Aufklärung zwar für gerechtfertigt und stimmt in das Gelächter der
Philosophen und Gelehrten über die Schwächen des Zweiten Standes
ein, neigt aber eher einem gesellschaftlichen Kompromiß zu, dergestalt,
daß die wohlhabendsten und gelehrtesten Angehörigen des Dritten Standes und die hervorragendsten Adligen, die den wirtschaftlichen Moder-
nisierungsprozeß des Landes an führender Stelle vorantreiben, gleichgestellt werden und eine einheitliche Gruppe bilden sollten. Dieser Zielvorstellung wird nicht nur deutlich Ausdruck verliehen, sondern sie findet sich mancherorts auch verwirklicht. In den Salons und Akademien
versammelt sich eine Elite um die Werte Tugend, Fähigkeiten und Verdienst. Das hier erscheinende Bild eines »möglichen Frankreich« wird
von den Eliten vertreten, die vom englischen Vorbild beeinflußt und inspiriert sind. So konnte man sich auf der Grundlage gemeinsamer gesell-

schaftlicher Praktiken und eines von allen geteilten aufgeklärten Diskurses verständigen. Gleichwohl gibt es in mancher Hinsicht auch Meinungsverschiedenheiten, die auf eine mögliche Spaltung hinweisen. Die gruppenspezifischen Unterschiede in den religiösen Praktiken zum Beispiel deuten darauf hin, daß man in weltanschaulichen Fragen mitunter noch weit voneinander entfernt oder gegenteiliger Auffassung ist (Vovelle 1974, S. 49). Auf die Probe gestellt, sollte sich zeigen, wie zerbrechlich der Kompromiß war oder vielmehr daß man einem Mißverständnis aufsaß. Denn die Adligen akzeptierten zwar das neue Denken, waren deshalb aber noch lange nicht geneigt, ein hierarchisches Gesellschaftsgefüge aufzugeben, das ihnen ihre Privilegien garantierte. Die bemerkenswertesten Angehörigen des Dritten Standes in die eigene Gruppe aufnehmen und den Adel um den Preis, die wirtschaftlich ruinierten Adligen fallenzulassen, in eine Aristokratie verwandeln – das konnte angehen. Aber eine neue Gesellschaft akzeptieren, in der die Privilegien der Geburt nicht mehr gelten sollten – das war eine andere Sache. Daß sich manche aufgeklärte Adlige noch vor Ende des Jahres 1789 mit aller Heftigkeit gegen die Revolution wandten, zeigt zur Genüge, daß die Durchmischung der Eliten in Frankreich nicht unbedingt Einigkeit in den politischen Zielvorstellungen bedeutete.

Noch größer ist die Zahl derer, die ihre Legitimität neu zu durchdenken und neu zu definieren suchen. Und zwar sicherlich deshalb, weil der Adel in seiner großen Mehrheit keineswegs geneigt ist, sich in einer ihm grobschlächtig erscheinenden Kritik wiederzuerkennen und allein wegen neuer wirtschaftlicher und philosophischer Gegebenheiten eine Erweiterung des Zweiten Standes zu wünschen.

Der überwiegenden Mehrheit der Adligen geht es vielmehr darum, den Adel als homogenen Stand auszuweisen und ein Porträt von ihm zu entwerfen, das sämtlichen Sarkasmen den Boden entzieht und auf unwiderlegbare Weise die Notwendigkeit seiner Privilegien und seiner Stellung an der Spitze der Gesellschaft aufzeigt.

So verharrt der Adel in diesem Jahrhundert der umfassenden Reflexion über seinen Status keineswegs in unbeweglicher Passivität, sondern ist unablässig bestrebt, das Argument zu widerlegen, er habe sich überlebt, und einen Diskurs zu produzieren, der ihm neuen Glanz verleiht.

Das ganze 18. Jahrhundert hindurch arbeitet er an der Wahrung dessen, was ihm als das Kernstück eines althergebrachten Erbes gilt, und bedient sich dabei der modernen Rhetorik seiner Gegner. Dieses Begriffsraster – das sicherlich effektiver war, als man während des 19. und eines Teils des 20. Jahrhunderts glauben machen wollte – bot dem Adel in sprachlich neuen Formulierungen, woran er schon immer Halt gefunden hatte, und erlaubte ihm, an eine Wiederbelebung seiner Ordnung zu glauben.

Wie André Devyver gezeigt hat, hegte der Adel in den Jahren zwischen 1560 und 1720 den Gedanken und »war schließlich der festen Überzeugung, er bilde eine historisch privilegierte und biologisch höherstehende Gruppe für sich« (Devyver 1973, S. 2). Die übermäßige Bedeutung, die der Zweite Stand der Erblichkeit von Charaktermerkmalen beilegte – woraus sich die körperlichen und psychologischen Unterschiede sowie die Höherstellung der »edlen Rasse« von reinem Geblüt ergäben – lief auf eine Art Rassismus hinaus. Dieser Überlegenheitsanspruch schlug umso festere Wurzeln, als er nicht nur dem Selbstbild der hervorragendsten Adligen entsprach, sondern auch von jenen übernommen wurde, deren gesellschaftlicher Status bedroht war. »Der Glaube an die Vortrefflichkeit des Geblüts der alten Adelshäuser erlaubte es in der Tat einer Menge verarmter Personen, die mit der wirtschaftlichen Entwicklung ihrer Zeit nicht mithalten konnten, ein unverhofftes Prestige zu wahren.« (Ebd., S. 2)

Der vollendetste Theoretiker dieser Art von Rassismus war sicherlich Boulainvilliers. Der Grund seines Anliegens, dem Zweiten Stand eine »Kampfideologie« an die Hand zu geben, die den Niedergang mancher Adelshäuser erklären konnte und Wege und Mittel parat hielt, wie sich diese alten, in Schwierigkeiten geratenen Familien wieder aufrichten könnten, ist ohne Zweifel im Elend und in der Mißheirat zahlreicher Edelleute zu suchen. Seine Überzeugung von der höheren Qualität des adligen Geblüts beruhte auf der Annahme, die mannhafte Kriegerrasse des Adels bestehe aus den unmittelbaren Nachfahren der Franken, die die Gallier im Zuge der germanischen Völkerwanderung niederwarfen. Aber als Boulainvilliers *Essai sur la noblesse de France, contenant une dissertation sur son origine et son abaissement* im Jahr 1732 erschien, war es schon zu spät. Nach Devyver erreichte die rassistische Theorie des Adels bereits um die Wende zum 18. Jahrhundert ihren Höhepunkt, als der *Traité de noblesse* von La Rocque zahlreiche Neuauflagen erfuhr. Das 18. Jahrhundert habe die auf schwachen Füßen stehende »genetische« Argumentation dann hinweggefegt. »Der Rassismus des Adels […] ist zwar nicht sogleich in Vergessenheit geraten, in jedem Fall aber dem Spott verfallen: Da die Ideologie des Verdienstes ihn wirksam bekämpfen konnte, galt er selbst in den Augen zahlreicher Adliger eher als überholt.« (Baecque 1989, S. 3ff.) Schlimmer noch: Die Rassenideologie wandte sich schließlich gegen ihre Schützlinge; denn die patriotischen Pamphletisten und Journalisten des ausgehenden 18. Jahrhunderts »begriffen, wie wirksam sich die ›roten Absätze‹, das heißt die letzten Verfechter des rassistischen Adelsdiskurses, mit ironischen Anleihen bekämpfen ließen, und zögerten daher nicht, den Adligen in ihren Schriften den abgedroschenen Diskurs eines Père Menestrier de La Rocque oder eines Boulainvilliers in den Mund zu legen« (ebd., S. 19).

Obwohl sich die Adligen den Diskurs des Verdienstes seither angeeignet und sich daran angepaßt hatten, deutet alles darauf hin, daß sie auch weiterhin die Vortrefflichkeit ihres Geblüts verfochten. Nur argumentierten sie nun subtiler und bedienten sich zahlreicher Euphemismen, die im Endeffekt alle darauf hinausliefen, ihr überragendes Verdienst gründe auf der unvergleichlichen Eigenart ihres Bluts, das ihnen gleichsam als ihr natürliches Verdienst galt. Das Erscheinen von Buffons *Histoire naturelle* im Jahr 1749, mit der die Beobachtung von Naturphänomenen, die wissenschaftliche Argumentation und die Diskussion über die menschliche Gattung und ihre Arten in den Mittelpunkt der geistigen Auseinandersetzung rückte, lieferte der Kontroverse, die nunmehr um die Begriffe von Gattung, Art, Familie und Rasse kreiste, neue Nahrung.

Obwohl Buffon keinen Zweifel daran ließ, daß es nur eine Menschenrasse gibt, deren Lebenskraft und Regenerationsfähigkeit an der ständigen Mischung der Menschen untereinander hängt, mußten die Adligen bei seiner Theorie über die »Tierarten« hellhörig werden. Buffon vertritt die Auffassung, daß die wesentlichen Züge und Eigenarten einer Gruppe von Generation zu Generation weitergegeben werden, wobei manche Familien dem Urmodell näherstünden und daher als »Hauptstämme« oder »dominante Art« gelten könnten, während andere, die »untergeordneten Arten« oder »Nebenzweige«, einen »realen Verfall« erlitten hätten. Man kann sich leicht vorstellen, wie die Adligen diese Hypothese zu ihren Gunsten auslegten. Aber war ihre Lesart auch von subjektiven Zwecksetzungen geleitet und verkannte, wie J. Roger dargelegt hat, die tiefgründige Neuheit der Buffonschen Schrift ebenso wie die Tatsache, daß sich das Denken des Gelehrten in fortlaufender Entwicklung befand – Geschick bewiesen sie bei der Vereinnahmung dieser aufklärerischen Gedankenströmung allemal. Der wissenschaftliche Diskurs, den Linné, Buffon und Maupertuis auf den Weg brachten, zielte auf eine Klassifizierung der lebenden Arten und der Menschen sowie auf die Festlegung einer Rangordnung zwischen ihnen, vom Wilden bis hin zum hochzivilisierten Menschen, den die Edelgeborenen natürlich mit dem Adligen gleichsetzten. So konnten sie ihre Privilegien fortan unter Berufung auf die Wissenschaft, auf die Naturwissenschaft, rechtfertigen. Am Artikel »Pferd« aus der *Histoire naturelle* von Buffon zum Beispiel interessierte in erster Linie die glanzvolle Schilderung des aristokratischen Tieres, während die Beschreibung der Nützlichkeit des Akkergauls als eines Arbeitsmittels der ländlichen Gesellschaft kaum Beachtung fand.

Gerade die Anglomanie und die Begeisterung für Pferderennen zeigen, daß man sich mit seinem Glauben ans Geblüt in Übereinstimmung mit den modernen Grundsätzen des Jahrhunderts wähnte. Nach Nicole de Blomac waren die jungen »anglomanen« Franzosen allesamt reiche, begüterte Adlige und Pferdeliebhaber, deren Leidenschaft dem Reiten galt, ging es nun in den Krieg, auf die Jagd oder auf königliche Mission. »Man kann sagen, daß sie [die Adligen] in dieser Leidenschaft nicht nur eine Konkretisierung, ja Glorifizierung einiger Leitideen ihres Jahrhunderts fanden – der fruchtbaren Freiheit ebenso wie des persönlichen Verdiensts –, sondern auch eine glänzende Rechtfertigung des adligen Geblüts und des Primats des sogenannten reinen Bluts.« (Blomac 1989, S. 497ff.) »Der Stammbaum war der Träger des persönlichen Verdiensts.« Dieser Enthusiasmus – der bei den Passioniertesten bis zur Identifikation mit dem Adel des Tieres ging – implizierte eine bestimmte aristokratische Lebensweise. Eine weitere Konsequenz der Begeisterung für Pferderennen war, daß der Rang der edlen Tiere wie selbstverständlich nach ihrer Qualität und Leistung bemessen wurde. Größere Verbreitung fand diese neue Mode aber erst nach 1770, so als hätten die Adligen eine Weile gebraucht, um zu einer neuen Seinsweise zu finden, die dem neuen System der Legitimation ihrer biologischen Höherstellung entsprach. Dabei gingen sie umso subtiler vor, als sie sich, wie der Graf von Lauragais in seinem 1778 erschienenen *Mémoire inutile sur un sujet important* darlegt, die Zweideutigkeit des englischen Worts *race* zunutze machten und stillschweigend ins Französische hineintrugen. Dieses Wort »ist der Schlüssel zu einem Verhalten, dessen Langlebigkeit zu denken gibt: *race horse* bedeutet zugleich Rennpferd

und Pferd von Geblüt, Rassepferd [...]« (ebd., S. 506). Diese neue Ethik
des Adels trägt paradoxe Züge: Einerseits wird die Kritik der Aufklärung an der »Blutideologie«, wie sie bis zu Beginn des 18. Jahrhunderts
gedacht und verbreitet wurde, akzeptiert; andererseits aber wird der rationale, naturrechtliche, philosophische Diskurs in sein Gegenteil verkehrt und behauptet, es gebe eine auf dem Weg der Selektion entstan-
dene Elite reinen Geblüts, deren Stärke auf ihrem Adel beruhe.

Unsere Hypothese lautet wie gesagt, daß der Adel ideologisch keineswegs wehrlos ist, keineswegs als reaktionär, der Vergangenheit verhaftet
oder degeneriert gelten kann, sondern ganz im Gegenteil in einen Dialog mit der Aufklärung eintritt und den neuen Diskurs mit seiner scho-
nungslosen Kritik sehr wohl versteht. Mehr noch: Er wendet die Argumentation der Aufklärung zu einem System der Selbstlegitimation und
beruft sich dabei nicht mehr auf sein altes Blut, sondern auf seinen
Stammbaum; das heißt, er verficht die These eines neuen, qualitativ
hochstehenden Bluts, das – verbürgt durch den Wert der konstitutiven
Elemente des Stammbaums – »fortgeschrittener« sei als das der anderen
Menschen.

Ebenso falsch wäre die Auffassung, das Festhalten an den Adelsnach-
weisen, die Weiterführung der Stammbäume und die Beschäftigung mit
dem Wert des Blutes sei eine Sache der Vergangenheit. Wie Ellery Schalk
zeigt, war dieses Thema damals hochaktuell, denn nur unter Berufung
aufs Blut ließ sich der Adel im 18. Jahrhundert noch begründen. Im 16.
Jahrhundert hingegen galt der Adel nicht als vererbter Wert, sondern als
Beruf oder als militärische Funktion. Adel war damals gleichbedeutend
mit dem Waffenberuf. Zweihundert Jahre später hat sich das Selbstverständnis des Adels völlig gewandelt. Um die Mitte des 18. Jahrhunderts
haben die Adligen keinen festen Beruf mehr, sondern können ohne Gefahr für ihren Adelstitel den unterschiedlichsten Tätigkeiten nachgehen.
Nur noch die Geburt definiert fortan die Differenz, und »niemand
denkt daran, sie in Frage zu stellen, solange die Toleranz gegenüber den
wirtschaftlichen Aktivitäten des Bürgertums nicht in Frage gestellt wird
und die Adligen die Nichtadligen nicht an der Ausübung bestimmter Berufe hindern« (Schalk 1986, S. 219f.). Das Geblüt, nicht die Waffenführung macht den Adel, darin stimmen alle überein. Eine sicherlich gelungene ideologische Antwort auf die Attacken, die die Adligen das ganze
Jahrhundert hindurch zu gewärtigen hatten. So lebhaft die Reaktion des
Adels aber auch war, nur der Adel selbst konnte sich darüber hinwegtäu-

schen, daß er nicht einen völlig neuen Diskurs gefunden, sondern lediglich alte Überzeugungen auf sicherlich raffinierte Weise umgeschminkt hatte. Die Fortdauer dieses Paradoxes, das dem Adel erlaubte, eine kühn ausgreifende Philosophie zu akzeptieren, weil sie den Glanz seiner alt-ehrwürdigen Abstammung auf eklatante Weise zu bestätigen schien, war dabei allerdings an einen stabilen sozialen Frieden gebunden.

Und genauso wie das Ende der Aufklärung gewissen Leuten aus dunklen Verhältnissen die Gelegenheit bot, die Kraft und Macht des Irrationalen zu entdecken, und unter den Anhängern des Mesmerismus auch einige künftige Revolutionäre zu finden sind, so begannen andere aus dem Adel sich für die Physiognomik – deren politische Geschichte noch aussteht – zu begeistern. Der Diskurs von Lavater kam in der Tat wie gerufen, um einer Gruppe Beruhigung zu verschaffen, die nicht mehr auf der Suche nach ihrer Identität, sondern nach einer Bestätigung ihres Stammbaums war.

Lavater versöhnt die Gesellschaft des Scheins im ausgehenden Jahrhundert mit ihrem Sein. »Die Physiognomik, das Wissen, die Kenntnis des Verhältnisses des Aeußern mit dem Innern; der sichtbaren Oberfläche mit dem unsichtbaren Inhalt; dessen was sichtbar und wahrnehmlich belebt wird, mit dem, was unsichtbar und unwahrnehmlich belebt; der sichtbaren Wirkung zu der unsichtbaren Kraft.« (Lavater 1775, S. 13)

So läßt sich das Wesen eines jeden an seinem Gesicht, seiner Körperhaltung, seinem allgemeinen Gebaren ablesen. Lavater geht noch weiter: Sämtliche Züge verweisen stets auf moralische Stärken oder Schwächen und werden unmittelbar von den Eltern ererbt. Jeder Mensch ist nichts anderes als eine Widerspiegelung der elterlichen Erbanlagen, wobei die eigentliche Persönlichkeit beim Mann eher der des Vaters, bei der Frau eher der der Mutter zuneigt. So daß »wir im Charakter Zug für Zug den Charakter, das Temperament und die meisten moralischen Eigenschaften des Vaters wiederfinden« (ebd., S. 64).

Entsprach diese Erklärung nicht ganz den Erwartungen des Adels? Und konnte er daraus nicht neue Hoffnung schöpfen? Lavater versichert sie nicht nur ihrer Höherstellung – mögen sie diese Stellung real auch verloren haben: »daraus erklärt sich auch, warum so viele Menschen, die die Natur mit einem wohlgefälligen Äußeren versah, auch dann nicht so häßlich sind wie andere, wenn sie dem Verderben anheimfallen« (ebd., S. 68) –, sondern bestätigt sie durch seine unnachgiebige Kritik an der Auffassung, Intelligenz sei das Ergebnis des zufälligen Auf-

einandertreffens voneinander unabhängiger Naturfaktoren, auch in
ihrer Gewißheit, sie seien die Besten. Desgleichen macht er sich über
Helvetius und dessen »liebenswürdigen Enthusiasmus« (ebd., S. 71) lustig, weil der Philosoph voraussetzt, daß die Reform des Menschengeschlechts durch Veränderungen in Erziehung und Bildung erreicht werden könne.

Damit stellte Lavater zwei grundlegende Errungenschaften der Aufklärung in Frage: Zum einen die These, Intelligenz sei mehr oder weniger offensichtlich bei allen Menschen anzutreffen, wobei man die ungleiche Verteilung zwar noch nicht erklären konnte, die Gruppenzugehörig-
keit der Eltern aber in jedem Fall als Erklärungsgrund ausschied; zum
anderen der Glaube an die Macht der Erziehung als der einzigen Instanz, die der Intelligenz zur Entfaltung verhelfen und die Entwicklung
individueller Fähigkeiten, die nicht unbedingt ererbt sind, fördern kann.

Diese Verneinung des Aufklärungsdiskurses beruht auf einem dicho-
tomischen System, das die körperlichen und psychologischen Eigenschaften danach einstuft, wie »edel« oder »unedel« sie sind. Die moralischen Anlagen sind »edel, wenn sie anmutig, sanft, schön und also vollkommen sind; sie sind grob, wenn sie Lust, Sinnlichkeit oder Umtrie-
benheit ausdrücken« (ebd., S. 35). Die Physiognomik versteht sich als
Wissenschaft von den Charaktermerkmalen. Sie führt notwendig dazu,
»daß so viel Gefühl fürs Edle und Schöne, so viel Abscheu vor dem
Niedrigen und Unedlen erweckt wird« (ebd., S. 159). Lavater nötigt der
Sprache durch die Ausdehnung des Bedeutungsumfangs von »edel« denselben Determinismus auf, den er bereits dem Erbfaktor Geblüt zu-
schrieb: Das Gute und Schöne sind gut und schön, weil edel und umgekehrt. Die Edelgeborenen durften sich beruhigen, denn der schweizeri-
sche Pastor lieferte ihnen »wissenschaftliche Gründe« für ihre Andersartigkeit.

Die Blut- und Stammbaumideologie ebenso wie die Physiognomik
spiegeln ein strukturelles Mißverständnis zwischen einem Großteil des
Adels und der Aufklärung wider. Ein schwerwiegendes Mißverständnis,
denn die weitaus überwiegende Mehrheit der Adligen konnte dank dieses »Staumbaums« ungeniert erneut ein würdevolles Selbstverständnis
einer einigen Gruppe entwickeln, die angesichts der gegen sie gerichteten Kritik solidarisch zusammenhielt. Ob arm oder reich, unbekannt
oder berühmt, alle waren sie im Blut geeint, das von Generation zu Generation weitergegeben wurde. Die einen erblickten in ihrem Erfolg den

Beweis für die Reinheit ihres Bluts, die anderen fanden im Blut einen
Rückhalt, der es ihnen erlaubte, ihr geprüftes Dasein in Ehre zu tragen.

Der Adel fand in und durch die Aufklärung wieder zu ideologischer
Einheit und zu einem stimmigen Selbstverständnis, das ihn mit sich
selbst, mit seiner Zeit und mit seiner Philosophie versöhnte. Davon war
er zumindest überzeugt, dazu konnte er sich jedenfalls schließlich überreden. So daß er nicht etwa durch die Kritik an ihm geschwächt wurde, sondern dadurch, daß er die Sprache der Aufklärung in seine eigene Logik
aufnahm und die gefährlichen, kühnen Begriffe der Aufklärung zu beru-
higenden Scheinwahrheiten modelte. Indem er sich der Diskussion über
die Frage verweigerte, ob das Blut ein Kriterium der gesellschaftlichen
Hierarchie sein kann, indem er den Diskurs der Aufklärung zu einer Bestätigung einer ihn begünstigenden natürlichen Zuchtwahl uminterpre-
tierte, wich er einer Denkrichtung aus, die folgerichtig zur Abschaffung
der Privilegien führte, und verschloß er die Augen vor einer geistigen Bewegung, die dem Streben nach Anerkennung der im Kriterium des Blutes unfraglichen Gleichheit aller Menschen Ausdruck verlieh.

Dieses »Mißverständnis« zwischen dem Bild, das sich der Adel vom
Diskurs der Aufklärung machte, und dessen realen Implikationen für
ihn ist keineswegs als eine Art kollektiver Verblendung, als allgemeine
Bewußtlosigkeit oder Flucht nach vorn zu verstehen. Das wäre zu einfach. Vielmehr gibt sich darin eine Strategie zu erkennen, die die aufgeklärte Kritik dadurch zu entwaffnen suchte, daß sie Verdienst und Wert
als Insignien der Besten deutete. Gesellschaftlich gesehen, konnten sich
die Adligen damit trösten, daß die Besten unter den Bürgern einen
Adelstitel anstrebten. Denn der war in den Augen zahlreicher wohlha-
bender Angehöriger des Dritten Standes ein Zeichen des gelungenen gesellschaftlichen Aufstiegs. Allerdings beruhte diese im Endeffekt überaus risikoreiche Strategie auf dem subtilen Gleichgewicht zwischen
einem festen institutionellen Rahmen, verkörpert durch das von allen
anerkannte Königtum als dem Garanten der jeweiligen Privilegien, und
einem klar definierten ideologischen »Ring« aus feststehenden Regeln,
Ehrenkodizes, durchstrukturierten Polemiken und geregelten Auseinandersetzungen, deren Kontrahenten – die Adligen und die Bürger –
genau umrissene Rollen spielten. Es brauchte nur eines der beiden Elemente zu verschwinden oder in Gefahr zu geraten, und der Adel begann
zu wanken. Gerade der »Stammbaum« aber, den der Adel als Beweis seines Werts und Verdienstes geltend machte, sollte dazu führen, daß die

Auseinandersetzung die klassische, zwischen 1740 und 1770 von allen anerkannte Kampfarena verließ.

Denn der Adel provozierte mit seinem Verhalten zum einen eine Radikalisierung des gegen ihn und den angeblichen Wertgehalt des Blutes gerichteten Diskurses (Baecque 1989), der zwar karikative Züge trug, nichtsdestotrotz aber großen Einfluß hatte, zum anderen eine Vertiefung und schließlich die praktische Einforderung der Gleichheit aller Menschen und der notwendigen Abschaffung aller an die Geburt gebundenen Privilegien.

Im Anschluß an Rousseaus *Gesellschaftsvertrag* verlagert sich die Diskussion der Aufklärung nach 1762 auf ein anderes Feld. Politisch gesehen, ging es nun nicht mehr um die Suche nach einem Kompromiß zwischen Bürgertum und Adligen, sondern um die Konzeption einer sich selbst regierenden Gesellschaft, in der an die Geburt gebundene Vorurteile keine Rolle mehr spielen sollten. Die Adligen tun diese Diskurse als nicht ernstzunehmend ab, sie verurteilen und verachten sie, sie fürchten sich vielleicht auch nicht davor oder können sich schlicht nicht vorstellen, welche unmittelbar politische Sprengkraft darin liegt. Und dies sicherlich deshalb, weil sie selbstsicher in einem anderen Kampf stehen.

Wenn die Adligen die Besten sind, können und müssen sie sich beim Königtum, von dem sie schon allzu lang drangsaliert werden, Gehör verschaffen. Stolz auf ihre Privilegien, nehmen die aufgeklärten Adligen der Parlamente die Rückeroberung der effektiven Macht in Angriff. Der seit 1775 schwelende Konflikt zwischen dem König und den Parlamenten zeigt, daß der Adel im vollen Vertrauen auf seine Qualitäten entschlossen ist, die Macht herauszufordern, die ihn von den eigentlichen Entscheidungsinstanzen ausgegrenzt hat. Dabei handelten die Adligen im Namen der Aufklärung, im Namen ihrer Aufklärung, was durchaus mit Risiken befrachtet war. Denn indem die Aristokraten das Königtum unter heftigen Beschuß nahmen und sich gegenüber den politischen Vorschlägen des Dritten Standes gleichzeitig verschlossen zeigten, zerstörten sie das labile Gleichgewicht, auf dem ihr Selbstverständnis als der Besten der Nation beruhte.

Daß der Adel 1789 mit der wohlbekannten Heftigkeit reagierte, erklärt sich möglicherweise nicht aus seiner Schwäche oder seinem reaktionären Wesen, sondern daraus, daß er sich vor der Revolution für mächtig genug hielt, um sich gegen den Absolutismus durchsetzen und, regeneriert durch die Aufklärung, als die lebendigste Kraft der Gesellschaft zur Geltung bringen zu können. Die Wirtschaftskrise, die Einberufung der Generalstände nach altem Vorbild und die Haltung des Zweiten Standes in den Diskussionen und den ersten Tagen der Revolution sollten jedoch offenbaren, daß das politische Ziel des Adels, die Ersetzung der königlichen Willkürherrschaft durch eine Regierung von Aristokraten, nicht zu realisieren war. Denn in der Zwischenzeit hatte sich der Dritte Stand zu einer politischen Kraft entwickelt, die die Nation der Franzosen als einen Verein gleicher Menschen repräsentierte und sich als solche durchsetzen sollte. Der Bruch zwischen den beiden politischen Ideologien, die mit dem beziehungsweise gegen den Diskurs der Aufklärung entstanden waren, war besiegelt.

Was ist der Adlige also im Jahr 1789? Wie soll der Adel definiert werden? Als eine überaus heterogene, in sich differenzierte Gruppe, die zwar von Gegensätzen durchzogen war, in den Diskussionen der Aufklärung jedoch zu einem neuen Selbstverständnis fand, indem sie sich um eine »Ideologie des Stammbaums« versammelte, die jedem Gruppenmitglied die Möglichkeit eröffnete, die Qualität und also den Wert seiner Vorfahren geltend zu machen? Als eine Gruppe, die sich nach 1775 stark genug glaubte, um politisch erneut aktiv werden und die begründete Hoffnung hegen zu können, die politische Macht zurückzuerobern? Als eine Gruppe, die ihre inneren Widersprüche letztlich durch ein sorgsam gepflegtes Mißverständnis kaschierte, das als politischer Diskursersatz diente? Als eine Gruppe, die die radikale Veränderung der politischen Debatte nach 1780 nicht begriff und durch die Ereignisse des letzten Jahrzehnts hinweggefegt werden sollte?

Von allem sicherlich etwas. Alle Adligen sind sich ihrer »Differenz« zu den Bürgerlichen und den ausgeprägten Unterschieden innerhalb ihrer eigenen Gruppe bewußt. Alle haben eine Vorstellung von der fortschreitenden Entwicklung ihres Jahrhunderts. Aber keiner gibt die Vergangenheit auf, die den Adel als Gruppe definiert.

Im Hinblick auf die erwähnten Fragen sollte die Revolution dem Zweiten Stand paradoxerweise einige Gewißheit verschaffen. Konfrontiert mit widrigen und feindseligen Verhältnissen, fand der Adel im Exil erneut zu innerem Zusammenhalt und realisierte damit, was das Königtum ihm nicht mehr hatte bieten können. Durch Prüfungen erwachte er zu neuem Leben, im Leid gewann er an Größe, alle Schwierigkeiten trug er mit Würde, und so erlangte er zu Beginn des 19. Jahrhunderts abermals eine gesellschaftliche Rangstellung, die ihm in den letzten hundert

Jahren unablässig zum Vorwurf gemacht worden war. Ob in der Finanzwelt, in der Armee oder in der Diplomatie, in allen wichtigen Bereichen
bekleidete er im 19. Jahrhundert erneut führende Positionen und erreichte damit, was ihm seinem eigenen Selbstverständnis nach zustand
(und was er in manchen Fällen auch während der Revolution und des
Kaiserreichs nicht hatte aufgeben müssen). Er kam wieder in den Besitz
seiner Landgüter.

So hätte der Adel gegenüber der Aufklärung, den Aufklärern und
dem politischen Schlußpunkt der Revolution also die Oberhand behalten? Das bleibt abzuwarten. Die Adligen kam zwar wieder in den Besitz
ihrer Landgüter, mußten sich aber einem politischen Spiel beugen, das
im Laufe des neuen Jahrhunderts langsam Gestalt annahm und die Adligen zunächst in Notabeln, später dann in gewählte Abgeordnete verwandelte. Innerlich mochten sie sich noch als Adlige verstehen und an der
Spitze ihrer Landgemeinde stehen, aber im öffentlichen Leben galten sie
fortan als bürgerliche Edelmänner und »Patrone« und wurden als solche
nach und nach vergesellschaftet und in ein neues politisches Gefüge eingebunden, was sich entweder dahingehend interpretieren läßt, daß die
neue Gesellschaft die Adligen in ihrem Wert bestätigte und anerkannte
oder aber daß das weithin noch ländlich geprägte Frankreich weiterhin
unter dem beherrschenden Einfluß der Tradition stand. In jedem Fall
waren die Adligen gegen Ende des 19. Jahrhunderts auf dem besten
Wege, ein integraler Bestandteil der republikanischen Gesellschaft zu
werden.

Indes bewirkte das Denken der Aufklärung weit mehr. Die Aufklärung stellte den Klassifizierungskampf, den Kampf um den Erwerb der
kulturellen und geistigen Produktionsmittel in den Mittelpunkt des gesellschaftlichen Geschehens, sie entwickelte systematisch die kritische
Reflexion, sie definierte durch die Festschreibung eines einheitlichen,
homogenen Diskurses die möglichen Formen des Selbst und Fremdver-
ständnisses der verschiedenen gesellschaftlichen Gruppen, sie zeigte die
politische Bedeutung und die überaus realen gesellschaftlichen Folgewir-
kungen dieses Diskurses auf, sie verlagerte den Kampf in eine Arena, in
der die psychologischen Phänomene ebenso bedeutsam sind wie die materielle Wirklichkeit der Tatsachen, und schaffte es damit, das Denken
der Adligen dauerhaft in Mißkredit zu bringen.

Die thematischen Gegensatzpaare der Aufklärung – alt/neu, Freiheit/
Unterdrückung, Natur/Geschichte, Vernunft/Despotismus, Tugend/

Zügellosigkeit, Verdienst/Müßiggang – zeichneten ein unwiderruflich negatives, abstoßendes Phantombild des Adligen, dem sämtliche Fehler zugeschrieben wurden und der damit ex negativo alle Eigenschaften veranschaulichte, die von den Philosophen hochgelobt wurden. Paradoxerweise hielten aber nicht nur die Aufklärer ihre Skizze für die Wirklichkeit, sondern auch der Adel – und daran zeigt sich einmal mehr die Bedeutung des Kampfes um die Geltung der »Symbole« – machte sich dieses wenig schmeichelhafte Bild zu eigen, das ihn möglicherweise auf Dauer »marginalisiert« hat und ihn hinderte, aus eigenen Stücken ein stabiles politisches Regime zu entwerfen und durchzusetzen, obwohl er nach 1815 die ländlichen Gebiete und die wichtigsten staatlichen Stellen und Institutionen kontrollierte und die Finanzwelt beherrschte.

Wie anders ließe sich erklären, daß der degenerierte, hinfällige, verdorbene, ohnmächtige, nutzlose und deklassierte Adlige von Balzac über Maupassant bis hin zu Huysmans ein stehender Topos der französischen Literatur des 19. Jahrhunderts ist, der von den Fürsprechern des Adels ebenso verbreitet wurde wie von seinen Kritikern. Kein Zweifel, daß Monsieur de Morsauf, der langsam dem Wahnsinn verfällt, daß der Fin-de-Siècle-, Fin-de-Race-Dandy des Esseintes und das sterile Ehepaar Hubières, das sein Kind bei armen, aber fruchtbaren Bauern käuflich erwerben muß, auf ihre Weise Kinder der Aufklärung sind, und zwar insofern, als sich in ihnen literarisch konkretisiert, was den Zeitgenossen als wirklich galt: daß der Adel als regenerative Kraft und Träger des neuen, modernen Frankreich, wie die Philosophen es sich vorgestellt hatten, die Revolution es aufblitzen ließ und das 19. Jahrhundert es realisierte, endgültig disqualifiziert war.

Kapitel 2
Der Geschäftsmann

Louis Bergeron

Zeichnet sich der Geschäftsmann im Zeitalter der Aufklärung durch irgendeine Besonderheit aus? Sicher standen die Produktion und der Tausch sowie deren Träger im Mittelpunkt einiger bedeutender Diskussionen des 18. Jahrhunderts, in denen es um die Freiheit von Handel und Arbeit, um die Stellung des »Kaufmanns« (ein umfassender Allgemeinbegriff) in der gesellschaftlichen Hierarchie, um die Erhebung von Kaufleuten in den Adelsstand und um die Neubewertung von Arbeit und Bereicherung ging. Und die vor rund fünfzehn Jahren erschienene vielbeachtete Biographie von Serge Chassagne über Christophe-Philippe Oberkampf (Chassagne 1981) trug den offenkundig treffenden Untertitel: »Ein Unternehmer im Jahrhundert der Aufklärung«. Dennoch scheint die Aufklärung an sich weder die Struktur noch die Kultur dieser gesellschaftlich-beruflichen Gruppe unmittelbar beeinflußt zu haben. Die entscheidenden Faktoren, die den Wandel dieser Gruppe bestimmten, sind vielmehr einerseits in der technischen und wirtschaftlichen Entwicklung, in den neuen Formen der Arbeitsorganisation, und andererseits in den neuen Bedingungen, die die Französische Revolution hervorbrachte, zu suchen.

Der Handels- oder Kaufmann, der mit Waren, Handelspapieren, Münzmetall oder gemünztem Gold und Silber handelte und gelegentlich zusätzlich den Beruf des Bankiers ausübte – indem er den Teil seiner Geldmittel, der im Warentausch keine Verwendung fand, im Kredit- und Anlagegeschäft fruchtbar machte –, blieb im wesentlichen, was er seit dem ausgehenden Mittelalter und der mit den Entdeckungsreisen und der beginnenden Kolonialwirtschaft einhergehenden Ausweitung

des Welthandels war. Gleichwohl kann das 18. Jahrhundert als das Goldene Zeitalter dieses sozialen Typus gelten, denn der interkontinentale
Handel nahm in dieser Zeit einen lebhaften Aufschwung und das Bürgertum der Hafenstädte, das in zahlreichen Monographien über Marseille, Bordeaux, Nantes, Bristol, London, Amsterdam und Hamburg
detailliert beschrieben ist, stand auf dem Höhepunkt seiner Entwicklung. In jedem Fall erreichte die Kodifizierung der Kaufmannskultur in
diesem Jahrhundert seine Vollendung. Nehmen wir zum Beispiel die Region Basel, die seit langer Zeit als Knotenpunkt des internationalen Handels auf dem europäischen Kontinent fungierte und sich zu einem der
dynamischsten Zentren der beginnenden Industrialisierung Europas entwickeln sollte.

Was brauchte man nach Ansicht der Zeitgenossen, um auf einem großen Handelsplatz als Kaufmann Erfolg zu haben (vgl. Röthlin 1986)?
Die Beschäftigung mit dieser Frage ist umso wichtiger, als der Grundstock der kaufmännischen Bildung, den die folgenden Unternehmerge-
nerationen weiter ergänzten, im ausgehenden 18. Jahrhundert gelegt
wurde. Es handelte sich dabei um eine ausgesprochen umfassende, offene Bildung, die zugleich enzyklopädisch und praktisch, allgemein und
technisch, Ergebnis von Erfahrung und von Studium war und nur über
einen langen Zeitraum erworben werden konnte.

Nach Ansicht eines zeitgenössischen Autors (Meyer 1782) muß der
Kaufmann die Warenkunde, die Buchhaltung, die Wechselkursberech-
nung, die Arbitrage, die Handelssprache mit ihren technischen Fachbe-
griffen und verschiedene Fremdsprachen beherrschen, er muß über gute
Rechtschreibkenntnisse verfügen und die verschiedenen Devisen, die Ge-
wichts- und Maßsysteme mit ihrer Umrechnung, die Handelsnamen, die
Geographie, die Handelssitten der Orte, mit denen er Geschäftsbezie-
hungen unterhält, das Schiffahrtswesen, das Postwesen sowie das Land-,
Schiffahrts- und Handelsrecht kennen. Darüber hinaus hat er gute Ge-
schäftsbeziehungen zu pflegen, regelmäßig die wichtigsten Messen zu besuchen, sich durch Presse, Privatkorrespondenz und Geschäftsreisen zu
informieren und die Zahlungsfähigkeit seiner Kunden zu prüfen.

Ein anderer Zeitgenosse[1] hält es für nötig, daß man ein gepflegtes
Deutsch spricht, eine schöne Schrift hat (lange Zeit ein entscheidendes

---

1 Jakob Sarasin (1742-1802) besaß in Basel eine der umfangreichsten Sammlungen solcher Werke über die Bildung des Handeltreibenden.

Kriterium bei der Einstellung eines Handlungsgehilfen), über gute Französisch- und Italienischkenntnisse verfügt und wegen der Rechtsgeschäfte ein wenig Latein kann, daß man seinen Briefstil pflegt, die Anfangsgründe der Statistik, Geschichte, Rechtslehre, Naturwissenschaften und Landwirtschaft kennt und zu einem festen Zeitpunkt die Bilanz erstellt und Inventur macht. Darüber hinaus empfielt Jakob Sarasin – worin er sich von seinem zuvor genannten Kollegen unterscheidet –, auch die Leibesübungen, die schöngeistige Literatur und die schönen Künste nicht zu vernachlässigen.

Anhand der verfügbaren Schilderungen von Dutzenden von Karrieren kann man sich ein konkretes Bild von der Ausbildung des künftigen Kaufmanns machen. Sie begann im Alter von fünfzehn Jahren mit einer Handelslehre, deren Modalitäten zwischen den Eltern des jungen Mannes und einem Kaufmann vertraglich geregelt wurden. Diese Zeit, die mindestens drei, häufiger jedoch vier oder fünf Jahre dauerte, wurde freiwillig mitunter bis auf sieben oder acht Jahre verlängert. Bevorzugte Orte der Lehrausbildung waren außer Basel Genf, Lyon und mit einigem Abstand Straßburg, Frankfurt und Paris.

Der künftige Kaufmann war nun um die zwanzig und begann die zweite Etappe seiner Ausbildung: die Bildungsreise. Sie führte den jungen Mann zunächst an die wichtigsten Plätze, mit denen Basel Handelsbeziehungen unterhielt: nach Frankfurt, Ulm und Augsburg, ins Elsaß und nach Lothringen, nach Burgund und in die Franche-Comté sowie nach Genf. Dann aber dehnte sie sich auch auf die wichtigsten Länder Europas aus: Aus einer Gruppe von 62 jungen Kaufleuten bereisten 49 Frankreich, 29 Holland und die Österreichischen Niederlande, 28 Deutschland, 17 England und nur 10 Italien. Reisen nach Osteuropa hingegen waren selten. Die Grenzen der Erkundungsreise bildeten Wien, Ungarn, Leipzig, Berlin, Danzig, Königsberg und in Ausnahmefällen Rußland. Wozu dienten diese Reisen? Dazu, das Handelsleben kennen zulernen, den Geschäftspartnern des Vaters einen Besuch abzustatten, Beziehungen für die Zukunft anzuknüpfen und die bekanntesten Sehenswürdigkeiten – Paläste, Gärten, Schlösser und Kirchen – zu besichtigen. Die jungen Basler Kaufleute, die nach Paris kamen, eilten sofort nach Versailles, wo sie sich durch einige gute Beziehungen und diverse Trinkgeldzahlungen Zugang zur Tafel des Königs verschafften. Einer von ihnen hatte im Jahr 1701 Gelegenheit, Ludwig XIV. zu beobachten: »Eine Ungeheuerlichkeit, die eher an die Mongolei als an das Abend-

land gemahnt« – der Wein tropfte ihm von beiden Wangen; er ver-
schlang eine unerhörte Menge an Speisen, bediente sich dabei nicht etwa
des vor ihm liegenden Goldbestecks, sondern seiner Finger und hatte
kaum noch Zähne. Ein anderer junger Basler wurde 1757 ohne Um-
schweife hinausgeworfen, weil er während seines Besuchs der Gemä-
cher des Thronfolgers aus Versehen ein großes Landschaftsgemälde be-
schädigte, das dieser gerade kopierte.

Anschließend ließen sich die jungen Leute jedoch nicht sofort in
Basel nieder, sondern vervollständigten ihre Ausbildung durch eine
mehrjährige Tätigkeit als Kommis an einem anderen Handelsplatz – ein
Brauch, der mit den Gepflogenheiten des Basler Milieus zusammenzuhängen schien, war es zur Wahrung des Geschäftsgeheimnisses doch untersagt, unmittelbar nach Ende der Lehrzeit in den Dienst eines anderen
Hauses zu treten, so daß dem jungen Kaufmann keine andere Möglichkeit blieb, als drei oder vier Jahre in einer anderen Stadt zu arbeiten. Die
Dauer dieser Wanderjahre brachte es mit sich, daß der junge Mann im allgemeinen spät heiratete und zum Zeitpunkt der Eheschließung eher
Ende als Anfang zwanzig war. Nun arbeitete er auf eigene Rechnung
und hielt sich – legt man den Werdegang der erwähnten 62 Kaufleute zugrunde – durch seine Privatkorrespondenz und Zeitungen, die im übrigen hauptsächlich an den Handelsplätzen selbst gedruckt wurden, weiterhin auf dem laufenden.

Wenn sich die Bildung des »Unternehmers« im weitesten Wortsinn seit
der zweiten Hälfte des 18. Jahrhunderts von der eines »Generalisten«,
dessen Bildungsweg wir in großen Zügen soeben nachgezeichnet haben,
zunehmend entfernt, so geht dieser Umschwung unseres Erachtens auf
die beginnende Entwicklung des modernen Industrieunternehmens zurück. Als charakteristisches Anzeichen für dessen Auftreten kann zum
einen die Konzentration der Arbeitskräfte pro Produktionseinheit gelten, sei es in Form der unmittelbaren Konzentration innerhalb der Pro-
tofabriken, sei es in Form der über Lieferverträge vermittelten Kontrolle über eine verstreut produzierende Arbeiterarmee, zum anderen
die wachsende Technisierung der Fabrikationsverfahren und -mittel,
was den unternehmerisch tätigen Eigentümer lange vor dem Zeitalter
des Ingenieurs nötigt, seine Bildung zu erweitern, wenn er nicht in die
völlige Abhängigkeit von Spezialisten geraten will, deren Hinzuziehung
hohe Kosten verursacht. Darüber hinaus erfordern der Markt für die

neuen Manufakturartikel und die Konsumentennachfrage ganz andere Informationen und eine ganz andere Planung als die Vermarktung der klassischen Erzeugnisse des Fernhandels. Der zum Manufakturbesitzer gewandelte Kaufmann mußte also Sinn für eine neue Arbeitsorganisation, für Menschenführung sowie für eine andere Technikkultur besitzen, er brauchte eine Nase dafür, welche Produkte von welcher Kundschaft begehrt sein könnten und mußte dabei ebensosehr Innovationsgeist wie buchhalterische Klugheit und psychologisches Einfühlungsvermögen beweisen.

Der Manufakturbesitzer des im Umbruch befindlichen 18. Jahrhunderts war kein mythisches Wesen aus einer anderen Welt. Unter ihnen finden sich zahlreiche ehemalige Kaufleute, die es verstanden hatten, ihr Tätigkeitsfeld zu erweitern, wohlhabende Bauern, die in den Lebensmittelhandel und ihre industrielle Verarbeitung eingestiegen waren, und erfindungsreiche Handwerker, denen das Glück wohlgesonnen war. Gleichwohl verdankt sich diese neue Art von Geschäftsleuten auch der Migration von Facharbeitern, Techniken und Kapitalien aus England, Wallonien, Süddeutschland und der nördlichen Schweiz. Der ehemalige Farbdrucker, Baumwollarbeiter, Chemiker oder Metallarbeiter war vielfach außerhalb seiner Heimat als Unternehmer erfolgreich. Einen weiteren Fall bilden jene Länder, in denen der Unternehmergeist allein dadurch befruchtet und stimuliert wurde, daß sie im Brennpunkt vielfältiger kultureller Einflüsse lagen. Die zwischen Mülhausen und Montbéliard liegende Region des südlichen Elsaß und nördlichen Jura im Osten Frankreichs gehört zweifellos in diese Kategorie. Nach der Schweiz hin offen und unmittelbar an Deutschland und Frankreich angrenzend, überlagern sich in diesem Landstrich die einander ergänzenden Sprachen, Konfessionen und Kulturen des Rheintals. Anhand verschiedener Schriften und Untersuchungen können wir verfolgen, wie dort die moderne Industrie entstand. Ähnliches ließe sich auch in der Region von Caux, in der Ebene von Lille, in Gand, Verviers, Paris und an anderen Orten beobachten.

Wenden wir uns zunächst der kurzen, aber aufschlußreichen Autobiographie von Jean Zuber sen. zu. Geboren im Jahr 1772, stand er zwischen 1791 und 1835 aktiv im Erwerbsleben und gründete bei Mülhausen die berühmte Tapetenmanufaktur von Rixheim (Zuber 1895). Seine Lebensbeschreibung verfaßte er als alter Mann zur erbaulichen Belehrung seiner Kinder:

»Glück und Ansehen bei den Menschen haben außer dem Segen Gottes keine andere Grundlage als fleißiges und gewissenhaftes Arbeiten. Mögen meine Nachkommen diese wertvolle Regel allzeit befolgen.«

Wertvoll ist dieser Text jedenfalls nicht nur, wenn man sich mit Serge Chassagne davon überzeugen will, daß »man nicht von heute auf morgen Unternehmer wird«, sondern auch um einen lebendigen Eindruck von der Entstehung des modernen Industrieunternehmers aus der klassischen Kaufmannschaft zu gewinnen. Ein Übergang, der sich in Frankreich wie auch in Europa insgesamt in einer Zeit instabiler Verhältnisse zuträgt. Die hergebrachten Bildungs- und Lehrinhalte sind durchaus noch nicht veraltet, und einst wesentliche Eigenschaften wie ein fester Charakter, eine strenge Moral und ein Urteilsvermögen, das die Konjunktur in Handel und Politik rasch und treffend einzuschätzen weiß, sind nach wie vor erforderlich. Zusätzlich braucht man nun aber noch andere technische Fähigkeiten, Kenntnisse über Herstellungsverfahren und mechanische Fertigungsmittel, sowie weitere betriebswirtschaftliche Kompetenzen, namentlich im Bereich der Menschenführung, gleicht der Manufakturbesitzer doch einem Offizier, der eine zivile Truppe befehligt. Jean Zuber, Sohn eines Tuchfabrikanten, stand durch seine Heirat mit der Familie Schmaltzer in Verbindung, die bereits vor 1750 eine der ersten Kattundruckereien von Mülhausen gegründet hatte, und war aufgrund dieser verwandtschaftlichen und solidarischen Bande fest in den Mikrokosmos der Handwerker und Kaufleute der kleinen Republik eingebunden. Die städtische Schule vermittelte ihm nur eine äußerst unzureichende Bildung, und da sein nachlässiger Vater weder einen Hauslehrer noch einen Schulaufenthalt außerhalb von Mülhausen für nötig hielt, kann er von Glück sagen, daß zwei seiner Onkel ihm den Besuch einer Privatschule finanzierten:

»Ein liebenswürdiger Greis [...], Begründer einer renommierten Methode zur Erlernung des Schreibens [...], gab mir meine ersten Französischstunden. Ich tat mein Bestes, seine schöne Handschrift nachzuahmen.«

Jean Zuber war damals elf Jahre alt. Um seiner Mutter zur Hand zu gehen, lernte er außerhalb der Unterrichtszeit, »Leinenschnüre zu fertigen, die in den Wäschereien verwendet werden, um die Baumwolltücher auf der Bleiche zu befestigen«, eine Gelegenheit, nicht nur einen Sinn für den Preis der Arbeit zu entwickeln, sondern auch aus erster Hand kennenzulernen, was körperliche Arbeit heißt. Im Alter von dreizehn Jahren hatte er das Glück, dem Unterricht beiwohnen zu dürfen, den der neuernannte Vikar einem Sohn »aus guter Familie« erteilte. Der »ausgezeichnete Lehrmeister« wurde Zuber auf Lebzeiten ein Freund und übte auf ihn in geistigen Dingen großen Einfluß aus. Zur gleichen Zeit kaufte sich der junge Zuber von seinem Ersparten ein Spinett und eine kleine Orgel und leistete sich darüber hinaus Musikunterreicht, den er durch das Kopieren von Notenblättern für einen Musikmeister bezahlte. Daß er diesem Thema in seiner Lebensbeschreibung solch breiten Raum widmet, zeigt, wie wichtig diese künstlerische Bildung, die er sich aus eigenem Antrieb aneignete, für das persönliche Gleichgewicht des künftigen Industriellen und Geschäftsmanns war.

Damit fanden seine Studien ein Ende. Im Alter von fünfzehn Jahren beginnt er bei Heilmann, Blech & Compagnie, die eine der ältesten Kattunfabriken (gegründet 1764) betrieben, seine Lehre:

»Ein kleiner Lehrling [...] war gehalten, jeden Morgen als erster zur Stelle zu sein; er kehrte die Schreibstuben aus, erledigte alle Botengänge in der Stadt, betätigte sich als Brief- und Paketträger und kopierte schließlich alles, was in den Schreibstuben geschrieben wurde. [...] Ein alter Kommis [...] schloß mich ins Herz und half mir bei allem.«

Ein Cousin aus der Familie Schlumberger, der Sohn von einem der Chefs des Hauses, weihte ihn »in die Geheimnisse der doppelten Buchführung und des Wechselgeschäfts ein«. Nach Beendigung seiner Lehre erhielt er das Angebot, ein weiteres Jahr als Kommis mit einem Jahresgehalt von 600 Livres zu bleiben, bis er »eine gute Stellung« gefunden hätte. Die Französische Revolution erwies ihm da einen großen Dienst. Es gehörte nämlich zu seinen Aufgaben, in die umliegenden Städte zu reiten, um Leute zu finden, die die Assignaten, mit denen die Kunden der Firma bezahlten, gegen Bargeld tauschten, das für die Lohnzahlungen benötigt wurde. Nun traf es sich bei einem dieser Ausritte nach Guebwiller, »es war an einem herrlichen Sonntagmorgen im Sommer«, daß er Nicolas Dollfus kennenlernte, der in Dornach seit 1790 eine Tapetenfabrik betrieb, in der mit einem ansehnlichen Jahresgehalt von 4 000 Livres und einer zusätzlichen Gewinnbeteiligung von zehn Prozent auch Joseph-Laurent Maleine, einst als Blumenmaler in der Manufacture nationale des Gobelins zu Paris tätig, beschäftigt war. Zuber wurde für vier Jahre angestellt und schlug damit, dem Weberberuf seines Vaters endgültig den Rücken kehrend, den Weg der Industrie ein, und dies in einem führenden Industriezweig, dessen Markt in voller Expansion begriffen war.

Nun konnte er endlich die Bildungsreise antreten, die zu seiner Kaufmannsausbildung noch fehlte. Obwohl er damals schon achtzehn Jahre war, war das seine erste beruflich motivierte Reise, und auf dem Programm standen im Unterschied zu den Bildungsreisen anderer angehender Kaufleute aus Basel ausschließlich die geschäftlichen Bedürfnisse der Tapetenmanufaktur. Seine Aufgabe war, die Absatzmöglichkeiten auf der gesamten italienischen Halbinsel zu erkunden, mit der Mülhausen, wie sich herausstellte, keinerlei geschäftliche Beziehungen unterhielt, hatte Jean Zuber doch die allergrößten Schwierigkeiten vor Ort jemanden zu finden, der ihm die Anfangsgründe der italienischen Sprache beibringen könnte. Zwei Themen durchziehen die Beschreibung der von November 1791 bis Juni 1792 dauernden Reise: zum einen die Bemühungen des jungen Zuber, Aufträge an Land zu ziehen, wobei sich Italien als ein recht mittelmäßiger Markt erweist, der auf Tapetenartikel kaum anspricht; zum anderen sein ausgeprägtes Interesse im ästhetischen und gesellschaftlichen Bereich. Er erwirbt nicht nur gute Sprachkenntnisse und legt ein großes Geschick an den Tag, freundschaftliche Beziehungen zu Familien zu knüpfen, die ihm geschäftlich von Nutzen sein können, sondern zeigt sich auch für die Herrlichkeiten dieser Welt, deren Reiz er nie geahnt hatte, empfänglich, sei es die Bibliothek des Bischofssitzes von Sankt-Gallen, die Überquerung der Alpen über den Splügen-Paß, der Abstieg zum Comer See, der Mailänder Dom, das Leben am Hof von Parma und Modena, die Toskana oder Rom und Neapel, deren Höhepunkte für ihn das Theater San Carlo und der Krater des Vesuv waren. Auf der Rückreise kommt er über Triest, Venedig, Genua und Turin. Seine zweite Reise von November 1792 bis Mai 1794 führt ihn mitten im französischen Italienfeldzug nach Korsika und an die Küste der iberischen Halbinsel, der er bis Bilbao folgt, bevor er auf dem Landweg nach Barcelona und auf dem Seeweg nach Italien zurückkehrt; eine Gelegenheit für den jungen Kaufmann, alle möglichen Gefahren, seien sie klimatischer, militärischer oder politischer Natur, zu bestehen. So scheute er es wenig später auch nicht, von August bis Oktober 1796 Deutschland zu bereisen, obwohl in dessen Süden Krieg herrschte. Diese Geschäftsreise, die er aus Sparsamkeitsgründen, aber auch aus beruflichem Pflichtbewußtsein mit seiner Hochzeitsreise verband, führte ihn nach Frankfurt, Köln, Kassel, Hannover, Hamburg, Lübeck und Leipzig.

Zwischen seinen Reisen und nachdem er sich schließlich im Jahre
1797 als Geschäftspartner der Tapetenmanufaktur Dollfus niedergelassen hatte, arbeitete Jean Zuber in den Werkstätten des Unternehmens
und wandelte sich dabei vom Kommis und Kaufmann zu einem Unternehmer, der sich leidenschaftlich für industrielle Herstellungsverfahren
interessierte. Während er noch Kommis war, faßten seine Arbeitgeber
einen Entschluß, der Zuber wenig später zugute kommen sollte: Sie ver-
lagerten die Manufaktur ins einige Kilometer entfernte Rixheim, das auf
französischem Boden lag, in eine herrliche Komturei, die aus Staatsbe-
sitz verkauft worden war. So konnten die Nachteile, die der Entwicklung des Geschäfts durch die regelrechte Zollblockade erwuchsen, unter
der die kleine Republik Mülhausen zu leiden hatten, noch vor ihrer Vereinigung mit Frankreich beseitigt werden. Die Niederlassung in Rixheim Mitte 1797 gab Zuber die Gelegenheit, seine Fähigkeiten als Fa-
brikdirektor unter Beweis zu stellen: Er organisierte den Arbeits- und
Wohnbereich und richtete die achtundvierzig Drucktische und -platten
sowie die »Farbküche« ein, das Chemielabor also, das ein Kolorist leitete, den er in Bern angeworben hatte.

»Dieser Kolorist wußte besser als jeder andere die Grün- und Blautöne des Kup-
ferpräzipitats herzustellen. Durch ihn waren wir in der Lage, das schöne Wiesen-
grün zu liefern, das lange Zeit einer unserer Hauptartikel war und uns großen
Gewinn einbrachte.«

Zuber, der mit dreißig Prozent Gewinnbeteiligung nunmehr Geschäftspartner war und »Ansprüche auf das gemeinsame Eigentum« hatte, war
nicht nur von persönlichem Ehrgeiz getrieben, sondern fühlte sich auch
als Unternehmer zu diesem Gewerbe berufen. »Ich hatte mich mit diesem Gewerbe so sehr identifiziert, daß ich nicht mehr davon loskam.«
Mehr noch, fortan hatte er nur noch einen Gedanken im Kopf: Er wollte
Alleineigentümer eines Unternehmens werden, für das er hochfliegende
Pläne machte, denn der Absatz nahm zu dieser Zeit einen erneuten Aufschwung. Die Gelegenheit dazu bot sich schon bald, als seine Geschäftspartner die Gesellschaft durch einige Managementfehler in der Verwaltung eines Pariser Depots beinahe in den Bankrott getrieben hätten. Anfang 1802 konnte er sie von der Notwendigkeit überzeugen, die Gesellschaft aufzulösen, und im Jahr darauf gelang es ihm, die Liquidation ehrenvoll über die Bühne zu bringen. Seine Autobiographie nimmt in diesem Punkt einen triumphierenden Ton an:

»Ich war nunmehr Alleineigentümer des schönen Gewerbes, dem ich seit elf Jahren meine ganze Kraft gewidmet hatte, und konnte in hoffnungsvollem Vertrauen auf einen gesicherten Gewinn endlich frei atmen.«

Bereits im Jahr darauf läßt er seiner unternehmerisch-innovativen Kühnheit freien Lauf. Er beschließt, ein neues Produkt aufzulegen, das ihm auf dem französischen und internationalen Markt den Durchbruch verschaffen sollte: die Panoramatapete, eine Landschaftsdarstellung, die sich über alle vier Zimmerwände erstreckt. Dieses Produkt wird auch zweihundert Jahre später noch hergestellt und als Luxusartikel verkauft werden. Zuber stellt also einen neuen Maler aus Paris ein und beauftragt ihn mit der Anfertigung von Ansichten aus der Schweiz, denen schon bald eine Landschaft aus Hindustan folgen sollte. Bei der nationalen Industriemesse, die 1806 in Paris stattfand, erhält er die Silbermedaille. Ebenfalls in Paris wirbt er einen Chemielaboranten an, der in Rixheim ein Forschungslabor zur Entwicklung neuer Farbstoffe einrichten soll, sind für die Panoramaansichten doch bis zu zweihundertfünfzig verschiedene Farbtöne erforderlich. So wurde dieser Artikel, den der Landschaftsmaler Mongin aus dem Atelier von Doyen im Auftrag eines Pariser Tapetenfabrikanten entwickelt hatte, zum Steckenpferd des jungen Patron aus Mülhausen. Nehmen wir das bisher Gesagte zusammen, so kann Jean Zuber in jeder Hinsicht als Archetypus des modernen Unternehmers gelten: Er ist darauf bedacht, den Markt zu erkunden, wobei ihm seine Ausbildung als Handelsgehilfe sehr zugute kommt; er hat den festen Willen, Kapitaleigentümer und Unternehmensleiter in Personalunion zu werden; er ist ständig bemüht, sein Produkt durch fortlaufende technische Verbesserungen zu vervollkommnen; er hat ein Gefühl für den Geschmack seiner potentiellen Kunden und eine Nase für das, was man heute als »Marktlücke« bezeichnet; und das alles unter der katalysierenden Wirkung eines Temperaments, aus dem wilder Arbeitseifer und leidenschaftliche Begeisterung für das Gewerbe sprechen. Hinzu kommt noch ein treffsicheres betriebswirtschaftliches Urteilsvermögen, was sich in der Entscheidung widerspiegelt, die Zeichen-, Gravur- und Druckwerkstätten um eine Papierfabrik zu ergänzen, die er 1805 von einer Basler Kaufmannsfamilie erwirbt:

»Wir konnten endlich unseren alten Wunsch verwirklichen, das von uns verwendete weiße Papier selber herzustellen. Das Papier, das wir bisher von verschiedenen Orten bezogen hatten, war vielfach fehlerhaft.«

Während des gesamten 19. Jahrhunderts sollte der innovative Geist des Gründers den Erfolg der Manufaktur bestimmen, die fortlaufend nach neuen »Effekten« forschte; denn technisch stand das Unternehmen Zuber an der Spitze des Gewerbes, so daß Paris und Lyon ihre führende Rolle nunmehr mit Rixheim teilen mußten. Moralisch gesehen bot Zuber schließlich das Bild eines Unternehmensleiters, der in jeder Konjunktur die treibende Kraft in der Familie war. Die Techniker und die Arbeiter, die fast alle eine Fachausbildung hatten, standen der Familie sehr nahe und bildeten mit ihr das, was der Chef, dessen paternalistische Autorität auf seinem Erfolg und seiner offenkundigen Fachkompetenz beruhte, »unsere Kolonie« nannte.

Die Geschichte des Pariser Brauereiunternehmers Antoine-Joseph Santerre (vgl. Monnier 1989), der mit wenig Abstand ein Zeitgenosse von Jean Zuber war, bestätigt den Eindruck, daß an der Grenze zwischen dem Zeitalter der Aufklärung und den revolutionären Veränderungen eine neue Generation von Geschäftsleuten auftrat, die ihren wirtschaftlichen Erfolg auf vermehrten Technikeinsatz zu gründen suchte. Antoine-Joseph Santerre stammt wie Jean Zuber aus einer Familie von Handwerksmeistern aus der Region von Cambrai, die sich im Laufe ihres beruflichen und gesellschaftlichen Aufstiegs zunächst in der Gegend von Thiérache und schließlich im Umland von Paris niederließ, wo verschiedene Familienmitglieder eine Reihe von bedeutenden Unternehmen leiteten. Er selbst gehörte in den 1780er Jahren zur Unternehmerelite des Faubourg Saint-Antoine, wobei einer seiner Nachbarn interessanterweise der Tapetenfabrikant Réveillon war. Santerres Bildungsweg war zwar nicht so vielschichtig wie der von Zuber und beschränkte sich auf den Besuch eines Collège und eine Lehre in der väterlichen Brauerei. Aber was die beiden Männer gleichermaßen auszeichnete, war ihre technische Neugier und die Suche nach neuen Qualitätserzeugnissen. Weder Santerre noch Zuber, weder die Bierherstellung noch die Produktion zarter Farbtöne für den Tapetendruck, waren so weit, wissenschaftliche Forschung und industrielle Anwendung miteinander zu verbinden; sie gehörten beide zur Welt des empirischen Wissens und der Rezepte, die aus Erfahrung und Experiment gewonnen wurden, und die »Küche« des Brauereimeisters wies durchaus Ähnlichkeiten mit der des Koloristen auf und ließ dem Geschmack und der Intuition, kurz: einem zumindest teilweise subjektiven Können breiten Raum. Jedenfalls waren beide auf der leidenschaftlichen Suche nach Neuheiten, denn so wie Santerre das Bier »nach englischer Art« kopieren wollte, hatte sich Zuber seine Künstler von Anfang an im Pariser Milieu und seine Produktmuster aus Lyon besorgt, so daß wir nicht weit von Industriespionage entfernt sind, die bei der Mechanisierung der Baumwollindustrie und der Vervollkommnung der Eisenverhüttung gang und gäbe war. Die Erfahrung bestand dabei in der Fähigkeit des Meisters, das richtige Verhältnis der Zutaten, das Aussehen von Korn und Mehl, die Konsistenz des Aufgusses und vor allem den Verlauf und die Anzeichen einer vollkommenen Fermentation einzuschätzen. Das Experiment, das Bemühen, über das bisher Bekannte hinauszugehen, bestand zum Beispiel im Einsatz des Thermometers beim Mälzen oder des Luftmessers zum Wiegen des Brunnenwassers. Wie Zuber legte auch Santerre Wert darauf, den Produktionsprozeß vertikal zu integrieren, von der Rohstoffversorgung – seine familiären Beziehungen zum Département Nord sicherten ihm eine gute Versorgung mit Hopfen und Gerste – bis hin zum Verkauf. Die beiden Unternehmen aus dem Faubourg Saint-Antoine und aus Rixheim beschäftigten jeweils einige Dutzend Arbeiter; so viel, daß Menschenführung und Produktionsaufsicht zum Problem wurden. »Man muß alle Arbeiter ohne Unterlaß beaufsichtigen, wenn man wirklich Erfolg haben will«, schreibt Santerre. Denn die Pariser Lohnabhängigen waren ohne Zweifel weniger diszipliniert als die aus dem südlichen Elsaß, sei es hinsichtlich der ordnungsgemäßen Ausführung der Arbeit, ihrer Unternehmenstreue oder der Achtung vor der Person und dem Eigentum des Arbeitgebers. Darüber hinaus zeigten sich beide Chefs auch an der rationellen Nutzung der Betriebsgebäude interessiert. Und schließlich waren beide darauf bedacht, nicht nur ihr Geld- und Sachvermögen zu vererben, sondern auch jenes immaterielle Vermögen, das in technischer und betriebswirtschaftlicher Erfahrung besteht. Daher legten sie, um die Kontinuität des Familienunternehmens über ihren Tod hinaus zu gewährleisten – ein Anliegen, das ihnen völlig normal erschien –, ihre Erfahrungen schriftlich nieder. *L'Art du Brasseur* (1807), das der im Jahre 1809 verstorbene Santerre seinen Söhnen widmete, ist eine bemerkenswert umfassende Abhandlung über sämtliche Aspekte des Brauereiunternehmens.

Das Zeitalter der Aufklärung und der Revolution erscheint somit als eine Epoche, in der die Bildung der Unternehmer ausdifferenzierter und zunehmend vielschichtiger wird, und zwar nicht nur insofern als sich der Kaufmann oder Bankier nun auch als Industrieunternehmer betätigt, sondern auch dergestalt, daß sich der Manufakturbesitzer als eigenständige Figur herauskristallisiert, auch wenn er seine wahre Identität zumindest in Frankreich vielfach zu verbergen sucht und sich, da er damit einen höheren Rang verbindet, als »Kaufmann« oder »Eigentümer« ausgibt.

Diese Ausdifferenzierung ergibt sich nicht nur aus der Notwendigkeit, zusätzliches Fachwissen zu erwerben, sondern hängt auch mit der Verschiedenartigkeit der sozio-kulturellen Umfelder vor Ort zusammen, die den Übergang zu einem neuen Typ von Kapitalismus mehr oder weniger begünstigen und zur Entstehung unterschiedlicher Manufakturkulturen führen. War die Geschäftswelt über viele Jahrhunderte hinweg insbesondere im Bereich des internationalen Handels durch eine bemerkenswerte Einheitlichkeit der Techniken, Praktiken und Mentalitäten geprägt, die durch ethnische Vielfalt noch verstärkt wurde – man denke nur an die in allen großen europäischen Hafenstädten anzutreffenden »Ausländerkolonien« –, so folgt darauf, wie mir scheint, eine Epoche eher spezifischer, regional unterschiedlicher Industriekulturen. So ließe sich erklären, warum es zwischen der protoindustriellen Arbeitsorganisation und der modernen Industrialisierung in manchen Regionen fließende Übergänge, in anderen dagegen einen Bruch gibt, warum die Industrialisierung je nach Region oder Land eine unterschiedliche Dynamik aufweist, warum sie hier früher, dort später einsetzt usw. Gegen Ende des 18. Jahrhunderts, als alte und neue Produktionsformen nebeneinander existierten, finden sich im Dreiländereck Frankreich-Deutschland-Schweiz, auf das wir uns hier konzentrieren wollen, hervorragende Beispiele für diese kulturellen Unterschiede.

Eine neuere Untersuchung über die Industriellendynastie Japy lenkt unser Augenmerk auf das Entstehungsmilieu einer ausgeprägten Industriekultur, die sich in einem anderen Zentrum der beginnenden Industrialisierung, in der Gegend von Montbéliard, nur wenig entfernt von Mühlhausen, entwickelte (Lamard 1988; ders. 1986).

Der Gründer der Dynastie, Frédéric Japy (1749-1812), stammt aus einer alten Bauernfamilie aus dem Dorf Beaucourt, die es zu einigem Wohlstand gebracht hatte. Sein Vater war Hufschmied und verfügte über genügend Mittel, um seinem Sohn einen mehrjährigen Aufenthalt in einer der guten protestantischen Schulen von Montbéliard, dem Hauptort des damals unter württembergischer und französischer Oberhoheit stehenden Fürstentums, zu finanzieren. Die Industrie hatte in Form des Textil- und Metallgewerbes – von der Eisenverhüttung bis hin zur Feinmechanik und namentlich der Uhrmacherei – in das ländliche Milieu, in dem Japy aufwuchs, bereits Einzug gehalten und wurde von den Fabrikanten in Montbéliard kontrolliert. Um seine Ausbildung zu vervollständigen geht Japy um das Jahr 1770 nach Le Locle, auf der anderen Seite des Jura gelegen, wo er einige Zeit bei Perrelet und Jeanneret-Gris verbringt, letzterer aus einer Familie stammend, die sich um zahlreiche Neuerungen im Bereich der Feinmechanik und der Herstellung von Taschen- und Standuhren verdient gemacht hat. Nach seiner Rückkehr gliedert sich Japy in das handwerkliche Produktionssystem ein: Er gründet eine kleine Uhrmacherwerkstatt, verkauft seine Rohwerke an ein Unternehmen in La Chaux-de-Fonds, tritt der Zunft von Saint-Eloi bei, einer »Gesellschaft, die Hammer und Amboß gebraucht« und heiratet 1773 die Tocher eines anabaptistischen Bauern, was ihn mit einem durch starke Gemeindetraditionen geprägten Milieu in Kontakt bringt.

In den Jahren 1776-1777 ergreift der noch nicht dreißigjährige Japy eine Initiative, die sein Leben verändern sollte. Er kauft Jeanneret-Gris – den, wie Pierre Lamard schreibt, »die Trägheit des Handwerkermilieus überwältigt hatte« – für sechshundert Louisdor sämtliche Maschinen und Erfindungen ab und gibt bei ihm zehn Maschinen für die Herstellung der dreiundachtzig Einzelteile eines Rohwerks in Auftrag. Mit diesen Werkzeugmaschinen konnte Japy nun zur Serienfertigung übergehen, wegen der einfachen Bedienung dabei überwiegend Frauen und alte Menschen anstellen und somit kostengünstiger produzieren. Der Bau einer neuen Produktionsstätte im Jahr 1777 symbolisierte den Beginn einer neuen Ära nicht weniger als der vorherige Kauf der Maschinen. Auf einem steinigen, unfruchtbaren Grundstück, das er für billiges Geld auf einer Anhöhe bei Beaucourt erwirbt, errichtet er aus vor Ort gebrochenen Steinen ein Gebäude, in dem fünfzig angelernte Arbeiter Platz finden, und beschäftigt darüber hinaus zahlreiche Heimarbeiter. Später stellt er nicht nur die Einzelteile des Rohwerks her, sondern übernimmt auch die Montage und Endbearbeitung, die bisher von den Uhrmachern und Gehäusebauern von Montbéliard erledigt wurde. Damit tritt er aus dem Zunftwesen heraus und in Konkurrenz zu ihm: in eine »verheerende Konkurrenz«.

Der Start des innovativen Unternehmers Frédéric Japy steht unter dem Zeichen der Revolution und der Republik. Die neue Ordnung bringt ihm nur Vorteile, von der Abschaffung der Produktionsbeschränkungen über die freie Lohnarbeit bis hin zum Erwerb von Gütern, die ehemals Prinz Friedrich-Eugen gehört hatten und 1792 vom Staat konfisziert worden waren. Damit verfügt er über schöne, solide Gebäude, die er für zusätzliche Werkstätten und als Darlehensgarantie in Reserve hält. Angesichts dieser glücklichen Umstände zögert er nicht, seine jüngste Tochter, die im Jahr 1793 geboren wurde, Jacobine-Angélique, die engelsgleiche Jakobinerin, zu nennen. Später wird er als einer der ersten Bürger des Arrondissements Belfort zum Ritter der Ehrenlegion ernannt. Japys Bibliothek umfaßt neben wissenschaftlichen und technischen Nachschlagewerken übrigens auch die *Encyclopédie* sowie die Werke von Montesquieu, Voltaire und Rousseau. Die Jahre der Kontinentalblockade bieten Japy die Gelegenheit, seine Produktpalette mit großem Erfolg zu erweitern. Geschützt gegen die Konkurrenz der englischen Eisenwarenindustrie beginnt er mit der Produktion von Holzschrauben, die sich in Deutschland ebensogut wie in Frankreich verkaufen lassen und zur wirtschaftlichen Grundlage des Hauses entwickeln sollten, woran sich eine ganze Palette ähnlicher Produkte anschließt: Gewindeschrauben mit Mutter, Haken, Schraubhaken, Nägel, Nadeln, Ketten, sowie Ringe und Ösen. Diese Produktdiversifizierung war jahrzehntelang der Schlüssel zum geschäftlichen Aufschwung der Firma. In diesen Jahren des beginnenden 19. Jahrhunderts legte der alternde Japy die Übernahme der Unternehmensführung durch seine drei ältesten Söhne fest, da ihm die Zukunft des Hauses, das sich in gewisser Weise anschickte, sich von seiner Person zu lösen und zu einer die Generationen überdauernden juristischen Person zu werden, sehr am Herzen lag.

Die Originalität der Manufakturkultur eines Japy liegt jedoch woanders. Sie ist unseres Erachtens darin zu sehen, daß er sich als einer der ersten schon frühzeitig um ein spezifisches System von Arbeitsbeziehungen bemühte, um die betrieblichen Abläufe des Manufakturunternehmens möglichst effizient und reibungslos zu gestalten – ein Anliegen, das bei jedem Unternehmer an erster Stelle steht.

Denn anders als in Rixheim stellte sich in Beaucourt das schwierige Problem, die aus einem bäuerlichen Milieu stammenden Arbeitskräfte in den industriellen Arbeitsrhythmus einzubinden. Diese Lohnabhängigen eines neuen Typs, die mangels Masse vor Ort zum Teil in entfernt liegenden Dörfern angeworben werden mußten, sahen sich aus dem traditionellen Zusammenhang ihrer Heimarbeit und handwerklichen Tätigkeit herausgerissen, so daß jederzeit die Gefahr bestand, daß sie ihre Arbeitsstelle wieder verlassen würden. Um dem zuvorzukommen – das war Japy klar –, mußte er ihren Arbeits- und Lebenszusammenhang so organisieren, daß sie sich wohl und sicher fühlten. Dabei handelte es sich keineswegs um die Vorwegnahme einer Zielvorstellung, die im Laufe des 19. Jahrhunderts geradezu klassisch werden sollte: die Arbeiter seßhaft zu machen, um einen möglichst hohen Ertrag aus ihrer Arbeit zu ziehen. Geist und Praxis des »Systems Japy«, das parallel zur Entwicklung des Unternehmens Gestalt annahm, scheint vielmehr auf die Lebensweise der auf dem Land wohnenden anabaptistischen Familien oder auf die Organisation gegenseitiger Unterstützung zurückzugehen, die Japy in den Zünften von Montbéliard und in den Tälern des Schweizer Jura in der Gegend um Le Locle hat beobachten können – eine Organisationsform, die von einem starken Zusammengehörigkeitsgefühl geprägt war und auf kollektiv geltenden Bräuchen und Regeln beruhte. Alles in allem verstand es Japy, alte Rezepte auf eine noch nie dagewesene Situation anzuwenden und der weiteren Entwicklung ständig neu anzupassen.

Weder utopisches Projekt noch *familistère*[2], erinnert das System Japy anfangs eher an die traditionellen Strukturen eines religiös geprägten Lebens. Das erste Gebäude, das der Gründer errichten ließ, umfaßte einen Mittelbau und zwei Flügel. Der Hauptbau bestand aus drei Stockwerken und einem Dachgeschoß und bot den Arbeitsräumen Platz. Im Erdgeschoß der Anbauten befanden sich Küche und Speisesäle und im Obergeschoß waren die Schlafzimmer und Schlafsäle untergebracht. Der ganze Tagesablauf, nicht nur die Arbeitszeit, war genau festgelegt und wurde vom Chef des Unternehmens, der sich gleichzeitig als Familienoberhaupt verstand, ständig überwacht. »Ich will, daß meine Arbeiter mit mir und meinen Angehörigen eine einzige große Familie bilden«, erklärte Frédéric Japy. »Meine Arbeiter sollen meine Kinder und meine Mitarbeiter zugleich sein.« Die Arbeit begann bei Tagesanbruch nach dem Frühstück. Um ein Uhr mittags wurde sie für eine Stunde unterbrochen und dauerte dann bis acht Uhr abends. Beim anschließenden Abendessen, zu dem sich alle Arbeiter an einem großen Tisch versammelten, saß »der Vater« Frédéric Japy obenan, während »die Mamma«,

---

2 Konsumgenossenschaft in manchen Gegenden Frankreichs; Wortbildung in Anlehnung an Fouriers *phalanstère*.

seine Frau Suzanne-Catherine Amstoutz sich im anderen Flügel um die Arbeiterinnen kümmerte. Der Haushalt wurde von ihr selbst und ihren Töchtern besorgt. Die Lebensmittel kamen von den Ländereien, die Japy erworben hatte, und ein kleiner Laden, der der Manufaktur angegliedert war, bot Artikel des täglichen Bedarfs an. Der Grundschulunterricht und die religiöse Erziehung wurden vom Patron und der Patronne selbst gegeben. Sonntags nach dem Abendessen las Frédéric Japy ein Kapitel aus der Bibel vor und anschließend wurde gebetet. Die Lebensführung und die Moral der Arbeiter und Arbeiterinnen befanden sich selbstverständlich unter strenger Überwachung. Im Krankheits- und Todesfall, im Alter und bei Verlust des Ehegatten gewährte das Unternehmen finanzielle Unterstützung. Zwischen 1777 und 1802 verzehnfachte sich die Zahl der Beschäftigten von 50 auf 500 – das Dorf Beaucourt zählte 1791 insgesamt 263 Einwohner –, so daß die Funktionsfähigkeit eines derart zentralisierten und um eine Person kreisenden Systems wohl an ihre Grenzen stieß (auch wenn bei den 500 Beschäftigten die Heimarbeiter mitgezählt sind). Nach 1806, als die drei Söhne gemeinsam die Unternehmensleitung übernahmen, löste sich das System langsam auf. Zudem führte die Produktdiversifizierung schrittweise zur Streuung der Produktion auf mehrere Standorte, wodurch auch den Risiken begegnet werden konnte, die eine übermäßige Konzentration von Arbeitern an einem Ort mit sich brachte. Halten wir im Vorübergehen fest, daß die Geschichte des Unternehmens Japy ein Musterbeispiel für die bereits im 18. Jahrhundert beginnende Durchsetzung eines spezifischen kapitalistischen Produktionssystems ist, das, wie die gegen Japy gerichteten Aufstände des Jahres 1801 zeigen, vom traditionellen Handwerkerstand auch als solches wahrgenommen wurde. Dieses System, dem im Frankreich des 19. Jahrhunderts ein großer Erfolg beschieden war, zeichnet sich dadurch aus, daß das Unternehmen zu den ländlichen Arbeitskraftreserven kommt und die Industrie dadurch auch in ländlichen Gegenden Einzug hält. Dies führte zu einer engen Verzahnung von ländlicher und industrieller Welt und begrenzte die Prozesse der Entwurzelung und Verstädterung. Mögen die dabei üblichen Produktionseinheiten im Vergleich zum hergebrachten Handwerksbetrieb auch groß erscheinen, so wiesen sie in Wirklichkeit noch recht spät eher mittlere Dimensionen auf.

Das System Japy der ersten dreißig Jahre kann durchaus als Paternalismus bezeichnet werden, oder sagen wir auf die Gefahr einer leichten

Tautologie hin: als patriarchaler Paternalismus. Es ist in der Geschichtsschreibung ja üblich geworden, den Paternalismusbegriff auf eine ganze
Reihe von unternehmerischen Politiken, Praktiken und Instituionen auszudehnen, die das Wachstum der Industrieunternehmen an den unterschiedlichsten Standorten und in den unterschiedlichsten Wirtschafts-
sektoren erst in späterer Zeit begleiteten, als man versuchte, etwas vom
Familiengeist dessen zu tradieren, was schon damals als das »Goldene
Zeitalter« des Industrieunternehmens galt. Bei Japy haben wir es jedoch
mit der Geburtsstunde des Paternalismus zu tun, mit einem Produkt des
ausgehenden 18. Jahrhunderts, das noch eher der Vergangenheit als der
Zukunft zugewandt war und aus dem die Absicht sprach, den Übergang
»auf sanfte Weise« zu bewerkstelligen. Wie Pierre Lamard treffend bemerkt, »bildet der Paternalismus aus Beaucourt eines der wenigen Binde-
glieder zwischen der handwerklichen Welt des 18. Jahrhunderts und der
eher industrialisierten Gesellschaft des 19. Jahrhunderts. Die Kontinuität der sozialen Praktiken sichert zweifellos einen behutsamen Übergang«, der durch die Fortführung eines Systems der materiellen und moralischen Absicherung begünstigt wurde, das in der Gegend um Montbéliard vielleicht deshalb so gut funktionierte, weil das dort verbreitete
»Zunftwesen deutscher Art ein ausgeprägtes Zusammengehörigkeitsgefühl wachhielt«. Dies stärkt die These, daß der Übergang zwischen diesen beiden großen Etappen der Industrialisierung weniger durch Bruch
und Heterogenität als vielmehr durch Kontinuität gekennzeichnet war.
Gleichwohl bleibt festzuhalten, daß sich die Beziehungen zwischen Arbeitgeber und Arbeitnehmer in der neuen industriellen Sozialkultur auf
das Fabrikgelände beschränkten, während sie im Zusammenhang des
Zunftwesens Teil einer offeneren und transparenteren städtischen Gesellschaft waren.

Bisher haben wir die beruflich-kulturellen Unterschiede betont, die sich
in der zweiten Hälfte oder im letzten Viertel des 18. Jahrhunderts zwischen der klassischen Figur des Kaufmanns und der neuen Gestalt des
Manufakturbesitzers, der sich vor allem durch seine innovativen Fähigkeiten auszeichnet, herausbildeten. Wir wollten damit ins Blickfeld rük-
ken, was das zunehmend sich industrialisierende 19. Jahrhundert allen
Unterschieden zum Trotz dem vorhergehenden verdankt.
   Aber ob Kaufmann oder Manufakturbesitzer, hinsichtlich der zu erwartenden Auswirkungen auf die rechtlichen Rahmenbedingungen der

Arbeit und den sozialen Status ihrer Gruppe beziehen die Geschäftsleute des Jahrhunderts der Aufklärung und der Revolution von 1789 in
den großen ideologischen Auseinandersetzungen dieselbe Position. Gegenstand dieser Diskussionen sind die beiden großen Begriffe Freiheit
und Gleichheit, deren inhaltliche Bestimmung und mehr noch ihre praktische Umsetzung im Bereich der Institutionen und Sitten Zweideutigkeiten und Widersprüche im Lager der Wirtschaftselite zutage treten
läßt.

Im Prinzip wird die Gleichheit im Jahrhundert der Aufklärung überall als die Seele von Handel und Industrie eingefordert. Rufen wir uns
ins Gedächtnis, an welchen Fronten im 18. Jahrhundert so nachhaltig
für eine Liberalisierung der Gesetze gekämpft wurde: Die Kaufleute
und Reeder in den französischen Hafenstädten traten für die Abschaffung des Monopols der mit staatlichen Privilegien ausgestatteten Handelsgesellschaften ein; die »amerikanischen« Siedler auf den Antillen
kämpften gegen das sogenannte *Exclusif*, das ausschließliche Handelsrecht, das den Aufbau von direkten Handelsbeziehungen mit den Sied-
lern im britischen und spanischen Kolonialreich behinderte; sämtliche
Akteure des Binnenhandels machten gegen das fortbestehende Mautsy-
stem Front; nicht zu vergessen der Kampf für den freien Getreidehandel
und -export, an dem Kaufleute, Gutsbesitzer und Pächter gleichermaßen beteiligt waren. Aber sobald man sich der heiklen Frage der Zollta-
rife zuwendet, zeigt sich, daß der französische Handel und das französische Manufakturwesen einem eventuellen Triumph des totalen Liberalismus nur mit Angst und Zurückhaltung entgegenblicken konnte. Im Anschluß an den Handelsvertrag mit Großbritannien erhob sich denn auch
lautes Klagegeschrei. Grund dafür war unter anderem die Krise des protoindustriellen Textilgewerbes im Nordwesten Frankreichs, die auch in
den Beschwerdeheften *(cahiers de doléances)* Ausdruck fand und Teil
der allgemeinen Wirtschaftskrise des ausgehenden Ancien Régime war.
Sicher gab es auch Ausnahmen: Pierre-Samuel Dupont de Nemours ver-
teidigte den Handelsvertrag, dessen Auswirkungen er im Auftrag des
Außenministers Vergenne untersuchen sollte, in seiner »Lettre à la
Chambre de Commerce de Normandie« von 1788, und auch die Manufakturbesitzer von Elbeuf, die sich auf die Herstellung von feinem Tuch
spezialisiert hatten, waren der Ansicht, daß er ihnen zum Vorteil gereichen werde, denn sie erhofften sich eine Absatzsteigerung auf dem englischen Markt, da die englische Industrie keine qualitativ gleichwertigen

Erzeugnisse liefern konnte. Die Normandie, deren wirtschaftliches Kernland am Unterlauf der Seine auf London ausgerichtet war, wußte die Vorteile des freien Personen- und Technikverkehrs seit langem zu schätzen, verdankte sich die frühe Industrialisierung der Region doch den Innovationen englischer Techniker, die vielfach als Industrielle zu Vermögen gekommen waren. Allerdings befanden sich die Befürworter des Handelsvertrags, die eine mittelfristig stimulierende Wirkung des freien Wettbewerbs vertraten, gegenüber seinen Gegnern, die den Anspruch von Handel und Manufakturwesen auf staatliche Schutzmaßnahmen und steuerliche Begünstigungen ängstlich zum Dogma erhoben, in der Minderheit. Die Forschungen von Jean Pierre Hirsch beleuchten dieses Hin- und Herschwanken des Handels zwischen beherztem Voranschreiten und konservativem Verharren, zwischen dem Wunsch nach Befreiung und dem Festhalten an wohltätiger Bevormundung mit aller gebotenen Deutlichkeit am Beispiel der Geschäftsleute der Stadt Lille, deren zweideutige Haltung umso erstaunlicher scheint, als auch sie frühzeitig als Vorreiter der industriellen Revolution auftraten (Hirsch 1991). Und schon bald konnte man beobachten, wie die revolutionären Versammlungen in die Fußstapfen der Monarchie traten und ihren theoretischen Grundsätzen durch die Fortführung einer defensiven Zollpolitik zuwiderhandelten.

Dasselbe Hin und Her charakterisiert auch die Frage, ob der Produktionsbereich durch Arbeitskraftbewirtschaftung, Erzeugniskontrollen und eine Begrenzung der Unternehmenszahl reglementiert werden soll oder nicht. In die Gewerbefreiheit zum Beispiel wurden große Erwartungen gesetzt. Nicht nur im Kreis der Kaufleute, die in dem Maß, wie sie zu Fabrikanten wurden, über den reglementierten, im wesentlichen städtischen Arbeitsmarkt hinaus zunehmend auf ländliche Heimarbeit zurückgriffen, sondern ebensosehr bei all jenen, denen der Zugang zur Meisterwürde verwehrt war; wobei sich das Bestreben, der Lohnarbeit zu entfliehen und sich als selbständiger Kleinunternehmer niederzulassen, seit dem 18. Jahrhundert aus einer Triebkraft der revolutionären Aktion in eine bloße Technik gesellschaftlichen Fortkommens gewandelt hat, die sich vielfach als trügerich erweist und mit einem Fehlschlag endet. Andererseits bedeutete die Freiheit der Arbeit aber auch verschärften Wettbewerb, ungewisse Erzeugnisqualität sowie mangelnde Unternehmenstreue und Disziplin seitens der Arbeitskräfte, worüber bereits zu Zunftzeiten geklagt worden war. War die Atomisierung der Wirt-

schaftsgesellschaft wirklich tragbar? Die Zaghafteren, darunter nicht
nur ehemalige Meister, die ihr Monopol verloren hatten, forderten bereits in der absteigenden Phase der Revolution die Wiedereinführung
von korporatistischen Elementen und Kontrollinstanzen und die Wie-
dereinsetzung berufsspezifischer Vertretungsorgane. Man berief sich
auf alte Gewohnheit und machte neue Rechtsansprüche geltend, um die
Legitimität konkurs- und arbeitsvertraglicher Regelungen zu begründen.

Nicht weniger unerläßlich als Autorität und Disziplin, als die Beachtung der zwischen den Sozialpartnern geltenden Spielregeln, war für das
wirtschaftliche Wohlergehen der Geschäftsleute des 18. Jahrhunderts
mithin der Frieden zwischen den Kapitaleigentümern und die Freiheit
zu unternehmerischer Initiative. Die Freiheit war für den Kaufmann
und den Manufakturbesitzer daher ein ebenso heikles Thema wie die
Gleichheit. Ist es nicht völlig inakzeptabel die Schwarzen auf den Planta-
gen in den Kolonien freizulassen? Und ist es nicht völlig undenkbar, daß
zwischen der Angebots- und der Nachfragemacht auf dem Arbeitsmarkt, zwischen Chef und Arbeiter am Arbeitsplatz Gleichheit
herrscht? Das ganze 19. Jahrhundert und noch ein Teil des zwanzigsten
sollte vergehen, bevor die Arbeitgeber die Einführung demokratischer
arbeitsvertraglicher Beziehungen akzeptierten und die Rechtmäßigkeit
und Nützlichkeit gewerkschaftlicher Organisationen und tarifvertragli-
cher Verhandlungen einsahen. Zuvor ließen sie es mal auf offene Auseinandersetzungen ankommen, mal versuchten sie mit verschiedenen Strategien die Arbeiter in einem Verhältnis der Ungleichheit und Unterwerfung zu halten, die bestenfalls durch ein gewisses Verantwortungsgefühl
ihrerseits kompensiert wurde.

Genau betrachtet, befand sich der Geschäftsmann oder Unternehmer
im Übergang vom Zeitalter der Aufklärung zur Revolution in einer doppelt unangenehmen Lage. Geriet er auf der einen Seite durch die wachsende Unzufriedenheit des Volkes, die in einer Stadt wie Paris lange vor
der revolutionären Explosion spürbar war, unter Druck, so hatte er auf
der anderen – vom oberen Ende der gesellschaftlichen Stufenleiter her –
nicht geringe Schwierigkeiten, sich für seine Verdienste Anerkennung
zu verschaffen. Denn als die Anhänger Saint-Simons in Frankreich an
die Schalthebel der Macht gelangten, da war der saint-simonistische Gedanke bereits ein gutes halbes Jahrhundert alt, während die im Zeitalter
der Aufklärung formulierte Ansicht, wer seine Fähigkeiten, sein Kön-

nen und sein Kapital durch eigene Arbeit zur Geltung bringt und verwertet, handle ehrenvoll und sei von gesellschaftlichem Nutzen, keineswegs den allgemeinen Stand der aufgeklärten Meinung, die in dieser Hinsicht erst noch bekehrt werden mußte, wiedergab. Die Art und Weise, wie die durch königlichen Erlaß verbriefte Erhebung in den Adelsstand in den letzten Jahrzehnten der absoluten Monarchie gehandhabt wurde, spricht in dieser Hinsicht eine deutliche Sprache: Würdig, in die Aristokratie aufgenommen zu werden, waren nur Kaufleute, die sich den Interessen und Ansichten der Machthaber auf die ein oder andere Weise dienstbar gemacht hatten. Einige Beispiele aus dem letzten vorrevolutionären Jahrzehnt 1780-1789 mögen das veranschaulichen. Der Bankier Louis Tourton, der im Jahr 1783 geadelt wurde, war Administrator der Caisse d'Escompte und Syndikus der Compagnie des Indes. Er stammte aus »einem der ältesten und bedeutendsten Bürgerhäuser von Annonay«, das seit 1551 neun Notare hervorgebracht hatte, diente in der französischen Armee in Deutschland und interessierte sich für die Ausrüstung von Schiffen zur Kaperei. Papion (geadelt 1782) besaß als einziges Mitglied seiner Familie, die mit den »hervorragendsten Magistratsfamilien« verbunden war, noch keinen Adelstitel, als er 1760 Leiter der königlichen Damast-Manufaktur von Tours wurde. In dieser Eigenschaft »bringt er achthundert Familien in Brot und verhindert den Abfluß von Metallgeld«. Der Kaufmann Delaunay aus Laval (geadelt 1785) stand an der Spitze einer Manufaktur, die die Marine mit Tuch versorgte. Denis Montessuy und die Gebrüder Leleu (geadelt 1782) aus Paris, ihres Zeichens ebenfalls Kaufleute, waren als Marinelieferanten, Getreidelieferanten für Paris und Verwalter der Mühlen zu Corbeil tätig. Der Dünkirchener Kaufmann Gamba (geadelt 1786), der aus einer piemonteser Familie stammte, die nacheinander von Kaiser Joseph I. und dem König von Sardinien geadelt worden war, »übte seinen Beruf mit Adel aus« (sic). Sicher kam es vor, daß wie 1762 auch einmal ein Meister aus dem Hüttenwerk von Ruffec für seine technischen Verbesserungen bei der Eisenverhüttung geadelt wurde, und auch Oberkampf verdankte seine Erhebung in den Adelsstand im Jahr 1787 einzig der hervorragenden Qualität seiner Erzeugnisse. Im allgemeinen aber blieb die Adelung an eine ganz bestimmte Verwendung des eigenen Vermögens und die bereits vollzogene Annäherung an die Privilegierten gebunden. Man wurde nicht allein deswegen geadelt, weil man gute Geschäfte gemacht und ein großes Vermögen erworben hatte. Geldverdienen ist kein Adelstitel, und noch Napoleon I. sollte sich bei der Auswahl seiner führenden Notabeln und der von ihm selbst geadelten Persönlichkeiten nach denselben Grundsätzen richten wie Ludwig XV. und Ludwig XIV.

Angesichts dieser Bedingungen wird verständlich, warum die Kaufleute versuchten, ihr Geld durch Ämterkauf »reinzuwaschen« und Ämter wie das eines königlichen Sekretärs erwarben. Von den 1 427 Ämtern dieser Art, die zwischen 1702 und 1789 von der Pariser Großkanzlei verkauft wurden, gingen 357, also rund ein Viertel, an Kaufleute. Als weiterer Umweg zur Adelung bot sich der Erwerb von Landgütern und die damit einhergehende faktische Annäherung an die Grundbesitzeraristokratie an. Die Bedeutung, die der französische Handel diesen Erwerbungen beimaß, wird vielfach damit begründet, daß er dem Kaufmannsstand den Rücken kehren wollte. Treffender wäre es wohl, diese Strategie als Streben nach sozialer Anerkennung zu interpretieren, die die Geschäftsleute durch ihre beruflichen Tugenden allein nicht erlangen konnten. Hier gibt sich eine weitere gesellschaftspolitische Kontinuität zwischen dem vor- und dem nachrevolutionären Regime zu erkennen: Denn was Wunder, daß die Kaufleute beim Verkauf der nationalen Güter kräftig zugriffen, wenn man bedenkt, daß die politische Ordnung, die die Konstituierende Versammlung auf den Weg brachte, auf der Verfügung über Grundeigentum beruhte und das Wahlsystem gleichzeitig auf zahlreiche Ämter ausdehnte. Durch den Erwerb von Grundbesitz bot sich den Kaufleuten mithin die Möglichkeit, zum einen ihr gesellschaftliches Ansehen zu festigen, zum anderen zumindest auf der Ebene der Kommunen und Departements an zahlreiche verantwortungsvolle Posten zu gelangen.

So schlug die Revolution eine tiefe Bresche in die Verteidigungslinien, die den gesellschaftlichen Aufstieg der Wirtschaftselite bislang behindert und verzögert hatten. Man ist versucht, den unmittelbaren politischen Gewinn der Kaufleute höher zu veranschlagen als den langfristigen Nutzen, den die Liberalisierung der wirtschaftlichen Rahmenbedingungen versprach. In jedem Fall triumphierte der Kaufmann durch die Revolution insofern, als sie ihm ermöglichte, aus seinem zweitrangigen Status herauszutreten und ein vollgültiges Mitglied der Notabeln zu werden. Wobei allerdings nicht vergessen werden darf, daß er dafür nicht nur mit einer Identitätsverschiebung zu zahlen hatte – denn nicht als Kaufmann, sondern in erster Linie als Grundeigentümer forderte er nun gesellschaftliche Anerkennung ein –, sondern aufgrund der politischen

und militärischen Umstände auch mit bisweilen starken Verlusten im Bereich des Mobiliarvermögens und bei geschäftlichen Unternehmungen
aller Art. Alles in allem bleibt festzuhalten, daß die Revolution die geltenden Werte keineswegs durchgängig umgewälzt hat (Bergeron 1978).

Kapitel 3

Der Gelehrte

Roger Chartier

Der Beitrag über die »Gelehrten« *(homme de lettres)* in der *Encyclopédie* ist ein »Artikel von Monsieur de Voltaire« (vgl. *Encyclopédie* 1751-1772). Die dortige Definition des Gelehrten beruht auf einer doppelten Abgrenzung. Zunächst einmal, schreibt Voltaire, »gibt man diesen Namen niemandem, der, über wenige Kenntnisse verfügend, nur ein einziges Genre bearbeitet«: »Die universelle Wissenschaft liegt nicht mehr in der Reichweite des Menschen, aber die echten *Gelehrten* versetzen sich in den Stand, verschiedene Gebiete zu beschreiten, wenn sie auch nicht alle bearbeiten können.« Insofern ist der Gelehrte die moderne Gestalt des Grammatikers der Antike, der »nicht nur in der Grammatik im eigentlichen Sinn, der Grundlage aller weiteren Kenntnisse, bewandert, sondern auch in der Geometrie, der Philosophie und der allgemeinen und besonderen Geschichte kein Fremder war und sich vor allem mit der Dicht- und Redekunst befaßte«. Nach der Definition der *Encyclopédie* ist der Gelehrte also ein Enzyklopädist: kein Fachgelehrter *(érudit),* der sich in einer besonderen Materie ein umfassendes Wissen angeeignet hat, sondern ein Mann des Studiums, der auf sämtlichen Wissensgebieten über Kenntnisse verfügt. Die »lettres« oder Wissenschaften sind für Voltaire also keineswegs gleichbedeutend mit »Literatur«. Eher schon entspricht seine Definition der Begriffsbestimmung, die Furetière in seinem *Dictionnaire* von 1690 ausführt: »*Lettres,* andere Bezeichnung für Wissenschaften *(sciences)* (...) Man bezeichnet als humanistische Bildung *(Lettres humaines)* und mißbräuchlich als schöne Wissenschaften *(belles lettres)* die Kenntnis der Dichter und Oratoren, während die eigentlichen schönen Wissenschaften die Philosophie, die Geometrie und die gediegenen Wissenschaften *(sciences solides)* sind.« Dagegen steht im zehn Jahre zuvor erschienenen *Dictionnaire* von Richelet: »*Die schönen Wissenschaften, das ist die Kenntnis der Oratoren, Dichter und Historiker.« Halten wir fest, daß der Artikel »Lettres« in der Enzyklopädie Richelet beistimmt, denn dort wird unterschieden zwischen den »schönen Wissenschaften *(belles lettres)* oder der Literatur« und den »Wissenschaften *(sciences)* im eigentlichen Sinn«, zwischen den »Gelehrten *(gens de lettres),* die nur verschiedenartigste und liebenswürdigste Gelehrsamkeit pflegen« und »denen, die sich den abstrakten Wissenschaften *(sciences abstraites)* und denen von greifbarerem Nutzen verschreiben«. Obwohl der Artikel feststellt, daß es zwischen den *sciences* und den *lettres* »Verkettungen, Verbindungen und die engsten Beziehungen« gibt, obwohl er anerkennt, daß »der Mann, der sich den *sciences* verschreibt, und der Mann der *lettres* durch gemeinsame Interessen und natürliche Bedürfnisse aufs Innigste verbunden sind«, trifft er doch eine Unterscheidung, die von Voltaire grundsätzlich abgelehnt wird. Für ihn ist der *homme de lettres* traditionsgemäß auch ein *homme de sciences.*

Aber nicht nur vom Fachgelehrten unterscheidet sich der Voltairesche Gelehrte, sondern auch auch vom Schöngeist *(bel esprit):* »Der bloße Schöngeist setzt weniger Bildung und weniger Studium voraus und erfordert keinerlei Philosophie; er besteht hauptsächlich in einer glänzenden Phantasie und anmutigen Konversation, die auf einer gewöhnlichen Lektüre beruhen.« Wenn die Gelehrten dagegen »für die Gesellschaft ebenso geeignet sind wie für das Arbeitszimmer«, so bedeutet das keineswegs, daß ihre besondere Kompetenz verloren gegangen wäre. Ganz im Gegenteil. Zwar sind sie wie die Salonlöwen geistreich und genießen wie sie den Reiz der Konversation und der Spiele im Salon. Aber sie sind eben in erster Linie Gelehrte, das heißt Männer, die sich, zurückgezogen in ihrem Arbeitszimmer, dem Studium und der Lektüre hingeben. Ausgehend von diesem weiterhin aufrechterhaltenen, durch den »Geist des Jahrhunderts« jedoch gemilderten Unterschied kann nun auch die Teilnahme der Gelehrten an der aristokratischen Gesellschaft als Ausdruck ihrer Überlegenheit über ihre Vorgänger verstanden (und gelobt) werden: »Bis in die Zeit von Balzac und Voiture wurden sie aus der Gesellschaft ausgegrenzt; seither sind sie zu einem notwendigen Bestandteil geworden.«

Philosophischer Geist und königliches Mäzenatentum

Zwei bedeutende Entwicklungen haben die Rolle und Stellung der Gelehrten grundlegend verändert. Die erste betrifft die Wandlung der philologischen Kritik zur philosophischen.

»Einst im 16. Jahrhundert, und bis weit ins 17. Jahrhundert hinein, beschäftigten sich die Literatoren viel mit der grammatischen Kritik der griechischen und lateinischen Autoren, und ihren Arbeiten verdanken wir die Wörterbücher, die korrekten Ausgaben und die Kommentare der Meisterwerke des Altertums; heute ist diese Kritik weniger notwendig, und der philosophische Geist hat sie abgelöst. Dieser philosophische Geist scheint das kennzeichnende Merkmal der *Gelehrten* zu sein; und wenn er zum guten Geschmack hinzutritt, bildet er einen vollendeten Literaten.«

Lange Zeit darauf beschränkt, die Schriften des Altertums zu sichten, nahm sich die Kritik nun die Glaubensvorstellungen und Lehrmeinungen vor.

»Damit zerstörte sie sämtliche Vorurteile, die die Gesellschaft verseuchten: die Vorhersagen der Astrologen, die Wahrsagerei der Magier, Zauber aller Art, falsche Wunder, abergläubische Bräuche. Aus den Schulen verbannte sie tausend Dispute, die einst gefährlich waren und die sie [die Gelehrten] der Verachtung preisgaben; womit sie dem Staat in der Tat einen Dienst erwiesen.«

So bemächtigte sich die Kritik oder die »gesunde Philosophie« nicht nur der abergläubischen Vorstellungen des gemeinen Volkes, sondern auch, wie der Text durch die Blume zu verstehen gibt, der religiösen Dogmen. Und so nimmt die Definition Voltaires zumindest teilweise vorweg, was Kant in der Vorrede zur ersten Auflage der *Kritik der reinen Vernunft* von 1781 folgendermaßen formuliert:

»Unser Zeitalter ist das eigentliche Zeitalter der *Kritik,* der sich alles unterwerfen muß. *Religion,* durch ihre *Heiligkeit,* und *Gesetzgebung,* durch ihre *Majestät,* wollen sich gemeiniglich derselben entziehen. Aber alsdenn erregen sie gerechten Verdacht wider sich, und können auf unverstellte Achtung nicht Anspruch machen, die die Vernunft nur demjenigen bewilligt, was ihre freie und öffentliche Prüfung hat aushalten können.« (Kant 1982, S. 13)

Die oberste Jury dieser »freien und öffentlichen Prüfung« aber sind die Gelehrten.

Die zweite von Voltaire festgehaltene Entwicklung erscheint aus dem Blickwinkel des 20. Jahrhunderts als paradox, denn sie verbindet die notwendige Unabhängigkeit der Gelehrten mit der Protektion durch das königliche Mäzenatentum.

»Sie sind geistig gewöhnlich unabhängiger als die anderen Menschen; und diejenigen, die ohne Vermögen geboren sind, finden in den Stiftungen von Ludwig XIV. leicht die Mittel, um diese Unabhängigkeit in sich zu festigen: Nirgends sieht man mehr wie in früherer Zeit jene Widmungen, die das Interesse und die Niedrigkeit der Wahrheit darbot.«

Wer seinen Lebensunterhalt nicht aus seinen Ländereien, seinem Amt oder seinen Renten zu bestreiten in der Lage ist, kann sich nur durch königliche Pensionen und Zuwendungen der erniedrigenden Abhängigkeit entziehen, die Auftragsarbeiten mit sich bringen. Weit entfernt, die Freiheit der Kritik zu zerstören, die den Gelehrten ausmacht, ermöglicht die Großzügigkeit des Herrschers diese Freiheit vielmehr dadurch, daß sie den weniger vermögenden unter ihnen Schutz bietet vor der Tyrannisierung durch private Gönner.

Daher stammt im *Siècle de Louis XIV,* einem Stück Voltaires, das 1751 erschien, die Verherrlichung der weit über die Grenzen hinausreichenden Freigebigkeit des großen Königs:

»Was ihm in Europa am meisten Glanz verlieh, war seine beispiellose Freigebigkeit. Der Gedanke dazu kam ihm bei einem Gespräch mit dem Herzog von Saint-Aignan, der ihm erzählte, daß der Kardinal Richelieu einigen ausländischen Gelehrten, die ihn mit Lob bedacht, Geschenke gesandt hatte. Der König wartete nicht, bis man ihn lobte, sondern trug, überzeugt, daß er solches Lob verdiente, seinen Ministern Lyonne und Colbert auf, ihm einige Franzosen und Ausländer zu nennen, die sich in der Literatur ausgezeichnet hatten und denen er deshalb Zeichen seiner Großzügigkeit zukommen lassen wollte.« (Voltaire 1966, S. 327ff.)

Daher auch die Kritik an den Lächerlichkeiten und Zwängen des privaten Mäzenatentums im *Dictionnaire philosophique portatif* (in der Amsterdamer Ausgabe von 1765):

»Schreibt eine Ode zur Ehre von Monseigneur Superbus Fadus und Madrigale für seine Mätresse; widmet seinem Portier ein Buch über Geographie, und ihr werdet wohl empfangen; klärt die Menschen auf, und man wird euch niederwalzen.« (Artikel »Lettres, Gens de lettres ou Lettrés«, in Voltaire 1961)

Aber nicht nur die Anforderungen des privaten Mäzenatentums bedrohen die Gelehrten. Gefahr droht auch denen, die die Wissenschaften als »Beruf« verstehen, das heißt als eine Stellung, die ihnen den Lebensunter-

halt sichern soll. Wer von seiner Feder leben muß und also ein »Autor«
wird, sieht sich zahlreichen Unannehmlichkeiten ausgesetzt: der Raffgier
der Buchhändler, der Eifersucht der Kollegen, dem Urteil der Dummen.
Gegen jegliche Professionalisierung der schriftstellerischen Tätigkeit ge-
wandt, die eine unerträgliche Abhängigkeit von den Regeln des Literatur-
marktes nach sich zieht, preist Voltaire die Freiheit und Ruhe, die völlige
finanzielle Unabhängigkeit gewährt, in den höchsten Tönen.

»Es gibt viele *Gelehrte,* die keineswegs Autoren sind, und das sind wahrscheinlich die glücklichsten; sie sind gegen den Überdruß gefeit, den der Autorenberuf
mitunter mit sich bringt, gegen die Streitereien, die durch Rivalität entstehen,
gegen parteiliche Feindseligkeiten und gegen falsche Beurteilungen; sie halten
enger zusammen; sie kommen mehr in den Genuß der Gesellschaft; sie sind Richter, und die anderen sind die Gerichteten.«

Im Gegensatz zu Duclos' *Considérations sur les mœurs de ce siècle* von
1750, im Gegensatz auch zu d'Alemberts *Essai sur la Société des Gens de
Lettres et des Grands, sur la réputation, sur les mécènes et sur les récom-
penses littéraires* (Alembert 1982) von 1752 weigert sich Voltaire in seinem Beitrag zur Enzyklopädie, die Tätigkeit eines Gelehrten mit einem
»Beruf« zu vergleichen. So wie die Suche nach einem aristokratischen
Gönner die Gelehrten nötigt, sich den lachhaften Launen ihres Gönners
zu beugen, sind sie als Autoren den eitlen Erwartungen der Buchhändler und des Publikums ausgesetzt und sehen sich wie die Angehörigen
anderer Berufe in eine konfliktträchtige Situation verwickelt.

In mehreren Artikeln für das *Dictionnaire philosophique* attackiert Voltaire aufs Heftigste den von ihm so genannten »unglücklichen Menschenschlag, der schreibt, um zu leben«. Um den Lebensunterhalt zu bestreiten, werden zahllose unnütze Schriften verfaßt: »Hundert Autoren kompilieren, um in Brot zu kommen, und zwanzig Schreiberlinge erstellen
Auszüge aus diesen Kompilationen, kritisieren oder verteidigen sie oder
machen sie zum Gegenstand satirischer Äußerungen, und zwar, weil sie
keinen Beruf haben, ebenfalls mit dem Hintergedanken, in Brot zu kommen.« Um etwas zu tun zu haben, geraten sie sich gegenseitig in die Haare:

»Diese armen Leute teilen sich in zwei oder drei Banden und halten wie Bettel-
mönche die Hand auf; aber da sie kein Gelübde abgelegt haben, währt ihre Gesellschaft nur wenige Tage; sie verraten einander wie Priester, die demselben Benefizium nachlaufen, obgleich sie keines zu erwarten haben. Und das nennt sich
Autor!«

Schreiben kann kein Beruf sein, und es wäre besser, die Unglücklichen hätten sich eine richtige Beschäftigung gesucht:

»Das Unglück dieser Leute kommt daher, daß ihre Väter sie keinen Beruf erlernen ließen: Das ist ein großer Mangel der modernen Polizei. Jeder Mann aus dem Volk, der seinen Sohn in einer nützlichen Kunst aufziehen kann und dies versäumt, verdient Bestrafung. Der Sohn eines Zimmermanns wird mit siebzehn Jahren Jesuit. Mit vierundzwanzig wird er aus der Gesellschaft verjagt, weil seine unordentlichen Sitten zu deutlich wurden. Nun ist er außer Brot: Er wird Schreiberling; er verseucht die Literatur und wird selbst von der Canaille mit Verachtung und Schrecken betrachtet. Und das nennt sich *Autor!*« (Artikel »Auteur«, in Voltaire 1878-1879, S. 496ff.)

Im Gelehrtenideal, das sich ex negativo in der satirischen Bemerkung über die »Canaille der Literatur« abzeichnet, verbindet sich der Schutz durch den Herrscher widerspruchslos mit dem philosophischen Geist. Eben weil das königliche Mäzenatentum, wie es von Ludwig XIV. eingerichtet wurde, nicht zu Auftragsarbeiten verpflichtet, vor den verkommenen Usancen des Marktes schützt und den wahren Gelehrten Anerkennung widerfahren läßt, können die Gelehrten, die diesen Namen verdienen, die Unabhängigkeit ihres Geistes nur unter dieser Bedingung frei und ohne Zwang oder Zensur ausüben. »Der Gelehrte ist ohne Rettung; er ähnelt den fliegenden Fischen: Wenn er sich ein wenig erhebt, verschlingen ihn die Vögel; wenn er abtaucht, fressen ihn die Fische«, bemerkt Voltaire im *Dictionnaire philosophique* (Ausgabe von 1765). Sein einziger Ausweg besteht daher in der Freigebigkeit eines aufgeklärten Fürsten.

Gelehrte, Akademiemitglieder und Libellisten

Stimmen die tatsächlichen gesellschaftlichen Verhältnisse mit dieser Idealvorstellung vom unabhängigen, protegierten Gelehrten überein? Nehmen wir drei Untersuchungen zur Soziologie und zum Verständnis der französischen Gelehrten. Folgen wir zunächst der Aufstellung, die Robert Darnton in Anlehnung an die Autorenlisten von *La France littéraire* veröffentlicht hat, einem seit 1755 erschienenen Almanach, der es sich zum Ziel setzte, sämtliche Gelehrten bekannt zu machen, die »seit Beginn des Jahrhunderts bis zum heutigen Tage in Frankreich gelebt ha-

ben« (Darnton 1987). Unter Zugrundelegung einer sehr allgemeinen Definition des Gelehrten – denn in den Almanach wurde jeder aufgenommen, der auch nur eine einzige Schrift, und nicht unbedingt ein Buch,
veröffentlicht hatte – belegen die Aufstellungen in *La France littéraire*
zunächst einmal die zahlenmäßige Zunahme der Autoren. In der Ausgabe von 1757 sind 1 187, in der von 1769 sind 2 367 Autoren genannt,
und in der Ausgabe von 1784, dem letzten Erscheinungsjahr des Alma-
nachs, der sich im Laufe der Zeit zu einem regelrechten Jahrbuch gemau-
sert hatte, sind 2 819 noch lebende Autoren aufgeführt. Unter Berücksichtigung der Tatsache, daß die Zählung wahrscheinlich Lücken aufweist, kommt Darnton zu dem Schluß: »Ich denke, man kann mit Sicherheit davon ausgehen, daß es in Frankreich um 1789 mindestens 3 000
Schriftsteller gab, mehr als doppelt so viel wie 1750.« (Ebd., S. 267)

Bei 1 493 der 2 819 Gelehrten, die *La France littéraire* 1784 aufführt –
das sind 53 Prozent –, findet sich eine Angabe zur Standes- oder Berufszugehörigkeit. Daraus lassen sich drei Gruppen ableiten. In der ersten
beruht die schriftstellerische Tätigkeit auf festen Einkünften aus einem
Titel, einem Benefizium oder einem Amt. Dazu zählen mit 20 Prozent –
wenn man die protestantischen Pastoren hinzuzählt: mit 21 Prozent –
die Geistlichen, mit 14 Prozent der Schwert- und Amtsadel sowie mit 6
Prozent Offiziere, Verwaltungsbeamte und Ingenieure bürgerlicher
Herkunft. Die zweite Gruppe umfaßt Angehörige von Berufen, die Wissen und Fertigkeiten erfordern: Advokaten (11 Prozent), Ärzte und
Apotheker (17 Prozent) sowie Lehrer (11 Prozent). Zur dritten Gruppe
gehören mit 8 Prozent all diejenigen, die (als Sekretär, Bibliothekar, Dol-
metscher, Hauslehrer usw.) unmittelbar bei einer hochgestellten Persönlichkeit oder beim König in Dienst stehen.

Die soziologische Landschaft, wie sie aus *La France littéraire* hervorgeht, ist demnach zweigeteilt. Auf der einen, traditionellen, man könnte
sagen: Voltaireschen, Seite sehen wir teils diejenigen, die aufgrund ihrer
Standeszugehörigkeit und ihres Vermögens keine Not kennen, teils diejenigen, die im Dienst hochgestellter Persönlichkeiten stehen. Auf der
anderen Seite, die die Wandlungen des Jahrhunderts widerspiegelt, tritt
das freiberufliche Bürgertum auf, das seine schriftstellerische Tätigkeit
durch die Ausübung eines Berufs finanziert.

Zwei Vergleiche mögen diesen Befund weiter erhellen. Aus den Berichten über die in Paris lebenden Schriftsteller, die der Polizeiinspektor
des Buchwesens, Joseph d'Héremy, zwischen 1748 und 1751 abfaßte, er-

gibt sich hinsichtlich der Zahlenverhältnisse zwischen den einzelnen Gruppen ein deutlich anderes Bild (Darnton 1989a). D'Héremy legt strengere Kriterien an als *La France littéraire* und berücksichtigt nur Schriftsteller, die kontinuierlich veröffentlichen, wobei seine Aufmerksamkeit – wie man sich denken kann – insbesondere denen gilt, die er für »gefährlich« hält. Wenden wir nun auf die 333 Autoren, die d'Héremy sozial verortet, das Dreiermodell an, das wir aus den Aufstellungen von *La France littéraire* gewonnen haben. Die erste Gruppe, in der die Geistlichen und Adligen sowie die Offiziere und Verwaltungsbeamten bürgerlicher Herkunft zusammengefaßt sind, hat mit 40 Prozent in beiden Quellen dasselbe Gewicht. Unterschiede gibt es nur in der inneren Zusammensetzung dieser Gruppe. Während auf die Geistlichen bei d'Héremy 12 Prozent entfallen – in *La France littéraire* waren es 20 Prozent –, stellen die Justiz- und Verwaltungsbeamten bürgerlicher Herkunft hier nicht sechs, sondern 12 Prozent. Ganz anders fällt bei d'Héremy hingegen das Verhältnis zwischen den beiden anderen Gruppen aus, denn die Zahl der Bediensteten liegt hier weit höher als die der Freiberufler. 33 Prozent der von d'Héremy erfaßten Autoren stehen im Dienst eines Protektors (25 als Sekretäre, 35 als Hauslehrer), während nur 13 Prozent als Advokat, Lehrer oder Arzt tätig sind. Robert Darnton ist daher zuzustimmen, wenn er mit Blick auf die um die Mitte des Jahrhunderts im Buchhandel am stärksten präsenten Schriftsteller schreibt: »Protektion war […] das Grundprinzip des literarischen Lebens« (ebd., S. 193).

Ähnelt die von Daniel Roche rekonstruierte Gesellschaft der Mitglieder von Provinz-Akademien eher der sozialen Welt von *France littéraire* oder der Pariser Gelehrtenrepublik, wie sie im Spiegel des Polizeiberichts erscheint (Roche 1978, Bd. 1, S. 185-255, Bd. 2, Tab. 16 u. 30)? In der Soziologie der Akademiemitglieder haben die traditionellen Eliten ein ebenso großes Gewicht wie in der Soziologie der Gelehrten. Innerhalb dieser Gruppe liegt der Anteil des Klerus in etwa gleich hoch; bei den ordentlichen Akademiemitgliedern, die einer der in 32 Provinzstädten eingerichteten Akademien angehören, liegt er bei 22 Prozent, bei den Autoren bei 20 Prozent. Der Anteil des Adels hingegen fällt recht unterschiedlich aus: Während bei den Akademiemitgliedern 40 Prozent dem zweiten Stand angehören, sind es bei den Autoren nur 14 Prozent. Mit Blick auf den dritten Stand schließlich gibt es ausgeprägte Ähnlichkeiten zwischen den beiden sozialen Milieus. Während bei den Akademiemitgliedern bürgerlicher Herkunft 28 Prozent als Ärzte und 8 Pro-

zent als Kaufleute oder Manufakturunternehmer tätig sind, liegt der
diesbezügliche Anteil bei den Autoren bei 28 beziehungsweise 7 Prozent. Der einzige, aber bedeutende Unterschied betrifft die Offiziere,
Advokaten und Verwaltungsbeamten: Während unter den ordentlichen
Akademiemitgliedern 51 Prozent ein solches Amt bekleiden, sind es bei
den Gelehrten nur 25 Prozent. Umgekehrt übt mit 13 Prozent nur eine
Minderheit der Akademiemitglieder bürgerlicher Herkunft einen geistigen Beruf aus, während es bei den Autoren von *La France littéraire* 32
Prozent sind. Die Welt der Autoren im weiteren Sinne – das heißt nach
der Definition von *La France littéraire* – ähnelt folglich weitgehend der
Gesellschaft der in der Provinz lebenden Gelehrten, wie sie in der Mit-
gliederschaft der Akademien erscheint.

   Wie steht es nun, mit Voltaire zu reden, um jenen »unglücklichen
Menschenschlag, der schreibt, um zu leben«, das heißt um diejenigen,
die ihren Lebensunterhalt aus dem »Handelswert« ihrer Werke zu bestreiten suchen und also dadurch, daß sie die Rechte an ihrer Produktion einem Buchhändler abtreten? Wie zahlreich sind die, die hoffen,
einen Großteil ihrer Ausgaben durch die Einkünfte zu decken, die
ihnen der Verkauf ihrer Manuskripte einbringt? Diderot verteidigt ihr
Vorgehen in seiner *Lettre sur le commerce de la librairie,* in der er dem
Autor die vollen Eigentumsrechte an seinem gegen ein gerechtes Entgelt
zu veräußernden Werk zubilligt (Diderot 1964; vgl. Chartier 1990).
Rousseau geht hier mit gutem Beispiel voran, denn er verkauft ein und
dasselbe Werk gleich mehrmals an verschiedene Buchhändler in Frankreich und im Ausland, wobei er jeweils einige Veränderungen und Ergän-
zungen vornimmt. So tritt er die Rechte an *Julie oder Die neue Héloïse*
an drei Personen ab: Marc Michel-Rey erwirbt das Originalmanuskript
für 2 160 Livres, Robin und Grangé zahlen 1 000 Livres für eine Fassung, aus der alle anstößigen Stellen herausgesäubert sind, um die Genehmigung der französischen Behörden zu erhalten, und Duchesne er-
steht für 1 200 Livres die Version, die Rousseau um die »Préface de Julie
ou Entretien sur les Romans« erweitert hat und mit folgenden Worten
einleitet: »Ich hielt es für angebracht abzuwarten, bis das Buch seine Wirkung getan, bevor ich seine Vor- und Nachteile erörtere, denn weder
wollte ich dem Buchhändler Schaden zufügen, noch das Publikum um
Nachsicht ersuchen« (Birn 1992).

   In den Berichten des Inspektors d'Héremy wie in den Aufstellungen
der *France littéraire* finden sich für zahlreiche Autoren keinerlei Anga-

ben zur Standes- oder Berufszugehörigkeit. Der Anteil der erfaßten
oder erfaßbaren Gelehrten ohne Beschäftigung nimmt im Laufe der
Jahre zu. Gehören von den 434 Schriftstellern, die d'Héremy zwischen
1748 und 1753 beschreibt, 101 in diese Kategorie (23 Prozent der Gesamtzahl), so sind es bei den 2819 Autoren, die *La France littéraire* 1784
auflistet, schon 1326 oder 47 Prozent. In der Ausgabe von 1757 waren
es 27 Prozent, und in der von 1769 33 Prozent. Natürlich wäre es etwas
übereilt, sämtliche Literaten ohne Standes- oder Berufsbezeichnung,
deren Zahl ständig zunimmt, umstandslos den berufsmäßigen Schriftstellern zuzurechnen. Man kann jedoch bei aller Vorsicht davon ausgehen, daß viele dieser Autoren, die weder über eine Stellung noch über
eine Sinekure verfügen, versuchen, von ihrer Feder zu leben. Nun ist
aber nicht jeder ein Rousseau, und so besteht die hauptsächliche Ein-
kommensquelle dieser Schriftsteller in der Mitwirkung an umfangreichen Veröffentlichungsvorhaben, die zahlreiche Mitarbeiter erfordern:
Enzyklopädien, Wörterbücher, Sammelbände, abrißhafte Darstellungen, Übersetzungen usw. Diese sichern den Lebensunterhalt derer, die
Louis-Sébastien abschätzig als »Halbliteraten« und »Schreiberlinge« betitelt. So etwa bei den Wörterbüchern: »Panckoucke und Vincent geben
sie bei irgendeinem Kompilator, der zahlreiche Schreiber an der Hand
hat, in Auftrag. In alphabetischer Reihenfolge werden so Bände fabri-
ziert wie man ein Gebäude in soundsoviel Monaten errichtet. Mit diesen
Handlangern ist das Werk gesichert. Man hat alles in Wörterbücher ver-
packt.« (Mercier 1782/83, S. 294f.)

Aus den Reihen der beruflichen Schriftsteller rekrutieren die verschiedenen Parteien auch ihre Libellisten für den Krieg der Pamphlete, den
sie gegeneinander oder gegen den einen oder anderen Minister, den Hof
oder die Königin führen. Grund dieser Feldzüge ist stets die Zwietracht
zwischen den Eliten, wobei jede Partei bemüht ist, die öffentliche Meinung für sich einzunehmen. Wie Jeremy Popkin schreibt, »waren die
Auseinandersetzungen zwischen bedeutenden Mitgliedern des Hofes,
der Ministerialelite und reichen Financiers die unabdingbare Voraussetzung dafür, daß der größte Teil der polemischen Pamphlet-Literatur
jener Zeit bis zur Krise von 1788 überhaupt veröffentlicht wurde und
Verbreitung fand« (Popkin 1989, S. 361). So entsteht eine neue Art von
Patronage, dergestalt, daß die ärmsten Schriftsteller in den Dienst der Interessen ihrer Auftraggeber treten. Dabei sind sicher nicht alle Libellisten als »Gossen-Rousseaus« zu bezeichnen: Pidansat de Mairobert

zum Beispiel ist Sekretär des Königs, Geheimsekretär des Herzogs von Chartres, königlicher Zensor und Aktionär der Compagnie des Indes, und Thévenau de Morande ist von der französischen Regierung mit der Publikation von *Le Courrier de l'Europe,* einer von Versailles finanzierten Zeitschrift, betraut. Ein Gutteil der Pamphletschreiber gehört jedoch zu jenen Schriftstellern ohne Stand und Vermögen, die einer Klientel beitreten, um ihren Lebensunterhalt zu bestreiten. So zum Beispiel Brissot, der nach seinem finanziellen Ruin und einem Aufenthalt in der Bastille für den Genfer Bankier Clavière eine ganze Reihe von Libellen verfaßt – die er nicht immer unter seinem eigenen Namen, sondern vielfach unter dem von Mirabeau veröffentlicht –, um die Börse zu manipulieren. Ein Musterspiel also des »literarischen Tagelöhners, der Kompromisse eingeht und für Geld schreibt« (Darnton 1989b, Bd. 1, S. 124ff.; über Brissot vgl. *French Historical Studies* 17, 1981, S. 159-208).

Vergleiche

Gelten die charakteristischen Züge, die die Lage des Schriftstellers in Frankreich kennzeichnen, für ganz Europa? Betrachten wir zum Vergleich zwei andere europäische Länder. In den deutschen Kleinstaaten scheint die Zahl der Autoren im letzten Drittel des 18. Jahrhunderts stark zuzunehmen. Das von Johann Georg Meusels herausgegebene Jahrbuch *Das gelehrte Teutschland oder Lexicon der letzt lebenden teutschen Schriftsteller* listet für 1766 3 000, für 1776 4 300, für 1788 6 200, für 1795 rund 8 000 und für das Jahr 1806 fast 11 000 Schriftsteller auf, was nahezu einer Vervierfachung innerhalb von vier Jahrzehnten gleichkommt (Wittmann 1991, S. 143-170; vgl. Ward 1974, S. 88). Damit waren die Gelehrten in den 1780er Jahren in den deutschen Landen doppelt so zahlreich wie in Frankreich.

Beim Vergleich mit Italien haben wir es mit einer ganz anderen Größenordnung zu tun, denn er beruht auf einer Auswahl von 219 Autoren, die zwischen 1720 und 1780 geboren sind. Die dabei zugrundeliegende Definition des Schriftstellers ist recht eng gefaßt, da weder die Philosophen, Theologen und Ökonomen noch die Wissenschaftler und Fachgelehrten, sondern nur die Verfasser schöngeistiger Literatur, die Literaturkritiker und -historiker sowie die Herausgeber klassischer Texte berücksichtigt sind (Colaiacomo 1983). Was am Milieu der italienischen Gelehrten zunächst einmal auffällt, ist die abnehmende Anzahl der Kleriker: Stellen die Geistlichen von den zwischen 1720 und 1740 geborenen Autoren noch 51 Prozent, so sinkt ihr Anteil in den folgenden beiden Jahrzehnten auf 37 Prozent, während es in den letzten 20 Jahren des Berichtszeitraums nur noch 35 Prozent sind. Trotz dieses bedeutenden Rückgangs bleibt festzuhalten, daß der Anteil der Geistlichen in Italien immer noch wesentlich höher liegt als in der Aufstellung von *La France littéraire* (20 Prozent im Jahr 1784). Erst in der zwischen 1781 und 1800 geborenen Generation sinkt der Anteil der Geistlichen drastisch auf nur noch 15 Prozent.

Des weiteren wird deutlich, daß die schriftstellerische Betätigung in den italienischen Kleinstaaten und in Frankreich eine Nebenbeschäftigung darstellt, die durch die Zugehörigkeit zur privilegierten Elite oder aber durch die Ausübung eines Berufs ermöglicht wird. Entweder ist das Schriftstellerdasein in einen aristokratischen, herrschaftlichen Lebenszusammenhang eingebettet, der finanziellen Wohlstand und Muße gewährt. Dieser Fall ist in Italien recht häufig, denn von den zwischen 1720 und 1780 geborenen Autoren gehören 27 Prozent dem weltlichen Adel an (in der *France littéraire* von 1784 liegt dieser Anteil bei nur 14 Prozent). Oder der literarischen Produktion kommt die freie Zeit zugute, die dem Autor nach seiner Hauptbeschäftigung bleibt. Zu dieser Gruppe gehören sowohl Geistliche als auch Adlige und Laien, wobei 25 Prozent der 219 berücksichtigten Autoren als Lehrer, 17 Prozent als sonstige Kopfarbeiter (Sekretäre, Bibliothekare u.ä.), weitere 17 Prozent als Verwaltungsbeamte und 8 Prozent als Freiberufler tätig sind. Die Zahl der »professionellen« Gelehrten ist alles in allem also recht gering: »Der Fall des ›professionellen‹ Schriftstellers, der sich also nicht nur nebenberuflich als solcher betätigt, ist in Wirklichkeit selten: hier und da ein Hofdichter oder Theaterautor (der mitunter auch als Schauspieler tätig ist).« (Ebd., S. 363) Zählt man zu ihnen noch die wenigen Publizisten hinzu, so kommt man nur auf 13 Prozent der Gesamtzahl der Gelehrten.

Obwohl der Begriff des Urheberrechts[1] sich langsam durchsetzt und in unterschiedlicher Weise auch gesetzlich verankert wird, stellen die Ge-

---

1 Zur Entstehung des Begriffs »Urheberrecht« vgl. für Deutschland: Woodmansee 1984; für Großbritannien vgl. Rose 1988; für Frankreich vgl. Hesse 1990. Vgl. auch Chartier 1992, S. 35-67.

lehrten, deren materielle Existenz weder durch Standeszugehörigkeit oder berufliche Tätigkeit noch durch Mäzenatentum oder Patronage gesichert ist, immer noch eine kleine Minderheit dar. »Ich sah mich nicht in der Lage, vom Beruf des Gelehrten zu leben«, schreibt Abbé Morellet in seinen *Mémoires,* weshalb er sein Kirchenamt behält, Hauslehrer des Sohns des Marquis de La Galaizière wird, seine Feder in den Dienst der Trudaine, Maynon d'Invault und von Turgot stellt und Pensionen, Renten und Sinekuren anhäuft. Robert Darnton, der den unaufhaltsamen Aufstieg Morellets nachgezeichnet hat (Darnton 1992), beziffert sein Jahreseinkommen am Vorabend der Revolution auf 29 275 Livres, die sich wie folgt aufteilen: 16 000 Livres an Renten und sonstigen Einkünften, die aus dem ihm zugeteilten Benefizium – dem Priorat von Thimert in der Nähe von Chartres – herrühren, 11 275 Livres an Sonderzuwendungen und Pensionszahlungen, die im wesentlichen aus der Caisse du Commerce und dem Finanzministerium stammen, und lediglich 1 000 Livres aus seiner literarischen Arbeit, der Vorbereitung des im übrigen nie erschienenen *Dictionnaire du commerce* (Guicciardi 1988, S. 54; vgl. Medlin u.a. 1991; Perrot 1992).

Ähnlich beschreibt auch Marmontel in seinen *Mémoires,* wie er den Beginn seiner literarischen Laufbahn von einem gesicherten und ausreichenden Einkommen abhängig machte. Unter Marigny, dem Bruder von Madame de Pompadour, in Versailles als Königlicher Sekretär des Bauwesens tätig, arbeitet er an der *Encyclopédie* mit und fühlt sich von »der Gesellschaft der Gelehrten« angezogen: »Diejenigen unter ihnen, denen ich zugetan war und die ich am meisten verehrte, hatten die Güte, mir zu sagen, daß wir bestimmt sind, zusammenzuleben, und stellten mir die Académie française als Perspektive vor, die ich ins Auge fassen und verfolgen sollte. So regte sich in mir von Zeit und Zeit der Wunsch, die literarische Laufbahn einzuschlagen. Vor allem anderen aber wollte ich mir eine freie und sichere Existenz schaffen.« (Marmontel 1972) Die Protektion durch Madame de Pompadour, eine Pension von 1 200 Livres aus den Einkünften des *Mercure de France,* schließlich das Privileg der Zeitschrift selbst, das seinem Inhaber Marmontel zufolge eine jährliche Rente von 25 000 Livres einbrachte, sichern ihm die Freiheit, die er suchte, zu seinem Unglück aber nicht die gewünschte Sicherheit. Denn nachdem er bei Madame Geoffrin fünfzig Zeilen aus einer Satire gegen den Herzog von Aumont vorgetragen hat, wird er beschuldigt, das Werk selbst verfaßt zu haben. Obwohl er das abstreitet, wird er für einige Tage in die Bastille gesteckt, wo man ihn im übrigen äußerst zuvorkommend behandelt: »Die Bastille besaß eine Bibliothek. Der Leiter schickte mir den Katalog und räumte mir die Möglichkeit ein, jedes vorhandene Buch auszuleihen.« (Ebd., S. 179) Schwerwiegender jedoch ist, daß man ihm das Patent des Mercure entzieht und es ihm, da seine Gönnerin ihn nur halbherzig unterstützt, nicht gelingt, das Privileg wiederzuerlangen, das »einem gewissen Lagarde, dem Bibliothekar von Madame de Pompadour und würdigen Schützling von Colin, ihrem Sachwalter, zuerkannt wird«. Eine jährliche Pensionszahlung der Zeitschrift in Höhe von 1 000 Ecus, das heißt 3 000 Livres, ist alles, was er noch retten kann. Die Zeit der Genugtuung sollte kommen, als er 1763 in die Académie aufgenommen und 1772 dank der Protektion des Herzogs von Aiguillon zum Historiographen Frankreichs ernannt wird (ebd., S. 188).

Die Gelehrtenaristokratie: Pariser Salons und Diners

Was den Gelehrten im 18. Jahrhundert recht eigentlich zum Gelehrten macht, ist mehr noch als der Umstand, daß er von seiner Feder lebt, die Zugehörigkeit zur »Gesellschaft der Gelehrten«, wie Marmontel schreibt. Diese differenziert sich in vielfältige erlesene Gesellschaften, die sich den Freuden des geselligen Beisammenseins, der Konversation, des Salons und gemeinsamer Tafelrunden hingeben. Nichts veranschaulicht den notwendigen Zusammenhang zwischen geistiger Tätigkeit und mondäner Geselligkeit besser als der Briefwechsel des Abbé Galiani nach seiner erzwungenen Abreise aus Paris im Jahr 1769, als er auf Betreiben des Herzogs von Choiseul, der über seine gegen die französischen und spanischen Interessen gerichteten Kontakte zum dänischen Botschafter in Neapel, Baron von Gleichen, verärgert ist, nach Neapel zurückberufen wird. Nach einem zehnjährigen Aufenthalt in Paris als Gesandschaftssekretär des Hofs von Neapel sieht sich Galiani also genötigt, Paris zu verlassen und in Neapel eine Stellung als Beisitzer am Obersten Handelsgericht anzunehmen. Galiani empfindet seine Rückkehr als wahres Exil, das ihn seiner Beziehungen zur gelehrten Gesellschaft beraubt. Am 7. April 1770 schreibt er an d'Holbach:

»Ich sterbe hier vor Langeweile. Ich verkehre mit niemand als mit zwei oder drei Franzosen. Ich bin Gulliver, der nach seiner Rückkehr aus dem Lande der Loymliyms nur noch mit seinen beiden Pferden zusammen lebte. Ich mache den Frauen des Staats– und des Finanzministers Pflichtbesuche. Dann schlafe oder träume ich. Was für ein Leben! Nichts macht hier Vergnügen. [...] Das Leben hier ist von tödlicher Einförmigkeit. Man disputiert über nichts, nicht einmal über Religion. Ach mein liebes Paris! Ach, wie ich mich nach Paris sehne!« (Galiani 1907, S. 59f.)

In die »Wüste« verbannt, versucht Galiani, etwas von den verlorenen Freuden wiederzugewinnen. Am 22. Dezember 1770 schreibt er an Madame d'Epinay, seiner treuen Brieffreundin, die ihm versprach, einmal in der Woche zu schreiben:

»Ich habe hier eine Art Paris zustande gebracht. Gleichen, der General Koch [ein österreichischer Offizier und Agent], ein Resident von Venedig, der französische Gesandtschaftssekretär und ich, wir speisen mit einander. Wir kommen zusammen und spielen Paris wie auf dem Jahrmarkt Nicolet Molière spielt. Ich trug zu diesem Diner eine köstliche Würze bei mit Voltaires Brief und mit seiner Ode in Prosa, die Sie so freundlich waren mir zu schicken. Ich danke Ihnen von ganzem Herzen dafür und bitte Sie im Namen unserer Vereinigung und zugleich in meinem eigenen, uns alles zu schicken, was an Witzigem und Heiterem in Paris herauskommt.« (Galiani/ Epinay 1992b, S. 104)

Aber die Inszenierung erweist sich als enttäuschend. Es fehlt, was den Zauber der Pariser Salons und Diners ausmacht: die geistige Regierung der Frauen und eine Gesellschaft geistreicher Menschen. »Es ist keine Möglichkeit, aus Neapel so eine Art Paris zu machen, wenn wir nicht eine Frau finden, die uns leitet, uns lenkt, uns geoffrinisiert«, schreibt er in Anspielung auf die Diners bei Madame Geoffrin am 13. April 1771 an Madame d'Epinay (ebd., S. 128)[2]. Und in einer Antwort an Diderot vom 5. September 1772 äußert er:

»Sie fragen mich, ob ich den Abbé Raynal gelesen habe? Nein; aber warum nicht? Weil ich weder Zeit noch Lust mehr zum Lesen habe. Ganz allein lesen, ohne einen Menschen zu haben, mit dem man sprechen oder streiten, vor dem man sein Licht leuchten lassen, den man anhören oder von dem man sich anhören lassen kann – das ist unmöglich. Europa ist für mich tot. Man hat mich in die Bastille gesteckt.« (Galiani 1907, S. 389)

---

2 Der vollständige Briefwechsel mit Madame d'Epinay findet sich in Ferdinando Galiani, Louise d'Epinay, *Correspondance*, Bd. 1, 1769-1770, Paris 1992. (Drei weitere Bände sind in Vorbereitung.)

Das Dasein als Gelehrter verträgt sich schlecht mit einem weltabgeschiedenen, einsamen Leben weit entfernt von der Gelehrtenrepublik. Es setzt im Gegenteil jene kleinen gleichgesinnten Gesellschaften voraus, in denen die Gelehrten es lieben, sich zu unterhalten und zu disputieren.

Die Hauptform dieser Gesellschaften, um die ganz Europa Paris beneidet, ist der Salon. Folgt man Dena Goodman und Galiani, so unterscheidet sich der Salon von allen anderen Orten der geistigen Auseinandersetzungen durch die tonangebende, führende Rolle der Frauen (Goodman 1989; dies. 1991; dies. 1992). Während die Frauen in den einschlägigen Autorenlisten nur einen bescheidenen Platz einnehmen – sowohl in den Aufstellungen der *France littéraire* als auch in den Berichten von d'Héremy beträgt ihr Anteil lediglich 3 Prozent –, spielen sie in den geselligen Zusammenkünften der Gelehrten und der Pariser Gesellschaft eine entscheidende Rolle. Zahlreiche Persönlichkeiten, die in den Pariser Salons ein und aus gingen, beschrieben nach der Revolution in ihren Memoiren, wie die Frauen ihre leitende Funktion ausübten. So etwa Marmontel, der sich über die beiden Gesellschaften bei Madame Geoffrin nicht ohne freundliche Nachsicht mit der Hausherrin folgendermaßen äußert:

»Reich genug, um ihr Haus zum Treffpunkt von Gelehrten und Künstlern zu machen, hatte Madame Geoffrin, die darin eine Möglichkeit erblickte, sich in ihrem Alter mit einer heiteren Gesellschaft zu umgeben und ein ehrenwertes Dasein zu führen, zwei Mittagsgesellschaften gegründet, eine montags für die Künstler und eine mittwochs für die Gelehrten. Recht bemerkenswert war dabei, daß diese von Kunst und Gelehrsamkeit völlig unbeleckte Frau, die ihr Leben lang alles nur im Vorübergehen gelesen und gelernt hatte, sich inmitten der einen wie der anderen Gesellschaft keineswegs fremd fühlte, sondern durchaus in ihrem Element war. Allerdings war sie verständig genug, immer nur über Dinge zu reden, die sie ganz genau kannte und bei allem anderen den darin Bewanderten das Wort zu überlassen, stets mit höflicher Aufmerksamkeit den Ausführungen folgend, ohne das geringste Anzeichen von Langeweile, wenn sie etwas nicht verstand; dabei aber umso geschickter, die beiden von Natur aus freien Gesellschaften zu leiten, zu beaufsichtigen und im Griff zu halten, der Freiheit ihre Grenzen zu bestimmen und sie mit einem Wort, einer Geste wie an einem unsichtbaren Faden zurückzuführen, wenn sie einmal aus dem Ruder laufen wollte: ›Nun gut, lassen wir es dabei bewenden‹, mahnte sie ihre Gäste gewöhnlich zur Mäßigung.« (Marmontel 1972, S. 160)

Ein anderer, in seiner Bedeutung aber ähnlicher Vergleich prägt Marmontels Erinnerung an den Kreis, der bei Mademoiselle Lespinasse zusammentraf:

»Dieser Zirkel bestand aus Leuten, die keinerlei Verbindung miteinander hatten. Sie hatte sie hier und da in der Gesellschaft aufgelesen, dabei aber so gut ausgewählt, daß sie sich, wenn sie zugegen waren, wie die Saiten eines von geschickter Hand gestimmten Instruments im Gleichklang befanden. Den Vergleich weiterführend möchte ich sagen, daß sie dieses Instrument mit einer ans Geniale grenzenden Kunstfertigkeit spielte. Sie schien zu wissen, welchen Ton die Saite, die sie als nächstes anschlagen würde, von sich geben wird; ich meine, unsere Denkweisen und Charaktere waren ihr so wohlbekannt, daß sie nur ein Wort zu sagen brauchte, um sie ins Spiel zu bringen. Nirgends war das Gespräch lebhafter, glanzvoller und vortrefflicher geordnet als bei ihr.« (Ebd., S. 220)

Nur die weibliche Gewandtheit und Geschicklichkeit schienen in der Lage, das den gelehrten Auseinandersetzungen innewohnende »Spannungsverhältnis« (um mit Elias zu reden) in den Grenzen der Zivilisiertheit zu halten.

Zwischen den Salons gab es fließende Übergänge, woraus sich erbitterte Konkurrenz entwickelte. So besucht Madame Geoffrin regelmäßig den Salon von Madame de Tencin, die sich über ihren Gast folgendermaßen äußert: »Wißt Ihr, was die Geoffrin hier zu suchen hat? Sie kommt nur, um zu sehen, wen sie bei mir auflesen könnte.« (Ebd., S. 160) Ihre Rivalin, Madame du Deffand, lernte den »Hof« von Sceaux, den die Herzogin von Maine um sich versammelte, kennen, bevor sie am Salon der Marquise de Lambert teilnahm. Mademoiselle de Lespinasse war zwölf Jahre lang eine Weggefährtin von Madame du Deffand, bevor sie ihren eigenen Kreis gründete. Und Madame Necker besuchte regelmäßig den Salon von Madame Geoffrin. So wurde die eigentümlich weibliche Kunst, das Gespräch in geordnete Bahnen zu lenken – eine Kunst, die eine unsichtbare und unauffällige Autorität erfordert –, von einer Gesellschaft zur anderen weitergegeben. Wie Dena Goodman schreibt: »In den Salons der Aufklärung wurden die männlichen Ichs durch weibliche Selbstlosigkeit miteinander in Einklang gebracht.« (Goodman 1991, S. 187)

Folgt man den Memoiren von Marmontel und Morellet, so beseitigte die weibliche Leitung der Unterhaltung keineswegs den Wunsch der Männer, einmal nur mit ihresgleichen zusammenzusein, eine Geselligkeit, die als freier und verwegener dargestellt wird, was zum Teil wohl dem trügerischen Schein der Rückschau und einem gewissen Bedürfnis nach Selbstrechtfertigung geschuldet ist. So erinnert sich Marmontel an die Männerrunden bei Pelletier:

»Es fehlte der Gesellschaft bei Madame Geoffrin ein Reiz, auf den ich den aller-größten Wert legte: die Gedankenfreiheit. Mit ihrem sanftmütigen ›lassen wir es dabei bewenden‹ hielt sie unser Denken an der Leine, und ich kannte Diners, wo man sich freier bewegen konnte. Am freiesten oder vielmehr freizügigsten war die Gesellschaft, zu der ein gewisser Pelletier, seines Zeichens Generalsteuer-pächter, jede Woche acht bis zehn Junggesellen lud, die den Freuden des Lebens durchaus zugeneigt waren.« (Marmontel 1972, S. 170f.)

Ähnliches berichtet Marmontel von den Zusammenkünften unter Män-nern bei d'Holbach:

»Allein, so interessant für mich, was den Geist angelangt, die Gesellschaft die-ser liebenswürdigen Damen auch war, so konnte ich dennoch nicht umhin, in einer Gesellschaft von Männern, deren Geist den meinigen mit Wärme und Licht erfüllte, meine Seele zu stärken und meine Gedanken in neue Höhen zu erheben, zu erweitern, auszudehnen und zu befruchten. Treffpunkt dieser Ge-sellschaft, die teils aus den erlesensten Gästen von Madame Geoffrin, teils aus einigen Köpfen bestand, die Madame Geoffrin für zu kühn und draufgänge-risch empfand, um sie zu ihren Diners zuzulassen, war das Haus des Barons von Holbach und seit einiger Zeit das von Helvétius.« (Ebd., S. 224; vgl. Kors 1977; Roche 1988b)

Derselbe Kontrast zwischen den Diners bei Madame Geoffrin und den zügelloseren, kritischeren Männergesellschaften findet sich auch bei Mo-rellet. So schreibt er über die Versammlungen unter freiem Himmel in den Tuilerien:

»Nach unseren Diners bei ihr gingen wir, d'Alembert, Raynal, Helvétius, Ga-liani, Marmontel, Thomas usw., häufig in die Tuilerien, wo wir noch andere Freunde trafen, Neuigkeiten erfuhren, die Regierung kritisierten und nach Wohl-gefallen philosophierten. Wir setzten uns im Kreis unter einen Baum in der gro-ßen Allee und gaben uns der lebhaften Konversation hin, die so frei war wie die Luft, die wir atmeten.« (Guicciardi 1988, S. 96f.)

Und über die Diners bei d'Holbach:

»Der Baron von Holbach gab regelmäßig zweimal die Woche ein Diner, eins am Sonntag und eins am Donnerstag. Dort versammelten sich, wie auch an manch anderem Tag, zehn, zwölf, ja bis zu fünfzehn oder zwanzig Gelehrte und Leute der Pariser Gesellschaft oder aus dem Ausland, die dieselben Geisteskünste lieb-ten und pflegten. Ein deftiges, aber gutes Mal, ausgezeichneten Wein, ausgezeich-neten Kaffee, viel Diskussion, niemals Streit; schlichte Manieren, wie sie vernünf-tigen, gebildeten Männern wohl anstehen und die nie ins Ungeschliffene entarte-ten; ungespielte, aber keineswegs verrückte Fröhlichkeit; kurzum eine wirklich einnehmende Gesellschaft, was man allein schon daran erkennen konnte, daß wir, um zwei Uhr angekommen, wie es damals üblich war, um sieben oder acht Uhr oft noch fast vollzählig waren.« (Ebd., S. 129f.)

Oder über die Diners bei Helvétius, die ein wenig unter dem unpassenden Verhalten der Hausherrin zu leiden hatten, welche es weder verstand, sich im Hintergrund zu halten, noch eine Unterhaltung zu leiten:

»Im Haus von Helvétius versammelten sich an anderen Tagen in etwa dieselben Personen wie beim Baron von Holbach, aber die Konversation war nicht so gehaltvoll und weniger zusammenhängend. Die Hausherrin belegte die Anwesenden, die ihr am meisten gefielen, mit Beschlag, wobei sie nicht die schlechteste Wahl traf, und riß die Gesellschaft dadurch ein wenig auseinander. Sie liebte die Philosophie genausowenig wie Madame von Holbach; aber während diese in ihrer Ecke blieb und nichts sagte oder sich mit einem ihrer Vertrauten leise unterhielt und also kein Hindernis war, störte Madame Helvétius, die schön und von einem reizvollen Naturell war, die philosophischen Diskussionen doch sehr.« (Ebd., S. 135)

Wie in den Memoiren immer wieder eindrücklich dargestellt, erlebte man den Unterschied zwischen der Führung der Frauen und den reinen Männergesellschaften als eine Folge von Zusammenkünften, die sich mit Blick auf ihren jeweiligen Nutzen und das Vergnügen, das sie bereiteten, gegenseitig ergänzten, sei es im Tagesablauf oder über die Woche verteilt. Jeden Mittwoch zum Beispiel nahm Marmontel zunächst an dem Diner teil, dem Madame Geoffrin »vorstand« und bei dem mit Ausnahme von Mademoiselle Lespinasse ausschließlich Männer zugegen waren – als regelmäßige Gäste nennt Marmontel d'Alembert, Dortous de Mairan, Marivaux, Chastellux, den Abbé Morellet, Saint-Lambert, Helvétius, Thomas sowie, von den Ausländern, den Abbé Galiani, den Marchese de Caraccioli und den Grafen von Creutz –, begab sich mit einigen seiner Freunde alsdann in die Tuilerien und kehrte schließlich zu Madame Geoffrin zurück, wo er nun eine feinere Gesellschaft vorfand, zu der mehr Frauen gehörten:

»Nachdem ich bei Madame Geoffrin mit Gelehrten und Künstlern diniert hatte, war ich dann noch abends in intimerer Gesellschaft bei ihr, denn sie erwies mir auch die Gunst, mich zu ihren kleinen Soupers zuzulassen. […] Die Gesellschaft war wenig zahlreich, sie bestand im Höchstfall aus fünf oder sechs ihrer eigenen Freunde, oder aus einer Quadrille von Männern und Frauen aus der allerbesten Gesellschaft, die sich einander nach Belieben gegenübersetzten und sich wohlfühlten, zusammenzusein.« (Marmontel 1972, S. 169)

Desgleichen war der Wochenablauf der Gelehrtenaristokratie durch sich gegenseitig ergänzende gesellige Zusammenkünfte geprägt. Als Madame Necker sich entschließt, ihren eigenen Salon zu gründen, muß sie zunächst einmal einen geeigneten Tag finden:

»Madame Necker wandte sich an uns drei [Marmontel, Raynal und Morellet], um den Grundstein ihrer literarischen Gesellschaft zu legen. Wir bestimmten einen Tag, um nicht mit dem Montag und dem Mittwoch bei Madame Geoffrin, dem Dienstag bei Helvétius und dem Donnerstag und Sonntag beim Baron von Holbach in Konkurrenz zu treten. Der Tag von Madame Necker war der Freitag.« (Guicciardi 1988, S. 143f.)

»Die *salonnières* des 18. Jahrhunderts verwandelten eine dem Adel vorbehaltene und der Muße gewidmete Form der gesellschaftlichen Zusammenkunft in einen Ort, an dem ernsthaft gearbeitet wurde«, schreibt Dena Goodman (1989, S. 338) Zwischen den Salons des 17. Jahrhunderts (vgl. Lougge 1976) und den Versammlungen des 18. Jahrhunderts – die von den Zeitgenossen nur selten als »Salon«, sondern vielmehr als *maison, société, compagnie* oder *dîner* bezeichnet wurden – gibt es ausgeprägte Unterschiede. An die Stelle einer weitgehend weiblichen Geselligkeit treten Männergesellschaften, die von *einer* Frau, der Herrin des Hauses und der Konversation, geleitet werden; überwiegend literarische Spiele werden ersetzt durch den Austausch von Informationen, die Konfrontation von Ideen, die Tätigkeit der Kritik, die Ausarbeitung philosophischer Projekte; das sehr starke Übergewicht des Adels weicht dem geselligen Beisammensein von Adligen und Bürgerlichen, wo die Unterschiede in Stand und Stellung zurückzutreten haben vor jener Gleichheit, die die geistige Auseinandersetzung erfordert. Und während die Salons der Précieuses im Zusammenhang der höfischen Gesellschaft und also der öffentlichen absolutistischen Autorität stehen, bilden die Diners der Aufklärung den ersten jener privaten Räume, aus denen sich die Öffentlichkeit als eine von der Monarchie unterschiedene und ihr kritisch gegenüberstehende Instanz entwickelte.

Die Kunst der Konversation

Was die Salons des 17. Jahrhunderts und die Gesellschaften des folgenden verbindet, sind ungeachtet der bereits erwähnten, recht unterschiedlichen Zwecksetzungen die gelehrten Praktiken. In erster Linie ist hier die Konversation zu nennen. Der wahre Gelehrte des 18. Jahrhunderts ist zumindest nach den Kriterien des literarischen Establishment ein Meister der freien Rede in Gesellschaft. Davon zeugt in überragender Weise Dominique-Joseph Garat in seinen 1821 veröffentlichten Memoiren (Garat 1821; zur Karriere von Suard vgl. Darnton 1971). Für Garat wurzelt das ganze literarische und philosophische Verdienst von Suard – der die Protektion zahlreicher Persönlichkeiten genießt, Pensionen und Stellungen anhäuft und mit seiner Wahl in die Académie française die höchsten Weihen erhält – allein in seiner Rede:

»M. Suard hat sehr viel mehr gesprochen als geschrieben. Er versprühte viel Geist und Talent in verstreuten Stücken und viel mehr noch in der Gesellschaft und in der Konversation. [...] Wir fühlen uns M. Suard noch so nahe und sind von ihm noch so erfüllt, daß es uns nicht unmöglich ist, einige der wertvollen Dinge, die er uns zu Lebzeiten zuteil werden ließ, ohne daran zu denken, sie aufzuzeichnen, dem Vergessen oder der betrügerischen Anmaßung zu entreißen. Denn er warf sie einfach so in die Runde, ob umgeben von einem kleinen Kreis, in irgendeinem Arbeitszimmer oder im persönlichen Gespräch.« (Garat 1821, S. 173)

Als Theoretiker seiner eigenen Praxis hegte Suard die Absicht, eine »Geschichte der Konversation in Frankreich seit dem 10. Jahrhundert« zu schreiben oder vielmehr, wie Garat sich ausdrückt, »in einem sehr kleinen Bändchen anzureißen«:

»Er war der Ansicht – was zwar nicht allgemeine Auffassung, aber doch ganz offensichtlich ist –, daß die Jahrhunderte mit einer Geschichte der Konversation weit besser geschildert wären als mit der Geschichte der Literatur; und zwar weil wenige Leute schreiben, viele aber sich unterhalten; weil es nur allzu üblich ist, daß die Schriftsteller selbst über einen langen Zeitraum hinweg einander nachahmen und kopieren, und daß man glücklicherweise keineswegs selten genötigt ist, so zu sprechen, wie man selbst fühlt und denkt.« (Ebd., S. 172)

Diese Sichtweise wendet Garat nun auf das 18. Jahrhundert an und führt die Umwälzungen, die dessen krönenden Abschluß bildeten, auf die Macht des lebendigen Wortes zurück:

»Wäre dieser Einfluß [des ›philosophischen Geistes‹] nur durch Bücher und ihre Lektüre zum Tragen gekommen, hätte er bei weitem nicht so geschwind solch bedeutende und weitreichende Wirkungen hervorgebracht. Allein in den Konversationen gewann er diese ständig wachsende Kraft, die durch nichts aufzuhalten war und die alles verändern sollte. Diese Kraft entfaltete sich und wuchs vor allem in den Gesellschaften, in denen M. Suard sich bewegte und in denen der Sinn für die Künste und die Wissenschaften Männer zusammenbrachte, die durch ihre aufgeklärten Ansichten, ihren Rang und ihre Stellung die größte Gewalt über die Meinung hatten.« (Ebd., S. 170)

Welch entscheidende Bedeutung man der Konversation beimaß, die als eigenständiges Genre mit eigenen Regeln und Konventionen galt, wird an zwei Artikeln deutlich, die Morellet 1778 im *Mercure de France* veröffentlicht: den *Essai sur la conversation,* eine Übersetzung der Schrift von Swift *Hints toward an Essay on Conversation,* und *De l'esprit de contradiction* (vgl. Gordon 1989; Hanning 1989; Fumaroli 1992) Eine überarbeitete Fassung dieser beiden Abhandlungen erschien 1821 in dem Sammelband *Éloges de Mme Geoffrin.* Darin definiert der philosophierende Abbé die Konversation als ein Hauptgenre der gelehrten Praxis, denn indem sie die Konfrontation, ja das gegensätzliche Aufeinanderprallen der Ideen und Meinungen in die Gepflogenheiten der mondänen Höflichkeit einbindet, trägt sie zur Wahrheitsfindung bei, ohne durch allzu lebhafte Spannungen die Bande der Geselligkeit zu zerreißen. Wie der »Dialogstil« in der Musik, der in Paris in den 1760er Jahren in Mode kommt, vereinigt die wohlgeführte Konversation, die »weder streng methodisch noch völlig unzusammenhängend, weder pedantisch noch gehaltlos« zu sein hat, unterschiedliche Stimmen zu einem Ganzen. Ein Salon ist wie ein Konzert, bei dem eine geschickte »Musikmeisterin« die verschiedenen Parts aufeinander abzustimmen weiß (Hanning 1989, S. 518).

Der Salon wird kritisiert

Die weibliche Leitung der Gelehrtenrepublik, wie sie in der Gesellschaft der Pariser Salons erscheint, ist allerdings nicht jedermanns Geschmack. Rousseau lehnt sie in seinem 1758 veröffentlichten Brief an d'Alembert *Sur son article Genève dans le VIIe Volume de l'Encyclopédie, et particulièrement, sur le projet d'établir un théâtre de comédie en cette Ville* ab und beruft sich dabei auf die Notwendigkeit der Geschlechtertrennung – »Folgen wir den Hinweisen der Natur, fragen wir uns nach dem Wohl der Gesellschaft; wir werden finden, daß die beiden Geschlechter manchmal zusammenkommen und gewöhnlich getrennt leben müssen« (Rousseau 1967, S. 195) – sowie auf die Beachtung der jedem Geschlecht eigentümlichen Pflichten. Als verabscheuungswürdiges Gegenbild zu Sparta und zur glücklichen Gesellschaft der *Montagnons* erheben die Pariser Salons den Mangel an Schamgefühl zum verdienstvollen Verhalten:

»Bei uns [...] schätzt man am höchsten die Frau, die am meisten Lärm veranstaltet; von der man am meisten spricht; die man in der Gesellschaft am häufigsten sieht; bei der man am häufigsten diniert; die den gebieterischsten Ton anschlägt; die urteilt, durchgreift, entscheidet, verkündet, den Talenten, dem Verdienst und den Tugenden ihren Rang und ihre Stellung bestimmt; und deren Gunst die untertänigen Gelehrten auf die erniedrigendste Weise erbetteln.« (Ebd., S. 115f.)

Schlimmer noch, die Salons verderben die Frauen, verweichlichen die Männer und zerstören auf diese Weise die Tugenden, die einem jeden Geschlecht geziehmen:

»Den Willensäußerungen des Geschlechts, das wir beschützen, dem wir jedoch nicht dienen sollten, feige ergeben, haben wir gelernt, es zu verachten, indem wir ihm gehorchen, und es durch unsere spöttischen Aufmerksamkeiten zu beschämen; und jede Pariser Frau versammelt in ihren Gemächern einen Harem von Männern, die mehr Frau sind als sie selbst und die der Schönheit auf alle mögliche Weise, nur nicht mit dem Herzen, dessen sie würdig ist, die Ehre zu erweisen verstehen.« (Ebd., S. 197)

Gefangen, nervös und träge geworden durch dieses »seßhafte, häusliche Leben« (ebd.), verlieren die Gelehrten, sich oberflächlichen und nichtssagenden Schriften hingebend, jedes Genie:

»Stellen Sie sich vor, welchen Schlages wohl die Seele eines Mannes ist, den ausschließlich die bedeutende Angelegenheit beschäftigt, die Frauen zu amüsieren, und der sein ganzes Leben damit verbringt, für sie zu tun, was sie eigentlich für uns tun müßten, wenn unser Geist, erschöpft von Arbeiten, zu denen sie unfähig sind, Entspannung braucht.« (Ebd., S. 199)

Während seines Aufenthalts in Paris vom 28. Januar bis zum 9. Mai 1763 bietet sich Edward Gibbon dank der Empfehlungsschreiben, die er sich in London besorgt hat, häufig die Gelegenheit, den gelehrten Diners beizuwohnen: »Viermal die Woche hatte ich ohne besondere Einladung meinen Platz an der Tafel von Madame Geoffrin und Madame du Bocage, des berühmten Helvétius und des Baron von Holbach.« (Gibbon 1966, S. 127) Der Eindruck, den diese Zusammenkünfte bei ihm hinterließen, ist – wie aus seinen in den Jahren 1789-1790 verfaßten Memoiren hervorgeht – durchwachsen. Auf der einen Seite entsprechen sie der Vorstellung, die er sich von der »Gesellschaft höflicher, liebenswürdiger Menschen« (ebd., S. 125) gemacht hat: »Die Tafelfreuden dieser *Gastmahle* wurden durch eine lebhafte und freie Konversation gehoben; die Gesellschaft war auserlesen, obgleich durchmischt und willkürlich zusammengesetzt.« (Ebd., S. 127) Auf der anderen Seite erregt die despotische Gesprächsleitung der Frauen und die Unduldsamkeit der Gelehrten seine Abscheu:

»Gleichwohl fühlte ich mich durch die launenhafte Tyrannei der Madame Geoffrin angewidert und konnte auch den unduldsamen Eifer der Philosophen und Enzyklopädisten, der Freunde von d'Holbach und Helvétius nicht gutheißen: Sie verlachten den Skeptizismus Humes, predigten die Lehrsätze des Atheismus mit dem blinden Eifer von Dogmatikern und überhäuften alle Gläubigen mit Verachtung und Spott.« (Ebd., S. 127)

Gibbon zieht es gegenüber diesen allzu lässigen Gesellschaften vor, den Pariser Philosophen vor dem Diner einen Privatbesuch abzustatten – »Bei meinen morgendlichen Besuchen, bei denen ich die Pariser Geistesgrößen und Schriftsteller allein antraf, erschienen sie mir weniger eingebildet und vernünftiger als im Kreis mit Ihresgleichen, mit denen sie in den Häusern der Reichen verkehrten.« (Ebd., S. 127) – oder sich des Abends mit anderen Gelehrten zu unterhalten: »Die abendlichen Gespräche bei M. de Foncemagne gewannen sehr durch den gesunden Menschenverstand und die Wissenschaft der bedeutendsten Mitglieder der Académie des Inscriptions.« (Ebd., S. 127) Seine Vorliebe gilt dem Theater und – nicht zu vergessen – der Gesellschaft von Madame Bontems, die er mit folgenden Worten schildert: »In der Mitte ihres Lebens stehend, war ihre Schönheit noch immer ein begehrenswerter Gegenstand.« (Ebd., S. 128) Die Erinnerung an diese glückliche Bekanntschaft wird Gibbon nie mehr verlassen: »Vierzehn Wochen gingen unmerklich vorbei: Und wäre ich reich und unabhängig gewesen, hätte ich meinen Aufenthalt in Paris verlängert und mich vielleicht sogar dort niedergelassen.« (Ebd., S. 128) Zwanzig Jahre später aber, als er London verläßt, um sich nach Lausanne zurückzuziehen, verspürt Gibbon nicht das geringste Bedürfnis, noch einmal in der Hauptstadt Halt zu machen, und begibt sich auf direktem Wege in die Schweiz.

Der letzte Zeuge der Anklage gegen die Gesellschaft der Salons hat andere Beweggründe. In seinen während eines Gefängnisaufenthalts verfaßten Memoiren läßt Jean-Pierre Brissot seinen Aversionen gegen die »Literatinnen« und die »schulmeisterlichen Büros, von denen es in Paris nur so wimmelte«, freien Lauf, begehrte doch, wie er schreibt, »jede Frau, ob Gattin eines Akademiemitglieds oder Advokaten, eines Bürgers oder eines adligen Herrn, des Finanzkontrolleurs oder eines einfachen Financiers, einer Amtsstube vorzustehen« (Brissot 1911, S. 126ff.). Eine Tirade, aus der die Enttäuschung eines jungen Mannes spricht, den die Gelehrtenwelt nicht als einen der Ihren anerkennen wollte. Seine Verachtung gilt aber nicht nur den »schöngeistigen Amtsstuben« der *Salonnières*, sondern auch den egozentrischen, gleichgültigen Gelehrten, allen voran d'Alembert:

»Als junger Neuling, dem die Menschen noch fremd und der gekommen war, große Männer zu bewundern oder zumindest Philosophen zu hören, stellte ich sie mir zuvorkommend und wohlwollend vor, wie sie sich in ihren Werken schilderten, menschlich und tolerant, denn von Menschlichkeit und Toleranz sprachen sie ohne Unterlaß. Als ich sie aber von ihrer Kanzel herabsteigen sah und aus der Nähe begutachten konnte, sollte sich meine Täuschung alsbald auflösen. Die Philosophie liebte ich deshalb nur umso mehr, maß gewissen Philosophen aber durchaus keine Bedeutung mehr bei.« (Ebd., S. 122f.)

Ebenso gering schätzte Brissot die Akademiemitglieder, die sich auf ihre Vorurteile etwas einbildeten und eifersüchtig über ihre Vorrechte wachten – was Brissot veranlaßte, Marat gegen Laplace zu unterstützen, konnte er es doch, wie er schreibt, »nicht ertragen, mit welcher Unverschämtheit und Herrschsucht er [Laplace] einen Physiker behandelte, der nicht wie er selbst einen Lehrstuhl innehatte« (ebd., S. 199). Mögen die Memoiren von Brissot auch der Verzerrung jedes Rückblicks unterliegen und die Fehler jeder nachträglichen Beschreibung aufweisen, so veranschaulichen sie doch eindringlich, welche Mauer des Hasses sich zwischen jenen unglücklichen Autoren, die sich auf der Suche nach Anerkennung und Einkommen befanden, und den Gelehrten, die Protektionen, Pensionen und Stellungen monopolisierten, erhob.

Die Reisen der Vernunft: Berlin

Zugelassen zu werden zu den Diners und Gesellschaften, die den Gelehrten in Paris – und nur in Paris – erst wirklich zum Gelehrten, zum Mann von Welt und Philosophen machen, ist der Ehrgeiz vieler Denker, die in der französischen Provinz oder im Ausland leben und schreiben. Doch sind die Pariser Salons nur *ein*, wenn auch der bekannteste und begehrteste Ort der intellektuellen Geselligkeit, welche die an ihr Teilhabenden als Bürger einer Republik ausweist, die weder eine Hauptstadt noch undurchlässige Grenzen kennt. Dieses über ganz Europa sich ausbreitende Netz folgt einer doppelten Logik: einer geographischen, die sich auf das mehr oder weniger tiefe Vordringen des philosophischen Geistes bezieht; und einer institutionellen, die es mit dem Gegensatz zwischen den mit der souveränen Macht eng verknüpften Legitimationsinstanzen und den freien und freiwilligen Gesellschaften zu tun hat, in denen sich die Kritik ungezwungener entfalten kann.

Herr André aus Voltaires Erzählung *Der Mann mit den vierzig Talern* gibt uns von diesem Europa, das dem »Fortschritt des menschlichen Geistes« mehr oder weniger offen gegenübersteht und seinen Trägern mehr oder weniger gastfreundschaftlich begegnet, einen ironischen Überblick:

»Es scheint mir«, sagte er letzten Dienstag zu mir, »als ob die Vernunft in kleinen Tagesreisen zusammen mit ihren besten Freundinnen, der Erfahrung und der Toleranz, von Norden nach Süden wandere. Landwirtschaft und Handel begleiten sie. Sie hat sich in Italien vorgestellt, aber die Index-Kongregation hat sie abgelehnt. Sie konnte nichts weiter tun, als heimlich einige ihrer Anhänger zu entsenden, die nun unermüdlich Gutes tun. Noch einige Jahre, und das Land Scipios ist nicht mehr das Land der Harlekine in der Mönchskutte. In Frankreich hat sie zeitweilig erbitterte Feinde, aber sie besitzt hier auch so viele Freunde, daß sie schließlich doch die Staatsgeschicke lenken wird. Als sie sich in Bayern und Österreich vorstellte, sah sie sich zwei oder drei dicken Perückenköpfen gegenüber, die sie mit dummen und verwunderten Blicken musterten. ›Gnädige Frau‹, sagten sie zu ihr, »wir haben nie etwas von Ihnen gehört, wir kennen Sie gar nicht.« – »Meine Herren, Sie werden mich mit der Zeit schon kennen- und liebenlernen«, antwortete sie ihnen, »ich bin in Berlin, Moskau, Kopenhagen, Stockholm sehr gut aufgenommen worden, und schon vor langer Zeit wurde ich dank der Unterstützung von Locke, Gordon, Trenchard, von Mylord Shaftesbury und vielen anderen in England naturalisiert. Eines Tages werden Sie mir das auch zugestehen. Ich bin die Tochter der Zeit und setze mein ganzes Vertrauen in meine Mutter.« Als sie die Grenze Spaniens und Portugals überschritten hatte und feststellte, daß die Scheiterhaufen der Inquisition nicht mehr so häufig angezündet wurden, dankte sie Gott. Ihre Hoffnung wuchs, als sie sah, daß die Jesuiten vertrieben wurden, jedoch fürchtete sie, daß das Land, auch wenn man es von den Füchsen säuberte, noch lange den Wölfen ausgesetzt sein würde.« (Voltaire 1976, S. 154f.)

Sehen wir uns Voltaires Beschreibung der geistigen Landschaft Europas aus dem Jahr 1768 etwas näher an: »Ich bin in Berlin sehr gut aufgenommen worden«, erklärt die Vernunft. In der Hauptstadt Preußens verteilen sich die Gelehrten auf verschiedene Gesellschaften. Da ist die hochoffizielle Königliche Akademie der Wissenschaften, gegründet im Jahr 1700 und von Friedrich dem Großen im Jahr 1740 reformiert, in der eine

Zeitlang die französischen Philosophen den Ton angaben, die den preußischen Aufklärern bis zum Tod des Königs jedoch nicht sonderlich
offen gegenübersteht. Diese besuchen vielmehr eine Reihe von aufgeklärten Gesellschaften, in denen sie mit Amtsträgern, Verwaltungsbeamten und Professoren verkehren, darunter der 1749 gegründete Montag-
sclub, die Feßlersche Lesegesellschaft und die aus vierundzwanzig Mitgliedern bestehende Mittwochgesellschaft, die ihre Existenz geheimhält
und sich als Gegengewicht gegen die aufklärungsfeindlichen Tendenzen
einer anderen Geheimgesellschaft, der Bruderschaft der Gold- und Ro-
senkreuzler, versteht. In den letzten zehn Jahren des 18. Jahrhunderts
entfernt sich die neue Literatengeneration von diesen aufgeklärten Gesellschaften und gibt den Salons der Romantik den Vorzug, von denen
es in der Stadt 1806 14 verschiedene gibt. Die Mittwochgesellschaft,
deren Verhandlungen, wie gesagt, geheim sind, erreicht die Öffentlichkeit über den Umweg der *Berlinischen Monatsschrift,* mit der sie eng verbunden ist. Die Zeitschrift veröffentlicht manche Vorträge ihrer Mitglieder – darunter Beiträge von Johann Friedrich Zöllner, Moses Mendels-
sohn, Christian Gottlieb Selle und Carl Gottlieb Svarez – und veranstaltet parallel zu den internen Verhandlungen öffentliche Diskussionen,
etwa über die berühmte Frage »Was ist Aufklärung?«, die 1783 von Zöllner in der Zeitschrift und von Karl Wilhelm Möhsen in der Gesellschaft
aufgeworfen wird, oder über die Gesetzesreform und die Vorbereitung
des *Allgemeinen Landrechts für die Preußischen Staaten* (Möller 1990).

An Berlin, dessen Struktur sich auf unterschiedlichem Niveau in zahlreichen kleineren Landeshauptstädten wiederholt, lassen sich mithin
zwei Grundzüge der Lage der Gelehrten in Deutschland veranschaulichen. Da ist zunächst die wesentliche Rolle der Zeitungen, deren Verbreitung trotz des Fehlens einer mit Paris vergleichbaren geistigen Hauptstadt und ungeachtet der Zersplitterung in zahlreiche Kleinstaaten einen
gemeinsamen Raum für Publikationen und Diskussionen schafft. Die
Zahl der Neuerscheinungen, die sich mehr oder weniger lange halten können, nimmt beträchtlich zu: Zwischen 1701 und 1730 kommen 316 neue
Zeitschriften auf den Markt, zwischen 1731 und 1760 sind es 767 und in
den folgenden drei Jahrzehnten steigt die Zahl gar auf 2 353, wovon allein
1 225 zwischen 1781 und 1790 neu erscheinen. Darüber hinaus treten die
wissenschaftlichen Zeitschriften, die in der ersten Hälfte des Jahrhunderts den Ton angeben, in den Hintergrund und machen Periodika Platz,
die eine öffentliche und kritische Diskussion ankurbeln und organisie-

ren. In einer Auswahl von 160 zwischen 1750 und 1800 erscheinenden Zeitschriften befassen sich 41,5 Prozent der Beiträge mit zeitgenössischen Problemen gesellschaftlicher, wirtschaftlicher, rechtlicher, politischer und pädagogischer Art (Böderker 1990). Daran wird ein weiterer charakteristischer Zug der Gelehrten in den deutschen Kleinstaaten deutlich: ihre Nähe zu den staatlichen Amtsträgern, ja ihre unmittelbare Einbindung in die Bürokratie, die von den absolutistischen, mitunter aufgeklärten Fürsten geschaffen wurde. So trifft vor allem auf sie zu, was Anthony La Vopa auf die Geselligkeit der Aufklärung überhaupt münzt:

»Gerade die vielfach geschichtete Elite im Dienst des Staates, die in den ›Absolutismus‹ mehr oder weniger direkt verwickelt war, bildete das Gravitationszentrum jener für die Aufklärung charakteristischen neuen Geselligkeit. Nach und nach wurde der neue gesellschaftliche Raum von den Gruppen, die den »Staat« bildeten, allen voran die Freimaurerlogen, eingenommen. Denn sie stellten nicht nur einen privaten Zufluchtsort vor dem Absolutismus dar, sondern auch dessen informelle Verlängerung.« (La Vopa 1992, S. 89; vgl. Kopitzsch 1989)

Daher stammt insbesondere in Deutschland, aber nicht nur dort, das ambivalente Verhältnis der Gelehrten zum absolutistischen Staat, dem Gegenstand ihrer Kritik und Objekt ihrer Identifikation.

Paris und die Provinz: Institutionen der Legitimation und Orte der Geselligkeit

In Frankreich liefern sich nach Auskunft des Herrn André die Freunde und Feinde der Vernunft eine wütende Schlacht. In dieser Auseinandersetzung geht es in entscheidendem Maße auch um die Kontrolle der angesehensten Institutionen. Nach der Wahl von d'Alembert in die Académie française im Jahr 1754 bläst die philosophische Partei zum Sturm auf diese Bastion der geistigen Legitimität. Der Kampf ist hart, und die Eroberung dauert lange. Als sich Marmontel 1763 um den Sitz bewirbt, der durch den Tod von Marivaux freigeworden war, geht die Entscheidung nur knapp zu seinen Gunsten aus: »Es gab in der Académie vier Männer, die als Philosophen bezeichnet wurden, zu der Zeit ein häßlicher Name. Es waren dies Duclos, d'Alembert, Saurin und Watelet.« (Marmontel 1972, S. 212) Mit ihrer gemeinsamen Unterstützung – obwohl d'Alembert und Duclos damals heillos zerstritten waren – stattet

Marmontel, wie damals üblich, einigen hochgestellten Persönlichkeiten eine Reihe von Besuchen ab, stößt dabei aber auf den erbitterten Widerstand eines Ministers, des Grafen de Praslin. Um einer solch mächtigen Feindschaft zu begegnen, gibt es nur eine Möglichkeit: die Gunst des Königs zu gewinnen. Zu diesem Zweck greift der Kandidat der Philosophen, unterstützt von seiner Gönnerin, zu einer traditionellen Unterwerfungsgeste der Gelehrten und läßt dem Herrscher als untertänigste Gabe ein kostbar gebundenes Exemplar eines seiner Werke zukommen:

»Als der Druck meiner *Poétique* schließlich fertig war, bat ich Madame de Pompadour, beim König zu erwirken, daß ihm ein Werk, das in unserer Literatur bisher fehlte, überreicht werde. Diese Gnade, sagte ich zu ihr, wird weder den König noch den Staat etwas kosten und zeigen, daß ich beim König gut angesehen bin und gut aufgenommen werde. Ich bin dieses Zeugnis dem Gedenken an diese wohltätige Frau schuldig, deren schönes Gesicht vor Freude strahlte, als ich ihr dieses einfache und schlichte Mittel, den König zu bewegen, mir öffentlich seine Gunst zu erweisen, vorschlug. ›Sehr gern‹, sagte sie zu mir, ›werde ich diesen Gnadenerweis für Sie erbitten und erhalten.‹ Sie erhielt ihn mühelos und fügte, als sie mir dies verkündete, hinzu: ›Es ist nötig, diese Überreichung so feierlich wie möglich zu gestalten und daß die ganze Königsfamilie und sämtliche Minister Ihr Werk am selben Tag aus Ihrer Hand erhalten.‹ Ich vertraute mein Geheimnis nur meinen engsten Freunden an und begab mich mit meinen herrlich gebundenen Exemplaren – denn ich hatte keine Kosten gescheut – eines Samstagabends nach Versailles. [...] Am folgenden Tage wurde ich vom Herzog de Duras bei Hof eingeführt. Der König war bei seinem Lever. Nie hatte ich ihn so schön gesehen. Er nahm meine Ehrerbietung mit einem bezaubernden Blick entgegen. Ich wäre überglücklich gewesen, hätte er mir drei Worte gesagt; aber seine Augen sprachen für sich. [...] Als ich zu Madame de Pompadour hinunterging, der ich mein Werk bereits überreicht hatte, sagte sie zu mir: ›Geht schnell zu Monsieur de Choiseul und übergebt ihm sein Exemplar; er wird Sie gut empfangen. Und überlaßt mir das von Monsieur de Praslin, ich werde es ihm selbst übergeben.‹ Nachdem ich das erledigt hatte, ging ich auf dem schnellsten Weg zu d'Alembert und Duclos, um ihnen mitzuteilen, daß ich Erfolg hatte, und am folgenden Tag überreichte ich mein Buch in der Académie. Ich verteilte einige Exemplare an die Akademiemitglieder, von denen ich wußte, daß sie mir wohlgesinnt waren.« (Ebd., S. 212-217)

Die Verteilung der *Poétique* tat ihre Wirkung, denn nachdem Marmontel eine letzte Intrige durchkreuzt hatte – der Graf de Praslin wollte seinen damaligen Privatsekretär Thomas zu einer Bewerbung überreden –, wurde Marmontel schließlich in die Académie gewählt. Die Geschichte veranschaulicht beispielhaft, wie auch das neue Verständnis des Gelehrten – der nach Voltaire ein »vollendeter Literat« und Praktiker des »philosophischen Geistes« zu sein hat – in die klassischsten Formen der Patronage durch den Fürsten, den obersten Gnadenspender und letztthinnigen Schiedsrichter aller gelehrten Rivalitäten, eingebunden blieb. Wer zu den angesehensten Institutionen und Stellungen des kulturellen Apparats der Monarchie keinen Zugang hat, dem bleibt nichts anderes übrig, als sich anderen Formen der Geselligkeit anzuschließen oder sie zu gründen, und sich so ebenfalls, wenn auch auf andere Weise, in seiner Eigenschaft als Gelehrter bestätigen zu lassen. Das Frankreich des ausgehenden Ancien Régime lehnt sich in dieser Hinsicht an verschiedene Vorbilder an. Das erste kommt aus England. Die zahlreichen Cafés, die in dieser Zeit entstehen, sind den Londoner *coffee-houses* nachgebildet, von denen es zu Beginn des 18. Jahrhunderts bereits 3 000 gab (vgl. Ellis 1956; Clery 1991) Wie Robert Darnton schreibt, »fungierte das Café als Antithese zum Salon« (Darnton 1971, S. 100): Es ist nicht Treffpunkt einer auserlesenen Gesellschaft, sondern steht allen offen; es steht nicht unter der Leitung einer Frau, sondern versammelt eine ausschließlich aus Männern bestehende Gesellschaft. Das zweite Modell ist die literarische Gesellschaft, die sich sowohl als Gegenbild zu den Akademien wie auch als deren Nachbildung versteht. In diesen freieren Gesellschaften, die weder durch königliches Privileg legitimiert noch amtlich anerkannt sind, finden die jungen Gelehrten aus der Provinz, die sich vor den Toren der dem Pariser Vorbild nachempfundenen Akademien drängen, Gelegenheit, ihre Ungeduld zu besänftigen. Die zahlreichen neu gegründeten *Musées* und *Lycées* schließlich, bieten mit ihrer weniger nutzenorientierten und eher pädagogischen Stoßrichtung den Gelehrten, die von den obersten Legitimationsinstanzen zurückgewiesen werden, ein weiteres Ventil (Roche 1978, Bd. 1, S. 63-68).

Die letztgenannte Form intellektueller Geselligkeit trägt mitunter subversive Züge. So etwa bei Brissot, der in seinen Memoiren, wie im Rückblick geschönt und rechtfertigend auch immer, daran erinnert, wie er in den Jahren 1782-1783 versuchte, ein *Lycée de Londres* zu gründen. Das Vorhaben ist gewaltig:

»Ich wollte dort [in London] ein *Lycée,* ein *Muséum,* gründen, wo sich die Gelehrten, die Philosophen der ganzen Welt, an bestimmten Wochentagen treffen sollten und alle Arten von Künsten versammelt wären. Ich dachte auch an eine Zeitschrift, die sich der Verbreitung der Ergebnisse dieser wissenschaftlichen Zusammenkünfte widmen und den philosophischen und politischen Wahrheiten, die es in sämtliche französischen Köpfe einzuimpfen galt, als Paß dienen sollte.« (Brissot 1911, S. 239)

Brissots Plan sah vor, die »unerschrockenen und aufgeklärten Freunde
der Freiheit« in London zu versammeln, ihre Schriften in dieser Stadt
herauszubringen, »in der die individuelle Freiheit ihre höchste Vollendung erreicht hat«, und diese Schriften in der Schweiz, in Deutschland
und in Holland erneut drucken zu lassen, um sie anschließend nach
Frankreich einzuführen. Das *Musée de Londres* sollte ein Doppeldasein
führen. »Von außen besehen, war das eine ähnliche Institution wie die
Lycées und *Musées*, die es in Frankreich gab«, wobei Brissot sich eine
Idee von Mamès-Claude Pahin de la Blancherie zu eigen machte, der
ebenfalls beabsichtigte, eine Vereinigung von Gelehrten aus aller Welt,
einen regelmäßigen brieflichen Gedankenaustausch und eine Zeitschrift
ins Leben zu rufen. Auf der anderen Seite,

»sollte dieses *Lycée* nicht den strengen Beschränkungen unterliegen, die die Tyrannei des Ministeriums den *Lycées* in Paris auferlegt hatte. Weder das Schauspiel, das Amüsement und die Lehre, noch die Neuigkeiten, die Musik und die
Gemälde sollten die Anziehungskraft meines *Lycée* ausmachen, sondern einzig
und allein der Nutzen, den die Freunde der Wissenschaften aus ihrer gegenseitigen Gesellschaft ziehen können, ein Nutzen, der in einem Land, in dem nichts
seine Freiheit beschränkte, sich verdoppeln würde und der von allergrößter Notwendigkeit war, wenn man sich den Charakter der englischen Gelehrten und
den absoluten Mangel an Kommunikation vor Augen hält.« (Ebd., S. 329)

Die Umsetzung dieses Projekts bleibt weit hinter der ursprünglichen
Zielsetzung zurück, denn zwischen 1784 und 1785 erscheinen vom *Jour-
nal du Lycée de Londres, ou Tableau de l'Etat présent des Sciences et des
Arts en Angleterre* lediglich zwölf Ausgaben, während Brissot selbst
große Schwierigkeiten zu gewärtigen hat: in London kommt er in
Schuldhaft, in Frankreich wird seine Zeitschrift von Vergennes verbo-
ten, in Paris wird er für zwei Monate in die Bastille gesperrt und nach
England darf er nicht mehr zurückkehren (ebd., S. 338f.).

Besuche und Briefwechsel

Die Idee, der Gelehrtenrepublik eine Einheitsorganisation und eine Zentralregierung zu geben, taucht, wenn auch nicht immer mit der unmittelbar subversiven Zielrichtung, die Brissot ihr zuschreibt, im Laufe des
18. Jahrhunderts immer wieder auf, angefangen vom anonymen »Projet

pour l'établissement d'un bureau général de la République des Lettres«, das 1747 in der *Bibliothèque raisonnée des ouvrages des savants de l'Europe* erscheint, bis hin zum »Plan d'association générale entre les savants, gens de lettres et artistes, pour accélérer les progrès des bonnes moeurs et des lumières«, den Abbé Grégoire am Ausgang der Revolution vorstellt und der die Anregung enthält, im Jahr 1817 in Frankfurt am Main den ersten Weltkongreß der Gelehrten *(lettrés)* und Wissenschaftler *(savants)* abzuhalten (wobei die beiden Begriffe synonym verwendet werden). Da sich diese Einheit als unmöglich erweist, kann sich die Gemeinschaft der Gelehrten nur mittels grenzüberschreitender Reisen und Briefwechsel herausbilden. Nehmen wir ein Beispiel, das sich absichtlich nicht auf eine der Gallionsfiguren des Geisteslebens bezieht (Roche 1988a). Jean-François Séguier ist Mitglied der Académie von Nîmes und sollte später einmal deren Direktor und ständiger Sekretär werden. Mit seinem Gefährten, dem Marquis Maffei, durchreist er das Europa der Bibliotheken und Kuriositätenkabinette, bevor er in seine Geburtsstadt zurückkehrt, wo er einen botanischen Garten und eine archäologische Sammlung anlegt. Von Nîmes aus unterhält er einen umfangreichen und regelmäßigen Briefwechsel mit 338 Briefpartnern, darunter Aristokraten aus dem Languedoc und Gelehrte aus Südfrankreich. Ein Drittel seiner Briefpartner sind ausländische Wissenschaftler, wobei mehr als die Hälfte in Italien oder Spanien leben – ein origineller Zug des Séguierschen Netzes, das sich weit stärker auf den Mittelmeerraum bezieht als die Netze der großen Schriftsteller der Aufklärung, wie zum Beispiel Voltaire oder Diderot, die sich auf das protestantische Nordeuropa konzentrieren (Roche 1978, Bd. 1, S. 319-322 u. Bd. 2, S. 509-513). Aber Séguier ist nicht nur ein eifriger Briefeschreiber, sondern auch ein einnehmender Gastgeber, denn zwischen 1773 und 1783 erhält er teils mehrmaligen Besuch von 1 383 Reisenden. 65 Prozent der Besucher kommen aus Frankreich, darunter Höflinge, Verwaltungsbeamte und Gelehrte, während die übrigen 35 Prozent aus dem Ausland anreisen, zum Großteil aus Nordeuropa, das in dieser Hinsicht einen weit größeren Raum einnimmt als im Séguierschen Briefwechsel.

Die Korrespondenz und die Besucher von Séguier sind im Vergleich zu anderen Gelehrten sicher nicht repräsentativ, da sich darunter vor allem Mitglieder der regierenden Aristokratenklassen und Gelehrte befinden. Deutlich wird daran jedoch, wenn auch nur im Maßstab der Provinz, wie sich über Briefwechsel und gegenseitige Besuche eine Gesell-

schaft herausbildet, zu der nicht nur gehört, wer in unmittelbarer Nähe
wohnt. Wie schreibt Galiani aus seinem Exil in Neapel doch an Suard:
»Meine Briefe gelten, wie die des heiligen Paulus, *Ecclesiae quae Parisiis.*
Lesen Sie sie also meinen Freunden vor.« (Galiani 1907, S. 119) Durch
das laute Vorlesen eines Briefes ist der Schreiber trotz seiner Abwesenheit präsent, wodurch bekräftigt wird, daß er zum selben Kreis gehört.

Ein moralisches Modell: Weltabgeschiedenheit und Uneigennützigkeit

Aber nicht nur seine Zugehörigkeit zu den verschiedenen Institutionen
und geselligen Zusammenkünften der Gelehrtenwelt definiert die Stellung des Gelehrten, sondern auch eine Vielzahl von einander teils widersprechenden Diskursen, die ihn zum Gegenstand haben. Letztere entwickeln sich konkurrierend auf verschiedenen Ebenen. Traditionell ist
in dieser Hinsicht die moralische und pädagogische Stoßrichtung mancher Diskurse. Sie geht auf das erste ausdrücklich dem Gelehrten gewidmete Buch zurück, das der Jesuit Daniello Bartoli 1645 in Rom veröffentlicht und das noch im selben Jahr acht Neuauflagen erfährt:
Dell'Huomo de lettere difeso e emendato parti due. Von Père Le Blanc,
auch er Jesuit, unter dem Titel *Le Guide des Beaux-Esprits* (Pont-
à-Mousson) 1654 ins Französische übersetzt, ist das Werk ein großer Erfolg, denn es wird in Italien zwischen 1645 und 1689 insgesamt neun-
zehnmal neuaufgelegt und 1660 ins Englische, 1677 ins Deutsche, 1678
ins Kastilische und 1693 ins Lateinische übertragen. In Frankreich wird
es im 18. Jahrhundert ein zweites Mal übersetzt, und zwar wiederum
von einem Jesuiten, dem Père Delavoy, und erscheint nun unter dem
Titel *L'Homme de lettres* (1769, 3 Bde.). Das Buch, das die Würde der
Gelehrtenlaufbahn gegen abschätzige Beurteilungen verteidigt, bindet
die geistige Tätigkeit aufs engste an vollkommene Uneigennützigkeit
und empfiehlt den Gelehrten das Vorbild des Weisen der Antike und
den Mächtigen das Mäzenatentum (vgl. Christin 1973).

Fünf Jahre vor der Übersetzung von Père Delavoy veröffentlicht
Jean-Jacques Garnier, königlicher Professor für Hebräisch und Mitglied
der *Académie des inscription et belles-lettres,* ein weiteres Werk mit dem
Titel *L'Homme de lettres,* in dem dasselbe Gelehrtenmodell ausgeführt

wird. »Ich definiere als Gelehrten, wessen Hauptbeschäftigung darin besteht, seinen Geist durch das Studium zu bilden, um sich zu bessern und der Gesellschaft nützlicher zu machen.« (Garnier 1764, S. 7) Ausgehend von dieser Definition, die sich, wie er schreibt, vom Verständnis des »Volkes«, das »den Gelehrten mit dem Autoren« verwechselt, ebenso unterscheidet wie von der Sichtweise der »Salonlöwen«, die »sich den Gelehrten einzig als amüsanten Mann und gewandten Redner vorstellen« (ebd., S. 45), entwickelt Garnier ein Modell des Gelehrten, das den Praktiken und Hoffnungen der Salongesellschaft und der Mitarbeiter der *Encyclopédie* Punkt für Punkt entgegensteht. Für Garnier setzt die »Beschäftigung« des Gelehrten voraus, daß er sich aus der Welt zurückzieht und von den dort herrschenden Leidenschaften und Vergnügungen Abstand nimmt. »Wer den Geschmack an einem weltabgeschiedenen Leben verliert, läßt alsbald die Sorgfalt vermissen, seinen Geist zu bilden und hört daher zwangsläufig auf, ein wahrhafter Gelehrter zu sein, und wird ein Gesellschaftsmensch.« (Ebd., S. 118) Der wahrhafte Gelehrte setzt das »Komponieren«, das heißt das Schreiben, über die Konversation. Denn »Tag für Tag begegnet man Personen, die im Gespräch ganz bezaubernd sind und, die Feder in der Hand, doch nicht zwei Gedanken aneinanderreihen können« (ebd., S. 212). Der Gelehrte akzeptiert ein Leben in ehrbarer Armut und bettelt nicht um finanzielle Zuwendungen oder Pensionen. Letztere sind absolut abzulehnen, da man sie nur erhält, wenn man sich um Protektion und Patronage bemüht, und weil sie, hat man sie erst einmal erhalten, zu Trägheit und Faulheit verführen. Die einzig legitimen »Belohnungen der Wissenschaften« sind die »Auszeichnungen, Ämter, Posten und Stellungen, die Wertschätzung und alles, was den Eifer anstachelt und die Selbstachtung fördert« (ebd., S. 192), und damit bedenkt der Staat nur diejenigen, die ihrer würdig sind. Um zu beweisen, daß es vorteilhafter sei, dem Gelehrten anstatt einer Pension eine Stellung zu bieten, zeigt Garnier in einer Wendung gegen Voltaire, inwiefern die Herrschaft von Franz I. der Regierungszeit von Ludwig XIV. in literarischer Hinsicht überlegen war.

Der Gelehrte ähnelt einem laizistischen Geistlichen. Wie dieser hat er das Zölibat auf sich zu nehmen, denn »die Sorgen und die unerläßliche Aufmerksamkeit, die die Ehe mit sich bringt, vertragen sich schlecht mit der Ruhe und Gleichgültigkeit, die bei den Übungen des Geistes so nottun«. Uneigennützig hat er zu sein in der Ausübung der Wissenschaften und Künste, denn nur der verdient, ein Gelehrter genannt zu werden,

der »weniger den gemeinen Gewinn als nützliche Erkenntnisse sucht
und dessen Eifer eher dem Fortschritt seiner Kunst als dem seines Ver-
mögens gilt« (ebd., S. 8f.). Er erkennt keine höhere Autorität an als die
Vernunft, hütet sich jedoch vor der Kritik, die nach der Definition von
Voltaire seine eigentliche Identität und Mission ausmacht. Gegen die
Entwicklung des Gelehrten zum Philosophen unterstreicht Garnier,
daß seine »völlige Unabhängigkeit nichts an sich hat, was die bestehenden Gesetze verletzte, es sei denn, sie sind ungerecht. Und zwar unter-
wirft der Gelehrte sich ihnen nicht wie ein nichtswürdiger Sklave aus
Furcht vor Bestrafung, sondern aus Liebe zur Ordnung, denn besser als
jeder andere kennt er ihre Vorzüge sowie ihre Notwendigkeit für jede
bestehende Gesellschaft. Deshalb wird er sie auch am standhaftesten verteidigen.« (Ebd., S. 198) Im Gegensatz zu den neuen Definitionen des
Gelehrten, wie sie etwa von Duclos oder d'Alembert ausgearbeitet werden, im Gegensatz auch zu den sozialen Praktiken der Pariser Gesellschaft tradieren der Gelehrte Jean-Jacques Garnier und der Jesuit Delavoy auch im Jahrhundert der Aufklärung jenes hergebrachte Identifika-
tionsmodell, das von zahlreichen Gelehrten, die Stand und Stellung besitzen und sich der weisen, ehrbaren, ruhigen Gelehrsamkeit widmen,
ohne Zweifel weiterhin akzeptiert wird.

Der Autor als Eigentümer seines Werks

Im Gegensatz zu diesem klassischen Diskurs entwickelt sich eine Sichtweise, die um herausgeber- und eigentumsrechtliche Aspekte kreist und
daher von den Buchhändlern vertreten wird, denen die Verteidigung
ihrer Vorrechte am Herzen liegt. Früh schon und machtvoll entwickelt
sich dieser Diskurs in England. Wie Mark Rose schreibt, »kann man
davon ausgehen, daß die Londoner Buchhändler den modernen Eigentümer-Autor erfanden und als Waffe gegen die Buchhändler aus der Provinz schmiedeten« (Rose 1988, S. 52). Ein *Statute,* das vom Parlament
1709 unter der Bezeichnung *An Act for the Encouragement of Learning,
by Vesting the Copies of Printed Book in the Authors or Purchasers of
such Copies, during the Times therein mentioned* verabschiedet wurde,
hatte das alte Publikationsrecht, das ganz zugunsten der Londoner
Buchhändler wirkte, abgelöst. In diesem gewerbeinternen Regelwerk

war festgelegt, daß die »Eintragung« eines Titel in das *register* der *Company* dem Buchhändler, der die Eintragung erwirkte, das ausschließliche und unverletzliche – daher auch übertragbare, teilbare und tauschbare – Eigentum an dem registrierten Werk sichert. Das *Statute* von 1709 zerstört dieses System in zweifacher Hinsicht: erstens durch die zeitliche Begrenzung des Copyright auf vierzehn Jahre – wozu noch einmal vierzehn Jahre kommen, wenn der Autor noch lebt – beziehungsweise auf einundzwanzig Jahre für bereits veröffentlichte Titel; und zweitens indem es den Autoren das Recht zubilligt, selbst das Copyright zu erwirken. Damit verlieren die Londoner Buchhändler sowohl ihre Monopolstellung als auch die unbegrenzte Gültigkeit der von ihnen gehaltenen Copyrights, so daß ihre Kollegen in der schottischen und irischen Provinz nun freie Hand haben, Titel mit ausgelaufenem Copyright neu aufzulegen.

Um wieder zu ihrem traditionellen Recht zu gelangen, bleibt den Buchhändlern der Stioner's Company nur eine Möglichkeit: Sie müssen durchsetzen, daß der Autor ein unbefristetes Eigentumsrecht an seinem Werk erhält, und ebenso unbefristet daher auch das Eigentumsrecht des eventuellen Käufers ist. Was in gewisser Weise auf die Erfindung des Eigentümer-Autors, zu dem der Gelehrte nun werden soll, hinausläuft. Die Londoner Buchhändler überziehen ihre Kollegen, die Titel neu auflegen, auf die sie einen unbefristeten Eigentumsanspruch erheben, also mit einer Reihe von Prozessen, in deren Verlauf sie zwei Argumente entwickeln. Das eine fußt auf der Eigentumstheorie von Locke, demzufolge der Mensch als Eigentümer seiner Person auch Eigentümer der Erzeugnisse seiner Arbeit ist, seien sie nun literarischer oder anderer Art: »Die Arbeit verschafft einem Menschen das natürliche Eigentumsrecht an allem, was er erzeugt. Literarische Kompositionen sind das Ergebnis von Arbeit; daher besitzen Autoren ein natürliches Eigentumsrecht an ihren Werken.« (Enfield 1774, zit. n. Rose 1988, S. 59) Das zweite Argument stützt sich auf eine ästhetische Theorie der eigentümlichen Originalität literarischer Kompositionen, welche es verbiete, letztere mit den mechanischen Erfindungen gleichzusetzen, die dem Patentrecht unterliegen, das das ausschließliche Nutzungsrecht auf vierzehn Jahre beschränkt.

»Stil und Gefühl sind die wesentlichen Bestandteile einer literarischen Komposition. Sie allein machen ihre Identität aus. Papier und Druck sind hingegen bloße Nebenumstände, die als Träger dienen, um diesen Stil und dieses Gefühl an einen entfernten Ort zu übertragen. Jedes Duplikat eines Werkes, seien es zehn oder zehntausend an der Zahl, ist demnach, wenn es denselben Stil und dasselbe Gefühl überträgt, dasselbe identische Werk, hervorgebracht durch den Erfindungsgeist und die Arbeit des Autors.« (Blackstone 1900-1930, S. 189, zit. n. Rose 1988, S. 63)

So begründet William Blackstone, warum das Eigentum an einem literarischen Erzeugnis einem unbefristeten »gewohnheitsrechtlichen Rechtsanspruch« gleichkommt, der vom Autor auf den Buchhändler übergehe. Bei den rechtlichen und gerichtlichen Verhandlungen, die sich in England im Anschluß an das *Statute* von 1709 entwickeln, spielen die Autoren selbst keine Rolle. Vielmehr sind es die Buchhändler, Rechtsanwälte und Richter, die das neue Verständnis des Gelehrten entwerfen, der als Eigentümer seines Werks definiert wird und für seine mit keiner anderen Arbeit vergleichbaren Tätigkeit daher zu entlohnen ist. So wird der hergebrachten aristokratischen Gestalt des *gentleman-writer* oder *gentleman-amateur,* der den Buchhandel und sein Entlohnungssystem verschmäht, Punkt für Punkt ein neues Modell der Gelehrtentätigkeit entgegengesetzt (vgl. Collins 1927; ders. 1928; Kernan 1987). Dies veranlaßt Lord Camden 1774, das traditionelle Gelehrtenbild zu verteidigen:

»Ruhm ist die Belohnung der Wissenschaft, und wer ihr dient, verschmäht alle geringeren Gesichtspunkte. Ich spreche hier nicht von jenen Schreiberlingen, die sich für ein Stück Brot verdingen und die Presse mit ihren jämmerlichen Produkten überschwemmen [...]. Nicht für Gewinn lehrten und erfreuten Bacon, Newton, Milton und Locke die Welt; es wäre eines solchen Mannes nicht würdig gewesen, mit einem schmutzigen Buchhändler über so etwas Geringes wie ein bedrucktes Blatt Papier zu verhandeln.« (Camden 1774, zit. n. Rose 1988, S. 54)

Das neue Gelehrtenbild, von Buchhändlern und Juristen als polemische Waffe erfunden, kann sich nur schwer durchsetzen. Bis zum Ende des Jahrhunderts schaffen es nur wenige Autoren, von ihren literarischen Werken zu leben. Da es üblich ist, sein Manuskript ein für allemal an den Buchhändler abzutreten, ohne bei einem eventuellen Erfolg des Werkes am Gewinn beteiligt zu sein, und weil das aristokratische Vorurteil, das jeden verachtet, der für Geld schreibt, immer noch weit verbreitet ist, ist der Eigentümer-Autor, wie der Diskurs ihn prägte, häufig ein Eigentümer ohne Einkünfte (Belanger 1982).

Die einzigen Ausnahmen von dieser Regel hängen mit den Besonderheiten oder dem Erfolg bestimmter Genres zusammen. Dies gilt für Theaterstücke, wo zu den Einkünften aus der Veröffentlichung noch die

Einnahmen aus den Vorstellungen kommen, für Übersetzungen (aus ihnen stammt das Vermögen von Pope) sowie für Geschichtsbücher mit hoher Auflage, deren Autoren – Hume, Gibbon, Robertson – zu den ersten gehören, die einen bestimmten Prozentsatz am Verkaufserlös erhalten. Von einer eigentlichen Professionalisierung kann im England des 18. Jahrhunderts nur mit Blick auf einen literarischen Bereich gesprochen werden, in dem der Autor kaum als Eigentümer anerkannt wird und nur höchst selten als Gelehrter gilt: der Journalismus (Harris 1983). Als nach 1695 und dem *Licensing Act,* der jede Vorzensur abschafft, zahlreiche neue Zeitschriften aller Art auf den Markt kommen, eröffnen sich der schreibenden Zunft neue Tätigkeitsfelder: die Jagd nach Neuigkeiten, Übersetzungen, regelmäßige Rubriken, Leitartikel usw. Manchen Autoren sichert diese Entwicklung ein hübsches Einkommen – denken wir nur an Samuel Johnson –, doch die meisten, die in der *Grub Street* wohnen, fristen weiterhin ein elendes Dasein und befinden sich in völliger Abhängigkeit von den Buchhändlern, die diese Zeitschriften herausgeben (vgl. Rogers 1982; ders. 1980). James Ralph verschafft ihnen in einer 1758 erschienenen Streitschrift mit dem Titel *The Case of Authors by Profession or Trade Stated* Gehör:

»Hier gibt es keinen Unterschied zwischen dem Schreiber in seiner Dachkammer und dem Sklaven in den Minen, außer daß ersterer an der Luft, letzterer aber in den Höhlungen der Erde tätig ist. Beiden wird ihre Aufgabe auf dieselbe Weise zugewiesen: Beide schinden sich ab und leiden Not, und keiner kann auf Erlösung hoffen. Der Kompilator muß kompilieren; der Setzer muß setzen; ob krank oder gesund, ob wohlgemut oder mißgestimmt, ob er Aufträge hat oder nicht; bis seine Fähigkeiten, seine Gesundheit und das bißchen guter Ruf, das er sich im Gewerbe verschafft hat, unter dem gemeinsamen Druck von Arbeit, Not und Sorgen verschlissen sind.«

Um sich gegen diese Knechtschaft zu wehren, in der die Arbeit kein Garant von Eigentum und der Autor nicht mehr Herr seiner selbst ist, ruft James Ralph dazu auf, sich zusammenzuschließen und zu streiken:

»Würden nur sämtliche *Journals, Chronicles, Magazines* und andere Zeitschriften sowie die Gelegenheitsproduktionen (die zur Zeit so viel zum Amüsement und Geschwätz des Tages beitragen) ihr Erscheinen auf einmal einstellen, wie schwer würde doch der Schrecken der Leere auf jeder verfließenden Stunde lasten! [...] Überleg 'mal, denn vielleicht brauchst du ja weder Herren noch Unternehmen! Überleg 'mal, denn vielleicht kannst du die Buchhändler selbst umgehen!« (Ralph 1758, zit. n. Harris 1983, S. 37f.)

Zwischen der Konstruktion des Gelehrten als des souveränen und ständigen Eigentümers seines Werkes, wie er in der Argumentation der an ihren Privilegien hängenden Buchhändler auftritt, und der Realität, die eine Professionalisierung des Schreibens nur unter der Bedingung der Unterwerfung und der Hinnahme unsicherer Einkommensverhältnisse erlaubt, klafft daher ein tiefer Abgrund.

Anderswo in Europa entsteht im Zuge der zahlreich neu erscheinenden Zeitschriften nicht unbedingt ein geistiges Proletariat nach Art der unglücklichen Schreiberlinge aus der *Grub Street.* In Frankreich wird die journalistische Tätigkeit mehrheitlich von Autoren ausgeübt, die Stand oder Beruf haben. Von 274 zwischen 1725 und 1789 aktiven Journalisten sind 15 Prozent Geistliche, 12 Prozent Amtsträger und Verwaltungsbeamte, 6 Prozent Rentiers, 8 Prozent Ärzte und Chirurgen und 4 Prozent Rechtsanwälte. Die Angehörigen intellektueller Berufe – Professoren, Hauslehrer, Bibliothekare und Sekretäre – machen 23 Prozent, die Buchhändler und Verleger 6 Prozent aus. Weniger als ein Viertel der französischen Journalisten – um genau zu sein: 22 Prozent – gehören demnach zur Gruppe der Gelehrten, die hauptsächlich von ihrer Feder leben (Sgard 1981, S. 3-33 u. Tab. S. 28).

In den italienischen Kleinstaaten ermöglicht die zahlenmäßige Zunahme der Zeitschriften – zwischen Mitte des 17. und Ende des 18. Jahrhunderts zählt man 358 Titel – und ihre Diversifizierung nach Genre eine ansatzweise Professionalisierung der journalistischen Tätigkeit (Ricuperati 1986; Cuaz 1986). Giuseppe Ricuperati datiert sie auf die zweite Hälfte des Jahrhunderts.

»Damals treten Laien auf, die den Journalistenberuf in seinen verschiedenen und nunmehr vielgestaltigen Formen als Haupttätigkeit ausüben. Dazu gehören Gasparo Gozzi […], Caminer und seine Tochter, Giuseppe Compagnoni, Giovanni Ristori, Saverio Catani und viele andere. Der Journalist konnte natürlich nicht von den Einkunften als Mitarbeiter oder Koordinator nur einer Zeitschrift leben, vor allem wenn sie literarischer Art war. Fast immer übte er in diesem Bereich verschiedene Tätigkeiten aus: als Zeitungsschreiber, Zeithistoriker, Herausgeber und Übersetzer.« (Ricuperati 1982, S. 928)

Tritt der Journalismus hier auch als eigenständiger Beruf auf, so bleibt die Publikationstätigkeit im Zeitschriftenbereich doch eng an ein spezifisches Intellektuellenmilieu gebunden, das in seiner Zusammensetzung zwar recht unterschiedlich ausfällt, gleichwohl aber durch die Bande der Gelehrtenwelt zusammengehalten wird. Als Musterbeispiel mag hier *Il*

Caffè gelten. Dem *Spectator* nachgebildet, entsteht die Zeitschrift aus den Zusammenkünften und Gesprächen eines Freundeskreises, der sich regelmäßig in Mailand trifft. Dazu gehören Pietro Verri, sein Bruder Alessandro, Cesare Beccaria, Gian Rinaldo Carli, Giuseppe Visconti und Luigi Lambertenghi. Aber trotz des positiven Leserechos stellt die Zeitschrift ihr Erscheinen ein, als die Gruppe auseinanderfällt.

»Der kleine Freundeskreis, der dieses Blatt schrieb, löste sich auf; einige gingen auf Reisen, andere wurden durch geschäftliche Angelegenheiten beansprucht. Es lag an den Umständen, daß zu Ende ging, was nach dem ursprünglichen Vorhaben, kein so rasches Ende finden sollte, und das zu einer Zeit, als die günstige Aufnahme der Zeitschrift durch das Publikum mehr denn je einlud, das Projekt fortzuführen.« (Vgl. Ricuperati 1986, S. 215)

Eine Pathologie des Gelehrten

Der dritte Diskurs, der sich den Gelehrten von außen als Gegenstand vornimmt, überrascht durch seine medizinische Begrifflichkeit. Als Tissot 1766 einen Lehrstuhl am Collège de Médecine von Lausanne erhält, spricht er in seiner Antrittsvorlesung zum Thema *De valetudine litteratorum*. Zwei Jahre später veröffentlicht er als Reaktion auf eine fehlerhafte und gekürzte Übersetzung seiner Dissertation eine korrigierte und erweiterte Fassung in Französisch unter dem Titel *De la santé des gens de lettres*. In seiner Vorrede erinnert Tissot daran, daß das Thema bereits in mehreren Dissertationen (von Ramazzini und Platner) sowie in einem Buch von Pujati, einem Professor aus Padua behandelt wurde, das 1762 unter dem Titel *Della preservazione della salute dei Litterati* in Venedig erschien. Tissot geht es aber um etwas anderes. Er beabsichtigt, »sämtliche besonderen Umstände zu erfassen, die den Gelehrtenstand mit Blick auf die Gesundheit von allen anderen Ordnungen der Gesellschaft unterscheiden«, und also zu zeigen, daß die Lebensweise der Gelehrten von der Idealvorstellung eines natürlichen, aktiven und ausgeglichenen Lebens an frischer Luft denkbar weit entfernt ist. So beurteilt Tissot die gesundheitlichen Probleme der Gelehrten auf der Grundlage seiner rousseauistischen Überzeugungen.

Dabei unterscheidet Tissot neun Krankheitsursachen. Die beiden wichtigsten sind die Anspannung des Geistes und die Untätigkeit des

Körpers. Die übermäßige Arbeit des Geistes auf der einen Seite – Tissot nennt sie »literarische Auszehrung« – läßt das Blut und die Körperflüssigkeiten in das Gehirn strömen, was Gehirnkrankheiten – Tumore, Aneurysmen, Delirien, Krämpfe, Schlaflosigkeit usw. –, Störungen der vom Gehirn ausgehenden Nerven sowie Verdauungsstörungen – »wer am meisten denkt, verdaut am schlechtesten« (Tissot 1981, S. 12f.) – verursacht. Das dauernde Sitzen auf der anderen Seite läßt die Muskeln schwinden, beeinträchtigt den Kreislauf von Blut und Flüssigkeiten und verstopft den Magen und den Verdauungstrakt, wodurch die Gelehrten für Wassersucht, Blasenkrankheiten und vor allem für Hypochondrie anfällig werden. Die Hypochondrie ist dabei aufgrund ihrer doppelten Ätiologie – die »Schwächung der Nervenstränge« und die »Verstopfung der Unterleibseingeweide« (ebd., S. 23) – die Krankheit der Gelehrten schlechthin: »Es ist selten, daß sie davon nicht mehr oder weniger befallen sind, und schwierig, sie durchgreifend davon zu heilen.« (Ebd., S. 25)

Diesen klinischen Befund, der an sich schon recht beunruhigend ist, führt Tissot nun weiter aus. Die Beschwerden, an denen die Gelehrten leiden, können auf verschiedene Ursachen zurückgeführt werden. Etwa auf ihre Angewohnheiten: Ihre schlechte Körperhaltung verursacht Hämorrhoiden, ihre abendlichen Exzesse stören den Schlaf, und die Lektüre während der Mahlzeiten verhindert eine gute Verdauung. Oder auf ihre Nachlässigkeit: Sie vergessen, ihre Kammer täglich zu lüften, sie vernachlässigen die Körperpflege und sie sind unbedacht genug, »den Harn lang zu verhalten und den Gang auf den Stuhl hinauszuschieben« (ebd., S. 69). Eine weitere Krankheitsursache ist das weltabgeschiedene Leben der Gelehrten; denn im Gegensatz zum Moraldiskurs, der dies zum Ideal erhebt, erblickt der Arzt darin nur Gefahren:

»Ich schrecke nicht davor zurück, als neunte Ursache der Krankheiten der Gelehrten den Verzicht auf die Gesellschaft zu betrachten. […] Die Menschen sind füreinander geschaffen worden; ihr gegenseitiger Verkehr ist von einem Nutzen, auf den man nicht ungestraft verzichtet, und es ist zurecht bemerkt worden, daß Einsamkeit in Trägheit mündet […]. Sie erzeugt jene Menschenfeindlichkeit, jenes verdrießliche Gemüt, jene Unzufriedenheit, jenen allgemeinen Widerwillen, die man als die größten Übel betrachten kann, da sie die Freude an allen guten Dingen nehmen.« (Ebd., S. 93)

Um die so gefährlich lädierte Gesundheit der Gelehrten wiederherzustellen, empfiehlt Tissot eine Reihe von »Verhütungsmitteln« zur Behebung der Störungen, die intensives Studium hervorruft. Um der Anspan-

nung des Gehirns entgegenzuwirken, muß man dem Geist Ruhe gönnen
– und sich bewußt werden, daß nicht alle Studien immer von Nutzen
sind:

»Die meisten vergeuden sinnlos ihre Zeit und ihre Gesundheit; der eine kompi-
liert, was längst bekannt ist; der andere wiederholt, was bereits hundertmal gesagt wurde, ein Dritter beschäftigt sich mit völlig unnützen Forschungen, dieser
arbeitet sich mit nichtssagenden Schriften, jener mit langweiligen Werken zu
Tode, und keiner bedenkt, welchen Schaden er sich dabei zufügt und welch geringen Nutzen das Publikum daraus zieht.« (Ebd., S. 95f.)

Um der Untätigkeit des Körpers zu begegnen, muß man Leibesübungen
machen: »Am vorteilhaftesten und für die Gelehrten am geeignetsten erscheinen mir Übungen, bei denen sich der ganze Körper betätigt, wie
etwa das Paumespiel, Federball, Billard, das Mailspiel, die Jagd, Kegeln,
Boules und auch das Petit Palet-Spiel.« (Ebd., S. 125) Um sich nicht den
Gefahren schlechter Luft auszusetzen, muß man bei der Wahl seiner
Wohnung alle nötige Sorgfalt walten lassen. Wenn man nicht auf dem
Land wohnt, »wo man am besten denken kann und die sauberste Luft at-
met« (ebd., S. 136), sollte man sich in der Stadt eine Wohnung suchen,
»die hoch und hell, im Sommer dem Wind und im Winter der Sonne ausgesetzt ist und fernab von Vierteln liegt, in denen ungesunde Ausdün-
stungen vorherrschen« (ebd., S. 200). Tissots medizinischer Diskurs betrachtet die Gelehrten somit als eine besondere Bevölkerungsgruppe,
die sich von der übrigen Gesellschaft durch ihre Lebensweise, ihre Tätigkeit und ihre (im allgemeinen schlechten) Gewohnheiten unterscheidet.
So tritt dem heroischen Bild vom Philosophen, der der Menschheit den
Weg weist, die jämmerliche Figur des kränkelnden Gelehrten gegenüber.

Von den Ruhmreichen des Parnaß zum Bürger der Gelehrtenrepublik

Abschließend wollen wir uns noch mit dem Selbstverständnis der Gelehrten beschäftigen. Diesbezügliche Ausführungen finden sich in den
unterschiedlichsten Literaturgattungen – in Lobreden, Anekdoten-
sammlungen, Werkauszügen, Merksprüchen, Miscellen usw. –, die dem
Gedenken an einen Autor gewidmet sind und über das individuelle Porträt hinaus eine Darstellung des idealen Gelehrten bieten (vgl. Roche

1978, Bd. 1, S. 166-181). In außergewöhnlichen Fällen tritt diese Selbstdarstellung auch in Gestalt eines Denkmals auf. So etwa in den Jahren 1718 und 1776. Im Jahr 1718 vollendet der Bildhauer Louis Garnier eine Arbeit in Bronze, die Titon du Tillet in Auftrag gab und die den französischen Parnaß darstellt. Aus dem Amtsadel stammend, zunächst als Dragonerhauptmann, später als Haushofmeister der Dauphine Marie Adelaïde de Savoie in Diensten, ist der Auftraggeber selbst ein Gelehrter, der zu akademischen Ehren zu gelangen wünscht und sie auch erlangt, wird er doch Mitglied von siebenundzwanzig Akademien, darunter acht in Italien, zwei in Madrid, eine in Lissabon und sechzehn in verschiedenen französischen Provinzstädten. Er hegt die Absicht, »den berühmten Dichtern und Musikern ein Denkmal zu setzen, dem ich den Namen *Parnasse François* zudachte und auf dem Ludwig der Große, der Erhabene Förderer der Wissenschaften und schönen Künste, den Ehrenplatz einnimmt« (Tillet 1727). Dieser Parnaß wird »durch einen alleinstehenden, ein wenig steilen Berg von schöner Form dargestellt, auf dem verstreut einige Lorbeerbäume, Palmen, Myrten und efeuumrankte Eichenstämme stehen« (ebd., S. 23). Auf diesen Berg plaziert Louis Garnier sechsunddreißig Figuren. Die vierzehn wichtigsten Statuen stellen Apollon (d.h. Ludwig XIV.), die drei Grazien (Madame de la Suze, Madame des Deshoulières und Mademoiselle de Scudéry), die Flußgöttin der Seine und, den neun Musen nachgebildet, acht Dichter (Pierre Corneille, Molière, Racan, Segrais, La Fontaine, Chapelle, Racine und Boileau) sowie den Musiker Lully dar, der an seinem Arm ein Medaillon mit dem Bildnis von Quinault trägt. Die zweiundzwanzig kleineren Figuren halten Medaillons und drei Schriftrollen in der Hand, auf denen die bildlichen Darstellungen beziehungsweise die Namen anderer Dichter und Musiker, insgesamt einundneunzig an der Zahl, darunter elf Frauen, zu sehen sind. Darüber hinaus hat Titon du Tillet den nötigen Platz vorgesehen, um weitere Schriftsteller und Komponisten nach ihrem Tod in seinen Parnaß aufnehmen zu können. Ihr Bildnis findet gegebenenfalls auf weiteren Medaillons, ihr Name auf einer vierten Schriftrolle oder, so sie dessen würdig sind, an einer zehnten Figur Platz.

Das zunächst im Kleinformat modellierte Denkmal, das daher auch in einem Salon oder in einer Galerie aufgestellt werden kann, wurde von Jean Audran auf einem Stich dargestellt, der 1723 dem König und den bedeutendsten Höflingen überreicht wird. Eine grandiosere Version sollte dann der König finanzieren: »Man kann diesen Parnaß als Versuch verstehen, und ich sähe es mit Entzücken, wenn eine größere und großartigere Ausführung in aller gebotenen Herrlichkeit und mit dem ausgesuchtesten Geschmack errichtet würde. Aber der Wille zu Großem muß in gewisser Weise abhelfen, wo die Mittel eines einzelnen nicht ausreichen.« Das Denkmal, das auf einem der Pariser Plätze oder im Innenhof des Louvre zu errichten und mit »zumindest lebensgroßen« Figuren auszustatten wäre, sollte auf einem Sockel aus weißem Marmor ruhen, am Fundament mit »einem Haufen Steinen und wie zufällig hingeworfenen Felsbrocken« (ebd., S. XXVf.) versehen und mit hübschen Kaskaden umgeben, die sich in ein Becken aus kostbarem Marmor ergießen. Das Vorhaben wurde zwar nie verwirklicht, zeugt jedoch von einer Sichtweise, die in der Sprache der Allegorie und der Analogie ein Pantheon der Gelehrten entwirft, deren Talent sich dank der Förderung durch den Fürsten entfalten konnte.

Ganz andere Züge trägt dagegen die Skulptur, die Pigalle fünfzig Jahre später ausführt. Der Künstler geht nicht mehr allegorisch, sondern realistisch zu Werke. Er preist nicht die Herrlichkeit des Herrschers, er feiert nicht die ruhmreich Dahingegangenen der Literatur, sondern er stellt naturgetreu und nackt einen Zeitgenossen dar: Voltaire. In einem Brief an Galiani vom 13. April 1770 beschreibt Madame d'Epinay, wie es zu diesem Projekt kam:

»Im Laufe der Sonntage in der rue Royale [dem Salon des Barons von Holbach], der Donnerstage in der rue Ste Anne [dem Salon von Helvetius, der in derselben Straße wie Madame d'Epinay wohnt] und der Freitage in der rue de Cléry [dem Salon von Madame Necker] entstand das Projekt, Geld zu sammeln, um Voltaire eine Statue zu errichten, die im neuen Saal der Comédie Française, der sich im Bau befindet, aufgestellt werden soll. Pigalle ist damit beauftragt worden. Er verlangt zehntausend Livres und zwei Jahre Zeit. Panurge [d.h. Abbé Morellet] hat sich des Projekts sofort angenommen und arbeitet einen wirtschaftlichen Kodex für die Durchführung aus. Das erste Gesetzt lautet, daß man Gelehrter sein und veröffentlicht haben muß, um einen Beitrag zeichnen zu können, wobei er die Höhe der Beiträge auf 2 Louis, 10 Louis und auf zweitausend Livres festgesetzt hat. D'Alembert wird die Anfragen und das Geld verwalten, und Panurge fordert die Geheimhaltung der Beitragshöhe und der Namen der Beitragszahler. Und um seinen Despotismus auf die Spitze zu treiben, hat er eine Liste erstellt, in der er ohne unsere Zustimmung festgelegt hat, was jedes Mitglied der Gesellschaft zu zahlen hat.« (Galiani/Epinay 1992a, S. 140)

Eine Woche später informiert Madame d'Epinay ihren Briefpartner, daß die Bedingungen zur Beitragszeichnung gemildert wurden und es nun nicht mehr nötig ist, publiziert zu haben, um sich beteiligen zu können: »Panurge wurde mehrheitlich überstimmt, so daß alle Gelehrten und Liebhaber der Wissenschaften einen Beitrag für die Statue von Voltaire zeichnen dürfen. Die Inschrift lautet: *A Voltaire de son vivant par les gens de lettres ses compatriotes.*« (Ebd., S. 144)

Voll und ganz mit der Herausgabe seines *Dialogue sur les blés* und seiner Kontroverse mit Morellet und den »Ökonomen« [d.h. den Physiokraten] beschäftigt, antwortet Galiani am 5. Mai auf den ersten Brief mit einer scherzhaften Bemerkung:

»Für die Voltaire-Statue würde ich nur einen Beitrag zeichnen, wenn mir ebenfalls eine errichtet würde. Die meinige müßte man in dem schönen neuen Hallenrundbau, im Hôtel Soissons aufstellen. Ich würde mich prächtig zwischen Mehlen und Pariser Mädchen ausnehmen. Ich hätte alles, was zur Ernährung und Bevölkerung nötig ist, und mehr würden auch unsere neuen Philosophen nicht verlangen. Ich wünsche ein Kolossalstandbild, damit die Nachwelt nicht wisse, wie klein mein Wuchs war.« (Galiani/Epinay 1992b, S. 59)

Anschließend beschreibt Galiani, wie er sich die lateinischen Inschriften und Medaillons vorstellt: »einen Ökonomen [...], der niedergebeugt den großen Gott der Gärten anbetet, und der, indem er sich niederbeugt, seine Hinterpartie zeigt«, »eine ökonomische Dame [...], die der Pomona Früchte und Blumen als Opfer darbringt und dabei vorn ihr Kleid zu hoch aufhebt«, und »zwei Abbés, Panurg und Badot, die auf einem ländlichen Altar ihre Werke und Schriften Harpokrates, dem Gott des Schweigens, des Schlummers und der Vergessenheit, weihen«. (Ebd., S. 60) Auf den zweiten Brief gibt der Abbé aus Neapel am 12. Mai eine ernsthaftere Antwort:

»Die Inschrift, die man unten an Voltaires Statue anbringen will, wäre erhaben, wenn man die Kosten von allen Literaten Europas aufbringen ließe. Es wäre schön, den Engländer, den Deutschen, den Italiener und sogar den Kaiser von China, der eben ein Gedicht vollendet hat, als Landsleute *[compropatriotos,* ein Wortspiel mit dem italienischen Verb *comprare:* kaufen] Voltaires zu bezeichnen; aber wenn nur Franzosen dastehen, so ist die Inschrift recht flach und würde besser so lauten: *A Voltaire, par un transport d'admiration;* aber im Lateinischen würde sie wertvoller sein: *Voltario, devicta invidia, saecli sui miraculo, aere eruditorum conlato.* Das Lateinische ist die Sprache der Inschriften; die Franzosen werden solche Wunder in ihrer Sprache nie vollbringen können.« (Ebd., S. 63)

Die Initiative, die der *Correspondance littéraire* zufolge auf eine »Versammlung von 17 ehrwürdigen Philosophen [zurückgeht], in der, nachdem man den Heiligen Geist gebührend angerufen, reichlich gegessen und kreuz und quer durcheinandergeredet hatte, einstimmig der Beschluß faßt wurde, Monsieur de Voltaire eine Statue zu errichten«[3] (Tourneux 1879, Bd. 9, S. 15f.), provoziert einen Skandal, denn bisher war noch keinem Gelehrten zu Lebzeiten eine solche Ehre zuteil geworden. Dieses Privileg blieb den Herrschern vorbehalten – ein Grundsatz, den der *Parnasse français* respektierte, da er nur verstorbene Dichter verherrlichte. Die bei Madame Necker versammelte »Pairs-Kammer der Literatur«, wie es in der *Correspondance littéraire* heißt, verfolgt mit ihrem Ansinnen, eine Statue von Voltaire anfertigen zu lassen, nicht nur den Zweck, die Verdienste eines Mannes herauszustellen, sondern auch das neue Gelehrtenverständnis vor Augen zu führen. Die Beitragszeichnung ist eine Idee von Gelehrten, die zum engeren Kreis des Pariser Geisteslebens gehören, und bietet einem breiteren Milieu die Gelegenheit, sich zum Mitglied der Gelehrtenrepublik zu erklären und von den Initiatoren des Vorhabens als solche anerkennen zu lassen. »Wer einen Beitrag für die Voltaire-Statue zeichnete, gab damit eine politische Erklärung ab: Er nahm für sich in Anspruch, ein Bürger der Gelehrtenrepublik zu sein.« Achtzig Personen, die von dem Projekt brieflich oder durch handschriftliche Mitteilungsblätter Kenntnis erhalten, entscheiden sich, einen Beitrag zu leisten. Sie repräsentieren die zweigeteilte Basis der Aufklärung: auf der einen Seite, innerhalb des französischen Königreichs, wohlhabende, arrivierte Gelehrte (das Durchschnittsalter der Beitragszahler liegt mit 45 Jahren relativ hoch), die vielfach Amtsträger und Beamte der königlichen Verwaltung oder Akademiemitglieder sind, wobei 25 von ihnen vorübergehend oder regelmäßig mit Voltaire in Briefkontakt standen; auf der anderen Seite die Fürsten des aufgeklärten Europa (Goodman 1986). Wie Morellet in seinen Memoiren erinnert, war ihre Mitwirkung – die eher politischer als finanzieller Art war, denn man hatte die Höhe ihrer Beiträge begrenzt, um die Gleichheit unter den Beitragszahlern nicht (allzu sehr) zu gefährden – von großer Bedeutung: »Was bei der Entscheidung, das Projekt durchzuführen, schließlich den Ausschlag gab, war die Teilnahme des Königs von Dänemark, der Zarin, des großen Friedrich und einer Reihe von deutschen Fürsten.« (Guicciardi 1988, S. 175)

---

3 Zu den siebzehn Philosophen gehören Madame Necker, Diderot, Suard, der Chevalier de Chastellux, Grimm, der Graf von Schomberg, Marmontel, d'Alembert, Thomas, Necker, Saint-Lambert, Saurin, Abbé Raynal, Helvétius, Bernard, Abbé Arnaud und Abbé Morellet.

Beim selben Bildhauer in Auftrag gegeben, der für den Place Royale
von Reims 1755 die Statue von Ludwig XV. angefertigt hat, präsentiert
der *Voltaire* von Pigalle, der den Schriftsteller nackt, in sitzender Pose
und nach antikem Vorbild mit einer Schriftrolle in der einen Hand und
einer Feder in der anderen zeigt, ein Bild des Gelehrten, das von den
Zeitgenossen nur wenig geschätzt wurde: »Leute mit Geschmack haben
die Ausführung im allgemeinen getadelt. Pigalle hat, um sein anatomi-
sches Wissen vorzuführen, einen nackten, abgemagerten Greis, ein Ske-
lett angefertigt, ein Mangel, der durch die Naturtreue und die Lebendigkeit, die man an der Physiognomie und der Haltung des Greisen bewundert, kaum aufgewogen wird«, schreibt Morellet (ebd.). Doch gerade
indem Pigalle seinen Voltaire ohne jede Monumentalität oder Ästhetisie-
rung in seiner Menschlichkeit formte, führte er die gebotene grundsätzliche Gleichheit aller Angehörigen der Gelehrtenrepublik und darüber
hinaus die Würde eines jeden Bürgers vor Augen. Denn obwohl die Statue von Voltaire auf eine Idee der höchst aristokratischen und exklusiven Gesellschaft der Pariser Salons zurückgeht, von den wohlhabendsten und bestsituierten Gelehrtenkreisen der Stände- und Zunftgesell-
schaft unterstützt und von den aufgeklärten, aber despotischen Fürsten
Nordeuropas gefördert wurde, kann sie als eine Darstellung der Werte
einer neuen literarischen und politischen Ordnung gelten. So verkörpert
sie in vollkommener Weise die Widersprüche, die das Verständnis und
die Lage des Gelehrten im Zeitalter der Aufklärung durchziehen: im
Spannungsfeld zwischen Privileg und Gleichheit, zwischen Protektion
und Unabhängigkeit, zwischen reformorientierter Vorsicht und utopi-
schem Anspruch.

Kapitel 4

Der Wissenschaftler

Vincenzo Ferrone

Während es im 17. Jahrhundert schon Ansätze von Wissenschaft, aber noch keine Wissenschaftler gab, rückte im Zeitalter der Aufklärung auch der Wissenschaftler selbst in den Vordergrund. Wie ich noch betonen werde, muß man sich natürlich zunächst über den Begriff »Wissenschaftler« verständigen, und zwar unter Berücksichtigung des historischen Zusammenhangs, ohne Verzerrungen und Anachronismen. Die folgenden Ausführungen durchzieht wie ein roter Faden die Hypothese, daß das 18. Jahrhundert nicht etwa eine bloße Übergangsphase war, in der sich die Geburt des modernen Wissenschaftlers ankündigte und zu der es dann vor allem im 19. Jahrhundert tatsächlich kam, sondern für die Wissenschaftler eine Art »Versuchs-« Zeitalter der Moderne darstellte. Es war eine Epoche, in der langwährende Prozesse zur Reife gelangten. Dazu gehörte die endgültige Wesensbestimmung eines neuen Wissens, seine Legitimation und seine institutionelle Verankerung als notwendige Grundlage für die Schaffung eines echten Berufsstandes. Ebenso tauchten am Horizont neue und quälende Fragen auf, unter denen vor allem das Problem der Abgrenzung hervortritt, das zum ersten Mal öffentlich diskutiert wurde: die Frage nämlich, was als Wissenschaft zu bezeichnen sei und was außerhalb ihrer Grenzen liege.

Um jedoch die Merkmale des Wissenschaftlers im 18. Jahrhundert verstehen zu können, muß man sich zunächst darüber im klaren sein, daß 200 Jahre der sogenannten »wissenschaftlichen Revolution« hinter ihm liegen: der Versuch von Universitätsprofessoren, Geistlichen, Ärzten, Philosophen, Mathematikern, Astrologen, Künstlern, Architekten und Ingenieuren, ein neues Wissen und einen völlig neuen Typus von Intellektuellen zu schaffen, der entschlossen war, Naturerscheinungen mit empirischen Methoden, d.h. Messungen und experimentellen Nachweisen, mit einer eigenen Sprache und anderen Zielsetzungen als die traditionellen Disziplinen wie Philosophie, Theologie, Rechtswissenschaft oder Literatur zu erforschen. Im 17. Jahrhundert entstand eine aggressive Bewegung, die die Wissenschaft als unabhängiges und neuartiges Wissen propagierte, das dank seines Nutzens für die Gesellschaft Würde und Ansehen verdiene. Diese Bewegung erhielt zweifellos von den neuen Akademien, die zumeist in offenem Gegensatz zu den Universitäten standen, einen entscheidenden Anstoß. In den Wissenschaftsakademien begann der lange Weg, an dessen Ende die wissenschaftliche Forschung als Beruf stand. Es war ein langwieriger und beschwerlicher Prozeß, der trotz seines anfänglichen Scheiterns in Italien im Laufe von zwei Jahrhunderten von Erfolg gekrönt war. Hier, wo die moderne Wissenschaft und noch vor ihr die akademische Bewegung entstanden waren, behielt die allmächtige Figur des Theologen die Oberhand, und den wissenschaftlichen Akademien gelang es nicht, sich dauerhaft zu etablieren. Die Verurteilung Galileis, das Los der Akademia dei Lincei, der Academia del Cimento und später der aufgeklärten Katholiken unter Führung von Celestino Galiani zu Beginn des 18. Jahrhunderts sind in dieser Hinsicht Etappen, die den Wissenschaftler zunehmend zu einer Randerscheinung werden lassen, zugunsten von Literaten und Philosophen, die vor allem für die vom Tridentinischen Konzil verfügte »Kirchenräson« empfänglich waren. Ein besseres Schicksal war dagegen den englischen Wissenschaftlern beschieden. Jenseits des Ärmelkanals überwand die Wissenschaft bald jeden Widerstand. Die von Rom abgelehnte Versöhnung zwischen Wissenschaft und Religion wurde in London zum Dreh- und Angelpunkt einer wirklichen kulturellen Revolution, so daß manche sogar von den »anglikanischen Ursprüngen der modernen Wissenschaft« sprechen. Für den Chiliasmus, der den englischen Protestantismus beseelte, war die utilitaristische Dimension des neuen Wissens unmittelbar einleuchtend. Bacon und nach ihm viele andere puritanische Denker wiesen der Wissenschaft die Aufgabe zu, Reichtum zu schaffen, die Gesundheit zu verbessern, den Handel zu entwickeln und auf Erden die *Magna Instauratio,* d.h. die Wiederkehr des ursprünglichen Gartens Eden, herbeizuführen. Isaac Newtons mechanisches Universum, die berühmten *Boyle Lectures,* die gegen *Freethinkers* und radikale Republikaner abgehalten und verbreitet wurden, trugen schließlich ihren Teil zur Herausbildung einer neuen Ideologie des Establishment bei, das aus der *Glorious Revolution* von 1689 siegreich hervorgegangen war und optimale Bedingungen für den europäischen Primat der 1662 gegründeten Royal Society schuf. Die Wissenschaft wurde von nun an als fester und entscheidender Bestandteil der Erziehung der neuen Eliten des Landes angesehen. Und dennoch erwies sich die unbestrittene Vorrangstellung, die englische Wissenschaftler in Europa einnahmen, in der zweiten Hälfte des 17. Jahrhunderts als weitaus brüchiger als vermutet. Paradoxerweise waren es gerade die Gründe für den außergewöhnlichen Erfolg englischer Wissenschaftler, die in einer Phase, in der die Probleme und Forschungsmethoden einem raschen Wandel unterlagen, zum Hindernis wurden. Das Baconsche Modell des frommen »Naturphilosophen« und Dilettanten und die Privatgesellschaften, die dieses Modell förderte, waren den Anforderungen der wachsenden Spezialisierung und der Notwendigkeit, in kurzer Zeit eine Form von Professionalisierung zu erreichen, kaum gewachsen.

Im 18. Jahrhundert mußte die Royal Society das Feld der jüngeren Akademie der Wissenschaften in Paris überlassen, deren Stellung durch die Pensionen und Privilegien Ludwigs XIV. gestärkt war. Der ruhmreiche »Fellow« der Royal Society, der auch während des gesamten neuen Zeitalters der *natural philosopher* Baconscher Prägung bleiben sollte, ließ dem weniger voreingenommenen und moderneren Pariser *savant* (Gelehrter, Wissenschaftler) den Vortritt.

Die Wissenschaftler des Ancien régime und der Primat Frankreichs

Lagrange hatte durchaus nicht unrecht, als er 1787 Viktor Amadeus III., der ihn mit triftigen Argumenten gebeten hatte, nach Turin zurückzukehren, erwiderte, daß er nicht imstande sei, das Angebot der Académie des sciences (Akademie der Wissenschaften) von Paris auszuschlagen: »Die Académie übt eine große Anziehungskraft auf mich aus« schrieb Lagrange, »denn in Europa ist sie das erste Tribunal der Wissenschaften.« Tatsächlich dominierten die französischen Wissenschaftler unanfechtbar in allen Disziplinen. Überall wurde das Modell des *savant* in Staatsdiensten bewundert und nachgeahmt, das Richelieu und Colbert eingeführt hatten und das vom Absolutismus der Bourbonen im Laufe eines Jahrhunderts durch eine wirkungsvolle und weitblickende Patronage-Politik der Krone ausgebaut wurde. Die Académie Royale des sciences, die zum entscheidenden Faktor des gesamten akademischen Systems werden sollte, war 1666 ins Leben gerufen worden, viele Jahre nach Gründung der weit berühmteren Académie française und der Académie des inscriptions et belles lettres. An ihrer Entstehung war eine starke Propagandabewegung zur Förderung der Wissenschaften beteiligt, der Gelehrte wie Auzout, Petit, Huygens, Thévenot und Sorbière angehörten, die allesamt in die Schule Galileis, Descartes und Bacons gegangen waren. Ihr Forschungsideal erinnert sehr an das in Ansätzen demokratische Lehrmodell Bacons und war jedenfalls noch von einer durch Mäzenatentum geprägten Vorstellung vom akademischen Leben beeinflußt, die in der italienischen Renaissance charakteristisch für die Akademia dei Lincei und die Academia del Cimento gewesen war. Thévenots Plan von 1665 einer »Gesellschaft für Wissenschaft und Künste« sah vor, daß kollektiv gearbeitet und veröffentlicht und, geschützt durch Anonymität, jedes Mitglied dieses neuen »Haus Salomons« absolut gleich behandelt werden sollte. Nicht zufällig orientierten sich die Aktivitäten der Akademie in den ersten Jahrzehnten erkennbar an diesen ursprünglichen Überzeugungen. Die ersten Veröffentlichungen der Akademie erschienen ohne Namensangaben und letztlich entsprach die Funktion des Souveräns noch sehr stark der alten Rolle eines Mäzens.

Erst 1699, mit der neuen, von Abt Bignon angestrebten Satzung, die vom Pariser Parlament 1713 endgültig bestätigt wurde, begann sich das Bild der französischen und darüber hinaus der europäischen Wissenschaftler grundlegend zu wandeln. Es entstand eine Figur, die absolut neue Züge trug und sich ebenso deutlich von der Gestalt des Gelehrten unterschied, die Bacon vorgeschwebt hatte, wie von den ersten »Wissenschaftlern«, die ihr vorausgegangen waren. Man kann diese Figur entsprechend ihrem französischen Ursprung als *savant* des Ancien régime bezeichnen, d. h. als einen Intellektuellen, der als Teil des Staatsapparates die Logik und Wertvorstellungen einer hierarchisierten, Normen setzenden Gesellschaft vollständig akzeptiert: eine in Schichten, Stände und Körperschaften gegliederte Gesellschaft, die sich nach Würde, Ehre und den allgegenwärtigen Privilegien und Rängen differenziert. Die Eingliederung der Wissenschaftler in diese von Ungleichheit gekennzeichnete Gesellschaftsordnung stellte zweifellos den eigentlichen Gehalt des

Règlement von 1699 dar: »Dank ihrer Satzung«, schrieb Fontenelle befriedigt, »wird die Akademie der Wissenschaften ein durch königliche Autorität formal etabliertes Korps, das es so früher nicht gab.« Dieses Gelehrtenkollegium war entschlossen, unter den anderen *corps d'État* (Staatsorganen) eine bedeutende Position einzunehmen, eine klare Identität zu entwickeln und eine vollgültige Legitimation zu erlangen. In dieser Richtung traf die Akademie erste Maßnahmen: Nach einer strengen Etikette wurden Verhaltensnormen schriftlich niedergelegt und die Arbeit und Verbreitung der Verdienste und Errungenschaften ihrer Gelehrten einer peinlich genauen Bewertungs- und Veröffentlichungspraxis unterworfen. Ihre Mitglieder waren aufgefordert, für die Akademie ein Bild und ein Motto zu finden, Symbole, die geeignet waren, die werdende Gemeinschaft der Wissenschaftler im kollektiven Bewußtsein zu repräsentieren. Die Wahl fiel schließlich, wie Fontenelle, der erste große Sekretär und Historiker der Akademie, berichtet, auf »eine Sonne, Symbol des Königs und der Wissenschaften, zwischen drei Lilien«, und als »Devise« wurde »eine Minerva umgeben von Instrumenten der Wissenschaft und Kunst mit den lateinischen Worten *invenit et perficit*« gewählt.

Der entscheidenden Schwierigkeit, eine Beziehung zwischen geschichtlicher Erinnerung und neuer Identität herzustellen, begegnete die Akademie erfolgreich mit der Einführung der *éloges,* die im Gedenken an verstorbene Gelehrte abgehalten wurden. Diese regelmäßig veröffentlichten Lobreden wurden mit der Zeit zu einem eigenständigen literarischen Genre, ein großartiger Beitrag zur »Geschichte der Wissenschaften«, der Condorcet am Ende des Jahrhunderts der Aufklärung bewußt die Aufgabe zuwies, den Grundpfeiler einer Fortschrittsideologie zur »Entwicklung des menschlichen Geistes« im Zeichen der wissenschaftlichen Erkenntnis zu bilden. Obwohl das neue *corps d'État* aus Mathematikern, Physikern, Ärzten, Chemikern und Anatomen »offen für Verdienst« war, wie Fontenelle stolz reklamierte, war es entsprechend der französischen Ständegesellschaft organisiert. Der Aufbau der Akademie sah eine hierarchische Gliederung in Gruppen von *savants* vor. An der Spitze standen die *honoraires*, sämtlich Vertreter des hohen Klerus, des Adels und der Regierung. Es waren überwiegend einfache *amateurs* ohne wissenschaftliche Meriten, die bei der Gründung der Akademie noch nicht beteiligt gewesen waren und die nun, laut der neuen Satzung von 1699, den absolutistischen Staat vertraten und für die

Befolgung der sozialen Prinzipien des Ancien régime bürgten. An zweiter Stelle standen die *pensionnaires,* angesehene Wissenschaftler, die für ihre Forschung ein Gehalt bezogen. Danach folgten die *associés,* die ausländischen und französischen *correspondants* und die *élèves,* die auch *adjoints* genannt wurden. Insgesamt waren es mehr als 300 Personen, die diese Institution, die man als das erste moderne »wissenschaftliche Unternehmen« bezeichnen kann, zum Leben erweckten.

Die Kontrolle und Verwaltung der Akademie oblag zwei Ministern *(Bâtimens du Roi* und *Maison du Roi),* und die Krone bestimmte auch die höchsten Vertreter der *honoraires.* Damit bekräftigte sie nach 1699 die Wandlung der Akademie von einer halb-privaten Einrichtung, die vom königlichen Mäzenatentum aufrechterhalten und von den Gelehrten verwaltet wurde, zu einer rein staatlichen Institution mit Funktionen, die einem modernen, technisch-wissenschaftlichen Beratungsorgan sehr nahe kommen. Von den Aufgaben, die die Akademie im Zuge dieser radikalen Wandlung erfüllen sollte, verdienen die folgenden Beachtung: 1) die Pflicht, neue wissenschaftliche Erfindungen und Erkenntnisse aus Frankreich und dem Ausland zu untersuchen; 2) die Forschung durch Wettbewerbe zu kontrollieren und zu steuern, die zum ersten Mal in der Geschichte beträchtliche Preise für die besten Vorschläge verschiedener Disziplinen zur Lösung von Problemen aussetzten; 3) die Schaffung einer Basis für die gleichmäßige und kontrollierte Entwicklung moderner Technologie. Diese letzte, sehr wichtige Aufgabe zog die Formulierung von Normen und allgemeinen Bewertungskriterien nach sich, die für alle »Erfinder« galten, und wurde sowohl durch die Verleihung des berühmten *privilège* der Akademie an Handwerker und Erfinder erfüllt, als auch durch die Veröffentlichung der Erfindungen in den Bänden der *Descriptions des arts et des métiers.*

Erwähnung verdient ferner der Auftrag, alle wissenschaftlichen Publikationen zu beaufsichtigen, denn diese Aufgabe wurde bald zu einem exklusiven Privileg und beschränkte sich nicht nur auf die Veröffentlichungen in den *Mémoires* der Akademie, sondern galt tatsächlich für die gesamte nationale Wissenschaftspublikation und schloß unter anderem die Oberaufsicht über das *Journal des savants* und die Zusammenstellung des astronomischen Jahrbuches des Observatoriums ein. Für die Erfüllung dieser institutionellen Pflichten erhielt die Akademie großzügige Mittel und zahlreiche Vergünstigungen. Die *pensionnaires,* die wahren Herren der Akademie, bekamen zusammen mit den *honoraires* vom Souverän 2000 Livres im Jahr und einen Obolus für ihre Anwesenheit bei den Sitzungen. Sicher eine bescheidene Summe, die jedoch durch weitere – nicht zu unterschätzende – Vergünstigungen ergänzt wurde, wie dem exklusiven Recht, Aufgaben in der Verwaltung, in der Lehre und bei der Beratung des *Bureau de commerce* zu erfüllen. Jeder einzelnen Gruppe von *académiciens* verlieh der Staat nach Verständnis und Sitte des Ancien régime klar definierte Privilegien und Ehrerweisungen: von der teilweisen Steuerbefreiung des Gehaltes über die Befreiung vom Militärdienst und die begehrte Möglichkeit, zum König vorgelassen zu werden, bis hin zu der formalen Ehre, wie die Mitglieder anderer Staatsorgane einen besonderen Platz im Hofzeremoniell und bei öffentlichen Veranstaltungen einnehmen zu dürfen. Nur die *pensionnaires* und *honoraires* konnten schließlich die neuen Mitglieder wählen, deren Ernennung der Souverän zustimmen mußte. Sogar die Teilnahme an Komitees und Kommissionen und selbst noch die Diskussion von besonderen Themen bei den Sitzungen der Akademie gaben Anlaß zu hierarchischen Abgrenzungen und eisernem Respekt gegenüber Seniorität und Etikette.

Es kann also kein Zweifel bestehen, daß durch die Salons des Louvre, wo sich die Mitglieder der Akademie zweimal in der Woche versammelten, um mit schweigsamer und scheuer Reserviertheit ihre Plätze nach einer genau festgelegten Zeremonie einzunehmen, noch immer machtvoll jener Geist des feudalen Erbes wehte, der nichts mit dem demokratischen »Haus Salomons« gemein hatte, von dem Bacon träumte. In der Akademie hatte der *savant* am Ende seine Position in der »Status-« Dialektik des Ancien régime gefunden. Trotz dieses Anscheins und ungeachtet des krassen Gegensatzes zwischen dem innovativen Wertsystem der neuen Wissenschaft und der zählebigen Wirklichkeit einer Ständegesellschaft, war es paradoxerweise gerade das Festhalten des *Réglement* an der korporativen Gliederung des Ancien régime, die die Herausbildung des modernen *savant* letztlich in nicht geringem Maße beschleunigte. Neben den Adligen und den Granden des Reiches gehörte der Wissenschaftler zu den Protagonisten bei der Bildung der neuen, auf Verdienst gegründeten Eliten. Der Kompromiß mit dem Absolutismus und dem Patronage-System, mit dem dieser das Geistesleben organisierte, erlaubte es unter anderem, die Möglichkeiten der wissenschaftlichen Methode bis ins letzte zu entwickeln und dank der Finanzmittel, der Pensionen und der Privilegien, die der Souverän vermehrte, konnte sich die Zahl der Wissenschaftler erhöhen.

In den Augen des ausländischen Wissenschaftlers, der im 18. Jahrhundert als eine Art Laien-Pilger in die französische Hauptstadt reiste,
konnte Paris stolz auf seine Forschungszentren, Laboratorien und
wohlbestückten Fachbibliotheken sein, die auf dem Kontinent ihresgleichen suchten. Nicht nur die Spitze des Systems, die Académie des
sciences, sondern auch andere vom Staat finanzierte Institutionen wie
etwa die Gesellschaft für Medizin (Société de médicine) und das Observatorium (Observatoire) waren eindrucksvoll. In dem monumentalen
Bau des Observatoriums, 1667 vom Sonnenkönig in Auftrag gegeben
und jahrzehntelang von der berühmten Cassini-Dynastie geleitet, arbeiteten auch Bailly und Lalande erfolgreich. In Verbindung mit den Be-
obachtungsstationen am Collège de Quatre Nations, an der Ecole militaire und am Collège de Cluny organisierte das Observatorium die For-
schungsarbeit von Wissenschaftlern wie Delambre, Maraldi, Lecaille,
La Condamine und Legendre, koordinierte die Zusammenarbeit mit
anderen europäischen Astronomen auf dem Gebiet der Kartographie,
der Geodäsie und der Sternkunde und stellte Mittel für spektakuläre
Expeditionen an den Äquator und in andere ferne Weltgegenden bereit.

Von großem Interesse für die Beurteilung der komplexen Beziehung, die im 18. Jahrhundert das Verhältnis zwischen den Wissen-
schaftskreisen und den Machthabern bestimmte, sind die stürmischen
Geschicke der Société de médicine. Nachdem der König 1778 die Er-
laubnis zur Gründung erteilt hatte, wurde sie mit großer Autorität von
Vicq d'Azir geleitet, einem Freund Turgots, und erhielt von der Regierung in offenem Gegensatz zur Medizinischen Fakultät, die sich daraufhin an das Pariser Parlament wandte, umfassende Rechtsgewalt über
die nationale Gesundheitspolitik. Die Regierung betraute die Gesellschaft mit der Aufgabe der Seuchenkontrolle, der wissenschaftlichen
Untersuchung von Arzneien mit Blick auf ihre kommerzielle Verwer-
tung, mit der Koordinierung der entstehenden meteorologischen Forschung und der Nosographie, der Sammlung von Berichten über alle
Arten von Krankheiten, die assoziierte Korrespondenten aus den Provinzen einsandten. Zur Vergrößerung der Pariser Wissenschaftsge-
meinde und zur Erweiterung ihrer Qualifizierung trugen auch andere
Institutionen bei, die mit dem Verwaltungsapparat verbunden waren,
etwa das Collège de France, das zurecht als erstes modernes Institut
für höhere wissenschaftliche Lehre gilt. Die Lehrsäle neben der Sorbonne standen seit 1550 durch königliches Mäzenatentum Privatbür-

gern offen, um Wissensstoff zu vermitteln, der sich gelegentlich von dem der Universitäten unterschied. Von den 19 unterrichteten Fächern waren gut acht wissenschaftliche Disziplinen, ein Beleg für das wachsende Interesse der Zuhörerschaft. Neben anderen hielten hier Dauberton, Poissonnier und Lalande Vorlesungen über Astronomie, Darcet in Chemie, Girault de Kéroudou über Mechanik und Lefèvre de Gineau über experimentelle Physik. Lehraufgaben erfüllten auch die Mitarbeiter des Jardin de plantes (Botanischer Garten), einem weiteren berühmten Institut, wo Buffon und seine Schüler den Wissensstand auf den Gebieten der Naturgeschichte, Botanik, Zoologie und Geologie erweiterten.

Um jedoch die tieferen Gründe für Umfang und Ausmaß des Primats der französischen Wissenschaft im Zeitalter der Aufklärung zu verstehen, ist es erforderlich, das organische Zusammenwirken der vielfältigen Faktoren ins Blickfeld zu rücken, die das System stützten. Es waren dies Faktoren, in denen zumeist strukturelle Erfordernisse von großer Dauer zum Ausdruck kamen, wie etwa das Bedürfnis des Staates, die langsame, aber konstante ökonomische und technische Entwicklung der Nation mit Hilfe von technischen Behörden zu koordinieren und zu fördern, oder die Notwendigkeit, die Forschung auf dem Gebiet der militärischen Innovationen zu unterstützen. Gerade hier fanden französische Wissenschaftler einen besonders fruchtbaren Nährboden zur Entwicklung ihrer Möglichkeiten und ihrer sehr frühzeitigen Professionalisierung. Die Verbindung von Wissenschaft und Krieg, so ist zu betonen, war bekanntlich ein gemeinsames Merkmal vieler europäischer Länder, von Preußen über das Königreich Neapel bis hin zum Kaiserreich Peters des Großen und Katharinas II. Das Piemont Karl Emanuels III. ist vielleicht das aufsehenerregendste Beispiel, wie das Zusammenspiel von militärischem und bürokratischem Apparat geradezu aus dem Nichts eine große Wissenschaftskultur hervorbringen kann, um der erforderlichen Modernisierung der Armee gerecht zu werden. In Turin gelangte auf dem Boden, den die Königliche Artillerie-Schule von 1739 und die chemischen Laboratorien des Arsenals bereitet hatten, die 1783 gegründete Königliche Akademie der Wissenschaften zu voller Blüte.

Tatsächlich hatten die sogenannten *armes savantes* (die »klugen Waffen«, Artillerie und Geist), immer schon eine stimulierende Wirkung auf die Forschung gehabt. Souveräne und Regierungen zögerten nicht, gewaltige Ressourcen in Laboratorien, Bibliotheken und Elite-Schulen zur Erforschung der Ballistik, der Schießmittelchemie, »der Metallurgie und ganz allgemein in jene Bereiche der »Geschütz-Technologie« zu investieren, die Galilei und Newton fasziniert hatten und die nun auch das Interesse von Euler, Lavoisier, Monge und vielen anderen weckte. In Frankreich erreichte mit der Gründung der Ecole royale du Génie (Schule für Ingenieurwesen) in Mézières in den Ardennen dieses mächtige und immer tragische Zusammenwirken von Krieg und Wissenschaft neue Höhen. Die Schule wurde zu einer beispiellosen Schmiede von Wissenschaftlern höchsten Ranges: Nollet, Monge, Carnot, Coulomb, Borda, Bossut, Bézout etc. Aber damit nicht genug. Mit dem militärischen Bereich und seinen Problemstellungen waren auch klare ökonomische Interessen und verwaltungstechnische Anforderungen verbunden, die wichtige Fragen der wissenschaftlichen und technischen Innovation unmittelbar berührten. Ein klassisches Beispiel für einen Wissenschaftler in der Funktion eines Technokraten war der angesehene *académicien* Antoine Lavoisier, Begründer der modernen Chemie, der die *Régie des poudres* (staatliche Schießmittelmanufaktur) und das Laboratorium des Arsenals leitete. Unter seiner fähigen Leitung verbanden sich wissenschaftliche und ökonomische Interessen mit durchschlagendem Erfolg. Frankreich wurde nicht nur durch eine massive Produktionserhöhung im Bereich der Schießmittel wieder autark, sondern dank der 6 Millionen Livres, die die Manufaktur dem Schatzamt von 1775 an in nur 13 Jahren einbrachte, konnten auch die Maschinen und die Verarbeitungstechnologie modernisiert sowie die Forschungen über Salpetersäure und ferner der Wettbewerb der Akademie der Wissenschaften finanziert werden, den Turgot mit diesem Thema ausschreiben ließ.

Mit Turgot als oberstem Kontrolleur des Systems erreichte die Figur des *savant* in der Funktion des Technokraten und Beamten ihren Gipfel. Die Symbiose zwischen wissenschaftlicher Erkenntnis und Verwaltung offenbarte nun vollends ihre Möglichkeiten bei der Schaffung der notwendigen technologischen Voraussetzungen für die Entwicklung der Bergbauindustrie, der Papiererzeugung, der Textilindustrie und selbst der Landwirtschaft durch die entstehenden landwirtschaftlichen Gesellschaften. Die *Voyages métallurgiques* (1774) von Gabriel Jars stellen in dieser Hinsicht ein glanzvolles Monument für das unermüdliche Schaffen der technokratischen Pioniere im Dienste des Staates und der Wissenschaft dar, die in den großen Schulen wie der Ecole royale des ponts et chaussées (Schule für Brücken- und Straßenbau) oder der Ecole des mines (Bergbauschule) ausgebildet wurden und in diesen Schulen feste Bezugspunkte fanden. Den wichtigsten Impuls von seiten der Industrie und ihrer Produktionserfordernisse erhielt die wissenschaftliche Forschung jedoch vor allem durch die Laboratorien, die den königlichen Manufakturen angeschlossen waren: so etwa im Falle der königlichen Gobelin-Manufaktur, wo der Savoyarde Louis Berthollet als Direktor des Laboratoriums und Mitglied der Akademie seine erfolgreichen chemischen Experimente durchführte, die später in dem Lehrbuch *Eléments de l'art de la teinture* von 1791 veröffentlicht wurden. In den Porzellan-Manufakturen von Sèvres arbeiteten zu verschiedenen Zeiten so hervorragende Forscher wie Réaumur, Macquer und Darcet. Für die Erforschung der Eigenschaften des Stahls, ein Gebiet, auf dem Frankreich den wirtschaftlichen Wettbewerb der anderen nordeuropäischen Nationen zu fürchten hatte, brachte der Staat beträchtliche Mittel auf, mit deren Verwaltung Monge, Vandermonde und Berthollet betraut wurden. Ähnliche Anstrengungen unternahm man im Bereich der Papierproduktion und beim Entwurf und Bau neuer Maschinen für die Textilmanufakturen. Hinter dem feierlichen Gewand der Akademie der Wissenschaften verbarg sich also ein ganzes Netz öffentlicher Institutionen, eine von Persönlichkeiten und starken Interessen geprägte Bewegung, angetrieben durch eine bewußte und effektive Interventionspolitik des Staates. Die Identität und das Prestige der Gelehrten und die Faszination, die von ihnen während des gesamten 18. Jahrhunderts ausging, hatten folglich nicht nur ideelle Grundlagen, deren Ursprünge in den ersten Phasen der wissenschaftlichen Revolution lagen, sondern auch und vor allem starke soziale und ökonomische Wurzeln, die von der politischen Macht offen anerkannt und legitimiert wurden.

Dennoch beruhte die Vorherrschaft Frankreichs nicht allein auf der Entfaltung der Möglichkeiten, die sich durch die Ausweitung des Patronage-Modells unter dem Absolutismus eröffnet hatten. Es gab dafür auch externe Gründe, wie eine Analyse zahlreicher Gesellschaften und wissenschaftlicher Akademien des Kontinents deutlich macht, die alle mit Frankreich in engem Kontakt standen. Aus dieser Verbindung entstand die erste wirklich internationale Gemeinschaft von Wissenschaftlern.

Das »Neue Atlantis« zwischen Utopie und Wirklichkeit

In den 60er Jahren des 18. Jahrhunderts begann Condorcet nach seiner Ernennung zum Sekretär der Akademie der Wissenschaften damit, sich Gedanken über eine Reorganisation der wissenschaftlichen Forschung zu machen, und warf zugleich die allgemeine Frage nach der außergewöhnlichen Funktion der Wissenschaft in der Geschichte des Menschen auf. In den bewegten Jahren vor dem revolutionären Zusammenbruch, in denen Turgot die *savants* und *philosophes* zum letzten großen Reformversuch im Zeichen der Aufklärung zusammenrief, entstanden einige Überlegungen, die sich in ausgereifter Form in dem prophetischen Freskogemälde von Condorcets *Entwurf einer historischen Darstellung der Fortschritte des menschlichen Geistes* wiederfinden. In seinen *Überlegungen zum Atlantis* zeigt sich besonders deutlich sein Projekt, Bacons Traum von einer grundlegenden Wandlung der Menschheit durch eine neue Politik der wissenschaftlichen Erkenntnis und der Verwirklichung der *Instauratio Magna* wieder aufleben zu lassen. In seiner Wiederbelebung des Mythos und der Ziele von Bacons *Neu-Atlantis* griff Condorcet jedoch nicht etwa das egalitäre Organisationsmodell des »Haus' Salomons« auf, sondern trat für ein zentralisiertes und nach Verdienst und Begabung hierarchisiertes »Neues Atlantis« ein. Was die praktische Umsetzung dieses Projekts anging, sollte die Arbeit der Akademien in der französischen Provinz direkt von Paris aus organisiert werden, während das ausgedehnte Netz der europäischen Gesellschaften seinerseits die Verbindungen zu den bedeutendsten staatlichen Nationalakademien stärken sollte. Es handelte sich zweifellos um einen utopischen Vorschlag, der von einer äußerst großen kulturellen Homogenität der europäischen Wissenschaftsgemeinschaft ausging und eine Gemeinsamkeit von Auffassungen und Absichten voraussetzte, die von der Realität weit entfernt war. Tatsächlich stieß er überall auf kühle oder gar ablehnende Reaktionen.

Trotzdem war Condorcet alles andere als ein Träumer. Zwischen Mythos und Realität gab es im Okzident tatsächlich etwas, das einem kosmopolitischen »Neuen Atlantis« mit gemeinsamen Werten und Praktiken sehr nahe kam. Neue Untersuchungen haben die Dimensionen und die Bedeutung dieses großen Netzes von Akademien und wissenschaftlichen Gesellschaften herausgearbeitet. Die ersteren waren direkt vom

Absolutismus und der Gesellschaft des Ancien régime beeinflußt und übten eine ähnliche Anziehungskraft wie die Akademie der Wissenschaften in Paris aus. Letztere waren offener, in Ansätzen demokratisch und zweifellos weniger professionell. Sie folgten dem Beispiel der Royal Society und seiner Fellows. Beide Organisationsformen waren weiter in öffentliche und private unterteilt, entsprechend der Anerkennung durch den Staat und der Gewährung von Gründungsrechten, Pensionen und Finanzmitteln durch den Souverän. In der zweiten Hälfte des 18. Jahrhunderts existierten im Okzident etwa 70 Akademien und wissenschaftliche Gesellschaften sowie Hunderte anderer Privatinstitute, nicht eingerechnet etwa 20 kleinere Wissenschaftskollegien, die ihre Existenz der direkten Unterstützung eines Mäzens verdankten. Das egalitäre und utopische Modell einer »Republik der Wissenschaft«, das die Gelehrten der damaligen Zeit ständig heraufbeschworen und herbeisehnten, gab es nicht, doch es existierte ein Netz von hierarchisch nach Bedeutung und Ansehen gegliederten Forschungseinrichtungen. Es war eine Art Pyramide, die *de facto* den Primat und das Prestige der großen staatlichen Akademien Frankreichs, Englands, Preußens, Rußlands und Schwedens stärkte. Im Kreise dieser kleinen Elite fehlten nur noch Spanien und Österreich, ersteres wegen seiner offensichtlichen Rückständigkeit und letzteres, weil es ein polyzentrisch organisiertes Forschungsmodell gewählt hatte, durch das die Akademien vorzugsweise an die äußeren Ränder des Kaiserreichs verlegt wurden. Gleich danach folgten die Akademien von Bordeaux, Edinburgh, Dijon, Montpellier, Göttingen, Turin, Neapel, Mannheim und Philadelphia. Schließlich kamen die weniger reichen Wissenschaftsgesellschaften, denen es an begabten Wissenschaftlern und gutausgestatteten Laboratorien fehlte und die manchmal nur in unregelmäßigen Abständen Veröffentlichungen vorlegten, wie die Institute in Brüssel, Kopenhagen, Barcelona, Marseille, München, Rotterdam und Toulouse.

Von Rußland bis Brasilien, von Irland bis in die Schweiz, von der Themse bis zu den Ufern des Mittelmeeres nahm die rasche Herausbildung eines Rings von Akademien im Laufe des 18. Jahrhunderts deutlich vorweg, was wir heute eine moderne internationale Wissenschaftsgemeinschaft nennen würden. Im Gefolge der kosmopolitischen und universellen Mythen und Werte, die von der wissenschaftlichen Bewegung seit dem 17. Jahrhundert propagiert worden waren, entstand so zu anderen Zeiten und auf andere Weise eine Gemeinschaft, die wie eine einheitliche Welt erschien. Dabei spielten jedoch auch Funktionen, Aufgaben und spezifische Merkmale eine Rolle, die von verschiedenen historischen Kontexten diktiert wurden und nicht unterschätzt werden sollten.

In Rußland etwa repräsentierte die 1724 ins Leben gerufene Academia Scientiarum Imperialis Petropolitana Ursprung, Dreh- und Angelpunkt des gesamten Akkulturationsprozesses »per Dekret«, den Peter der Große begonnen und Katharina II. fortgeführt hatte. Mit den 24 000 Rubel im Jahr, die der Staat der Akademie zahlte, sicherte er sich nicht nur die Dienste eines technischen Beratungsorgans und eines Zentrums zur Förderung der Forschung, sondern auch die Beteiligung der Akademiemitglieder an der Lehre, eine wichtige Aufgabe in einem Land, das bis zur Gründung der Universität von Moskau im Jahre 1755 keine wirklichen Universitäten besaß. So war der Beginn der Aufholjagd, mit der Rußland den Anschluß an die europäische Zivilisation suchte, die Ankunft einer großen Gruppe von ausländischen, überwiegend deutschen und Schweizer Mathematikern, Physikern und Chemikern in Sankt Petersburg, darunter Euler, Bilfinger, Hermann, Nicolas und Daniel Bernoulli. Ein anderes Bild bot sich in Schweden, wo die wissenschaftliche Tradition weitaus robuster war (man denke an die Arbeit der Societas Regia Scientiarum Upsalensis, die Berzelius, Polhem, der bedeutendste Ingenieur seiner Zeit, und Swedenborg 1728 gegründet hatten). Die staatliche Akademie von Stockholm leistete hier einen deutlich eigenständigen Beitrag zum »Neuen Atlantis«. Die institutionell festgeschriebene Aufgabe der Kungl. Vetenskapsakademie (1755) war es, die Mittel aus dem Alleinveröffentlichungsrecht von Almanachen und Kalendern, die ihr die Krone zur Deckung ihrer Kosten überlassen hatte, in unmittelbar verwertbare Forschungen auf dem Gebiet der Technik, des Bergbaus, der Landwirtschaft und der Seefahrt zu investieren. Aber erst 1/44, mit der Ernennung des Astronomen Wargentin, konnte sich hier das volle wissenschaftliche Potential, für das Forscher wie Celsius, von Linné, Scheele, Bergmann und andere bürgten, auch auf theoretischem Gebiet entfalten. Mit dem Beginn einer eindrucksvollen Reihe von bedeutenden Wettbewerben einzelner Forschungszweige eroberte sich Stockholm einen Platz an der Seite von Paris, Berlin und Sankt Petersburg.

Im Falle von Italien konnte die europäische Wissenschaftsgemeinschaft vor allem auf Turin zählen. Die 1783 nach dem Pariser Vorbild gegründete Reale academia delle scienze (Königliche Akademie der Wissenschaften), die sich auf ein vergleichbares Netz von technischen Behörden, ökonomischen und militärischen Interessen stützte, förderte eine Entwicklung, die man als echte wissenschaftliche Renaissance im Italien des ausgehenden 18. Jahrhunderts bezeichnen könnte. Diese Renaissance betraf jedoch nur den Norden der Halbinsel mit seinen fortschrittlichen Universitätszentren wie Pavia, wo Bošković, Volta und Spallanzani arbeiteten, und regen wissenschaftlichen Gesellschaften wie in Venetien, der Toskana und der Emilia-Romagna. Anders dagegen war die Lage in Süditalien. Darüber konnten auch die erheblichen Mittel nicht hinwegtäuschen, die die Bourbonen-Regierung 1787 für die Gründung der Königlichen Akademie der Wissenschaften und der Künste bereitstellte, die den Aufbau der Akademie in Berlin nachahmte. Mit dieser bedeutenden Institution hatte die Akademie von Neapel nur Organisationsstruktur und Ziele gemein, nicht aber Effizienz und Produktivität. Nach wenigen Jahren war sie grundlegend gescheitert und weitgehend zu einer demütigenden Höflingswirtschaft verkommen, mit der die Wissenschaft Süditaliens endgültig hinter das übrige Europa zurückfiel.

Viel komplexer war die Situation in Deutschland und England. Dem Niedergang der Royal Society im 18. Jahrhundert stand die zügige Gründung von wissenschaftlichen Gesellschaften in der Provinz gegenüber. Von Manchester bis Derby und von Newcastle bis Birmingham formierten sich kleine, aber unternehmungslustige Grüppchen interessierter Amateure und *natural philosophers,* die Lichtjahre von den Pariser *savants* entfernt waren. Sie verfolgten den Baconschen und puritanischen Traum von der *Magna Instauratio,* erfanden Maschinen, beschäftigten sich mit Experimenten auf den Gebieten der Chemie und Elektrizität und dachten im Geist des Utilitarismus über die industrielle Anwendung neuer Forschungsergebnisse nach. Sie waren es, die nicht nur die technisch-wissenschaftlichen, sondern auch die ideologischen Voraussetzungen der Industriellen Revolution schufen, die neuerlich Margret Jacob in ihrem Buch *The Cultural Meaning of Scientific Revolution* untersucht hat. Ein eigenes Kapitel verdiente die Untersuchung der wissenschaftlichen Gesellschaften und Akademien, die in der zweiten Hälfte des 18. Jahrhunderts in Deutschland wie Pilze aus dem Boden schossen. Diese Gesellschaften entstanden im Gefolge der von Leibniz angeregten Gründung der Societas Regia Scientiarum im Jahre 1700, die mit der Reform Friedrichs II. 1744 in die Académie royale des sciences et belles lettres de Prusse (Königlich preußische Akademie der Wissenschaften und schönen Künste) umgewandelt wurde. Sie wiesen bald regionale Besonderheiten auf und zeichneten sich durch ihre Fähigkeit aus, zu wichtigen Bezugspunkten für viele andere wissenschaftliche Institutionen zu werden, indem sie unter anderem die Kommunikation mit den Universitäten ausbauten. So knüpfte etwa die Königliche Societät der Wissenschaften in Göttingen, die von den Hannoveranern direkt über das übliche Veröffentlichungsmonopol für Almanache finanziert wurde, unter ihrem Präsidenten Haller enge Beziehungen zum Lehrkörper der bedeutenden örtlichen Universität. Die Akademie Gemeinnütziger Wissenschaften in Erfurt wurde zu einem Zentrum gemeinsamer Initiativen von Wissenschaftlern, Wirtschaftskreisen und Patrioten. In München (1759), Mannheim (1763) und Leipzig (1768) wurden Laboratorien, Observatorien und spezialisierte Studienzentren für Bereiche wie Meteorologie und Magnetismus geschaffen, die den Grundstein für die große deutsche Wissenschaft des 19. Jahrhunderts bildeten.

Die Liste mit Beispielen weiterer wissenschaftlicher Gesellschaften, die sich im Zeitalter des Absolutismus formierten, ließe sich noch lange fortsetzen: etwa mit den bedeutenden staatlichen Provinz-Akademien, die von der österreichischen Krone in Prag, Brüssel und Mantua ins Leben gerufen wurden, oder mit den Privatinstituten, die in den USA und den Vereinigten Niederlanden den Ton angaben. Obwohl jede dieser Initiativen einerseits offenkundig eigenständige Züge trug, durch den jeweiligen historischen Kontext bedingt war und unterschiedliche politische und programmatische Ziele verfolgte, so kann andererseits eindeutig festgestellt werden, daß sie dieselbe Grundlage hatten. Deutlich zeichnet sich ein einheitliches Bild gemeinsamer Werte, einer gemeinsamen Wissenschaftssprache und gemeinsamer Praktiken ab. Das »Neue Atlantis« wirkte wie eine Art von Kulturgemeinschaft, deren Merkmale unverständlich bleiben müssen, wenn man sie nicht vor dem Hintergrund der Durchsetzungskraft und des wachsenden Erfolges der akademischen Bewegung im 18. Jahrhundert betrachtet. Daniel Roche hat in seinen richtungweisenden Untersuchungen gezeigt, wie sich dieser Erfolg auf die Durchsetzung der sogenannten »akademischen Ideologie« gründete, einer Ideologie des Kompromisses und der sozialen Integration, die eine der wichtigsten politischen Instrumente des aufgeklärten Absolutismus war, um Altes und Neues, Tradition und Innovation, althergebrachte Privilegien des Blutes und der sozialen Stellung mit Rechten aus Verdienst und Begabung ohne schmerzliche Brüche in Einklang zu bringen. Obwohl die Akademien zwar an erster Stelle der kulturellen Legitimation von Autorität dienten, so boten sie doch gleichzeitig Raum für die Entstehung eines völlig neuen Ideals des Staatsdienstes und für eine ritualisierte Sublimierung ständischer Konflikte, mit der sich soziale Heterogenität mit kultureller und geistiger Homogenität versöhnen ließ. In diesem Prozeß, an dem Literaten, Künstler und Gelehrte beteiligt waren, bildeten die Wissenschaftler ohne jeden Zweifel die Elite der akademischen Bewegung. Sie waren eine höchst bewußte und einheitliche Gemeinschaft, ein wirkliches *imperium in imperio* (Reich im Reiche), wie Samuel Formey, der Sekretär der Akademie von Berlin, sie stolz zu nennen pflegte:

»Welch eine Revolution, meine Herren (...) Überall, bis zum Eis des Pols, sind die Akademien die Hauptstädte der Wissenschaft und es erscheint undenkbar, daß die Hauptstädte der Reiche ohne sie auskommen sollten oder auch könnten. Ich sehe sie gleichsam vor mir, wie sie die vielgesuchte Meerenge gleich jener zwischen Europa und Amerika überqueren und unserem Globus zu dem Vorteil gereichen, den ihr selbst die Sonne, obgleich Mutter des Tages, nicht zu gewähren vermag, nämlich die beiden Hemisphären zugleich zu erleuchten.«

Tatsächlich konnten sich unter den Institutionen der Gelehrtenrepublik nur noch die Freimaurerlogen (die nicht zufällig häufig die wissenschaftlichen Gesellschaften durchdrangen) einer vergleichbaren Internationalität und vor allem einer vergleichbaren kulturellen Identität rühmen. Dies läßt sich bereits an den Veröffentlichungen der einzelnen Akademien wie den *Novi Commentarii* von Sankt Petersburg, den *Historiae* von Mannheim, den *Mémoires* von Paris oder den *Miscellaneae* von Turin ablesen. Die offizielle Ikonographie, die auf den Frontispizen dieser Publikationen erscheint, ist überall beinahe identisch und bringt in wenigen Bildern die Ideologie und Geschichte der wissenschaftlichen Bewegung zum Ausdruck: Meßinstrumente, die Göttin Minerva, die Sonne, die den Geist erleuchtet, die mythischen Säulen des Herkules aus Bacons *New Atlantis,* die Insignien der Souveräne etc. Verbreitet war auf diesen Seiten auch die Bezugnahme auf den Prometheus-Mythos und eine gänzlich positiv verstandene Geschichte der Wissenschaft, die aus Erfolgen, Entdeckungen und Erfindungen bestand und zu der jede einzelne wissenschaftliche Gesellschaft ihren kleinen, aber wichtigen Beitrag leistete.

Die soliden Fundamente dieser kulturellen Gemeinschaft bestanden nicht nur aus einer Fortschrittsideologie, die ihre Antriebe im sozialen Nutzen der Wissenschaft und ihrer Werte fand (Antriebe, die freilich allein schon gereicht hätten, um die Solidarität einer Gruppe zu garantieren). Andere Faktoren taten das Ihre, um dieser Gemeinschaft sowohl nach innen wie nach außen eine besondere Homogenität zu verleihen. Neben den üblichen akademischen Praktiken, die auch die Gesellschaften der Literaten und Künstler teilten – darunter die Wahlverfahren, das Zeremoniell öffentlicher Sitzungen und das Ritual der akademischen Reise – ist in erster Linie das überzeugte Eintreten für ein bedeutendes identitätstiftendes Instrumentarium zu nennen: die wissenschaftliche Methode, d.h. die Anerkennung einer gemeinsamen Wissenschaftssprache, die es dem Turiner Wissenschaftler erlaubte, nach der gleichen, von den Kriterien rationaler Analyse und experimentell nachgewiesener Resultate bestimmten Verfahrensweise vorzugehen wie ein Wissenschaftler in Philadelphia oder Stockholm. Daraus schöpften auch andere, nicht weniger mächtige, die kulturelle Homogenität herstellende Mechanismen. Es genügt, an die Organisation gemeinsamer wissenschaftlicher Projekte zwischen Instituten verschiedener Länder zu denken, wo Forscher unterschiedlicher Nationalität Seite an Seite ohne Verständigungsprobleme zusammenarbeiteten. Ferner war die Möglichkeit nicht zu unterschätzen, gleichzeitig mehreren Akademien anzugehören. Sie bereitete einer geistigen Mobilität den Weg, die sich einzig an der Vergütung und den besten Arbeitsbedingungen orientierte.

Schließlich ist der Einfluß internationaler Wettbewerbe zu nennen. Sie waren der entscheidende Prüfstein für die Existenz einer kulturellen Gemeinschaft, in der nun Spezialfragen und Probleme der Physik, der Mathematik, der Hydraulik oder der Chemie als kollektive Fragen empfunden wurden. Die 75 Preise der Akademie der Wissenschaften von Paris (mit einer Gesamtsumme von 200 000 Livres), die 15 Preise, die Berlin ausschrieb oder die 125 Wettbewerbe Kopenhagens waren beständige Anlässe zu gemeinschaftlichem Arbeiten, Forschungen und Vergleichen, wobei die jeweiligen religiösen Überzeugungen, Nationalkulturen und Grenzen zwischen den Völkern keine Rolle spielten. Briefwechsel zwischen Wissenschaftlern aus dieser Zeit legen erschöpfend von dem Bewußtsein Zeugnis ab, zu einer internationalen Kulturelite zu gehören, die über klar definierte Eigenschaften und eine gemeinsame Wissenschaftssprache verfügt. Daß sich die Mitglieder der Akademien im

Idealfall als Amtsbrüder und Kollegen, als »confrères« fühlten (ein häufig wiederkehrender Ausdruck in ihren Briefen), konnte natürlich nicht die negativen Seiten dieses umfassenden Identifikationsprozesses verdekken. Der »Korpsgeist« der Wissenschaftler offenbarte auch den normativen und präskriptiven Charakter ihrer Gemeinschaft, die im Begriff stand, zu einer vielbeneideten und zu einer der mächtigsten Korporationen des Ancien régime zu werden.

Die »edle Laufbahn des Wissenschaftlers« zwischen Gemeinschaft und Korporation

Das späte 18. Jahrhundert markierte zweifellos den »Triumph der Wissenschaft« (R. Hahn 1971) und ihre endgültige Legitimation in den Augen der entstehenden öffentlichen Meinung. Es markierte aber auch ihre erste schwere institutionelle und epistemologische Krise, die das Prestige des *savant* französischer Prägung in seinen Grundfesten erschüttern sollte. Noch heute ist es schwierig, die durchgreifenden Auswirkungen im Hinblick auf Psychologie und kollektive Mentalität zu ermessen, die das Erstaunen, die Verwunderung und die Aufregung jener großen Menschenmengen begleiteten, die auf allen großen Plätzen Europas die ersten Ballonflüge verfolgten. Die Aufeinanderfolge von wichtigen Erfindungen wie dem Blitzableiter oder die glühenden Polemiken, die sich immer wieder zwischen Anhängern und Gegnern in den Gazetten über die wundersamen Heilungserfolge des animalischen Magnetismus oder die Existenz des Phlogistons entspannen, das alles nährte in den Salons und an den Höfen die Neugier besonders auf die eindrucksvollen Experimente mit Elektrizität, deren Meister Franklin war. Am Ende des Jahrhunderts war der Wissenschaftler wirklich »in Mode« gekommen. Alle liebten es, sich als »kleine Physiker« zu fühlen, die – wenngleich Dilettanten – zur Verbreitung jenes Allmachtgefühls beitrugen, das die allgemeinen Kommentare und die wissenschaftlichen und technischen Publikationen kennzeichnete. Nicht zufällig sprach Priestley in einer der zahlreichen Editionen und Übersetzungen seines Buches *Geschichte und gegenwärtiger Zustand der Elektrizität* von einem »universellen Enthusiasmus«. In einer Genfer Ausgabe des *Journal historique et politique* von 1784 bezeugte auch Mallet Du Pan eindrucksvoll den unglaublichen Aufruhr, den wissenschaftliche Themen in jenen Jahren verursachten: »Die Künste, die Wissenschaften, alles wimmelt heute von Erfindungen, Wunderkindern und übernatürlichen Begabungen. Eine Masse von Menschen aller Stände, die vorher nie geahnt hatten, Chemiker, Geographen, Mechaniker etc. zu sein, stellt sich heute täglich mit Wundern aller Art vor.« Ein weiterer Beleg, der die Verwunderung über den raschen Interessenwandel des gebildeten Publikums und den um sich greifenden Erfolg der Wissenschaft ebenso zum Ausdruck bringt, findet sich in Merciers *Paris am Vorabend der Revolution:* »Die Herrschaft der Literatur ist passé; die Physiker haben die Poeten und Romanciers ersetzt; die elektrische Maschine ist an die Stelle eines Theaterstücks getreten.«

Diese Verlagerung des Interesses findet auch im Bestand der französischen Bibliotheken des 18. Jahrhunderts ihre Entsprechung. Betrug in den 20er Jahren der Anteil an Bänden mit wissenschaftlichem Charakter 18 %, so stieg dieser bis zum Beginn der 80er Jahre auf 30 %. Mehr noch als die Buchproduktion boten aber die Gazetten – die unangefochtenen Protagonisten bei der Entstehung einer öffentlichen Meinung in Europa – Belege für einen echten Triumph der Wissenschaft. Sie verbreiteten nicht nur die großen wissenschaftlichen Auseinandersetzungen dieser Epoche, sondern auch die abgeschmacktesten Polemiken und Streitereien einer wissenschaftlichen Gemeinschaft, die sich in voller Gärung befand und nun die im Laufe des 17. Jahrhunderts so hartnäckig anvisierte Schwelle minimaler Legitimation übersprungen hatte. Die erste Tageszeitung Frankreichs, das *Journal de Paris,* ist in dieser Hinsicht ein wertvolles Zeugnis. Es publizierte nicht nur eine genaue Chronik der Wissenschaftsdebatten in der Hauptstadt und der akademische Kalender der Académie des sciences, sondern auch Berichte über kleinliche Zwistigkeiten innerhalb der Akademie. Weitere Belege finden sich in italienischen, deutschen und englischen Zeitschriften, die den Provinz- und Nationalakademien, den Wettbewerben, Debatten und wissenschaftlichen Auseinandersetzungen großen Raum einräumten, wie etwa dem Streit zwischen Verfechtern und Gegnern der von Lavoisier eingeleiteten Revolution in der Chemie oder von Franklins Interpretationen zur Elektrizität.

Immer häufiger konnte man Intellektuelle, Bürger, adlige Damen, Königinnen und Könige des ganzen Kontinents in vorderster Reihe, mit offenen Augen träumend vor den wunderbaren Phänomenen der elektrischen Maschinen überraschen, und manchen ereilte gar das schreckliche Schicksal von Pilâtre de Rozier, jenem unglücklichen Ikarus, der im Juni 1785 bei der Überquerung des Ärmelkanals im Feuer seines Ballons verbrannte. Im strahlenden Licht der Wissenschaftsmode einschließlich ihrer Exzesse zeichnete sich langsam ein grundlegender Wandel in den überkommenen kulturellen Grundlagen des Abendlandes ab. Die Wissenschaftskultur wurde zum festen Bestandteil der intellektuellen Bildung bei den modernen städtischen Eliten. In den französischen Provinz-Akademien waren zwischen 1700 und 1789 nach den Zahlen von Daniel Roche 50 % der über 2 000 ausgeschriebenen Wettbewerbe technischen und wissenschaftlichen Themen vorbehalten (und im übrigen Europa war die Situation ähnlich). Die Akademien von Montpellier, Brest, Bordeaux, Orléans, Metz, Valence und Toulouse, die ursprünglich überwiegend humanistische Studien betrieben hatten, entwickelten sich im Laufe der zweiten Hälfte des 18. Jahrhunderts langsam zu *sociétés savantes,* wobei der Anteil an wissenschaftlichen Arbeiten 80 % betrug. In der überwiegenden Zahl der Fälle handelte es sich zweifellos um Dilettanten und zuweilen um oberflächliche Formen von Wissensverbreitung. Dennoch war der Effekt, den diese optimistische Ideologie eines durch Erfahrung, Beobachtung und die wissenschaftliche Methode zu erreichenden menschlichen Fortschritts auf die bürgerliche Gesellschaft hatte, langfristig gesehen ausgesprochen nachhaltig. Ihre Suggestivkraft überwand Widerstände und Vorurteile und wirkte in alle Richtungen. In Norditalien verfolgten beispielsweise Provinz-Akademien und landwirtschaftliche Gesellschaften eine Strategie der wissenschaftlichen Bildung für breitere Volksschichten mit populären Almanachen, die neben ganz traditionellen astrologischen Vorhersagen auch von Newton, den Brüdern Montgolfier und der Entdeckung des Planeten Uranus berichteten. Solche didaktischen Anstrengungen sollten die allgemeine Vorstellungswelt dieser Epoche von Grund auf verändern und die wissenschaftliche Erkenntnis als einzigartiges Instrument der Veränderung und Säkularisierung in allen sozialen Schichten endgültig legitimieren.

Fast um das Aufblühen dieser außergewöhnlichen Modeerscheinung weiter am Leben zu erhalten und zu rechtfertigen, nahm neben dem »Triumph der Wissenschaften« in den Salons, den Gazetten und den kleinen Zirkeln ihrer Anhänger in der Provinz die sogenannte »zweite wissenschaftliche Revolution« rasch Formen an. Ihre kostbaren Erfindungen reiften still in den Laboratorien der staatlichen Wissenschaftsgesellschaften heran und verbreiteten sich in der zunehmend spezialisierten Sprache seriöser *Mémoires* und akademischer Sitzungsberichte. Lavoisier brachte die Experimente zum Abschluß, mit denen er für immer den alten Symbolismus alchimistischen Ursprungs überwand und die moderne quantifizierende Chemie schuf; Lagrange stellte mit der Variationsrechnung die Mechanik endgültig auf mathematische Grundlagen; Laplace arbeitete verbesserte Theoreme und Formeln für die Wahrscheinlichkeitsrechnung aus und wandte das Newtonsche Gesetz der Zahl auf alle Sternbewegungen an. Den spektakulären Pionierexperimenten mit Elektrizität vom Beginn des Jahrhunderts, die soviel Staunen und Verwunderung bei den Damen in den europäischen Salons hervorgerufen hatten, waren mit den komplexen Werken von Cavendish, Coulomb und Aepinus mittlerweile mathematisch-physische Analysen elektrodynamischer und magnetischer Phänomene gefolgt. Auch die Meteorologie, die Hydraulik (mit der kinetischen Theorie der Flüssigkeiten, die von Daniel Bernoulli und Michail Lomonossow auf der Grundlage der Atomistik formuliert wurde) sowie die Biologie mit den exakten Versuchsprotokollen von Spallanzani erlangten den Status präziser Wissenschaften. Eine mit der Zeit gereifte Gemeinde von Wissenschaftlern machte es sich zur Aufgabe, die Kommunikation zwischen den Forschungszentren zu beschleunigen, die sich im 17. Jahrhundert üblicherweise durch akademische Sitzungsberichte vollzogen hatte. In den 70er Jahren löste man dieses Problem durch die Herausgabe der ersten wissenschaftlichen Zeitschriften, eine Innovation, die geradezu symbolhaft den Wandel der Zeiten verkörpert. Das *Journal de physique* des Abtes Rozier erschien seit 1771. Ebenfalls in Frankreich wurden 1783 die *Annales de chimie* herausgegeben. In Deutschland regte der große Widersacher der Theorie von Lavoisier, Lorenz Crell, ähnliche Veroffentlichungen an, wie etwa die im Jahre 1784 gegründete Zeitschrift *Chemisches Journal.* In Italien hatten die Mailänder und Turiner Editionen der *Scelta di opuscoli* großen Erfolg; ihre erste Ausgabe erschien 1775. Hier wurden auch die zahlreichen Fachzeitschriften von Luigi Brugnatelli aus Pavia veröffentlicht, die sich programmatisch ausschließlich an Wissenschaftler wandten, aber in offene Konkurrenz zu der umständlichen und langsamen Veröffentlichungspraxis der Akademien traten und scharfe Polemiken gegen die Skandalchroniken der Gazetten lancierten.

Das entscheidende Kennzeichen dieser neuen Zeitschriften ist gerade ihre Tendenz zur Spezialisierung. Damit wurden sie zu einem weiteren der mittlerweile unzähligen Belege für den Entwicklungsstand einer Gemeinschaft, aus der neben einer soliden Basis von Nachwuchswissenschaftlern, ermutigt durch die wachsende Akzeptanz der Wissenschaft in der öffentlichen Meinung, nun bald auch die ersten echten Heroen der Wissenschaft hervorgingen. Sie waren Stars erster Rangordnung, die von den Zeitschriften und Gazetten gefeiert wurden, überall Preise erhielten, bei Hofe empfangen und immer mehr von den staatlichen Akademien umworben wurden, die auf einer Art von »Arbeitsmarkt für Wissenschaftler« zu Rivalen geworden waren. Diese Wissenschaftler waren sich im allgemeinen bewußt, in einer Zeit rascher Fortschritte auf dem Gebiet der Forschung und vor allem ihrer Organisation zu leben: sie unterschieden sich sehr von der Epoche Galileis und Newtons. Ungeachtet der Unterschiede, die durch die jeweils anderen historischen Zusammenhänge und Traditionen in Europa gegeben waren, nahmen ihre Lebenswege bereits im 18. Jahrhundert einen neuen Karrieretypus vorweg, der feste Stufen (den sog. *cursus honorum)*, feste Ziele und bestimmte historische Merkmale aufwies. Daher lohnt ein kurzer Blick auf einige exemplarische Biographien.

Das Paradebeispiel für einen professionellen Wissenschaftler *avant la lettre* war zweifellos Giuseppe Lodovico Lagrange. 1736 in Turin geboren, wurde er im Alter von nur 19 Jahren von der Königlichen Artillerie-Schule zum Professor für Mathematik ernannt. Seine Karriere kann trotz seiner außergewöhnlichen Persönlichkeit als idealtypisch für den Wissenschaftler im Zeitalter der Aufklärung gelten. Zusammen mit anderen Wissenschaftlern aus Piemont, zumeist in Militärdiensten, gründete Lagrange 1757 die Società privata torinese, die Keimzelle der späteren Staatsakademie von 1783. Durch die Veröffentlichungen in den *Mélanges* dieser kleinen Gesellschaft wurde sein außergewöhnliches Talent als Physiker und Mathematiker auf dem ganzen Kontinent bekannt und bewundert. 1763 unternahm er, wie viele andere Debütanten in der Wissenschaft, seine akademische Reise, den eigentlichen Initiationsritus der europäischen Wissenschaft jener Zeit. Er fuhr nach Basel, Berlin und Paris, um seine zukünftigen *confrères* kennenzulernen und ihnen seine Ehrerbietung zu erweisen. In Paris hatte er Gelegenheit, wichtige Salons zu besuchen. Er wurde ein treuer Freund von d'Alembert, mit dem er später wie ein großer Patriarch den Kreis der europäischen Akademien diri-

gieren sollte. Nach dieser Reise hatte er Verbindungen zu den bedeutendsten europäischen Akademien und es folgten die ersten (und überaus einträglichen) Siege bei Wettbewerben auf den Gebieten der Astronomie, der Physik und der Mathematik. 1766 erlangte er schließlich die
ersehnte Ernennung zum Direktor der mathematischen Sektion der
Akademie von Berlin. Als Wissenschaftler und Akademiemitglied hatte
Lagrange nun sein Ziel erreicht. Im Alter von nur 30 Jahren, auf der
Höhe seiner aufsehenerregenden Karriere, konnte er sich endlich den
Luxus erlauben, sich ausschließlich der Forschung zu widmen – ein Privileg, das im 18. Jahrhundert nur wenige genossen. Neben der institutionellen Aufgabe, die Beiträge seiner Kollegen zu bewerten, verwandte er
seine Zeit auf die Errichtung bewundernswerter Gedankengebäude,
deren Kühnheit noch heute beeindruckt. In den 80er Jahren, als großer
und gefeierter Gelehrter, signalisierte Lagrange diskret seine Verfügbar-
keit auf dem Arbeitsmarkt. Die Akademien von Sankt Petersburg, Neapel und Turin warben um ihn mit großzügigen Angeboten, aber er zog
es vor, nach Paris zu gehen. Hier überstand er unbeschadet den Terror,
den Thermidor und das Kaiserreich. Sein Genie und seine Klugheit öff-
neten ihm als erstem Wissenschaftler unter den Gründern des modernen
Frankreich die Tore des Panthéon.

Eine nicht minder außergewöhnliche Karriere machte Leonhard
Euler (1707-1783), ein Vertreter der vielköpfigen Kolonie deutschspra-
chiger Schweizer Wissenschaftler, unter denen besonders die Bernoulli
hervorstachen, die im Laufe des 18. Jahrhunderts in die Akademien
strebten. Auch Euler durchlief dieselben Stufen wie Lagrange und die
meisten Gelehrten dieser Epoche, die sich dem Studium der Wissenschaften verschrieben hatten: Veröffentlichung erster mathematischer
Arbeiten in den *Acta eruditorum,* 1726 Berufung an die Akademie von
Sankt Petersburg, zwölf Siege bei Wettbewerben zwischen 1738 und
1772, Veröffentlichungen in den offiziellen Sitzungsberichten der größten staatlichen Akademien und schließlich, im Jahre 1727, Umzug nach
Rußland. Dort blieb er, bis er 1744 das großzügige Angebot Friedrichs
II. annahm und nach Berlin ging. Lange Zeit wurde er als technischer Berater und Wissenschaftler beider Regierungen weiterhin auch von beiden Akademien bezahlt. Sowohl in Rußland wie in Preußen beschäftigte sich Euler über die Organisation der Forschung und die Lehre hinaus mit Hydraulik, der Erstellung von Karten und Kalendern und
schrieb Artillerie-und Navigationslehrbücher. Daneben befaßte er sich

intensiv mit der publizistischen Verbreitung der großen wissenschaftlichen und philosophischen Ideen seiner Epoche, und zwar unter besonderer Berücksichtigung ihres Verhältnisses zur Religion. Tatsächlich war einer der zeitgenössischen Bestseller von ihm: die berühmten *Lettres à une princesse d'Allemagne,* die in zwölf Ausgaben auf französisch erschienen und in viele andere Sprachen übersetzt wurden, darunter ins Englische (neun Auflagen), ins Deutsche (sechs) und ins Russische (vier). Im Gegensatz zu Lagrange stand in Eulers Karriere noch ein weiteres Element im Vordergrund: seine hartnäckige Passion für die Lehre. Er war es, der die erste Generation russischer Physiker und Chemiker ausbildete, die in der Lage war, mit ihren europäischen Kollegen zu konkurrieren. Ihm verdankte Rußland Wissenschaftler wie Kotelnikow, Rumowski, Sofronow und vor allem Michail Wassiljewitsch Lomonossow, den »sibirischen Lavoisier«, der 1711 in der Provinz Archangelsk zur Welt kam. Unter den Wissenschaftlern im Zeitalter der Aufklärung ist Lomonossows Weg ein besonders interessantes Beispiel für eine wissenschaftliche Karriere trotz kultureller Unterentwicklung. Sie ist gewissermaßen ein Modell »aus dem Reagenzglas« für die Reproduktionsmechanismen des akademischen Netzes in Europa.

Nach Studien in Marburg bei Wolff hatte Lomonossow den traditionellen *cursus honorum* vollständig durchlaufen und wurde 1774 Mitglied der Akademie von Sankt Petersburg. In dieser monumentalen Stadt, die Peter der Große als Tor Rußlands zum Okzident geplant hatte, schuf er Chemie-Laboratorien, arbeitete die Pläne für die Universität von Moskau aus und entwarf ausgefeilte mathematische Modelle einer kinetischen Theorie der Gase auf der Grundlage der Atomistik mit bemerkenswerten Ergebnissen. Wie seine Kollegen in Paris, Berlin oder Turin wurde auch Lomonossow technischer Berater der Regierung und verwandte viel Zeit auf die Metallurgie, Geodäsie und Hydraulik, schrieb Lehrbücher für Schulen und schuf vor allem mit seinen Übersetzungen die Grundlagen für eine russische Wissenschaftssprache. Seine glänzende Karriere als Wissenschaftler und militanter Intellektueller gründete sich auf eine Art doppelte Identität. Einerseits unterstützte und propagierte er die Positionen der Enzyklopädisten und die wissenschaftliche Fortschrittsideologie. Geistig fühlte er sich als Mitglied der, wie er es gerne nannte, »Republik der Wissenschaften« mit ihren kosmopolitischen Werten. Andererseits hing er überzeugt an dem französischen Modell des Wissenschaftlers und seiner engen Bindung an den Staat.

Doch nicht immer folgten, wie man nach diesen Beispielen meinen könnte, die Karrieren der Wissenschaftler des 18. Jahrhunderts dem oben ausgeführten akademischen Muster. Tatsächlich sollte eine so starre Einteilung aufgelockert werden, lassen sich doch mit ihr nicht die vielfältigen Zwischenstadien erfassen, die es vom Akademiemitglied bis hin zu jenem anderen großen Widerpart auf diesem Gebiet im Zeitalter der Aufklärung gab: dem vor allem in England, den USA und in den Vereinigten Niederlanden vertretenen *natural philosopher* Baconscher Prägung. Als Beispiel dafür bietet sich die Karriere eines weiteren großen Gelehrten des späten 18. Jahrhunderts an: Joseph Priestley, Entdecker des Sauerstoffs und großer Gegner und Rivale von Lavoisier.

Nur schwer läßt sich der Abstand ermessen, der einen »Berufswissenschaftler« wie Lagrange von einem »Dilettanten« wie Priestley trennte, denn sie repräsentierten zuweilen völlig unvergleichbare kulturelle, institutionelle und soziale Welten. Der erste gehört ganz einer geschlossenen, korporativ organisierten Gesellschaft an, die von der Logik des absolutistischen Staates bestimmt ist, der zweite ist der Vertreter einer dynamischeren, offeneren und vorwiegend bürgerlichen Gesellschaft, in der die Rolle des Staates viel enger gefaßt ist. Die Identität des *savant* hatte sich, wie wir gesehen haben, über die Einnahme eines Ranges innerhalb der *corps d'État* herausgebildet. Prägend für einen *natural philosopher* wie Priestley war dagegen der egalitäre Mythos des Geisteslebens, den Bacon und Newton in ihren *Boyle Lectures* formuliert hatten. Seine Karriere war die eines Autodidakten, der die Idee eines zunehmend spezialisierten und Professionalität erfordernden Wissens ablehnte, durch die der Kontakt zu Politik, Religion und Philosophie verloren zu gehen drohte. Nicht zufällig befaßte sich Priestley erst spät mit der Erforschung der Elektrizität und der »pneumatischen« Chemie, der modernen Chemie der Gase. Seine ersten Arbeiten waren Traktate und Kommentare zum radikalen politischen Denken und der Tradition des Socinianismus, deren Anhänger er war. Seinen Lebensunterhalt verdiente er sich als Lehrer, Journalist und Autor von Lehrbüchern über Erziehung. Mit dem Entschluß, einen Teil seiner Zeit auf die wissenschaftliche Forschung zu verwenden, wurde er zum exemplarischen Vertreter des Modells des *natural philosophers:* er besuchte die Lunar Society in Birmingham, eine private Gesellschaft, wo sich unter dem Banner des Utilitarismus und des Industrialismus Gentlemen und Gelehrte wie Samuel Galton, James Watt, Erasmus Darwin und andere auf der Basis völliger Gleichheit trafen und miteinander diskutierten. Priestley verbreitete und propagierte erfolgreich die Errungenschaften der Wissenschaft zum Wohle des Menschen in zahlreichen, in mehrere Sprachen übersetzten Büchern. Hunderte von Experimenten, die ihm wichtige Entdeckungen einbrachten, führte er in seinem eigenen Haus durch und baute eigenhändig die dafür notwendigen Instrumente und Gerätschaften. Wie der andere große Naturphilosoph des 18. Jahrhunderts, Benjamin Franklin, schätzte er weder die Mathematik noch die revolutionären Methoden der Quantifizierung von Lavoisier oder die abstrakten intellektuellen Theoriegebilde von Laplace. Sein Leben lang blieb er ein passionierter Dilettant der experimentellen Wissenschaft, der seine Forschung auf eine Art und Weise verstand und betrieb, die im Zeitalter der Aufklärung alles andere als die Position einer unbedeutenden Minderheit war. Bekanntlich nahm die angelsächsische Welt erst Ende des 19. Jahrhunderts – auch sprachlich – vom endgültigen Abtritt des *natural philosopher* zugunsten des modernen *scientist* Kenntnis (Ross 1964).

In vielen Teilen Europas hatte sich dieser Wandlungsprozeß jedoch sehr schnell vollzogen und konnte teilweise schon am Ende des 18. Jahrhunderts als abgeschlossen gelten. Allerdings ließe sich über die schwierige Frage nach dem Grad der Professionalisierung von Wissenschaftlern im Zeitalter der Aufklärung endlos streiten. Im Lichte von abstrakt-soziologischen Bewertungskriterien, d.h. Bestimmung des Wissensbestandes, Beschäftigung gegen Entgelt, selbstbestimmte Organisation von Bildungserwerb und Lebensführung, geht die Rechnung nicht ganz auf. Wissenschaftler war zum Beispiel noch kein eigentlicher Beruf, der eine Schicht von Beschäftigten bezeichnete. Bei einem Großteil handelte es sich praktisch um Teilzeit-Wissenschaftler: Von wenigen Ausnahmen abgesehen standen sie in Staatsdiensten. Nach dem, was wir wissen, taucht in den notariellen Archiven Europas nirgendwo die spezifische Berufsbezeichnung Wissenschaftler auf. Dennoch kann aus historischer Sicht kein Zweifel darüber bestehen, daß nun endgültig eine Person und eine Karriere auf der Bühne erschienen waren, die in vielerlei Hinsicht dem modernen Wissenschaftler sehr nahe kommen. Diese Person muß jedoch immer in ihren besonderen Ausprägungen und ihren historisch durch das Ancien régime bedingten Formen beurteilt werden. Ein interessanter Gradmesser dafür dürfte immer das Bewußtsein der Zeitgenossen sein.

Mit dem Stichwort *gens de lettres* (Literaten) in der *Encyclopédie* bezeichnete Voltaire alle *hommes instruits* (Gebildeten) und schloß darin auch die wissenschaftlichen Fachgelehrten ein. 1753 sprach d'Alembert dagegen deutlich von der »noble carrière des sciences« und unterschied streng zwischen *homme de lettres* und *savant:* »Wenn ich von den Wissenschaftlern *(savants)* rede«, schreibt d'Alembert im *Essai sur la société des gens de lettres et les grands,* »so verstehe ich darunter nicht jene, die man Gelehrte *(érudits)* nennt«, sondern jenen Teil der »Literaten *(gens de lettres),* die sich mit den exakten Wissenschaften beschäftigen.« Sowohl in den *Eloges* von Condorcet als auch in den Artikeln der wichtigsten Gazetten des Kontinents ist der Wissenschaftler als eine Person anerkannt und erkennbar, die sich klar vom Philosophen, Theologen und vor allem Literaten unterscheidet. In Bezug auf letzteren entwickelte sich in den 80er Jahren geradezu ein Antagonismus, ein klares Zeichen dafür, daß ein kollektives Bewußtsein für die Beziehung zwischen den Begriffen *savant* oder Wissenschaftler und der Forschungstätigkeit in einem speziellen Wissensbereich herangereift war. Im Italien des späten 18. Jahrhunderts wird der Gegensatz zwischen *letterato* (Literat) und *scienziato* (Wissenschaftler) regelrecht zu einem Topos. Er findet sich zum Beispiel in den Werken der neapolitanischen Aufklärer Galanti und Filangieri. Deutliche Worte, die eines modernen Wissenschaftssoziologen würdig wären, schrieb zu diesem Thema Vittorio Alfieri in seinem Werk *Del principe e delle lettere.* Alfieris Ziel war es, »den Unterschied zwischen Belletristik *(belle lettere)* und den Wissenschaften *(scienze)*« zu bestimmen. Er griff die Wissenschaftler (seine Verwendung des Begriffs unterscheidet sich kaum noch von der heutigen) frontal an und warf ihnen vor, stillschweigend einen Pakt mit den Machthabern geschlossen zu haben, eine »Knechtschaft«, die sich seiner Meinung nach zwingend aus dem Wesen einer Wissenschaft ergeben mußte, die für ihr Überleben und Fortschreiten auf die Hilfe und ökonomische Unterstützung der großen Akademien angewiesen war. Ganz anders dagegen die »Literaten«, deren Aktivität nicht von der quälenden Frage der Finanzierung abhinge und die daher, wenn sie wollten, auf den Fürsten verzichten könnten. Die Literaten seien frei von der tödlichen Umarmung des Staates, denn ihre Arbeit habe eine private Dimension – die tatsächlich unter anderem durch den wachsenden Erfolg im Kampf um die Anerkennung der Urheberrechte gestärkt wurde –: nur die Literaten könnten daher den Despotismus anklagen, Tugend predigen und das Volk erziehen.

Alfieri war natürlich nicht der einzige, der in den 80er Jahren die Wissenschaftler kritisierte und die Kehrseiten des »Neuen Atlantis« anprangerte, indem er die Beziehung zwischen dem Wissenschaftler und dem Literaten in den Gegensatzpaaren öffentlich und privat, Despotismus und Freiheit zum Ausdruck brachte. Mehr als ein Jahrzehnt glühender Polemiken gegen die Welt der Akademien hatten den Boden für den aufsehenerregenden Beschluß des Konvents vom August 1793 bereitet, der die sofortige Auflösung jeder Art von Gesellschaft und Staatsakademie vorsah. Es handelte sich um eine gründliche Demontage des Systems staatlicher Kulturpatronage, die so weit gediehen war, daß die französische Regierung 1785 allein für Pensionen über 250 000 Livres im Jahr aufwenden mußte. Die Gründe für dieses drastische Vorgehen illustrierte anschaulich Abt Grégoire in einer scharfen Rede vor den Mitgliedern des Konvents, die wegen ihrer exemplarischen Klarheit eine kurze Erwähnung verdient. Grégoire vertrat die Auffassung, daß durch den Mechanismus der *corps savants,* durch Privilegien und Pensionen, die demokratischen und egalitären Ideale der Gelehrtenrepublik verraten worden seien. Weil man die Prinzipien einer kulturellen Gemeinschaft zugunsten von korporativen Prinzipien aufgegeben habe, sei unweigerlich »eine Art Hierarchie unter den Menschen« entstanden, die Talent und Verdienst außer acht lasse. Der Übergang von der Gemeinschaft zur »akademischen Korporation« habe somit ihre Mitglieder schließlich zu »Inquisitoren der Gedanken« der Ausgeschlossenen gemacht. Der »Korpsgeist«, so Grégoire, habe seinen arroganten Ausdruck besonders darin gefunden, daß alle Erfinder und Nonkonformisten an den Rand gedrängt wurden, sowie in der demütigenden öffentlichen Funktion von »Lobhudlern«, »Lakeien« und »Despoten«.

Als Schlüsselfiguren des gesamten Systems der Akademien hatten die Wissenschaftler lange an exponierter Stelle gestanden. Gerade über sie hatten sich die wütenden Ankläger des akademischen Korps erbost. Sie attackierten die Wurzeln der Forschungsorganisation und -methoden sowie der sozialen Rolle des Wissenschaftlers und zogen sogar den Triumph der Wissenschaft nach der ersten wissenschaftlichen Revolution der Galileis und Newtons in Zweifel. Wie es zu dieser Entwicklung kommen konnte, die eine tiefe Identitätskrise bei den Wissenschaftlern des 18. Jahrhunderts auslöste, beschäftigt noch heute die Historiker, die lange die Bedeutung der erbitterten Polemiken am Ende des Jahrhunderts unterschätzt haben.

Der Wissenschaftler und die Identitätskrise
am Ende des Jahrhunderts

Mit vielen Details und einem ironischen Seitenhieb auf die »Wandelbar-
keit der Pariser Köpfe« berichtete im Mai 1784 die italienische Gazette
Notizie del mondo, daß an die Stelle der »Manie der fliegenden Ballone«
jene des »animalischen Magnetismus« getreten sei. »Alle rennen um die
Wette nach Delon, um Herrn Mesmer aufzusuchen, welcher dort durch
Handauflegen und ohne bittere Medizin Menschen heilt.« In ganz anderen als ironischen Tönen schilderte der Bericht aus den *Notizie diverse,*
einer anderen italienischen Gazette, die Lorenzo Manini aus Cremona
herausgab, dieselben Ereignisse. Dieser Bericht kam zu einer sehr vor-
sichtigen Bewertung und neigte sogar dazu, die Heilungserfolge des
österreichischen Arztes Franz Anton Mesmer ernst zu nehmen. Der Gegensatz zwischen jenen, die Mesmer für einen Scharlatan hielten (ein
Wort, das im Paris jener Jahre plötzlich in Mode kam), und jenen, die
ihn stattdessen als einen verkannten und von den überheblichen *académiciens* verleugneten großen Wissenschaftler ansahen, zog sich auch
durch die französischen, deutschen und niederländischen Gazetten.
Überall in Europa entbrannte in der ersten Hälfte der 80er Jahre ein heftiger Streit über die Existenz und die Wirkung des animalischen Magnetismus. An dieser Auseinandersetzung beteiligten sich nicht nur leicht-
gläubige Leute aus dem Volk, sondern auch und vor allem illustre Wissenschaftler, berühmte Schriftsteller, Königshöfe, Akademien und Aufklärer, die für eine der beiden Seiten Stellung bezogen. Zur gleichen Zeit
lebte in Deutschland und schnell auch im ganzen übrigen Europa das Interesse einzelner Geister und bedeutender Universitäten an der Physiognomie und am Wünschelrutengehen auf, nicht zu reden von dem kurio-
sen Vorschlag, der entstehenden Meteorologie die theoretischen Fundamente der natürlichen, von allen okkultistischen Einflüssen befreiten
Astrologie zugrunde zu legen. Dies trug der Wissenschaftler Giuseppe
Toaldo vor, der Nachfolger Galileis an der Universität von Padua war
und mutig seine Werke herausgegeben hatte.

Hier handelte es sich um eine aufsehenerregende Rückkehr zu alten
Formen der Rationalisierung mit empirisch-divinatorischem Charakter,
die schon am Beginn der »wissenschaftlichen Revolution« präsent
waren und nun als Formen der Erkenntnis wiederbelebt wurden; sie
boten eine mögliche Alternative zum physikalisch-mathematischen Pa-

radigma von Newtons mechanistischem Universum, das in den großen
staatlichen Akademien dominierte. Selbst ihre Vertreter bezeichneten in
ihren Schriften solche Formen von Wissenschaft – oder, je nach Stand-
punkt, von Pseudowissenschaft – als »volkstümlich«, nicht etwa, weil
sie kultureller Ausdruck einer »niedrigen« Volksschicht, sondern weil
sie einfach und elementar waren und nichts mit den manchmal unver-
ständlichen intellektualistischen Theorien der Wirklichkeit zu tun hatten, die von den Condorcets und Laplaces bevorzugt wurden. Einer
ihrer Väter im Zeitalter der Aufklärung war Denis Diderot. In seinem
Buch *Gedanken zur Interpretation der Natur* von 1754 hatte er die er-
kenntnistheoretischen Grundlagen dieses Gegensatzes zwischen den
beiden Wissenschaftsbegriffen offengelegt: Auf der einen Seite sah er
eine Wissenschaft, die allein auf der Zweckmäßigkeit der Resultate und
der Einfachheit der qualitativen und experimentellen Erkenntnisinstru-
mente basiert und von dem Ehrgeiz getragen wird, zu einer Morpholo-
gie der Natur zu gelangen, die man als variabel und dynamisch auffaßt
und sich in ewiger Wandlung befindet; auf der anderen Seite das traditionelle Bild der Wissenschaft Galileis und Newtons, das auf ewigen mathematischen Gesetzen beruht, die sich durch *numero, pondere et mensura*
(»zählen, wiegen und messen«) erfassen lassen. Diderot hatte richtig vor-
hergesehen, daß seine epistemologischen Überlegungen in Zukunft ein
großes Echo unter den vielen Dilettanten finden würden, die sich am
Ende des Jahrhunderts auf die plötzlich in Mode gekommenen Wissenschaften stürzten. Der Erfolg der »volkstümlichen Wissenschaften« alar-
mierte aufgrund seiner Dimensionen und seiner Bedeutung Gelehrte
wie Volta, Condorcet und Lavoisier, die sich gezwungen sahen, einzu-
greifen und öffentlich Stellung zu beziehen. Der Vorwurf der Scharlata-
nerie wurde von beiden Seiten häufig erhoben, stiftete Verwirrung und
zog zum ersten Mal die Definition wissenschaftlicher Erkenntnis in den
Meinungsstreit hinein, und dies, obwohl sie als identitätstiftende Grundlage aller europäischen Wissenschaftler nach mühsamen Anstrengungen
gesichert zu sein schien.

Zwar teilen Historiker heute allgemein die Auffassung, daß diese Polemiken im Hinblick auf ihren politischen, sozialen und ideologischen
Bedeutungsgehalt das kulturell wichtigste Ereignis vor der Revolution
darstellen (Darnton 1968; Venturi 1984). Ihre Interpretation ist jedoch
alles andere als einheitlich. Einige sehen diesen Streit einzig und allein
als außerordentliche Rückkehr des Magischen und vergessen dabei, daß

okkultistische Gruppen in Europa unbedeutend und die erdrückende
Mehrzahl der Mesmerianer und Verfechter der »volkstümlichen Wissenschaften« überzeugte Rationalisten waren, die in der Tradition der Enzyklopädisten standen. Oft waren sie sogar erklärte Feinde einer Zuflucht
zum Übernatürlichen und gaben sie in ihren Büchern der Lächerlichkeit
und Verächtlichkeit preis. Es reicht, unter diesem Gesichtspunkt einen
Blick auf die Arbeiten des Mesmerianers Brissot de Warville zu werfen.
Eine andere, bis heute vorherrschende Hypothese geht von vornherein
von der Irrationalität dieser anderen Wissenschaften aus und macht sie
geradezu für den Untergang der Aufklärung schon seit Beginn der 80er
Jahre verantwortlich. In Wirklichkeit können und müssen die Auseinandersetzungen zwischen Condorcet und Marat, zwischen Mesmer und
den Vertretern der Akademie über die Frage, ob die von den »volkstümlichen Wissenschaften« vorgeschlagenen Methoden legitimerweise als
wissenschaftlich anzusehen seien, genauso wie die Argumente gegen die
corps savants neu interpretiert werden. Dabei ist eine kritischere Haltung im Hinblick auf allzu starre Definitionen und Kategorien von Rationalität und wissenschaftlicher Erkenntnis geboten; sie gehören der
Vergangenheit an und sind von namhaften Philosophen und Epistemolo-
gen in jüngerer Zeit wiederholt zur Diskussion gestellt worden.

In einem Punkt allerdings stimmen alle Historiker überein, daß nämlich dieser Sturm unter den Wissenschaftlern bei Licht betrachtet den ersten großen Angriff darstellte, der mit bereits vorrevolutionärer Macht
und Empfindlichkeit auf die Institutionen und auf das Herz des korporativen Systems des Ancien régime unternommen wurde: das »Neue Atlantis«. Diese Überlegung muß daher den Ausgangspunkt bilden, wenn
man ein Phänomen verstehen will, das die ureigensten Züge der Aufklärung und ihre späteren historischen Interpretationen prägen sollte.

Paradoxerweise war es gerade der »Triumph der Wissenschaft«, wie
wir es genannt haben, der die soziale und ideologische Basis für den
Konflikt schuf. Dieser Triumph hatte Nebeneffekte, die unausweichlich
eine Wachstumskrise heraufbeschworen. Ein Grund für die Erhöhung
der Spannungen war zum Beispiel die steigende Zahl von amateurs, die
überall kleine Privatgesellschaften gründeten und keinerlei Kontrolle
durch die staatlichen Akademien duldeten. Auch die Freimaurer trugen
ihren Teil dazu bei, indem sie die wissenschaftliche Bildung des Volkes
durch die Gründung von Akademien, Museen und Zeitschriften propagierten und so die Zahl der Dilettanten vergrößerten, die der wissen-

schaftlichen Methode Schaden zufügten. Schließlich vermehrten sich auch die Rechtsstreitigkeiten zwischen Akademien und Universitäten um die Kontrolle über die akademischen Berufe: eine wichtige und heikle Frage in ganz Europa.

Diese Entwicklungen erhöhten den äußeren Druck auf die Gemeinschaft der Wissenschaftler. Aber die Anfechtungen machten selbst vor der Akademie der Wissenschaften nicht halt. In der zweiten Hälfte des 18. Jahrhunderts begannen sie lautstark an die Öffentlichkeit zu dringen. Die Ungleichheit und die Privilegien, die im *Règlement* von 1699 festgeschrieben waren, wurden nun auch vielen Mitgliedern der Akademie immer verhaßter. D'Alembert war einer der ersten, der 1753 von einem »despotischen Geist« sprach, der zur unerträglichen Regel unter den *gens de lettres* geworden sei. Er vertrat die Auffassung, daß »die demokratische Form mehr als jede andere einem Staate wie der Gelehrtenrepublik angemessen ist, der von nichts anderem als seiner Freiheit lebt«. Und dennoch war es derselbe d'Alembert, der hier sozusagen einen Beitrag zur »Politisierung« der Debatte über die Organisation der Forschung geleistet hatte, der bei der Auseinandersetzung am Ende des Jahrhunderts zusammen mit Condorcet, Lavoisier und Vicq d'Azyr in vorderster Linie gegen die ausgeschlossenen Mesmer, Marat, Brissot und viele andere stand. Tatsächlich war der Frontalangriff auf die offizielle Wissenschaft aufgrund seiner möglichen institutionellen, politischen und epistemologischen Konsequenzen derart radikal und gefährlich, daß er keine Fahnenflucht und Toleranz mehr duldete. Solange es sich um den schwächlichen Vorwurf des Mißbrauchs der Wissenschaft von seiten der *savants* handelte, den der Bacon-Anhänger Deleyre in seiner *Analyse de la philosophie du chancellier François Bacon* aus dem Jahre 1755 erhoben hatte, konnte man die Anschuldigung noch akzeptieren und in mancher Hinsicht sogar teilen. Etwas ganz anderes waren die scharfen Anklagen aus dem Lager der »volkstümlichen Wissenschaften«.

1782 faßte Brissot de Warville die wichtigsten Punkte der öffentlichen Meinung wirkungsvoll und scharfsinnig in einem Pamphlet mit dem Titel *De la vérité* zusammen, das zu einer Art Katechismus der Klägerpartei wurde; sie bezog daraus Stichwörter und Anregungen für Polemiken, die sie in Form von Traktaten und Gazetten in ganz Europa verbreitete. Um zu belegen, daß die Akademie »der Erforschung der Wahrheit schadet«, zog Brissot nach Art Rousseaus eine Parallele zwischen dem virtuosen und freien Wissen der Alten und der unverschämten Arroganz, der Sucht nach »gloire« und »fortune« der Modernen. In Athen und Rom habe man nie jemanden gesehen, der »per Ernennungsurkunde« zu einem Intellektuellen geworden sei. Niemand hätte sich damals etwas »so bizarres wie unsere Akademien« vorstellen können. Erst »die Modernen haben in das Reich der Wissenschaften eine Art Wahlaristokratie eingeführt«. Die Kosten für diese Einrichtung waren Brissot zufolge nicht nur in moralischer Hinsicht und für das bürgerliche Zusammenleben erheblich, sondern vor allem wegen der Probleme, die daraus für die Wissensförderung entstanden. Genau betrachtet war dies einer der neuralgischen Konfliktpunkte. Wie alle bürokratischen Korps hatten die staatlichen Akademien die freie Kulturgemeinschaft der Wissenschaftler mit einem schweren, für alles Neue undurchlässigen ideologischen Schleier überzogen und förderten einen kodifizierten, unbeweglichen und normativen Wissenstypus. Die großen Wissenschaftler fühlten sich nun wie »unfehlbare Wahrheitsverwahrer«, während jede Neuheit der »Häresie« bezichtigt wurde. Diese kategorische Auffassung, die zum ironischen Schlagwort der Scharlatane wurde, »Hors de Newton point de salut« (»Ohne Newton kein Heil«), bekräftigte den konservierenden, systematischen Charakter eines Wissens, das typisch für eine »Normalphase« der Wissenschaft ist, wie man heute mit Thomas Kuhn sagen würde, einen Charakter, in dem offen das »akademische Vorurteil« zum Ausdruck kam. Um in das akademische Korps aufgenommen zu werden, mußte man das herrschende wissenschaftliche Vorbild der großen Meister akzeptieren, indem man »all ihre Ideen wiederholt und gewissenhaft glaubt«. Nicht nur die wütenden Polemiken gegen jene, die es wagten, die Theorien Newtons anzugreifen, scheinen zu bestätigen, daß in diesen verbitterten Gedanken etwas Wahres steckte. Auch die unversöhnliche Haltung von mächtigen und einflußreichen Persönlichkeiten wie Samuel Formey belegen dies. Er polemisierte bereits 1767 gegen das »falsche Wissen« der »Halb-Gelehrten«, die sich damals in Deutschland bemerkbar zu machen begannen, und forderte gegen sie »ein halbes Jahrhundert Diktatur«: Wenn »die Kirche der heilige Hort der Religion ist, die Gerichte das Recht aufrechterhalten, so ist es an den Akademien, einem gereinigten und soliden Wissen zur Herrschaft zu verhelfen«. Daß dies nicht bloß eine leere Drohung war, bewiesen die offiziellen Interventionen der Akademien in den aufsehenerregenden Auseinandersetzungen am Ende des Jahrhunderts.

Im Jahre 1784 begann in Paris mit der Einsetzung der königlichen Kommissionen an der Akademie der Wissenschaften und der Société de médecine das Verfahren zur Klärung der wissenschaftlichen Grundlagen des animalischen Magnetismus. Wenige Jahre später beschloß die Königliche Akademie der Wissenschaften in Turin, eigene Untersuchungen über das Phänomen der Wünschelruten anzustellen. In Deutschland bekriegten sich illustre Gelehrte in Kommissionen, die eigens dazu eingesetzt worden waren, die theoretischen Grundlagen der Physiognomik und einer möglichen morphologischen Naturwissenschaft jenseits der beunruhigenden mystischen Ideen Lavaters und einiger freimaurerischer Zirkel zu klären. Zum ersten Mal also entbrannte in Europa – modern ausgedrückt – der epistemologische Streit über die sogenannte Abgrenzung der Wissenschaft auf offizieller Ebene. Was ist Wissenschaft? Was sind die Kriterien für Wissenschaftlichkeit? Wer entscheidet über sie? Dürfen sie festgelegt werden, indem man sie mit dem Begriff der Wahrheit in Zusammenhang bringt? In den Protokollen der königlichen Kommission über den Magnetismus, die gedruckt erschienen und in den europäischen Gazetten kommentiert wurden, kamen zwei unverrückbare Auffassungen von wissenschaftlicher Rationalität zum Ausdruck, die auf einzigartige und beunruhigende Weise den Streit über die Definition der Wissenschaft vorwegnahmen, der in den 30er Jahren des 20. Jahrhunderts zwischen einem Vertreter des logischen Neopositivismus wie Karl Popper und den Anhängern der Psychoanalyse entbrannte. Als Mitglieder der königlichen Kommission bestanden Lavoisier, Franklin und Bailly darauf, daß das Kernproblem bei der Beurteilung des Mesmerismus die Frage nach der Existenz des universellen Fluidums und seiner experimentellen Nachweisbarkeit sei. Nach Ansicht ihrer Gegner war dagegen das einzige Kriterium für Wissenschaftlichkeit der Nachweis des praktischen Nutzens der Heilmethode, den die Heilungserfolge erbrachten. Auf der einen Seite stand die bis zum äußersten gehende Verteidigung einer Wissenschaft, die historisch mittlerweile völlig mit der klassischen Methode Galileis und Newtons zusammengefallen war; auf der anderen Seite eine erneuerte, empirisch-divinatorische Form von Rationalität, die qualitativ, morphologisch und utilitaristisch orientiert war und die, wie wir gesehen haben, Denis Diderot und viele von Rousseau geprägte Gelehrte faszinierte. Daraus folgte unweigerlich ein weiterer Gegensatz in der Frage, wie der Wissenschaftler und die mit der Forschung betrauten Institutionen aufgefaßt werden

sollten: im ersteren Fall als elitäre, selektive Akademien des Staates, die
die Professionalisierung der Wissenschaftler betrieben; im zweiten Fall
als volkstümliche Privatgesellschaften, die von Dilettanten getragen wurden.

Allein aus diesen knappen Überlegungen wird bereits deutlich, daß
der Triumph der Wissenschaft am Ende des Jahrhunderts, die Krise und
die Angriffe auf das mechanistische, mathematisch-physikalische Welt-
bild der klassischen Rationalität sowie das Ausmaß und die Tiefe des außergewöhnlichen Streits, der unter den Wissenschaftlern entbrannte,
über das Interesse hinaus, das sie für sich selbst genommen verdienen,
alte und tiefverwurzelte Deutungen des Zusammenhangs zwischen Aufklärung und Wissenschaft in Zweifel ziehen. Dies ist ein Thema, dem
keine gründliche Untersuchung des Wissenschaftlers im 18. Jahrhundert ausweichen kann. Bekanntlich hat Ernst Cassirer 1932 in seinem
Buch *Die Philosophie der Aufklärung* eine verdienstvolle und bedeutende Neubewertung des Zeitalters der Aufklärung gegen seine Verurteilung durch Hegel und die Romantik vorgenommen, der sich die marxi-
stische Schule angeschlossen hatte – wenn auch auf anderen Wegen und
aus anderen Gründen. Cassirer schuf die Grundlagen für eine philosophische, an Kant orientierte Lektüre des Zusammenhangs zwischen Aufklärung und Wissenschaft. Trotz zahlreicher Angriffe, denen sie seither
ausgesetzt war, scheint diese Lektüre noch heute die – manchmal auch
nur indirekt durchscheinende – Grundlage vieler Untersuchungen zu
sein, die nach dem Zweiten Weltkrieg erschienen. Für Cassirer war die
Philosophie der Aufklärung im wesentlichen eine Methode, eine Mentalität und eine Denkform, weniger ein kohärentes System von Ideen.
Ihren Ursprung und ihre authentische Summe hatte er in der wissenschaftlichen Revolution und ihren Errungenschaften ausgemacht, deren
geistige Väter Kepler, Galilei und Newton waren. Das entscheidende
Merkmal der Kultur der Aufklärung erkannte Cassirer in einer neuen
Definition von Vernunft, die sich von den vorausgehenden Jahrhunderten unterschied und völlig mit den Rationalisierungsweisen des Newtonschen Wissenschaftsparadigmas identisch war.

Tatsächlich scheint diese starre Gleichsetzung gerade im Licht der vor-
stehenden Ausführungen den historischen Ereignissen der 80er Jahre
nicht gerecht zu werden. Die Krise des späten 18. Jahrhunderts gibt dagegen wohl jenen Forschern recht, die im Zeitalter der Aufklärung
immer ein besonders reichhaltiges und komplexes historisches Phäno-

men mit weitgefaßteren und weniger klar bestimmten Grenzen gesehen haben, als Cassirer dies annahm. Viele bedeutende Untersuchungen zur Aufklärung sehen in ihr einen außergewöhnlichen und entschiedenen – seinem Wesen nach politischen – Versuch, die Gesellschaft durch den Wettstreit der Ideen umzuformen und ein neues System von Werten (Toleranz, Gleichheit, Freiheit, Philanthropie, Streben nach Glück, Kosmopolitismus etc.) als unmittelbaren Ausdruck einer modernen bürgerlichen Gesellschaft zu schaffen, die sich endlich von der drückenden Bevormundung durch die Kirche und religiösen Konfessionen und einem Politikverständnis emanzipiert und befreit hatte, in dessen Mittelpunkt immer nur der Fürst und nie der Bürger gestanden hatte. Die Wissenschaftler haben zweifellos der Bewegung der Aufklärung wichtige Instrumente und Impulse für die Entwicklung eines kritischen und problembewußten Denkstils geliefert, der sich für ein auf Veränderung zielendes Handeln eignete. Dennoch wäre es eine Verkürzung der Inhalte und höchsten Ziele dieser Bewegung, würde man die Gleichsetzung der Aufklärung, ihres Vernunftbegriffs und der wissenschaftlichen Methode Newtons akzeptieren.

Geht man von der Annahme aus, daß die Aufklärung ein Prozeß war, der ein neues, großartiges Wertesystem, eine eigene kulturelle Welt und Sprache schuf (die Anthropologen sprächen vielleicht lieber von einem neuen Glaubenssystem und neuen sozialen und kulturellen Praktiken), und nicht etwa eine spezifische Form von Rationalität, dann wird es ohne Zweifel erheblich leichter, die wissenschaftliche und aufklärerische Bewegung als zwei unterschiedliche Phänomene zu untersuchen, die beide fraglos in ständiger Wechselwirkung standen, aber in ihren grundlegenden Motivationen autonom waren. Wahrscheinlich würde damit auch die Rolle und Funktion von Wissenschaftlern klarer, die der katholischen Kirche oder anderen religiösen Institutionen verbunden oder von einem drängenden religiösen Bedürfnis erfüllt waren. Diesen konnten wir hier trotz ihrer unzweifelhaften Bedeutung für die Kultur des 18. Jahrhunderts und ihres Beitrags zur Entwicklung der Forschung nur geringe Aufmerksamkeit schenken. Anders als der Neopositivismus, der häufig unzulässigerweise und in polemischer Absicht in den Vordergrund rückt, wenn von Wissenschaft die Rede ist (ein Beispiel dafür ist Adornos und Horkheimers berühmte *Dialektik der Aufklärung* von 1947), verstand die Aufklärung wissenschaftliche Erkenntnis nie (in offen ideologischer Absicht) als wichtigsten Bestandteil des ge-

samten menschlichen Wissens. Ausgehend von den Fähigkeiten des
Menschen (Vernunft, Erinnerung, Vorstellungskraft) weist der Baum
des Wissens in der *Encyclopédie* große Bedeutung und gleichrangige
Würde allen Formen des Wissens zu, die mit der utopischen Verwirklichung des Himmelreichs auf Erden in Zusammenhang standen. Die *philosophes* liebten, studierten und propagierten die Wissenschaft, aber sie
nahmen ihr gegenüber auch eine offen distanzierte und zuweilen kritische Haltung ein. Wie deutlich geworden ist, begründete nicht erst Rousseau im 18. Jahrhundert die Tradition der modernen moralischen, politischen und philosophischen Wissenschaftskritik, die später immer stärker und erbitterter werden sollte. Von Voltaire über Condillac bis Bailly
beschäftigten sich im Lauf des 18. Jahrhunderts und vor allem in den
80er Jahren viele Aufklärer ausgiebig mit der Frage nach den fernen Ursprüngen der Wissenschaft und besonders der Galileischen und Newtonschen Revolution. Sie schufen damit die Grundlagen einer Geschichtswissenschaft als Sozial- und Kulturgeschichte eines Wissens, das sie kritisch auf einer Stufe mit anderen Wissensformen betrachteten. Die Fülle
der Bezüge und der politische Wille zur Veränderung der Wirklichkeit,
der die Aufklärer im Zeitalter Voltaires erfüllte, gingen folglich bei weitem über die geistige Erfahrung des Wissenschaftlers hinaus.

Dies bedeutet nicht, daß Wissenschaftler nicht in außerordentlicher
Weise der Aufklärung ihr Gepräge verliehen haben – im Gegenteil.
Auch wenn immer von einer wechselseitigen Konditionierung zu sprechen ist, kann kein Zweifel an der Funktion der Wissenschaftsgemeinschaft im Hinblick auf die verschiedenen Ausprägungen von Aufklärung bestehen, die sich im 18. Jahrhundert herausbildeten. Allseits bekannt ist, daß das Prestige und die unerschütterlichen Gewißheiten von
Newtons mechanistischem Universum die Grundlage des Denkens
eines wichtigen Teils der Aufklärung bis zum Erscheinen des letzten
Bandes der *Encyclopédie* im Jahre 1764 bildeten. Das berühmte Porträt
des Philosophen von Dumarsais, das zurecht als eines der Manifeste der
Aufklärung gilt, gehört gänzlich dieser ersten großen Phase an. Darin
steht einer als Uhrwerk dargestellten Natur mit ewigen und beruhigen-
den mathematischen Gesetzen die heitere und stolze Figur eines neuen
Philosophen gegenüber, der seine Leidenschaften und Gefühle mit Hilfe
seiner kritischen und methodischen Vernunft beherrscht. Mit Ironie
und offener Distanz läßt dieser Libertin die Religion und ihre Mysterien
hinter sich und erkennt als göttlich nur die Menschheit und im besonde-

ren die *société civile* an, die explizit und in deutlich ikonoklastischer Absicht als *unique Dieu* (einziger Gott) bezeichnet wird. Einer ganz anderen Phase der Aufklärung gehört dagegen das Bild an, das Jean-Louis Carra in seinem Traktat *Système de la raison ou le prophète philosophe* von 1782 zeichnete. In ihm drückt sich ein tiefer Wandel des intellektuellen Klimas und des historischen Kontextes aus. Erkennbar ist hier ein echtes Allmachtsgefühl des Menschen durch den Triumph der Wissenschaft, wie er im erhebenden Anblick der Ballonflüge so anschaulich wurde. Daneben findet sich ein lebendiges und dynamisches Bild der Natur und die explizite Anerkennung der Kraft und Autonomie von Leidenschaften gegenüber der Vernunft. Unverrückbar bleibt die historische Aufgabe der Aufklärung, die Emanzipation des Menschen weiter voranzutreiben. Aber jetzt nimmt der *prophète philosophe* auch die politischen und philosophischen Konsequenzen des neuen Naturalismus im späten 18. Jahrhundert sowie den Gegensatz zwischen verschiedenen Formen wissenschaftlicher Rationalisierung zur Kenntnis: sie waren zum Vorschein gekommen und machten das Feld der Fähigkeiten und Instrumente, die dem Menschen zur Verfügung standen, größer und komplexer. Während es für Dumarsais noch allein die *raison* (Vernunft) gewesen war, die dem Philosophen als Fackel durch die Finsternis leuchten konnte und mußte, womit zugleich die Frühphase der Aufklärung charakterisiert war, so blieb Carra nur, die erweiterten Möglichkeiten des Philosophen zur Kenntnis zu nehmen: In der neuen Heiligen Dreieinigkeit der Aufklärung am Ende des Jahrhunderts kamen *sensibilité* (Empfindsamkeit) und *vérité* (Wahrheit) die gleiche fundamentale Bedeutung zu, die zuvor allein der *raison* vorbehalten war. Selbst der Ton der Argumentation hatte sich von der ersten bis zur letzten Generation der Aufklärung radikal verändert. So gelassen und distanziert die Reflexionen Dumarsais gewirkt hatten, so leidenschaftlich, kraftvoll und deklamatorisch waren nun die Überlegungen Carras geworden. »Das erste Recht des Menschen« so schrieb Carra in Anlehnung an Rousseau, »ist das Recht zu sein, sein zweites das Recht zu denken.«

»Ich sage den Fortschritt der Vernunft vorher (...) die große Familie der Menschen wird somit eines Tages vereint sein und eine einzige Gesellschaft bilden! Das Naturrecht wird dann die einzige Autorität sein, derer es bedarf, um die Menge zu leiten. Die moralische Gleichheit wird kein Problem mehr sein! Die Verteilung der Güter wird durch Gerechtigkeit bestimmt werden und nicht durch despotische Willkür! (...) Niedere Laster und gefeierte Verbrechen werden jedes Recht auf Respekt verlieren; alles wird einmal in Ordnung sein, weil schließlich auch die Ordnung der Vernunft an die Reihe kommen muß.«

Das sind prophetische Töne des Mesmerianers Carra, eine Art Laien-Eschatologie, erfüllt von echter Religiosität. Diese neue Ausdrucksweise war durchaus nicht selten oder auf den Kreis der Anhänger der »volkstümlichen Wissenschaften« beschränkt. Es reicht, Condorcets *Fortschritt des menschlichen Geistes* zu lesen, dieses erbitterten Gegners der Mesmerianer, um das religiöse Pathos des *prophète philosophe* wiederzufinden. Tatsächlich gaben in dieser neuen Phase der Aufklärung andere Personen den Ton an als noch kurz zuvor. Eine ganze Generation von Intellektuellen, die mit den Idealen der *Encyclopédie* aufgewachsen waren, war in die Freimaurerlogen eingetreten. Sie hatten eine grundsätzlich neue Einstellung im Hinblick auf die Darstellungsweisen der Geschichte und das beunruhigende Problem der Religiosität, die in ihrer Einfachheit und Unmittelbarkeit das Potential zu besitzen schien, bei der Verbreitung der Aufklärung zu einem außergewöhnlichen Kommunikationsmittel zu werden und wirkungsvoll zwischen oben und unten zu vermitteln. Mit dieser Form prophetischer, von politischer Radikalität erfüllter Aufklärung am Ende des Jahrhunderts, die den Boden für die revolutionäre Mentalität bereitete, hatten es die Wissenschaftler in den 80er Jahren zu tun. Ihr Einfluß, genährt durch den Triumph der Wissenschaft, war durch die Hoffnung und Erlösungssehnsucht, die sie auslöste, ohne Zweifel erheblich. So schuf sie unter anderem mit ihrem Naturalismus, mit dem Bild einer natürlichen Ordnung, die sich wandelt und verändert, die revolutionäre Idee, auch die soziale Ordnung verändern und folglich den Menschen durch die Schaffung des Bürgers erneuern zu können. Nur zu deutlich wird dies an Robespierres berühmtem Ausspruch von 1794: »Alles hat sich in der Ordnung der Physik geändert, und alles muß sich in der moralischen und politischen Ordnung ändern.« Die wechselseitige Beeinflussung von Wissenschaftlern und Aufklärern am Ende des 18. Jahrhunderts vollzog sich aber vor allem in jenem verwickelten Prozeß, der zur semantischen Verschiebung eines zugleich schrecklichen und stimulierenden Begriffs von seinem traditionell religiösen Feld auf das laizistische führte: des Wahrheitsbegriffs. Vom Begriff der Wahrheit schienen in der Tat die Aufklärer jedweder Nationalität besessen gewesen zu sein: von Condorcet über Lessing, Radischtschew und Filangieri, jeder wies ihm Aufgaben und Bedeutungen zu, die von tiefer laizistischer Religiosität geprägt waren, und schrieb ihm die Macht zu, Werte, Hoffnungen und die Errungenschaften des Denkens zu vermitteln. Rasch hatten sich die Wissenschaftler in den letzten Jahren des Jahrhunderts dieses magischen Wortes bemächtigt, und schon ließ sich seine Verwandlung in ein ehernes Dogma im folgenden Jahrhundert erkennen. Wo Galilei in seinem Kampf mit dem Theologen gezögert und sich zurückgezogen hatte, indem er sich mit der sogenannten doppelten Wahrheit zufrieden gab, hegte der *prophète philosophe* und Wissenschaftler Condorcet nicht den geringsten Zweifel, als er Wissenschaft und Vernunft stolz einzige und ewige Wahrheit geltend machte und die alten Ansprüche der Theologen endgültig abwies. Der Wissenschaftler im Zeitalter der Aufklärung hatte somit vollständig und bis zur letzten Konsequenz das Recht erobert, in Zukunft im Guten wie im Schlechten zu einem Protagonisten der Menschheitsgeschichte zu werden. Der lange Marsch, der in der Antike begonnen hatte, der unterbrochen und dann mit der wissenschaftlichen Revolution in moderner Zeit wieder aufgenommen worden war, konnte als beendet gelten.

Kapitel 5

Der Künstler

Daniel Arasse

Als Johann Heinrich Füssli im Jahre 1783 sein Bild *Nachtmahr* (Detroit, Institute of Arts) in der Royal Academy zu London ausstellte, war dies ein kunstgeschichtliches Ereignis. Niemals zuvor hatte man ein solches Gemälde gesehen; es gehörte keiner der gängigen Kategorien an, in die damals Produktion wie Rezeption der Malerei eingeteilt waren, nämlich in Historien-, Genre-, Porträt- oder Landschaftsmalerei. Eigentlich hatte es das Bild auch gar nicht darauf angelegt zu gefallen. Vom Thema her war es zwar den Schreckenssujets verwandt, die im England des ausgehenden 18. Jahrhunderts Furore machten, und so waren denn auch in der Ausstellung der Royal Academy ein *Kampf des Erzengels Michael mit Satan* von Benjamin West, ein *Gespenst der Klytemnestra, die Furien weckend* von Downman und ein *Äolus, einen Sturm hervorrufend* von Maria Cosway zu sehen. Füsslis Nachtmahr indessen zeigt keinerlei Bildungsreminiszenz, seine Ungeheuer brechen ganz unversehens in ein zeitgenössisches Interieur ein. Der Maler will den Betrachter verstören; Horace Walpole höchstpersönlich hat diese Intention nicht mißverstanden: Er fand das Bild »shocking«.

Gleichwohl stieß das Bild nicht auf Ablehnung; im Gegenteil, es hatte durchschlagenden Erfolg und trug Füssli auf der Stelle Weltruhm ein: Unzählige Drucke machten das Bild in ganz Europa bekannt. Bis in die Jahre 1810-1820 begleitete es seine gesamte künstlerische Karriere, denn unentwegt wurde er um Repliken, Nachbildungen und Varianten seines Meisterwerks angegangen. Daß dieses Gemälde eines der berühmtesten seiner Zeit werden sollte, hat fraglos damit zu tun, daß es den unterschiedlichsten Erwartungen entgegenkam, und dies in einem Maße, daß man in ihm heute ein Beispiel für den komplexen Zusammenhang von Ideenwelt und Zielsetzungen sehen kann, in dem Künstler und Kunstpublikum der Aufklärung sich befanden.

Denn, so sehr es auch auf den ersten Blick überraschen mag, der *Nachtmahr* war ein »aufgeklärtes« Werk. Füssli geißelt darin jene nach wie vor herrschenden, abergläubischen Ansichten, denen zufolge Alpträume das Werk übernatürlicher, niederträchtiger Wesen sind (Inkuben, Sukkuben und andere Kobolde), welche den Schlaf stören, sich des Geistes der Schlafenden bemächtigen und sie in Angst und Schrecken versetzen. Füssli hingegen – und darin stimmt er mit den seinerzeit avanciertesten medizinischen und philosophischen Theorien überein (die Kant 1798 in seiner *Anthropologie in pragmatischer Hinsicht* dargestellt hat) – ist der Überzeugung, daß Alpträume genau bestimmbare, physiologische Ursachen haben; entsprechend ist die zweite Fassung von *Der Nachtmahr* (1790/91, Frankfurt) so konzipiert, daß sie als Vorlage für eine der vier Abbildungen dient, die Füssli für den *Botanic Garden* von Erasmus Darwin anfertigt. Als Teil von Darwins *Zoologia or the Laws of Organic Life* (1794-1796) sollte dieser Band die Untersuchung der physiologischen Mechanismen des Traums vertiefen.

Ausstrahlung und Erfolg des Gemäldes beruhen indessen nicht eigentlich auf der philosophischen Anschauung, von der der Maler sich anregen ließ, sondern ganz im Gegenteil darauf, daß Füssli, um dieser aufgeklärten Anschauung zur Darstellung zu verhelfen, den landläufigen Stoff des von ihm bekämpften Volks- und Aberglaubens heranzieht. Das Bild behauptet schlichtweg, daß die Ungeheuer Ausgeburten des Alptraums seien, nicht dessen Ursache; zugleich aber erhalten sie durch die bildliche Darstellung die gleiche Wirklichkeit wie der Körper der jungen schlafenden Frau und drängen sich so dem Betrachter in grauenerregender Präsenz auf. (Es bedarf allergrößter Aufmerksamkeit, um zu bemerken, daß die Umrisse des Inkubus verschwimmen und im Vergleich zur deutlich konturierten Zeichnung des sich windenden Körpers der Schläferin nicht ausgezogen sind.) Füsslis paradoxe Dialektik kündigt also bereits an, worauf einige Jahre später so viele Werke Goyas, jenes »aufgeklärten« Künstlers und Erfinders der Schatten, sich gründen sollten. Vor allem der überaus berühmte 43. Stich der 1799 veröffentlichten *Caprichos* mit dem Titel: *Der Schlaf der Vernunft zeugt Ungeheuer* erinnert an Füsslis *Nachtmahr*. Eine frühere Fassung dieses Stichs aus dem Jahre 1797 enthielt noch eine Inschrift, die besagte, daß der Künstler lediglich »die schädlichen Vorurteile vertreiben und mit dem Werk der *Caprichos* das unvergängliche Zeugnis der Vernunft verewigen« wolle. Wie Füssli bringt auch Goya Vorurteile und Aberglauben nur ins Bild, um sie besser bekämpfen zu können.

Eine solche Parallelisierung von Füssli und Goya rührt an eines der auffälligsten Paradoxa, an dem sich ganze Heerscharen von Künstlern der Aufklärungszeit abmühen: dem unauflöslichen und widersprüchlichen Ineinander von leuchtender Klarheit der Vernunft mitsamt ihren Grundsätzen (denen der Künstler seine Inspiration verdankt) und unbezwinglicher Macht des Schattenreichs, gegen das die Aufklärer ja gerade zu Felde ziehen. Der dem Tag zugewandte Neoklassizismus, zumal in der Wendung, die er durch David erfuhr, affirmiert das uneingeschränkte Zutrauen in die Vervollkommnungsfähigkeit der menschlichen Gesellschaft und des Menschen schlechthin. Davids spannungsgeladene, auf dem Willen gründende Kraft ist geradezu Ausdruck dieses Vertrauens. Indessen verkörpert die Kunst Davids lediglich einen speziellen und ihm eigentümlichen Aspekt des Neoklassizismus. Dessen Reichtum ist damit bei weitem nicht erschöpft; und so wie es unmöglich ist, Davids Neoklassizismus einzig und allein an die französische Revolution zu binden (er setzte weit vor 1793 und sogar 1789 ein), so ist es auch unmöglich, in der zunehmenden Hinwendung zum Schrecklichen und Obskuren ein Zeichen für die Fin-de-Siècle-Ernüchterung über die Unzulänglichkeit der Vernunft zu sehen. Die theoretische Begründung für die Lust, die das Obskure und das Schreckliche verschaffen, lieferte Edmund Burke mit seinen *Kritischen Bemerkungen über den Ursprung unserer Ideen über das Schöne und Erhabene.* Burkes Abhandlung stammt indessen aus dem Jahre 1757, und schon 1758 war der doch höchst rationale Diderot seinerseits der Ansicht, daß die Dichtung nach »etwas Maßlosem, Barbarischem und Wildem« verlange. Das Zeitalter der Aufklärung war eben auch das Zeitalter der Empfindsamkeit und des Gefühls, und diese feinfühlige Empfindsamkeit kann rasch in eine Katastrophe umkippen, wenn Leidenschaften und dunkle Triebe entfesselt werden. Die dialektische Verschränkung von Klarheit und Finsternis bildet das Zentrum für die künstlerische Inspiration der Aufklärungszeit.

Auch darin ist Füsslis Nachtmahr bezeichnend, denn dessen erste Fassung, die er durch keinerlei Auftrag gebunden anfertigte, folgte höchstwahrscheinlich Motiven, die man als ebenso persönlich wie ausgesprochen »dunkel« bezeichnen muß. Auf die Rückseite seiner Leinwand hat

Füssli nämlich, gleichsam im geheimen, das Porträt einer jungen Frau gemalt. Aller Wahrscheinlichkeit nach handelt es sich dabei um Anna
Landolt, Lavaters Nichte, in die er sich 1778 in Zürich unsterblich und
hoffnungslos verliebt hatte. Das Bild, von Anfang an also mit Vorder-
und Rückseitenbemalung konzipiert, macht ganz und gar den Anschein, als solle es aus der Ferne die unerreichbare Geliebte behexen:
Der Maler möchte die Nächte jener Frau heimsuchen, die er nur im
Traum besitzt, in Träumen, wie er sie in einem Brief an Lavater vom 18.
Juni 1779 beschreibt. Die Figuren auf der Vorderseite des Bildes, die
junge Frau, das Ungeheuer und die Stute, mögen also von Vorbildern
aus Antike und Renaissance angeregt worden sein, Füssli mag dabei eine
»Erfindung« praktiziert haben, die sich bereits zu diesem Zeitpunkt von
dem herleitet, was er später, im Jahre 1801, in einem Vortrag vor der
Royal Academy, die »geschickte Übernahme von Figuren in die Kunst«
nannte. Doch die Rückseite der Leinwand enthüllt, daß sie mit einer nahezu magischen Funktion betraut wurde, die deutlich macht, wie sehr
gerade in seinen geheimsten Winkeln das Ich dieses Aufklärungskünst-
lers Triebregungen in sich birgt, die nicht gerade aufklärerisch erscheinen.

Einmal mehr muß man an Goyas Kupferstich denken. Seine Ungeheuer sind keine Inkuben, deren Dasein zweifelhaft wäre. Vielmehr sind
die Käuzchen und Fledermäuse, die der Schlaf der Vernunft aus sich ent-
läßt, ganz und gar reale Nachttiere, und diese Bilderwelt des Unheimli-
chen fußt auf der klassischen Ikonographie (zumal der Emblemata-Lite-
ratur). Goya betont im übrigen, auf dem Stich von 1797, daß seine Sprache »universal« sei. Seine Darstellung muß als Allegorie verstanden werden: »klar, ausdrucksvoll, eindringlich«, wie Gravelot und Cochin in
ihrer *Iconologie par figures,* jenem zwischen 1763 und 1781 in Paris veröffentlichten Werk, schreiben. In der Bilderläuterung heißt es aber auch,
daß der Schläfer, dessen Schlaf jene Ungeheuer gebiert, der Künstler
selbst sei, Goya also in persona, der sich nicht geborgen glaubt vor den
Heimsuchungen des Wahns und des Aberglaubens, die er anprangert,
ohne doch für sich zu beanspruchen, daß er ein Heilmittel gegen sie
wisse. Ursprünglich sollte *Der Schlaf der Vernunft zeugt Ungeheuer*
einer Sammlung von Kupferstichen mit dem Titel *Die Träume* als Frontispiz dienen. Nachdem die Sammlung in *Caprichos* umbenannt worden
war, erhielt sie als Frontispiz ein *Selbstporträt,* das Goya mit einem verächtlichen Gesichtsausdruck zeigt, als ob der Künstler den Bericht sei-

ner grauenvollen nächtlichen Erfahrungen, von denen sein Werk Zeugnis ablegt, mit dem apotropäischen Bild seiner selbst habe eröffnen wollen. Goya sollte im übrigen beim rückhaltlosen Aufspüren der Mächte der Finsternis einen viel weiteren Weg zurücklegen, als Füssli ihn je gegangen ist. Letztlich macht dieser – darauf hat Jean Starobinski hingewiesen – »vor dem Häßlichen und Ekelhaften halt«. Ganz im Gegensatz dazu haben die Ausbrüche Goyas gegen die Finsternis selbst »etwas Nächtliches« und verleihen dem Dunkel, das sie karikieren, »eine knorrige und kompakte Sinnfälligkeit, die man nicht mehr einfach nur auf das Nichts abschieben kann«.

Die Aufklärungskünstler zu verstehen oder auch eine Kollektivvorstellung von ihnen zu entwickeln, ist schwerlich möglich, wenn man bei ihnen eine einheitliche, strahlende Quelle der Inspiration annimmt. Die einzelnen Künstler folgen, je nach Ort und Zeitpunkt, unterschiedlichen Tendenzen und bringen unterschiedliche künstlerische, philosophische oder politische Überzeugungen zur Geltung, und selbst im Inneren eines jeden Künstlers können die gegensätzlichsten Anschauungen miteinander streiten, die Aufklärung mit der Finsternis, die Leidenschaften mit der Vernunft. Eben diese Auseinandersetzung verleiht der Kunst der Aufklärung ihren kraftvollsten Impetus, ob nun die Vernunft danach trachtet, der finsteren Dummheit den Garaus zu machen, oder das Licht den Schatten zurückzudrängen sucht, oder ob die Figuren der Nacht, indem sie sich gegen ihre Entlarvung sträuben, eine in Bann ziehende und unwiderstehliche Vitalität an den Tag legen, als ob gerade in ihnen die unergründlichen Quellen des Lebens sprudelten.

Welche Kunstrichtung sie auch einschlagen, welche Form ihr Stil auch immer annimmt, allen Künstlern der Aufklärungszeit ist eine Vorstellung gemeinsam: Sie alle haben in je unterschiedlicher Ausprägung eine hohe Auffassung von ihrer Kunst und ihrer Aufgabe in der Gesellschaft. Für die Aufklärung grunden Ansehen und Glaubwürdigkeit des Kunstwerks in seinem sittlichen oder sozialen Gehalt, ungeachtet seiner bloß formalen Qualitäten.

So entwickelt zum Beispiel William Hogarth in den dreißiger Jahren des Jahrhunderts eine neue Form der »Historienmalerei«: In einer Reihe von Bildern (acht Blätter für *The Rake's Progress* von 1733 bis 1735, sechs weitere für *Marriage à la mode* von 1743 bis 1745) veranschaulicht er zeitgenössische Moral. Weil er sich, nach eigenem Ausdruck, als »Maler komischer Geschichten« *(Comic History Painter)* sah, gibt er nicht die eigenen Wertvorstellungen als Exempel an, sondern stellt das Lächerliche und Lasterhafte des Adels und der Mittelklassen dar. Ironie soll bei der sittlichen Besserung helfen, und um seiner Lektion noch mehr Wirkung zu verleihen, läßt Hogarth sie als Kupferstich verbreiten und benutzt dafür Themen, die er bekannten Stücken oder Romanen entlehnt. Zur Bekräftigung einer Flugschrift Fieldings über die schädlichen Folgen der Trunksucht läßt er im Jahre 1751, wieder in moralischer Absicht, zwei thematisch aufeinander bezogene Kupferstiche drucken: *Gin Lane* und *Beer Street*. Genau genommen vertritt Hogarth eine konservative Gesellschaftsmoral, und der hohe Preis seiner Arbeiten ist nicht dazu angetan, ihre Verbreitung unterm Volk zu fördern. Gleichwohl macht sich der Künstler für die Ideen und Interessen der aufgeklärten Mittelklasse stark, deren Wertschätzung ihm umgekehrt zu Rang und Ansehen verhilft.

Auch Jean-Baptiste Greuze will, ungeachtet aller Zwielichtigkeit, zu der ihn Ruhmsucht und das Streben nach gesellschaftlichem Emporkommen verleiten, mit seiner »moralischen Malkunst«, als deren Bannerträger er gelten kann, einem vergleichbaren Ziele dienen. In diesem Sinne jedenfalls versteht und rühmt ihn 1763 Diderot und zeigt sich glücklich über den »Mut« von Greuze, »in der Malerei Moral zu predigen«, »uns zu rühren, uns zu belehren, uns zu bessern und uns zur Tugend zu ermahnen«. Zwei Jahre später kommt Diderot darauf zurück, und zwar in einer, mit einer sehr aufschlußreichen Wendung endenden Gegenüberstellung von Greuze und Baudoun, dem Schwiegersohn Bouchers: »Greuze hat sich zum Maler und Prediger der guten Sitten, Baudoun zum Maler und Prediger der schlechten Sitten gemacht; Greuze ist der Maler der Familie und der ehrbaren Leute; Baudoun der Maler der Bordelle und Lebemänner. Zum Glück aber hat er weder die Anlage, noch das Genie, noch die Farbe, aber wir haben Genie, wir haben die Anlage und wir haben die Farbe, und wir werden stärker sein«.

Auch die beiden Bilder *(Der hl. Rochus* und *Bélisaire),* die David im Salon von 1791 ausstellt, sind in dieser Hinsicht sehr bezeichnend. *Der hl. Rochus, bei der Jungfrau Maria für die Pestkranken Marseilles fürbittend* ist ein Auftragswerk für das *Bureau de la Santé Publique* (Amt für Volksgesundheit), mit dem an die Epidemie von 1720 erinnert werden soll. David knüpft nun zwar an die herkömmliche Ikonographie des fürbittenden Heiligen an, betont indessen mehr Ungemach und Verzweiflung der von der Pest Befallenen, als daß er die Fürbitte als solche preist.

Man hat in dieser besonderen Behandlungsweise des Themas eine ver-
hüllte Attacke auf die Kirche sehen wollen, der, so hatte es den Anschein, das Schicksal der Armen gleichgültiger gewesen war als das der
Reichen, waren doch unter den 40 000 Pestopfern des Jahres 1720 kaum
tausend, deren gesellschaftliche Stellung über die eines Arbeiters oder
Handwerkers hinausreichte. Mit dem Entschluß, für die Aufnahme in
die *Académie Royale* einen *Bélisaire* zu malen, hatte David demgegenüber ein Thema gewählt, das wegen seiner politischen Anklänge in
Mode war, zumal seit dem Erscheinen von Marmontels gleichnamigem,
moralisierenden Roman im Jahre 1767. In der zweiten Hälfte des 18.
Jahrhunderts stellte die Figur des Belisarius, jenes Generals, der durch
zynisches Unrecht und die Undankbarkeit von Kaiser Justinian an den
Bettelstab gebracht wurde, einen idealen Anknüpfungspunkt für die soziale und politische Agitation der liberalen Gesellschaftsreformer und
gemäßigten Konservativen dar. Davids Entscheidung erwies sich auch
in einer anderen Hinsicht als glücklich: Marmontel, der Sekretär der
Académie Française war, war mit dem Comte d'Angiviller befreundet,
dem Direktor des Königlichen Bauhofs seit der Thronbesteigung von
Ludwig XVI. (1774).

Beispiele dafür, daß in den verschiedensten Gattungen ein moralisches, soziales oder politisches Engagement die Basis für die ästhetischen Entscheidungen des »aufgeklärten« Künstlers bildete, ließen sich
leicht vermehren. Die bündige Darstellung dieser Position findet sich
im Artikel »Interessant« der *Encyclopédie,* wo es heißt, daß der Künstler
»Philosoph und *honnête homme*« sein müsse und daß der Wert eines
Kunstwerks in seinem sittlichen und sozialen Gehalt liege. Dies ist auch
schon die Auffassung von La Font de Saint Yenne, des Vaters der Kunst-
kritik im modernen Sinne, der bereits 1754 die Forderung aufstellt, daß
die Historienbilder »eine Schule der Sitten« zu sein haben und das tu-
gend- und heldenhafte Tun großer Männer zum Gegenstand nehmen
müßten, welche ein Beispiel an Menschlichkeit, Großherzigkeit, Seelen-
größe und Mut seien. Die Idee ist nicht neu, auch kann sich dieser aus-
drückliche Wille zur Moral in der Kunst gleichermaßen konventionell,
konservativ oder gar aufklärungsfeindlich äußern. Aber so wie sie damals formuliert wurde, hat die Vorstellung einer sozialen Verantwortung des Künstlers das Gewicht einer Kritik an Entartung und Verderbt-
heit der zeitgenössischen Gesellschaft. Wie der Schriftsteller bei Sartre,
so handelt der Künstler der Aufklärung »aus Verpflichtung zur Kunst«,

sein Werk baut auf die »Freiheit« der Betrachter. Diderot möchte, daß man malt, »wie man in Sparta redete«, und Winckelmann, der Historiker und Theoretiker einer Rückkehr zur Antike, vertritt die These, daß nur die Freiheit die Kunst zur Vollendung zu erheben vermöge, wie es sich ihm zufolge zur Genüge an der unvergleichlichen Schönheit der klassischen Kunst Griechenlands erweise.

Allerdings ist sogleich zu betonen, daß diese Auffassung von der Mission des Künstlers durchaus kein revolutionäres politisches Bewußtsein einschließt. Auch ist die Revolution der Kunst, die sich damals vollzieht, nicht im mindesten mit der politischen Revolution gleichzusetzen, die in Frankreich auf der Tagesordnung steht. Nicht nur ist es so – wir werden das an späterer Stelle sehen –, daß dieser Entschluß zu Moral und Ernsthaftigkeit in der Kunst von den politisch führenden Köpfen gutgeheißen wird, sondern man trifft auf ebensoviele konservative Neoklassiker wie Fortschrittler oder Revolutionäre unter den Künstlern. Die Entwicklung von Antonio Canova ist in dieser Hinsicht beispielhaft. Sein Gemälde *Dädalus und Ikarus* stößt 1779 in Rom auf große Bewunderung, man legt ihm aber nahe, seine realistische Kunstfertigkeit im Namen des griechisch-römischen Ideals zu mäßigen. Schon 1783 zeigt er mit seinem *Theseus und der Minotaurus,* daß er die Lektion verstanden hat, die moralischen und politischen Anklänge des Werks tragen unübersehbar den Stempel eines »aufgeklärten« Künstlers. Canova verzichtet auf die Vorstellung, die ihm zunächst vorgeschwebt hatte (der Kampf zweier Widersacher), und stellt nunmehr den Theseus dar, wie er als Triumphator auf dem Körper des toten Ungeheuers sitzt. Sein Minotaurus ist sichtlich inspiriert von einem Stich der *Pitture antiche d'Ercolano e contorni,* und der von ihm ausgehende Eindruck drastischer Realität kontrastiert mit der idealisierten Vollkommenheit des Theseus, dessen Körper sich als vollendeter Ausdruck jener »stillen Größe« und »edlen Einfalt« erweist, die Winckelmann zu den Unterscheidungsmerkmalen klassischer Vollkommenheit erklärt hatte. Das Werk wird als »erstes, in Rom ausgestelltes Beispiel für eine Wiedererweckung des Stils, der Lehren und Grundsätze der Antike« begrüßt. In Anerkennung dieses Meisterwerks und ungeachtet des besorgniserregenden Zustands der Staatsfinanzen setzt der Senat von Venedig dem jungen Canova eine Jahresrente aus. Mehr noch als der künstlerische Durchbruch wird damit natürlich der politische Gehalt preisgekrönt. Theseus, der idealisierte Sieger über das kretische Monster, verkörpert den Patriotismus der Serenissima: Nach dem Verlust der

letzten Besitzungen auf Kreta im Jahre 1715 mußte Venedig 1718 den
Türken die Peloponnes überlassen und konnte nur tatenlos zusehen, als
diese im Jahre 1770 eine Erhebung auf Kreta brutal niederschlugen. Dieses Ideal der über die Bestialität triumphierenden Freiheit sollte freilich
im Werk Canovas eine Ausnahme bleiben. In den achtziger Jahren des
Jahrhunderts siegt in Venedig die Reaktion, was insbesondere zur Folge
hat, daß die liberale Bewegung der *Bernabotti* verschwindet, mit denen
indirekt Canovas Auftraggeber verbunden waren. Der Idealismus Canovas trägt fortan stärker konservative, fast sehnsuchtsvolle Züge, als ob
die ewige Schönheit der Alten nur noch im Widerschein einer uneinhol-
baren Entrückung zu fassen wäre. Jedenfalls bescheidet Canova französische Kunstfreunde, die ihn 1799 in seinem römischen Atelier aufsuchen
und in seinem *Herkules und Lichas* eine Allegorie des französischen Herkules erblicken wollen, der die Monarchie niederwirft, daß er um nichts
auf der Welt ein solches Sujet dargestellt hätte und daß die Figur des Lichas ebensowohl die Entartung der Freiheit bedeuten könne. Schon
diese Antwort mag deutlich machen, wie wenig das Ideal der Freiheit,
das nach Winckelmann die Kunst zur Vollendung gebracht hatte, mit
jenem Ideal gleichgesetzt wurde, das die französische Revolution nach
Kräften in ganz Europa zu verbreiten suchte.

Nicht in politischer Hinsicht also wirkt der Wille zu Ernsthaftigkeit
und Moral in der Kunst einigend auf die Künstler der Aufklärung. Vielmehr bekundet, wer in der zweiten Hälfte des 18. Jahrhunderts eine aufgeklärte Attitüde in der Kunst herauskehrt, vor allem, daß er all das verwirft, was mit dem Rokoko in Zusammenhang steht. Diese Abkehr
kann zuweilen die Form einer nationalen Gegenbewegung gegen fremd-
ländischen Geschmack annehmen. In Deutschland etwa verbindet sich
damit ein antifranzösisches Sentiment: Rokoko und Muschelstil werden
eng mit jenem Kunstgeschmack in Beziehung gesetzt, der zur Zeit Ludwigs XV. triumphierte. In England wird der Stilwechsel, der mit dem
Antritt der Herrschaft von Georg III. einsetzt, vom Architekten Robert
Adam ausdrücklich gutgeheißen. Er beruft sich dabei auf die der anglikanischen Tradition angemessene »schickliche Einfachheit«, der er das Verschwenderische und Prunkhafte entgegensetzt, die den Pomp der rö-
misch-katholischen Kirche ausmachen. Doch handelt es sich durchaus
um ein gesamteuropäisches Phänomen, welches sich wie schon in
Deutschland und England so auch, spätestens in den siebziger Jahren, in
Italien und Frankreich, und zwar beim Adel ebenso wie unter dem auf-

steigenden Bürgertum, durchgesetzt hatte. Jenseits aller nationalen, politischen oder sozialen Gegensätze wird mit dem Rokoko ein Kunststil verworfen, der als privater Luxus angesehen wird. Künstler und Auftraggeber verurteilen dessen »frivole« Reize und verfechten statt dessen das Ideal einer rationalen, universell geltenden Schönheit, das sich auf die Eindeutigkeit der reinen Linie gründet. Für Füssli geht es mit der Kunst zu Ende, wenn sie »den Geboten der Mode oder den Launen eines Herrn« folge. Nach Reynolds »verdankt ein Werk, das nur einer Epoche oder einer Nation gefällt, seinen Erfolg lediglich einer bloß örtlich oder zufällig zusammengekommenen Personengruppe.« Die neue Kunst will aber ebenso universell sein wie die Vernunft. Sie braucht, für ihre Botschaft von Größe und Tugend, das allerbreiteste Publikum, mehr noch, die Menschheit als Ganzes, aller Länder und aller Zeiten.

In der Malerei sind die Wirkungen von Farbe und Gliederung ganz besonders verpönt, sind sie doch »oberflächlich« und wenden sich nur an die Sinne. Daher werden sie leicht von jedem Betrachter anders aufgefaßt. Im Gegensatz zur Anmut der Farben und dem *gewissen Etwas*, der Voraussetzung für raffinierteste Genüsse, ist die Linie etwas, was die Natur lehrt, und auch Rousseau, obschon doch selbst hoch empfindsam, meint, daß »ohne die Linien die Farben nichts sind«. Die Linie ist nicht nur »natürlicher« und universeller, sie ist auch »wahrhaftiger«. Nach Schiller gibt der »reine Umriß« ein »getreueres Bild« des Gegenstands. Für Reynolds zeigt sie »die genaue Form, die jeder Teil der Natur haben müßte«. Und für William Blake ist die Einfachheit der Linie »der edelste Zierat der Wahrheit«, sie ist deren wesentliches Attribut.

Die unaufhaltsame Ausbreitung des Neoklassizismus beruht freilich auch darauf, daß dieser mit universalem Anspruch auftretende Stil das Gefühl vermittelt, in ihm finde sich eine uralte europäische Tradition wieder, die auf die Linienmalerei der griechischen Vasen und auf die Einfachheit der Linien bei den frühen italienischen Malern zurückgeht. So bewundert Goethe Flaxman wegen seiner Fähigkeit, »den unschuldigen Geist der frühen italienischen Malschulen« wiederzuentdecken. Die Abkehr von der »affektierten« Anmut des Rokokos wird nicht nur als ein Triumph der Vernunft erlebt, sondern als Rückkehr zu den eigentlichen Quellen der europäischen Kunst, vor deren gesellschaftlichem Verfall. Es ist denn auch kein Zufall, wenn die Künstler, wo sie sich den Anfängen der Malerei zuwenden, zumal vom Mythos der Tochter des Töpfers von Korinth eingenommen sind, welche den auf eine Wand geworfenen

Schattenriß ihres Geliebten nachzeichnet: Für die damalige Zeit besaß das Zeichnen den unvergleichlichen Nimbus, das älteste Mittel bildlicher Darstellung zu sein. Als Quatremère de Quincy daher die Künstler aufruft, »die Flamme der Antike erneut zu entzünden«, kommt dies der Aufforderung zu einer Revolution gleich, die zugleich eine Auferstehung ist. So sieht es auch Jean Starobinski, wenn er schreibt, daß die Modernen sich Mühe gaben, »Verfahren zu vergessen, die sie gelernt hatten, um nur noch die Ausdruckskraft der Alten in sich zur Geltung kommen zu lassen (...) Der erste Mensch, die ersten Völkerschaften hatten bereits alle Kunst und alles Wissen empfangen, das Wesentliche jener ersten Erleuchtung aber ist von der Geschichte bloß verdunkelt worden«.

Dieser intellektbetonte und entschiedene Ansatz ist ein sämtlichen Künstlern der Aufklärung gemeinsamer Zug und trägt zur Neubegründung des theoretischen Bewußtseins bei, das die Künstler von ihrem Schaffen haben. Dieser Punkt ist von großer Bedeutung, denn die von da an mit dem Kunstschaffen einhergehende rationale Reflexion hat zur Folge, daß die Rolle des Irrationalen im Kunstwerk, im kreativen Akt wie bei der Rezeption, immer deutlicher anerkannt wird. Zu erkennen ist dies auf zwei Gebieten, die sich besonderer Wertschätzung erfreuten, nämlich an der Bestimmung des schöpferischen Genies und an der Neufassung des klassischen Begriffs vom Erhabenen.

Die außerordentlich starke Zunahme der Kunstakademien ist Voraussetzung und Indiz für eben diese Entwicklung des theoretischen Interesses. Hatte es um 1720 insgesamt in Europa ganze 19 Akademien gegeben, von denen nur wenige eine künstlerische Ausbildung erteilten, so zählte man im Jahre 1790, von Philadelphia bis Sankt Petersburg, bereits über 100 solcher Einrichtungen. Eine der bemerkenswertesten Neugründungen ist die Royal Academy of London im Jahre 1768, verdankt sie sich doch dem Umstand, daß sich in ihr der Wille des Monarchen mit einer allgemeinen Tendenz in der Gesellschaft verband. Diese wurden gleichermaßen von Industriellen und Geschäftsleuten (die eine *Society for the Encouragement of Arts, Manufactures and Commerce,* die heutige *Royal Society of Arts,* gegründet hatten) wie von Künstlern getragen – letztere verteilten sich auf die *Free Society of Artists* und *The Society of Artists of Great Britain,* aus der die meisten Gründungsmitglieder der *Royal Academy* kamen. Angeregt vom französischen Muster, sollten die Vorlesungen der *Royal Academy* insoweit ein erhebliches Gewicht bekommen, als der Künstler sein eigener Theoretiker zu sein hatte. Eingedenk der Beweggründe, die seiner Arbeit Anregung und Richtung geben, soll der Künstler sein Schaffen an den großen Vorbildern der Vergangenheit und den höchsten Forderungen der Kunst ausrichten.

Lebendigkeit und Aktualität dieses intellektbetonten Vorgehens (ebenso wie dessen europäischer Charakter) erweisen sich am Interesse, das Texten zur Kunsttheorie entgegenbracht wird, ein Interesse, das sich auch an der Zahl und dem raschen Erscheinen von Übersetzungen von einer Sprache in die anderen ablesen läßt. Einige Beispiele mögen genügen: Laugiers *Essai sur l'Architecture*, der in Frankreich im Jahre 1753 erschien, ist in englischen Buchläden ab 1755 zu haben; die *Inquiry into the Beauties of painting* von Daniel Webb (1760) erscheint 1765 in Frankreich, 1766 in Deutschland und schließlich 1791 in Italien; Winckelmanns *Geschichte der Kunst des Altertums* (1764) lag schon 1766 auf französisch vor, und bereits 1765 hatte Füssli als erster Winckelmanns Schrift *Gedanken über die Nachahmung der griechischen Werke in der Malerei und Bildhauerkunst* ins Englische übertragen.

Der Künstler der Aufklärung tritt also in der entschieden modernen Gestalt des Schöpfers in Erscheinung und ist damit ebenso weit vom Handwerker und Praktiker mit bloß technischen Fertigkeiten wie von jenem Künstler entfernt, der ein williger Diener seines Auftraggebers ist und dank der Leichtigkeit seines Pinselstrichs, durch Porträtmalerei und galante Bildchen, zu Reichtum gelangt. Nach Winckelmanns Aufforderung an die Künstler, »ihren Pinsel in den Geist einzutauchen«, machen sich die aufgeklärten Künstler ans Denken. Wenn etwa Greuze bündig erklärt, er tauche seinen Pinsel »in sein Herz«, so setzt Diderot hinzu, daß bei diesem vollendeten Künstler Empfindung und Vernunft Hand in Hand gehen: »Es wäre sehr erstaunlich, wenn dieser Künstler sich nicht auf das verstünde, was er tut. Er ist geistvoll und empfindsam; er kann sich für seine Kunst begeistern; zahllos sind die Skizzen, die er anfertigt (…) Kaum denkt er über ein Sujet nach, so ergreift es von ihm Besitz und folgt ihm überallhin. Selbst in seinem Charakter schafft es sich Ausdruck«. Zwei Jahre später, im Jahre 1765, kommt er auf das Thema zurück: »Chardin und er lassen ihr Talent hervorragend sprechen, Chardin mit Sachverstand und Besonnenheit, Greuze mit Herzenswärme und Begeisterung.«

Greuzes Begeisterung, an der Geist und Gefühl beteiligt sind, ist ein Kennzeichen seiner Epoche. Das Interesse an Kunsttheorie führt bei den Künstlern zu einem neuen Bewußtsein für ihr Tun, denn die Aufklärung kommt schließlich dahin, die Rolle, die irrationale Momente beim Hervorbringen und Rezipieren von Kunstwerken spielen, in der Vernunft zu begründen. Zweifellos ist es eine der entscheidenden Errungenschaften jener Zeit, die ihren »taghellen« Intentionen verpflichtete Rationalität in ein komplexes Konzept des schöpferischen Genies und eine einschneidende Umformulierung des Begriffs des Erhabenen eingebracht zu haben.

Baumgartens *Aesthetica* hat 1750 durch ihre radikale Neubestimmung der Idee von Erkenntnis mit den herkömmlichen Kunstanschauungen gebrochen. Nach Baumgarten ist das Kunstwerk Träger der Erkenntnis; erst durch die Erfahrung des Kunstwerkes wird die Erkenntnis möglich. Die Ästhetik ist für ihn ein Bereich, über den das »Vernunftprinzip«, sonst die Bedingung jedweder klaren Erkenntnis, keine Macht hat. Indessen schreibt Baumgarten diesem besonderen Bereich auch einen besonderen Wert zu: Das ästhetische Verhältnis ist Ort und Gelegenheit für eine »undeutliche Wahrnehmung«, d. h. eine Wahrnehmung, in der sich das Ganze unter dem Aspekt seiner Unmittelbarkeit zeigt, ohne daß dessen besondere Elemente von ihm abstrahiert werden könnten. Damit gehört die ästhetische Erfahrung zu einer vorbegrifflichen Sphäre, über die die Logik nicht zu urteilen hat, die allerdings über eine Logik eigener Art verfügt, nämlich die der »niederen Erkenntnisfähigkeiten«. Baumgarten erkennt zwar weiterhin die Autorität der Vernunft an, aber er begreift die Ästhetik als eine »niedere Gnoseologie«: Die »niederen Fähigkeiten« der Seele werden ihrerseits von einem ihnen eigenen Gesetz regiert, das zwar ein »niederes« Gesetz sein mag, nichtsdestotrotz aber Gesetz ist. Das ästhetische Verhältnis zur Welt wird somit bestimmt als eine »Kunst, in Schönheit zu denken« *(ars pulchre cogitandi)*. Damit führt Baumgartens Denken zu einer Neufassung des künstlerischen Genies: Mit seiner außerordentlichen Empfänglichkeit sowie Stärke und Weite der Einbildungskraft, aber auch mit seiner geistigen Klarsicht *(dispositio naturalis ad perspicaciam* [sic]) ist das Genie unmittelbarer Ausdruck einer besonderen Begabung, des *ingenium venustum.* Dieses *ingenium venustum* ist für Baumgarten alles andere als ein Sammelsurium von Eigenschaften, das man in seine Teile auflösen könnte, vielmehr ist es »eine Einstellung, ein geistiger Gesamteindruck, der seine eigene Färbung dem vermittelt, was er ergreift oder aufnimmt«; es ist eine Bereitschaft der Seele, die mit dem Künstler geboren wird. Die *Aesthetica* bezieht ihre Kraft zur Erneuerung nicht allein daraus, daß sie eine eigene Logik der »niederen Erkenntnisfähigkeiten« in einem philosophischen System begründen will, sondern auch daraus, daß sie eine »Lehre vom Menschen«, eine Anthropologie sein möchte.

Herder sollte in Baumgarten den »wahrhaften Aristoteles unserer Zeit« sehen. Tatsächlich aber blieb sein Einfluß sehr begrenzt, und die Künstler der Aufklärung haben Baumgarten erst gar nicht gelesen. Gleichwohl stellt sein Denken einen grundlegenden theoretischen und historischen Wendepunkt dar, denn er zieht in philosophischen Begriffen und für den Bereich der Kunst die Konsequenz aus jener Rehabilitierung der Leidenschaften, an der das Jahrhundert arbeitete, aus dem, was Cassirer die »Emanzipation der Empfindsamkeit« genannt hat.

In zahlreichen »philosophischen« Texten, die im Vergleich zu Baumgartens spröder *Aesthetica* leichter zugänglich sind, wird an einer Neubestimmung des Begriffs des schöpferischen Genies gearbeitet, und der damit einhergehende theoretische Wandel hat das Bewußtsein der Künstler von sich selbst geformt. In diesem Zusammenhang verdient die Entwicklung des Denkens der französischen »Philosophen« unsere Aufmerksamkeit, denn dort ist zu beobachten, wie der wachsende Nimbus von Gefühl und Leidenschaft auf die Tradition des Kartesianismus und den Kult der Vernunft ausstrahlt.

Für Abbé Batteux etwa, der 1748 *Les beaux-Arts réduits à un même principe* veröffentlicht, müssen die Verhältnisse klar sein. Im Gegensatz zu Abbé Du Bos, in dessen *Réflexions critiques sur la Poésie et la Peinture* (1719) dem Irrationalen ein gewisser Anteil an der dichterischen Inspiration eingeräumt worden war (»Man muß von einer Art Furor ergriffen sein, um schöne Verse zu verfertigen«), behauptet Batteux, daß Genie und Vernunft untrennbar zusammengehören. Genie ist für ihn »eine tätige Vernunft, die sich mit Geschick an einem Gegenstand betätigt, mit Fleiß dessen wirkliche Seiten, seine sämtlichen Möglichkeiten erkundet (...) Es ist ein aufgeklärtes Werkzeug, das unentwegt gräbt, ergründet und ans Licht bringt«. Die Genies erfinden nichts Neues, sie bringen lediglich »einen Gegenstand zum Leben«, sie erkennen, »was er ist und wie er ist«. Diese dezidierte Position bleibt das ganze Jahrhundert über unverändert. Von winzigen Unterschieden abgesehen, ist dies auch die Meinung von Condillac; nach ihm beschränkt sich das Verdienst der Genies ausschließlich darauf »zu beobachten, zu finden und nachzuahmen«. Sobald sich die Einbildungskraft von »der Analogie mit der Natur« entfernt, »bringt sie nurmehr monströse und überspannte

Ideen hervor« *(Dictionnaire des Synonymes,* 1737-1738). Für D'Alembert gleicht das künstlerische Genie dem »logischen« Genie: »es erkennt scharfsinnig verborgene Schönheiten«. Der Artikel »Enthusiasmus« in der *Encyclopédie* (1755) betont, daß das Moment der Begeisterung keineswegs »eine Art Furor« oder ein »Überschwang« sei, sondern dem gleiche, »was in der Seele des Mannes von Genie vor sich geht, wenn die Vernunft, in einem raschen Vorgang, ihm ein eindrucksvolles und neues Bild vor Augen führt, das ihn packt, bewegt, entzückt und mit Beschlag belegt (...) Die Ausdrücke *Einbildungskraft, Genie, Witz, Talent* sind lediglich Bezeichnungen, die man für die verschiedenen Handlungen der Vernunft gefunden hat«. Am Ende des Jahrhunderts sollte dann Joseph-Marie Chénier diese Bestimmungen dem Zeitgeschmack anpassen: »Es sind der gesunde Menschenverstand, die Vernunft, die alles machen (...) Und das Genie ist die bewunderungswürdigste Vernunft.«

Andererseits heißt es im Artikel »Genie (Philosophie und Literatur)« der *Encyclopédie,* daß das Genie an eine besondere Form des Empfindungsvermögens gebunden sei, daß es einem bestimmten Typus von Mensch eigne und nicht einem Vermögen zugehöre, mit dem jeder Mensch von Natur aus begabt wäre: »Der Mensch von *Genie* (...) hat eine Art zu sehen, zu fühlen und zu denken, die ihm eigentümlich ist.« Damit ist die Vernunft nicht mehr die wesentliche Eigenschaft des künstlerischen Genies. Künstlerisches Schaffen geht hervor aus Empfindungsvermögen und Einbildungskraft, über die Vernunft nichts vermag.

Diderot nimmt in dieser Umorientierung eine Position ein, die um so bedeutsamer ist, als er zahlreiche Kontakte mit zeitgenössischen Künstlern bei Gelegenheit der halbjährlich stattfindenden Salons der Académie Royale unterhält. Zwischen 1759 und 1781 berichtet er darüber in Grimms *Correspondance littéraire* und verbreitet auf diesem Wege an den aufgeklärten Höfen Europas jene neue, verinnerlichte Auffassung vom schöpferischen Genie. Schon 1746 erklärt er in den *Pensées philosophiques,* daß »einzig die Leidenschaften, und zumal die großen Leidenschaften, die Seele zu den großen Dingen emporzuheben vermögen. Ohne sie gibt es das Erhabene nicht«. Obgleich Diderot durchaus die Rolle der Vernunft als ausgleichendes Moment im Schöpfungsprozeß betont, preist er fortan das Gefühl und insbesondere die Begeisterung, derart, daß er zum Beispiel im Salon von 1767 den Gegensatz des Philosophen, der »räsoniert«, und des Begeisterten, der »fühlt«, des »nüchternen« Philosophen und des »trunkenen« Begeisterten betont. Gleichwohl möchte er die Trunkenheit mit der Vernunftinstanz, die für ihn nach wie vor dem künstlerischen Schaffen die Regel gibt, in Einklang bringen. (Im *Paradoxe sur le comédien* (1773-1778) geht er sogar so weit zu behaupten, daß bei einem »großen Genie nicht das Herz, sondern der Kopf alles macht«). Zu diesem Zweck entwickelt er den Begriff der sukzessiven Phasen im Schaffensprozeß. Die Vorstellung davon lag seit Winckelmanns Rat: »Der Künstler skizziere mit Feuer, führe aber mit Bedacht aus« in der Luft. Man braucht nur die Skizzen Canovas zu nehmen, um zu sehen, daß sogar ein Neoklassizist in Reinkultur bei der Skizze nicht ohne »Feuer« auskam. Diderot aber geht weiter; er gelangt zu der radikal neuen und für die Aufklärung geradezu beunruhigenden Vorstellung, daß in einem gewissen Stadium seines schöpferischen Tuns das Genie von einem spezifischen *Wahn* befallen sei. Dieser geniale Wahn ist keineswegs pathologisch, sondern ein Teil der schöpferischen Energie und des Schaffenstriebs. Die Bedeutung dieser These liegt darin, daß Diderot im übrigen deutlich zwischen dem schöpferischen Wahn des Genies und dem *furor poeticus* unterscheidet, der den antiken Dichter beflügelt. Dieser konnte erst dichten, wenn ein göttlicher Geist in ihn gefahren war; demgegenüber werden der Dichter oder Maler der Aufklärung, in ihrem scheinbaren Wahn, von nichts anderem als dem eigenen Genie beseelt, wobei Genie zu einem grundlegenden, inneren Attribut des großen Künstlers wird.

Wenn Diderot den Künstlern eine besondere Fähigkeit zum Wahn zuschreibt, dann verdeutlicht er damit ein wesentliches Moment des Bewußtseins der Künstler der Aufklärungszeit: Die Klarheit der Vernunftprinzipien und ihrer taghellen Ideale kann in der Kunst nur größer werden, wenn sie eine Verbindung mit den dunklen, aber positiven Kräften der Leidenschaften und schöpferischen Fantasie eingeht.

Auch der außerordentliche Siegeszug, den der Begriff des Erhabenen in der zweiten Jahrhunderthälfte erlebt, verdankt sich einer vergleichbaren Fortentwicklung des künstlerischen Bewußtseins. Geradezu inflationär gebraucht, wird der Terminus *erhaben* auf Werke angewendet, die ansonsten grundsätzlich verschieden sind. Schon Diderot findet in seinen *Salons* die *Malédiction paternelle* von Greuze ebenso erhaben wie Fragonards *Corrésus et Callirhoé* oder wie Vernets Gewitter, die kleinen Ruinen von Hubert Robert ebenso wie die große Maschine in Doyens *Miracle des Ardents*. In einer Mischung aus Schrecken und Lust befällt ihn auch vor Davids *Der hl. Rochus* ein typisch »erhabenes« Gefühl,

und sogar Chardin rettet in den Augen Diderots sein »Ideal« nur durch
die erhabene »Machart« vor dem Eindruck des »Elenden«. Der Terminus ist ganz offensichtlich in Mode. Es wäre allerdings falsch anzunehmen, daß sich die Bedeutung des Wortes in Diderots Gebrauch abnutzt.
Das semantische Durcheinander, das sich um diesen Begriff herumla-
gert, zeigt bloß an, daß er, ähnlich wie zur gleichen Zeit die Vorstellung
des Glücks, Empfindungen verdichtet, deren Einheitsmoment weniger
im Begrifflichen als im Existentiellen liegt (Robert Mauzi). Das Gefühl
des Erhabenen durchdringt in der Tat das meiste von dem, was in der
zweiten Hälfte des 18. Jahrhunderts künstlerisch hervorgebracht
wurde, und bildet somit ein spezifisches Ferment für die Inspiration der
Künstler der Aufklärungszeit: Piranesi ist ebenso erhaben wie Füssli,
Goya ebenso wie Blake; Ossians »Urtümlichkeit« ist erhaben und auch
die wissenschaftlichen Nachtbilder von Joseph Wright of Derby haben
einen Bezug zu dem, was man das »industriell Erhabene« genannt hat
und was für die damalige englische Malerei so typisch ist.

Es ist daher unumgänglich, den Begriff aufzuschlüsseln, denn er berührt wesentliche Punkte des Kunstgefühls der Aufklärung.

Aus der Rhetorik *(Über das Erhabene)* des Pseudo-Longinus übernommen, bezeichnet das Erhabene bei Boileau (1674) das Außerordentliche, das Überraschende und Wunderbare in einer Rede, bevor der Terminus dann auch auf die bildenden Künste übertragen wird. Das Erhabene überzeugt nicht durch Argumentation, es liegt jenseits der Vernunft und diesseits der Regeln. Das Erhabene »erhebt, entzückt, begei-
stert«. Dieses Bedeutungsfeld bleibt auch während der Aufklärung erhalten: Das Erhabene kann die Aufwallung der schwärmerischen Vernunft
heraufrufen. Damit ist es, mit den Worten des Pseudo-Longinus, »das
Echo einer großen Seele«. Gerade im Hinblick auf ihre übermenschliche
Größe sind Davids Bilder *Der Eid der Horatier, Sokrates* oder *Brutus* erhaben und übt der *Apollo des Belvedere* auf Winckelmann eine erhabene
Wirkung aus. Im Gegensatz zum Schönen, das absolut und objektiv ist,
ist das Erhabene demzufolge eine subjektiv wahrgenommene Qualität,
die sich sozusagen weniger im Gegenstand selbst als in der von diesem
Gegenstand ausgelösten, erschütternden Wirkung zuträgt. Natürlicher-
weise ist das Erhabene mit dem Gefühl verbunden, mit den Schwärme-
reien des Empfindungsvermögens: Eines der sichersten Zeichen der Wirkung des Erhabenen ist der »Sturzbach der Tränen«. Hier muß die Vernunft versagen und einer Empfindung erliegen, welche jene über jedes

vernünftigerweise mögliche Reden hinaushebt und deren Übermaß sich durch eine Reaktion diesseits alles Rationalen kundtut. Dieses pathetisch Erhabene kann im Dienste der philosophischen Kämpfe der Aufklärungszeit zu einer mächtigen Waffe werden.

Diese klassische Auffassung wird von Edmund Burke in seiner 1757 veröffentlichten Abhandlung *A Philosophical Enquiry into the origin of our ideas of the Sublime and the Beautiful* radikal anders gewichtet. Burkes Werk erlebte innerhalb von 30 Jahren zehn Auflagen und wurde 1765 ins Französische und 1773 ins Deutsche übersetzt. Konnte das Erhabene in der Definition des Pseudo-Longinus noch als »trojanisches Pferd« innerhalb der klassischen ästhetischen Theorie gelten, so vollzieht Burke eine regelrechte erkenntnistheoretische Wende. Er stützt sich auf eine »experimentelle« Methode, die auf der »Untersuchung unserer eigenen Leidenschaften« und auf der »aufmerksamen Erforschung der Naturgesetze« fußt, verfährt also wie ein richtiger Philosoph und stellt die These auf, daß die vom Erhabenen hervorgerufene Wirkung grundsätzlich eine andere sei als die, die durch das Schöne entsteht. Das Erhabene der Aufklärung ist unregelmäßig, »rauh und ungehobelt« (166), in »Finsternis und Düsterkeit« (166) gehüllt und ruft eine »dem Schrecken gleichartige Leidenschaft« (174) hervor. »Alles, was auf irgendeine Weise geeignet ist, die Ideen von Schmerz und Gefahr zu erregen, das heißt alles, was irgendwie schrecklich ist oder mit schrecklichen Objekten in Beziehung steht oder in einer dem Schrecken ähnlichen Weise wirkt, ist eine Quelle des *Erhabenen;* das heißt, es ist dasjenige, was die stärkste Bewegung hervorbringt, die zu fühlen das Gemüt imstande ist.« (72)

Kant sollte dann den Nachweis erbringen, daß das Erhabene kein Gegenstand der Sinne ist und nur zu tun hat mit dem »Gebrauch, den die Urteilskraft von gewissen Gegenständen (...) natürlicher Weise macht« (336). Burkes Schrift sollte denn auch faktisch keinen direkten Einfluß auf das künstlerische Schaffen haben. Aber ähnlich wie Baumgartens *Aesthetica* ist auch sie ein entscheidender theoretischer Fixpunkt an einer bedeutsamen Nahtstelle des Jahrhunderts, durch den die Kluft zwischen der raffinierten Unbeschwertheit des Rokoko und dem leidenschaftlichen Ernst der Aufklärung noch vertieft wird. Denn mit dem »schrecklich« Erhabenen eröffnet sich für den Künstler ein neues Feld, nämlich ein Werk zu schaffen, das, statt auf die mit der Schönheit verbundene »Lust« abzustellen, mit den instinktverhafteten Regungen der Psyche spielt.

Burkes Persönlichkeit könnte zu der Vermutung Anlaß geben, daß das Erhabene und die Aufklärung in einem radikalen Gegensatz zueinander stehen. Als intellektueller Anführer einer umgehend einsetzenden, feindseligen Gegenbewegung gegen die Französische Revolution (seine *Betrachtungen über die Französische Revolution* erschienen 1790) empfindet er uneingeschränkten Widerwillen gegen die französische Philosophie. Der Vernunft des einzelnen hält Burke die kollektive und allgemeine Vernunft entgegen. Jene ist zu schwach, um eine große Stütze zu sein, vielmehr müssen »alle gemeinsam Nutzen ziehen aus dem allgemeinen Bankvermögen und Kapital der Nationen und Jahrhunderte« (146). Mit anderen Worten, Burke macht sich zum Apostel der »allgemeinen Vorurteile«, in denen eine »verborgene Weisheit« liege. Für ihn ist die menschliche Natur schlecht, sie muß daher durch eine höhere, religiöse oder politische Autorität im Zaum gehalten werden. Burkes politische Auffassungen passen sehr wohl mit seinem Begriff des Erhabenen zusammen, der sich mehr auf die Dunkelheit als auf das Licht beruft und den einzelnen mit Schrecken vor einer Macht erfüllt, die größer ist als er und die er nicht versteht. Freilich reichte die Bedeutung der *Philosophischen Untersuchung über den Ursprung unserer Ideen vom Erhabenen und Schönen* (die Burke im Alter von 28 Jahren veröffentlichte) weit über ihren Verfasser hinaus. Zwar hat Füssli letztlich gleich vielen anderen die Französische Revolution verurteilt, William Blake aber, jener andere große Künstler des Erhabenen, bleibt ihr wohlgesonnen. Sogar noch 1793 schildert er in seinem *Nebukadnezar* auf grimmige Weise den Sturz einer zum Gespött gewordenen Willkürherrschaft. Und schon 1791 pries er im ersten Buch seines Werks *The French Revolution: A Poem in Seven Books* jene französischen Deputierten, die beim Ballhausschwur dabei waren, und das in unzweifelhaft erhabenen Worten: »Gleich jenen Flammengeistern in der Sonne Säulenhallen, gewillt, Schönheit über dem wüsten und ausgedörrten Abgrund auszustreuen, verbreiten sie ihr Licht über der furchtsamen Stadt«. Diese Verse werden von der gleichen Inspiration getragen, die schon eine Zeichnung Blakes aus dem Jahr 1780 mit dem Titel *Glad Day* gekennzeichnet hatte, durch die er der sozialen und religiösen Unruhen der *Gordon Riots* gedachte. Im letzten Drittel des Jahrhunderts gehört der Begriff des Schrecklichen oder Erhabenen nicht mehr nur Burke an. Schon die revolutionäre Rhetorik eines Saint Just, der in ganz typischer Weise das Erhabene vertritt, legt nahe, daß das Licht der Vernunft und die Düsternis des Erhabenen fortan eng zusammengehören, ganz in der Linie von Milton (der von Burke zitiert wird), bei dem »der übermäßig verdüsterte Glanz« auf die »Dunkelheit übermäßigen Lichts« traf.

Das Obskure wird ein dermaßen fruchtbarer Terminus, daß bei manchen der Gegensatz von Licht und Dunkel zum tragenden Prinzip des Universums gemacht wird. Für Blake etwa ist der »Gegensatz Freundschaft«. Für Mephisto ist es die »Finsternis, die sich das Licht gebar, das stolze Licht, das nun der Mutter Nacht den alten Rang (...) ihr streitig macht« (I, 1350-52). Der Mensch ist nicht nur der Zeuge dieser Konfrontation, bei der das Licht sekundär und die Dunkelheit primär ist, er ist selbst der Schauplatz eines (erhabenen) Konflikts zwischen sonnenhellem Scharfblick (Goyas Luchs) und der verborgenen Finsternis.

Wie ergiebig diese paradoxe Konzeption war, ist auch bei den größten Schwärmern unter den Architekten der Aufklärung noch zu spüren. In der Regel bringt das Streben nach einer Kunst, die auf universell gültigen Wahrheiten gründet, aus denen das Licht der Natur und der Vernunft leuchtet, die neoklassizistischen Architekten dazu, nach stets reineren Formen zu suchen, das heißt aber auch (entsprechend dem Prinzip einer Rückkehr zu den Ursprüngen) nach immer urtümlicheren oder natürlicheren Formen. Damit wird der dorische Stil zu einem Gegenstand von besonderer Beliebtheit, erkennt man doch in ihm den ältesten und geläutertsten Ausdruck eines architektonischen Ideals. So ist es denn auch die »geometrische Reinheit« der Naturerscheinungen, die Nicolas Ledoux die Idee eingibt, die Architektur auf den absoluten Formen der Pyramide, des Würfels und der Kugel fußen zu lassen. Und wenn etwa Du Fourny gegen Ende des Jahrhunderts meint, »die Architektur muß sich durch Geometrie erneuern«, dann deswegen, weil, nach einem Wort von Christopher Wren, »die geometrischen Figuren von Natur aus schöner sind als jede unregelmäßige Form: jeder erkennt dies an wie ein Naturgesetz.« Dergestalt auf Natur und Vernunft gegründet verwirft die Architektur der Aufklärung in gleicher Weise das Rokoko wie vor ihr bereits Malerei und Bildhauerei. Nach einem Satz von Quatremère de Quincy aus dem Jahr 1798 müsse man aus der Architektur das »Bizarre« verbannen, denn es »bringt ein System hervor, das die Ordnung und die von der Natur festgelegten Formen zerstört«. Die Lust am Bizarren in der Architektur sei jenem »Überdruß an den wertvolleren Dingen« geschuldet, der das Ergebnis der Gewöhnung an einen maßlosen Überfluß an Reichtümern und Vergnügungen sei und der dann auf »Verkleidungen der trügerischen Kunst« dränge. Um demgegenüber eine gleichermaßen »proportionale« und »sittliche« Größe zu erlangen, müsse die »Wirkung des Großen« »einfach genug sein, um uns mit einem Schlag zu beeindrucken«. Man erkennt hier den Moralbegriff, der die Tagseite des Künstlers der Aufklärung bestimmt.

Indessen kann die Schwärmerei der Vernunft zu erhabenen Überschreitungen führen, an deren Ende die rationale Strenge der Formen den Schatten entstehen läßt, auf dem sie gründet, einen Schatten, der als homogene und rohe Masse aufgefaßt wird. So heißt es bei Boullée: »Die Kunst, uns durch Lichteffekte zu erschüttern, ist der Architektur eigen, denn bei allen Monumenten, die die Seele den Schrecken der Finsternis spüren zu lassen vermögen (...), kann der Künstler (...) wagen auszurufen: Ich mache das Licht.« Das läßt an das Kenotaph denken, das Boullée dem Geist des »erhabenen Newton« gewidmet hat und bei dem das Licht »der reinen Nacht gleichen« sollte. »Nach allen Seiten hin allein«, im Gravitationszentrum der Kugel stehend, könne der Besucher seine Blicke nur auf »die Unermeßlichkeit des Himmels« lenken. Boullée hat das Gefühl, mit diesem Projekt für ein Kenotaph sowie der damit verbundenen »Kunstentdeckung« »Erhabenheit erreicht« zu haben. Diese hätte er gewiß auch mit den verschiedenen Grabmalen erreicht, durch die er mit den Ägyptern wetteifern und neben einer »Grabesarchitektur« eine »Schattenarchitektur« erfinden wollte. Mit Boullée und dessen (schlechthin neoklassischer) Meditation über den Tod und die Erinnerung der Lebenden nähert sich der Architekt der Aufklärungszeit dem Traum von einer Idealarchitektur, die »ein aus Schattenwirkungen gebildetes Ganzes« wäre.

Das Kenotaph für Newton sollte nie gebaut werden und ebensowenig die Schattenarchitektur. Die Kunst des Architekten bestand für Boullée denn auch nicht in der Baukunst, sondern im Konzipieren des Bildes von einem Bauwerk, und in eben dieser »geistigen Tätigkeit« treibt er die Vernunft als tätige Architektin auf einen äußersten, nämlich erhabenen Punkt der Rationalität.

Freilich kann die theoretische, geistige und moralische Erneuerung nicht abgelöst vom oben vermerkten künstlerischen Schaffen und ebensowenig unabhängig von den sozialen, ökonomischen und politischen Milieus betrachtet werden, für die die Künstler ihrer Tätigkeit nachgehen. Die Ablehnung des Rokoko tritt zwar in Gestalt einer allgemeinen Kritik an einer verderbten Gesellschaft auf, aber sie wendet sich nicht gegen die herrschenden Autoritäten. Im Gegenteil, diese schließen sich der Kritik an und bestätigen damit für ihren Teil den Rang, den der Künstler zurückgewonnen hat. Gewiß waren die Auftraggeber stets von Bedeutung für das künstlerische Schaffen und die Geschichte der Formen. In der Aufklärung indessen und unter dem Einfluß der von den »Philosophen« vorgegebenen Themen entwickelt sich diese Rolle schließlich dahin, daß eine neue (moderne) Auffassung von den Beziehungen zwischen Kunst, Kultur, Gesellschaft und politischer Macht absehbar wird.

Überall in Europa läßt sich nämlich dieses 18. Jahrhundert als das des »aufgeklärten Despotismus« bezeichnen. Dieser praktiziert nun aber, was man (unzeitgemäß) eine echte »Kulturpolitik« nennen könnte. Sie beruht auf der von den Gebildeten und Literaten verbreiteten Vorstellung, daß weniger der Ruhm, den er durch die Waffen erringen mag, als Zahl und Vortrefflichkeit der unter seiner Herrschaft wirkenden Genies die Größe eines Herrschers ausmachen. In ganz Europa (und keineswegs nur in den Monarchien) hat diese Auffassung zur Folge, daß die zu Ehren großer Männer, den Zierden ihrer Nation, errichteten Denkmäler an Zahl beständig zunehmen. Schon 1737 ehrt so die Stadt Florenz den Galilei in Santa Croce; Shakespeare erfährt 1740 eine Ehrung in Westminster Abbey, Newton dann 1755 im Trinity College zu Cambridge; Descartes 1780 in Stockholm und Grotius 1781 in Delft. Das Römische Pantheon nimmt 1776 die Büste des 1768 verstorbenen Winckelmann auf, als erste einer Reihe, die aus diesem Bauwerk einen Ruhmestempel macht. Es war dies eine Idee, an die sich die Französische Revolution erinnern sollte.

König und Fürsten bescheiden sich indessen nicht damit, nur Tote zu ehren. Sie ermutigen zugleich die lebenden Geistesgrößen und unterstreichen das durch ihre Entscheidungen in Kunstdingen. Diese mögen zwar »persönlich« sein, keineswegs aber sind es ihre Privatentscheidungen, sondern sie sind ein Willensakt des Monarchen. Wenn also Friedrich der Große, die Königin von Schweden oder der Fürst von Liechtenstein gleichermaßen ihr Gefallen an der Malerei Chardins bekunden, dann vermutlich auch deswegen, weil das »Holländische« seines Stils (in den Augen der Zeitgenossen) dem Maler die Reputation eines »aufgeklärten« Künstlers verleiht: ist doch Amsterdam im 18. Jahrhundert eine Hochburg für die Verbreitung der philosophischen Ideen aus Frankreich. Und so ist die offen bezeigte Hochachtung für die holländische Kultur Ausweis eines philosophischen Geistes. Winckelmann etwa dediziert 1755 seine *Gedanken über die Nachahmung der griechischen Werke in der Malerei und Bildhauerkunst* dem König von Polen und Sächsischen Kurfürsten, August III. In Winckelmanns Werk wird das in Dresden damals hochgeschätzte Rokoko unverblümt attackiert. Gleichwohl gewährt August III. dem Verfasser im Gegenzug eine Pension, mit deren Hilfe Winckelmann nach Rom reisen und dort das tun kann, was er bekanntlich getan hat. Oder nehmen wir Karl VII., König Beider Sizilien und wenig später Karl III. von Spanien; er läßt 1757 die Sammlung der *Pitture antiche d'Ercolano e contorni* in Kupfer stechen und überläßt sie huldvoll einer europäischen Elite. Damit trägt er auf »uneigennützige« und aufgeklärte Weise zur Verbreitung neoklassizistischer Motive in Europa bei.

Auch durch die Gründung der ersten Museen demonstrieren die Herrscher ihre aufgeklärte Gesinnung. So beherbergt das Kasseler Friederizianum bereits im Jahre 1769 antike Statuen, eine Bibliothek und naturgeschichtliche Sammlungen, und Pius VI. läßt ab 1772 die Vatikanischen Galerien bauen und einrichten. Noch handelt es sich um Privatsammlungen, die allerdings, nach Art der Uffizien von Florenz, Besuchern weitgehend offenstehen. Mit dem Belvedere-Museum in Wien von 1779 setzen sich dann andere Intentionen durch: Für den Museumsgestalter Christian van Meckel, einen Freund Winckelmanns, sollten Konzeption und Anordnung des Ganzen »eine sichtbare Geschichte der Kunst« darbieten, die mehr der öffentlichen Belehrung als dem »flüchtigen Vergnügen« dienen solle. Diese Idee wird 1792 in Paris bei der Schaffung der Louvre-Museen und ebenso 1795 für das *Musée des Monuments français* aufgegriffen. Im Jahre 1798 schließlich bestimmt Aloys Hirt in einer dem König von Preußen gewidmeten Denkschrift das Museum als ein Werkzeug der Erziehung im weitesten Sinne: Kunstwerke sollten nicht in den Palästen der Privatleute aufbewahrt werden, sondern in öffentlichen Museen, denn »sie sind ein Erbe der Menschheit insgesamt«.

Diese von den Herrschern unterstützte und geförderte Entwicklung entsprach ohne Zweifel dem wachsenden Interesse eines zunehmend größeren Publikums an wechselnden Ausstellungen. So locken in Paris die *Salons* der Akademie zuweilen pro Tag mehr als 700 Besucher aus unterschiedlichen Gesellschaftsschichten an: Aristokraten, Bourgeois, Intellektuelle, aber auch hochrangige Lakaien, jene »betreßten grauen Livreen«, deren aufdringliche Nähe allerdings manchen Adeligen ein Dorn im Auge ist. So setzten sie in den siebziger Jahren für sich das Recht durch, den Salon an Tagen zu besuchen, an denen er für das »breite Publikum« geschlossen ist.

Die Entstehung des modernen Publikums in der Epoche der Aufklärung, die zumal durch die ungeheure Popularität der Kupferstiche bezeugt wird, ist ein grundlegender Vorgang. Aus ihm erhellt sich zugleich, warum es für das politische und soziale Selbstverständnis des Herrschers von Bedeutung war, als »aufgeklärt« zu gelten. Beweggründe solcher Art dürften auch der damaligen Königin von Frankreich, Marie-Antoinette, nicht ferngelegen haben, als sie sich und ihre Kinder 1787 von Elizabeth Vigée-Lebrun porträtieren ließ, ist doch die »Mutter im Kreise ihrer Kinder« eine Zentralfigur von Aufklärungsliteratur und zeitgenössischer Sittenmalerei. In dieser Hinsicht wird gelegentlich die Zeit Ludwigs XV. der von Ludwig XVI. entgegengesetzt. Indessen hatte Boucher schon 1758 seinem Porträt von Madame Pompadour (London, Victoria and Albert Museum) eine »aufgeklärte« Note gegeben, indem er die ihm Modell Sitzende, die eine begabte Musikerin war, inmitten der Natur darstellte, wie sie sich von einer Partitur abwendet, um dem Gesang eines Vogels zu lauschen. Auf diese Weise konnte die Pompadour, die Schwester des Verwalters der Kgl. Bauten, des Marquis de Marigny, fast als Rousseauistin vor der Zeit erscheinen, die die Interessen des Geistes mit den einfachen Freuden der Natur zu verbinden vermochte und sogar letzteren den Vorrang vor ersteren gab. Und auch das Schloß des Königs in Choisy wurde schon 1764 zu einem Zentrum aufgeklärter Erneuerung der Kunst, nachdem Marigny von Cochin überzeugt worden war, Schmuck und Zierat des Gebäudes – im wesentlichen Landschaftsdarstellungen, Jagdszenen und erotische Mythen – durch ein Ensemble zum Lobpreis der menschlichen Gefühle der Herrscher zu ersetzen. Dieses Verschönerungsprogramm, dessen Motive der Geschichte Roms entnommen waren, sollte es die friedliebenden und tugendhaften Taten der römischen Kaiser, und weniger ihre militärischen Siege, verherrlichen. Zwei Jahre später befiehlt Ludwig XV., daß die fertigen Gemälde abgehängt werden, und beauftragt sodann Boucher. Aber schon ein Jahr nach dessen Tod gibt der König dem abermals von Marigny vorgelegten tugendsamen und die Nüchternheit des Stils propagierenden Programm seine Zustimmung.

Unter Ludwig XVI. wird diese Kunstpolitik bekräftigt und noch ausgeweitet. La Font de Saint Yennes 1747 veröffentlichtes Buch *L'ombre du grand Colbert* und mehr noch Voltaires *Siècle de Louis XIV* tragen

am Ende ihre Früchte. Auf Marigny folgt 1774 der Marquis d'Angiviller, welcher konsequent eine Kunstpolitik betreibt, der es – im neuen
Geiste der Aufklärung – um die Vergegenwärtigung von Größe und
Ruhm des »Grand Siècle« geht. Im Unterschied zu den Bilderzyklen, in
denen der Ruhm der Krone von Frankreich beschworen wird, findet
sich auf den in Auftrag gegebenen Werken selten ein Hinweis auf den
König; statt dessen preisen sie die Tugenden der Nation als Ganzer,
Mut, Nüchternheit, Gesetzestreue und vor allem die Liebe zum Vaterland. So führt David im Jahr 1784 sein Gemälde *Der Schwur der Horatier* und zwischen 1787 und 1789 den Brutus im Auftrag des Königs aus.
Es ist überaus aufschlußreich, daß der Marquis d'Angiviller in den Auf-
tragsschreiben zu den Werken eher den sittlichen Gehalt als das eigentlich historische Sujet betont. Unter den großen Männern, deren Statuen
der Marquis in Auftrag gibt, finden sich zum Beispiel La Fontaine und
Poussin; und über den Marschall de Catinat bemerkt er, daß dieser
»nicht weniger seiner militärischen Fähigkeiten als seiner Menschlichkeit und seines philosophischen Geistes wegen rühmenswert« sei.

Mithin unterstützten die offiziellen Auftraggeber bewußt beispielset-
zende und lehrhafte Programme, moralische und tugendsame Sujets,
mit einem Wort: »aufgeklärte« Werke und die von Optimusmus strot-
zende Seite des Jahrhunderts der Aufklärung. Man kann sich sogar fragen, ob sich der Erfolg dieser großen, der »Tagesseite« zugewandten
Themen nicht unmittelbar den einander zuarbeitenden Interessen von
Intellektuellen und politischer Macht verdankt. In den letzten dreißig
Jahren des Jahrhunderts scheint nämlich die staatliche Kulturpolitik die
entscheidenden Anstöße für das im Sinne der Aufklärung anspruchsvoll-
ste Kunstschaffen geliefert zu haben.

Frankreich ist in dieser Hinsicht von besonderer Bedeutung, da sich al-
lererst während der Revolutionszeit mit aller Deutlichkeit zeigte, wie ungeheuer vielschichtig jener Vorgang war. Die neuen politischen Führer
achten denn auch darauf, daß die Politik staatlichen Mäzenatentums eine
Fortsetzung findet, allerdings unter Umorientierung der bisherigen Themen. So beschließt zum Beispiel die Konstituante im Anschluß an den relativen Mißerfolg einer Subskription, die am 1. Januar 1791 aufgelegt worden war, um durch den Verkauf eines Kupferstichs die Fertigstellung von
Davids *Serment du Jeu de Paume* zu unterstützen, zwei Tage vor ihrer
Auflösung am 28. September 1791, die Schirmherrschaft für das Werk zu
übernehmen. Und im gleichen Sinne eröffnet die Konvention im August

1793 den berühmten *Concours de l'An II* (durch den die »ruhmreichsten Tage der Französischen Revolution« gefeiert werden sollen), und man begeht feierlich den ersten Jahrestag des Sturzes der Monarchie mit einem symbolischen Doppelereignis: mit der Einweihung des Louvre-Museums und dem Abriß der Grabmäler der französischen Könige in der Basilika von Saint-Denis. Das Direktorium schließlich feierte am 9. und 10. Thermidor des Jahres VI (27. und 28. Juli 1798) die »Heimführung« der Kunstwerke aus Italien mit einem bombastischen *Fest der Künste und des Sieges*. Dank einer gekonnten ideologischen Finte und ungeachtet des Protests zahlreicher Künstler (darunter David und Quatremère de Quincy) dekretiert das Regime, als Land der Freiheit habe Frankreich ein legitimes Recht, jene Kunstwerke aus allen Zeiten und Ländern, in denen sich die Freiheit ausspreche, auf seinen Boden heimzuholen.

Indessen offenbart die Revolution durch die Schwächung der hergebrachten Produktionsstrukturen (der *Salon* steht seit 1792 allen Kunstschaffenden offen, die Königliche Akademie wird 1793 aufgelöst), ohne daß zugleich neue geschaffen würden, gleichermaßen die Kluft, die sich zwischen den »aufgeklärten« und voluntaristischen Zielsetzungen ihrer Führer und dem Alltagsverhalten, den Fähigkeiten und dem Geschmack der großen Menge auftut. So wächst die Zahl der in den *Salons* der Revolutionszeit ausstellenden Künstler wie die der ausgestellten Werke um das Zwei- bis Dreifache, aber die »Historiengemälde«, jene »große Genrekunst«, die am ehesten als Medium der moralischen und künstlerischen Anschauungen der Aufklärung dienen konnte, verzeichnen keine nennenswerte Zunahme: 1789 sind auf dem *Salon* unter 206 Ausstellungsstücken 17 »antike Gemälde« zu sehen; 1793 beträgt das Verhältnis 16 zu 535, und zwischen 1789 und 1799 zählt man lediglich 147 historische Gemälde unter 3076 Bildern insgesamt. Im Alltag des revolutionären Frankreich machte denn doch die »kleine Genrekunst« (Porträts, Landschaften, Genrebilder) das deutliche Gros des gemalten Kunstschaffens aus. Ein ebenso befremdliches wie banales Phänomen angesichts des Entscheidungskampfes, der zwischen Licht und Finsternis ausgefochten wird.

Seine Ursachen sind verschiedener Natur. Zunächst einmal steht, neben den höheren Kosten der historischen Gemälde, die während des kurzen, im eigentlichen Sinne revolutionären Zeitraums festzustellende Beschleunigung des Tempos, mit dem die historischen Ereignisse ablaufen, im Gegensatz zu der Zeitspanne, die bei jedem großen Kunstpro-

jekt zwischen Beschluß und Ausführung vorhanden sein muß. Gewiß
hat das schließliche Nichtgelingen des *Serment du Jeu de Paume* mit den
zahlreichen Verpflichtungen Davids zu tun, der ja aktiv in der Politik
tätig war; allerdings ist es auch so, daß kaum zwei Jahre nach dem eigentlichen Ereignis der Revolution die Einmütigkeit unter den Revolutionären dahin war und etliche Protagonisten, die an den Vorgängen des 20.
Juni 1789 teilgenommen hatten, während der Zeit der Terreur unter der
Guillotine geendet waren.

Daß es in der eigentlichen Hochphase der Revolution nicht zu großen künstlerischen Leistungen kam, hat seine tiefere Ursache jedoch in
dem grundsätzlichen Widerspruch, auf den der Künstler der Aufklärung stößt, sobald die Vernunftprinzipien auf die undurchdringliche
Wirklichkeit der Menschen treffen. Durch sein Werk wird denn auch
der Künstler zum Kronzeugen eines Konfliktes, in dem er zugleich
aktiv Handelnder ist.

So außergewöhnlich Davids Handeln ist, so bezeichnend ist es auch
für diese Situation. Von Beginn seines Erfolgs in den *Salons* an ist er der
typische Vertreter eines aufgeklärten Künstlers. Nicht nur wird er durch
seine Themen und den Stil seiner großen Historienbilder zum Erfinder
eines eigenständigen, philosophischen Neoklassizismus, sondern seine
Porträts offenbaren zugleich mit allem, was sie über den Geist und die
vollkommene Gesellschaftlichkeit der dargestellten Figuren mitteilen,
mit dem Vertrauen in die natürliche Güte und Perfektibilität des Menschen, das sie zum Ausdruck bringen, eine durch und durch aufgeklärte
Einstellung gegenüber jener niederen Genrekunst, die das Porträt im
Grunde ist. Mit seinem politischen Engagement übernimmt David gesellschaftliche Verpflichtungen, die Mission und Würde des Künstlers
der Aufklärung ausmachen. Nicht nur organisiert er auf Bitten der Nationalversammlung beziehungsweise des Wohlfahrtsausschusses die großen Gedenkfeierlichkeiten für die vorwärts schreitende Revolution, er
befaßt sich auch mit der Neuordnung der Künste, liefert Entwürfe für
die neuen »Nationaltrachten«, macht den Vorschlag, jedes große Ereignis der Republik durch Medaillen zu verewigen und fertigt im Mai 1794
sogar die verlangten Karikaturen an, »durch die die öffentliche Aufmerksamkeit geweckt und verdeutlicht werden kann, wie abscheulich und lächerlich die Feinde der Freiheit und der Republik sind«. Freilich können angesichts dieser vielfältigen Aktivitäten jene ehrgeizigen Vorhaben, durch die der Triumph der aufgeklärten Prinzipien der Revolution

gefeiert werden sollte, gar nicht erst Wirklichkeit werden. Die einzigen Bilder, die David unter diesen Umständen fertigstellen kann, sind drei Gemälde, die er unter dem Eindruck gleichartiger Geschehnisse malt: dem des Todes revolutionärer Helden. Er selbst erklärt bei der Vorstellung des Porträts, das den ermordeten Le Pelletier de Saint-Fargeau darstellt: »der wahre Patriot muß bereitwillig alle Mittel ergreifen, um seine Mitbürger aufzuklären und ihnen unentwegt die erhabenen Züge des Heldentums und der Tugend vor Augen zu führen«. Aufgeklärter Patriotismus, erhabenes Heldentum und erhabene Tugend: Der Geist, der aus diesen Bildern spricht, ist ohne Zweifel der eines Künstlers der Aufklärung, und die Verfahrensweise, die David vorschlägt, unterstreicht, in welchem Maße er, unter Absehung von dem Vorfall als solchem, die »universelle« Bedeutung des Ereignisses herausarbeitet. So wird der Jüngling Bara, der mit 14 Jahren starb, in seiner ursprünglichen Nacktheit zur Gestalt des neuen Menschen, der die Reinheit der ersten Menschen vor aller Verderbnis durch die Gesellschaft wiedererlangt. Und in der Gestalt des Helden im reifen Mannesalter (Marat war bei seiner Ermordung 50 Jahre alt) verdichten sich zwei mythische Figuren des heldenhaften Sterbens: Christus, der aus Liebe zur Menschheit den Tod erleidet, und der antike Philosoph (zumal Seneca), der wegen seiner Überzeugung für ein Ideal von Humanität stirbt. Somit stellt sich *Der ermordete Marat* als die erste »philosophische Pietà« der Kunstgeschichte dar, eine Pietà, die keine andere Unsterblichkeit will als die, die das Gedächtnis der Menschen verleiht.

Der sterbende Bara und *Der ermordete Marat* sind zweifellos Davids Meisterwerke, in denen die intellektuelle Strenge der Komposition den Schauer des Pathetischen spüren läßt. Um so symptomatischer sind daher diese Gemälde, denn im Herzen des furchtbaren Kampfes, der zwischen dem Licht und der Finsternis tobt und als welchen jeder Revolutionär die Revolution sieht, feiern sie die Lichtgestalt des Helden, der in die Finsternis des Todes hinübergleitet. Mag auch die Revolution als die Morgenröte der Vernunft erlebt werden, welche ihren Einzug in die Geschichte hält, so ist dieser Siegeszug doch zugleich die Geschichte einer doppelten und finsteren Gewalt. Bei seinem Einfall in die undurchdringliche Realität beschwört das triumphierend sich ausbreitende Licht die schreckliche Wiederkehr der Schatten herauf.

Im Vergleich zu Frankreich scheint England alle Bedingungen für eine glückliche Entfaltung des Künstlers als Aufklärer zu bieten. Nach-

dem sich die Gesellschaft Englands den Philosophen als ein Muster an
Toleranz und Freiheit empfohlen hatte, nimmt das Land ab den sechzi-
ger Jahren des 18. Jahrhunderts zahlreiche Künstler aus dem Ausland
auf, die nach London gehen, um dort Karriere zu machen. Neben dem
aus Frankfurt gebürtigen Johannes Zoffany, der um 1760 aus Rom
kommt und in den siebziger Jahren zum gesuchten Verfasser von *conversation pieces* wird, finden sich dort unter anderem Benjamin West (der
aus Pennsylvania stammte und 1763 aus Rom kam), die Schweizerin Angelica Kauffmann (sie kam 1766 aus Venedig), der Franzose Philippe
Jacques Loutherbourg (im Jahre 1771) und der Schweizer Füssli ein, der
sich nach einem ersten Aufenthalt von 1764 bis 1766 endgültig 1778 in
London niederläßt, nachdem er längere Zeit in Italien geweilt hatte.

Rom ist auf dieser Wanderungsbewegung nach London eine fast obli-
gatorische Zwischenstation. Das hat seinen Grund darin, daß die starke
englische Kolonie, die es in Rom gibt, aber auch die zahlreichen Reisenden aus England, die bei ihrer *Grand Tour* in der Stadt Halt machen,
dort mit ihrer Prachtentfaltung den Glanz einer aristokratischen und
durch Handel reich gewordenen Gesellschaft repräsentieren, die offen
ist für den neuen Kunststil und ihre Bereitschaft zeigt, viel Geld in die
Erneuerung ihrer Wohnsitze zu stecken. Dies ist ein wichtiges Faktum,
denn es weist schon gleich zu Anfang auf ein Kennzeichen der aufgeklärten Kunstauffassung hin, so wie sie in England in Erscheinung treten
sollte. Als Schlüsselperson der britischen Kolonie in Rom ist der schotti-
sche Maler Gavin Hamilton anzusehen, der für jene kunstliebhabenden
Kunden arbeitet; manche seiner Werke sollten sogar Einfluß auf David
haben. Den größten Teil seiner Einkünfte bezieht er indessen aus seiner
Tätigkeit als Kaufmann und Handelsagent. Er verkehrt mit dem Personenkreis um den Sammler und Kardinal Alessandro Albani und ist Geschäftspartner des Bankiers Thomas Jenkins; er führt selbst Ausgrabun-
gen in Etrurien, Rom, Ostia, in der Villa Hadriana und anderswo durch.
Zuweilen schreckt er nicht davor zurück, mit Hilfe des englischen Bild-
hauers Joseph Nollekens Werke zu »restaurieren«, indem er diverse
Fragmente kombiniert. Er gelangt letztlich dadurch zu Reichtum, daß
er einige der angesehensten Sammlungen Englands zusammenbringt (unter anderem die von Charles Towneley, von Lord Shelburne, des Herzogs von Bedford sowie der Grafen von Egremont, Leicester und Lons-
dale). Die Aktivitäten von Gavin Hamilton und Thomas Jenkins zeigen
überdies, daß der Neoklassizismus die erste Kunstrichtung in der Ge-

schichte ist, die systematisch als rentable finanzielle Investition gefördert wird. Demgegenüber gehorcht die in den Jahren 1766-1767 erfolgte
Veröffentlichung von vier illustrierten Prachtbänden aus der Sammlung
»etruskischer, griechischer und römischer Altertümer« von Sir William
Hamilton, der außerordentlicher Gesandter des Königs am Hofe zu
Neapel war, offensichtlich uneigennützigeren Motiven. Im Vorwort plädiert Sir Hamilton für eine Erneuerung der Kunst der Antike und erklärt seine Absicht, denjenigen Künstlern helfen zu wollen, die Bauwerke im Stil der Antike »erfinden« oder einfach nur »kopieren« möchten, indem er ihnen eine getreue Wiedergabe der Originale verspricht.
Seine Bücher sollten im übrigen einen beträchtlichen Einfluß auf Künstler wie Flaxman, Füssli oder Wedgwood haben. Das Ansehen indessen,
das seine persönliche Sammlung durch diese, König Georg III. gewidmete Veröffentlichung bekommt, ermöglicht ihm deren Verkauf an das
British Museum im Jahre 1772, wobei er einen ordentlichen Gewinn erzielt. Dieses kommerzielle Interesse wird erneut deutlich, als er an die
Herzogin von Portland bedeutende Antiquitäten veräußert, und zwar
praktisch für das Doppelte des an einen Geschäftspartner von Gavin Hamilton und Thomas Jenkins gezahlten Einstandspreises.

In England selbst steht der Erfolg des Neoklassizismus in einem
engen Zusammenhang damit, daß zwischen der von Georg III. in die
Wege geleiteten »Kulturpolitik« und den (geistigen und kommerziellen)
Interessen einer mächtigen, aufgeklärten Bourgeoisie, die durch die industrielle und wirtschaftliche Entwicklung reich geworden ist, Übereinstimmung besteht.

Als Georg III. 1760 im Alter von 22 Jahren den Thron besteigt, bemüht er sich zwar mit Hilfe der Tories um eine Wiederherstellung der
königlichen Vorrechte, fördert aber gleichwohl den neuen Kunststil, der
einen Bruch mit dem Geschmack der aristokratischen Whigs darstellt.
Deren Neopalladianismus war eine Mischung aus diversen italienischen
Einflüssen: der Renaissance, des Manierismus und des Barock. Georg
III. erklärt demgegenüber das Dorische zu seiner architektonischen
»Lieblingsordnung« und läßt seine Absicht, eine kohärente Kunstpolitik zu betreiben, darin deutlich werden, daß er den beiden berühmtesten
Vertretern des neuen Kunststils, dem Maler Benjamin West und dem Architekten Robert Adam, offizielle Anerkennung zuteil werden läßt.

Benjamin West, Sohn von Quäkern, die im Jahre 1725 nach Pennsylvania emigriert waren, kommt 1760 nach Rom und verkehrt dort in den

Kreisen um Kardinal Albani, Pompeo Batoni, Mengs und Winckelmann. Gavin Hamilton weckt sein Interesse für den Neoklassizismus
und macht ihm begreiflich, wie sinnvoll es ist, seine Werke in Kupfer stechen zu lassen, um seine Bekanntheit zu vergrößern und seinen Gewinn
zu mehren. West sollte sich in London, wohin er 1763 geht, an diesen
Rat Hamiltons erinnern. In London hat er raschen Erfolg. Nicht nur,
daß die moralischen und patriotischen Themen des Neoklassizismus
mit den geltenden konservativen Wertvorstellungen harmonieren, West
ist überdies englischer Abstammung, und man feiert ihn als nationalen
Künstler, der mit den Künstlern Roms im Wettstreit steht und den englischen Nachwuchskünstlern die Möglichkeit gibt, sich ihre Vorbilder auf
heimischem Boden zu suchen. Nachdem er eine Reihe neoklassischer
Bilder im antiken Stil mit deutlichen politischen Anspielungen gemalt
hat, »modernisiert« West diesen Stil in seinem Gemälde *Der Tod des Generals Wolfe,* einem Loblied auf den Sieg der englischen Truppen über
die Franzosen in Québec, durch den der Norden Amerikas im Jahre
1759 an die englische Krone fiel. Das Bild erregt Aufsehen; die dargestellten Personen tragen zeitgenössische Kleidung, was gegen den (von
Reynolds auch sofort in Erinnerung gerufenen) Grundsatz verstößt,
demzufolge »Historienmalerei« der Regel der »heroischen Nacktheit«
treu zu sein habe. Das Bild hat riesigen Erfolg, der West dank der nach
ihm angefertigten Kupferstiche zu einem beträchtlichen Vermögen verhilft. 1771 wiederholt West die Transaktion mit dem *Vertrag William
Penns mit den Indianern.* Das Gemälde stellt das Ereignis aus dem Jahr
1682 wie eine »aufgeklärte Idylle« dar und ist, der historischen Realität
zum Hohn, ein ideologisches Hohelied auf den britischen Kolonialis-
mus, der die Eingeborenen von der Tyrannei befreit, sie zum Glauben
bekehrt und ihnen die Wohltaten einer höheren Zivilisation gebracht
habe. Ein Jahr darauf, 1772, wird Benjamin West zum Königlichen
Maler ernannt und bezieht eine Jahresrente von 1 000 Pfund.

Robert Adam stammt aus Schottland; er kehrt 1758 aus Rom nach
London zurück und wird schon 1761 zum Zweiten Architekten des Königs ernannt (»Joint Architect«). Sein erlesener Neoklassizismus verfolgt ausdrücklich die Absicht, die Herrschaft Georgs III. zu einer Ära
zu machen, die »eines Perikles, eines Augustus oder der Medici« würdig
ist; auch ermuntert er den König, sich eher als römischen Kaiser denn als
konstitutionellen Monarchen zu sehen. Die Bedeutung Robert Adams
beruht nicht allein auf der Vielzahl der Bauten, die er für das Königs-

haus oder die herrschende Elite errichtet, sie hat auch damit zu tun, das mit ihm der Architekt zum Baumeister des gesamten Ambientes, der »äußeren und inneren Anlage« des Gebäudes wird. Adam entwirft Dekorationspläne und das gesamte Mobiliar (Stühle, Tische, Lampen, Kandelaber, Teppiche, Spiegel usw.) und befindet sich damit im Zentrum ausgedehnter Aktivitäten, die sämtliche Künste sowie Handwerks- und Industriebetriebe betreffen, die sich mit der Herstellung entsprechender Produkte befassen.

Matthew Boulton, Chippendale und Josiah Wedgwood arbeiten für Adam, gleichwohl ist es Angelica Kauffmann, die am deutlichsten den Erfolg dieser in England sich durchsetzenden Auffassung vom Kunstschaffen verkörpert. Nach einem Aufenthalt in Rom in den Jahren von 1763 bis 1765, wo sie mit Winckelmann, Mengs, Baconi und Gavin Hamilton verkehrt, allerdings auch engen Kontakt zur englischen Kolonie hat (in einem Brief Winckelmanns heißt es dazu: »sie malt alle Engländer, die Rom besuchen«), kommt sie 1766 in Begleitung von Lady Wentworth, der Gattin des Botschafters Seiner Majestät in Venedig, nach London. Wie bei dem Franzosen Joseph Marie Vien bietet auch ihr Stil »à la grecque« eine sanfte und dekorative Version des Neoklassizismus. Ihre Anregungen bezieht sie aus den Werken von Homer und Vergil und läßt so ein heroisches Zeitalter nach Art der Idylle erstehen, aus der tragische Anklänge oder »spartanische« Strenge ausgeschlossen sind. Sie erfüllt damit die Erwartungen einer Elite, die damals die Segnungen einer Zeit des Friedens und relativen Wohlstands genießen konnte. Schon 1768 wird sie – ein ganz außerordentliches Privileg – im Alter von 27 Jahren zum Gründungsmitglied der Royal Academy gewählt, und in den 15 Jahren ihres Londoner Aufenthalts (1766-1781) verdient sie mit ihrer Kunst eine Summe von 14000 Pfund, was zur damaligen Zeit für eine Malerin ein ganz außergewöhnlicher Betrag ist, fast ebenso hoch wie die königliche Rente, die Benjamin West erhält.

Natürlich zeigt der Reichtum, den Angelica Kauffmann erwarb, wie gut sie es bei ihrer Porträt- und Historienmalerei verstand, den Wünschen einer aristokratischen Elite zu entsprechen. Man muß ihn allerdings auch in einem ursächlichen Zusammenhang sehen mit einer neuen Form künstlerischer Betätigung, die typisch ist für die Kunst der Aufklärung, wie sie sich in England entwickelte: Es sind dies die mechanische Reproduzierbarkeit der Kunstwerke sowie die Verbindung zwischen Kunstschaffen und industrieller Revolution. Kauffmanns Werke werden in

Kupfer gestochen und auf allen nur denkbaren Unterlagen reproduziert:
Fächer, Möbel, Vasen, Tabaksdosen, Eiseimerchen, Teeservices, Porzel-
lan usw. Angelica Kauffmann wird die Lieblingsmitarbeiterin von Matthew Boulton; dieser plant die Massenproduktion von neoklassischen
Deckenverzierungen für den tüchtig expandierenden Geschäftszweig
von Robert Adam und ersinnt zu diesem Zweck eine Methode der mechanischen Reproduktion von Bildern (ähnlich dem Aquatintastich). Für dieses Projekt fertigt Angelica Kauffmann nahezu dreißig Gemälde an.

In diesem Verbund von Industrie und Künstlerschaft liegt das eigen-
ständigste Merkmal des Kunstschaffens im England der Aufklärung.
Krone und Aristokratie unterscheiden sich bei der Förderung der Künste
nicht von dem, was auch anderswo in Europa üblich ist, aber die reichsten
Vertreter der aufgeklärten Bourgeoisie Englands (Wissenschaftler, Freiberufler, Industrielle und Kaufleute) fallen dadurch auf, daß sie in großem
Stil als Mäzene auftreten. Das Motto, dem sie dabei folgen, ist von dem
Arzt Erasmus Darwin formuliert worden: »Die Fantasie unter das Banner der Wissenschaft eingliedern.« Aufgeklärte Unternehmer, die den
Künstlern einen regelmäßigen Absatz garantieren können, organisieren
sich in mehr oder weniger informellen Klubs, Vereinen und Gesellschaften, deren Mitglieder untereinander sowie mit den angesehensten Fach-
leuten Europas und Amerikas korrespondieren. Nachdem Darwin zunächst eine botanische Gesellschaft in Lichfield ins Leben gerufen hatte
(in der Carl von Linnés *Genera Plantarum* übersetzt werden), gründet er
weiterhin die Derby Philosophical Society sowie mit Matthew Boulton
und dem Mathematiker Charles Small die Lunar Society of Birmingham.
Eine weitere markante Gestalt in diesem Milieu ist der Kunst- und Fossi-
liensammler Sir Brooke Boothby, der auch Mitglied in der Lichfield Bota-
nical Society und der Derby Philosophical Society ist; ihm vertraut Jean-
Jacques Rousseau 1776 das Manuskript seines Buches *Rousseau juge de
Jean-Jacques* an, das dann 1780 in Lichfield veröffentlicht wird. Es ist dieser Personenkreis, der Vitalität und letztlich auch Gleichgesinntheit des
der Aufklärung verbundenen künstlerischen Schaffens im Vereinigten
Königreich garantiert. Für Boulton arbeiten so verschiedene Künstler
wie Reynolds, Kauffmann, Flaxman, West, Wedgwood und Wright of
Derby; Erasmus Darwin bestellt Bilder bei Füssli und Blake; Sir Brooke
Boothby bei Füssli und Wright of Derby.

Von den Gemälden des Letztgenannten hat man gesagt, daß sie für die
industrielle Revolution dasselbe getan hätten wie die Werke Davids für

die politische Revolution in Frankreich. In der Tat hat sich Joseph Wright, der den Mitgliedern der Lunar Society of Birmingham eng verbunden war, auf Nachtszenen spezialisiert, in deren Mittelpunkt Kunstwerke oder wissenschaftliche Instrumente stehen. In den siebziger Jahren dann ersinnt er das »Industrienachtstück« *(The Blacksmith's Shop* aus dem Jahr 1771, *An Iron Forge* im Jahr 1772, *View of Cromford: Arkwright's Cotton Mill at Night* um 1782-83). Seine Bilder sind darum so etwas wie eine Chronik von Industrie und Arbeit in den Midlands, und sie haben Anklänge, die auf eine sehr rationale und moderne Weise an das Erhabene der Nacht bei Burke denken lassen.

Indessen erweist sich die englische Version des Künstlers der Aufklärung noch deutlicher an den Idealen und Erfolgen Josiah Wedgwoods. Im Jahre 1766 zum Königlichen Töpfer ernannt und Mitglied der Lunar Society spielt Wedgwood eine entscheidende Rolle bei der Ausbreitung des Neoklassizismus in England. Seine Werke, die von der Einfachheit und Eleganz der Linie ausgehen, die wuchernde Verspieltheit des Rokoko und der Chinoiserien verwerfen und mit antiken Motiven verziert sind, die der Künstler den *Pitture antiche d'Ercolano e contorni,* der *Collection d'Antiquités étrusques, grecques et romaines* von Sir William Hamilton ebenso wie den *Recueils d'Antiquités* des Barons de Caylus entnimmt, zielen auf die Monopolstellung auf dem aristokratischen Markt, die sie auch erlangen. Um sicherzugehen, daß die Zeichnungen korrekt werden, zieht Wedgwood bewährte Künstler heran (Angelica Kauffmann, Wright of Derby, Flaxman, Stubbs, Blake und andere); gleichzeitig möchte er die Regelmäßigkeit und gleichbleibende Qualität seiner Massenproduktion sicherstellen. 1766 errichtet er daher einen riesigen Industriekomplex, »Etruria« genannt, dessen Organisationsprinzip Ausdruck einer »aufgeklärten« Verbindung von Rentabilität und Humanität bei der Massenproduktion von Kunstwerken ist. Wedgwood ersinnt die Arbeitsteilung und die Systematisierung der Produktion, er führt die Entlassung wegen Trunksucht ein und die Stechuhr, und er träumt davon, die »Menschen in Maschinen ohne Fehl« zu verwandeln. In seinen Augen ist die Industrialisierung, anders als William Blake meint, keineswegs unmenschlich, im Gegenteil, sie trägt zur Verbesserung der menschlichen Gattung bei. In Etruria haben die Arbeiter anständige Wohnungen, Schulen und Krankenhäuser, die nur für sie da sind; als Gegenleistung für ihre vollständige Unterordnung erhalten sie Nahrung, Kleidung, Häuser, medizinische Versorgung und Bildung. Wedgwoods

Fabriken sind der Triumph einer aufgeklärten Konzeption von industrieller Kunst; Maler und Dichter sind davon eingenommen, Wissenschaftler voller Bewunderung: Sie künden den »lachenden Morgen« an, von dem bei Gabriel Péri die Rede ist, das Ende von Armut und Unwissenheit, des Erbübels der Landbevölkerung, und sie eröffnen den Weg zu Wohlstand, Volksbildung und moderner Zivilsation.

So kann in den siebziger Jahren des 18. Jahrhunderts Großbritannien als das europäische Reich erscheinen, in dem die Kunst der Aufklärung mit ihrer Tagesseite, dem Vertrauen in die Vernunft und einem optimistischen Glauben an den auf angewandter Wissenschaft aufgebauten Fortschritt, eine Heimstatt gefunden hat. Allerdings sind in diesem Bilde doch einige Schattierungen angebracht. Auch ohne auf die in den achtziger Jahren trüber werdende politische und soziale Situation einzugehen (die sowohl mit der Niederlage der Engländer im Unabhängigkeitskrieg der amerikanischen Kolonien, die französische Hilfe bekamen (1777), als auch mit dem Zusammenwirken einer ernsten Krise in Irland im Jahr 1780 mit den Gordon Riots zu tun hat, welche in sozialer und religiöser Hinsicht eine gefährliche Unzufriedenheit anzeigen), muß der Historiker zu einer merkwürdigen Feststellung gelangen, der nämlich, daß es gerade nicht die »aufgeklärten« Werke von Leuten wie Benjamin West, Wright of Derby, Angelica Kauffmann, Johannes Zoffany oder Josiah Wedgwood sind, die künstlerisch gesehen die zukunfsträchtigsten und »modernsten« sind. Vielmehr erweisen sich, mit historischem Abstand betrachtet, gerade die englischen Künstler, wie Blake und Füssli, die, mit einem Wort, dem Erhabenen der Vorromantik zuneigen, als besonders schöpferisch und erfindungsreich, als Künstler, die mit besonderer Inbrunst von jenem persönlichen und philosophischen Einsatz Zeugnis ablegen, der die Würde des schöpferischen Menschen der Aufklärung ausmacht.

Der Grund hierfür ist zweifellos in der Tatsache zu suchen, daß eines der zentralen Anliegen der Aufklärung nicht durch ein simples Vertrauen in die Vervollkommnung des Menschen wie der Gesellschaft eingelöst werden konnte. Und dieses Anliegen ist kein anderes als die (par excellence »philosophische«) Idee der *moralischen Freiheit* – jene im eigentlichen Sinne menschliche Dimension des Geistes, die ohne den Rückhalt irgendeiner Metaphysik den Menschen die Kraft gebe, jedwede kosmische oder historische Gewalt, unter der sie zugrundegerichtet werden, zu überwinden. Diese moralische Freiheit ist aber nur durch den zerstörerischen Konflikt mit ihrem Gegenstück, der unaufhebbaren Bürde natürlicher und gesellschaftlicher Entfremdungsprozeduren zu erlangen. Wenn es dem Künstler der Aufklärung (Goya, David und andere) gelingen soll, dieses Anliegen in seinem Werk zur Geltung zu bringen, dann muß er eine paradoxe Herausforderung annehmen: fernab jeder Eleganz, die sich in Raffinement und »Tageshelle« ergeht, fernab auch jeder bloß ornamentalen Auffassung von Kunst, die er im Dienst einer patriarchalen und konservativen Gesellschaft ausübt, muß er, nach einem Ausdruck von Jean Starobinski, das Licht preisen, der materiellen Welt aber wieder das Recht auf »ihren ungeschlachten Zustand, ihren ganzen unauflöslichen Reichtum an Farben als einer Mischung aus Licht und Finsternis« werden lassen und »die unsichtbare Präsenz« der Freiheit im Menschen zum Vorschein bringen – auch und gerade wenn dieser den »Unabänderlichkeiten der Materie wie der Geschehnisse« ausgeliefert ist.

Kapitel 6

Der Beamte

Carlo Capra

Wo ist nur die Stadt geblieben? Sie ist beinahe ganz von Beamten usurpiert.
Saint-Just

Die Mitglieder der Regierung und Staatsbediensteten bilden den wichtigsten
Teil der Mittelschicht, in welcher sich der Bildungsgeist und das Rechtsbewußt-
sein der Masse eines Volkes findet.
Hegel

1. Den Wörterbüchern zufolge wurden die Begriffe »Beamter« *(fonc-
tionnaire)* und »Bürokratie« *(bureaucratie; von bureau)* im Frankreich
des späten 18. Jahrhunderts geprägt, ersterer von Turgot, letzterer von
Vincent de Gournay (von dem auch die Formel »laisser faire, laisser
passer« stammt). Im Ancien régime bezog sich die Verwendung dieser
Bezeichnungen auf »Ämter«. Damit waren Machtbefugnisse gemeint,
die der Souverän seinen »Beamten« übertrug *(officiers, oficiales, officiali,
officers),* oder ihre »Dienstleistungen« als königliche Bedienstete dem
Souverän gegenüber *(King's servants, dvoriane).* Da die obengenannten
neuen Wortprägungen kurz vor oder nach 1780 in Umlauf kamen,
könnte man meinen, daß auch die entsprechenden Institutionen erst zu
dieser Zeit Bedeutung erlangten, und postulieren, daß ein zeitlicher und
kausaler Zusammenhang zwischen den anderen, gewöhnlich um diese
Zeit angesetzten Revolutionen – der demographischen, landwirtschaftlichen, industriellen und politischen – und der »bürokratischen« (vgl. Bosher 1970, S. 123ff.) oder »administrativen Revolution« (vgl. Torrance
1978, S. 58) bestand. »Das rasche Wachstum der staatlichen Verwaltung
und ihre Verwandlung in eine erkennbar moderne Bürokratie« so lesen
wir etwa in einer neuen Studie, »hing eng mit der demographischen Explosion, der darauf folgenden Verstädterung sowie mit der ökonomischen und sozialen Entwicklung zusammen.« (Pilmbeam 1990, S. 107)
Im Hinblick auf Frankreich haben verschiedene jüngere Wissenschaftler Tocquevilles These einer grundlegenden Kontinuität im Verwaltungs-
bereich zwischen der absoluten Monarchie und den nachrevolutionären
Regierungen in Zweifel gezogen. Mancher gibt die Geburtsstunde der

Bürokratie mit der Zeit des Direktoriums an (vgl. Church 1981), andere mit den Jahren des Konsulats und des napoleonischen Kaiserreichs (vgl. Légendre 1968).

Im Grunde widerspricht diese Interpretation nicht der berühmten These Max Webers, nach der die Entstehung einer modernen Bürokratie (einer »monokratisch-bürokratischen Verwaltung«) nur ein anderer Aspekt des Rationalisierungsprozesses war, der mit dem Kapitalismus zusammenhängt: »Wenn also auch die volle Entwicklung der Geldwirtschaft keine unentbehrliche Vorbedingung der Bürokratisierung ist, so ist dies(e) doch, als eine spezifisch *stetige* Struktur, an eine Voraussetzung geknüpft: das Vorhandensein *stetiger* Einnahmen zu ihrer Erhaltung.« (Weber 1947, Bd. II, S. 650 u. S. 657f.) Tatsächlich eröffnet Webers Einschränkung (»keine unentbehrliche Vorbedingung«) den Weg zu einer anderen Chronologie bürokratischer Organisationsformen, die sich zudem nicht auf die europäischen Verhältnisse beschränken sollte: In China wurden Aufnahmeprüfungen für Beamte, die es bei uns seit kaum 200 Jahren gibt, vor ca. 1 400 Jahren eingeführt. Andererseits bereitet es Schwierigkeiten, in den europäischen Verwaltungssystemen des ausgehenden 18. Jahrhunderts mehr als bloße Teil- oder Vorstufen zu Webers idealtypischem Bild eines modernen »bürokratischen Verwaltungsapparates« zu finden.

Die folgenden Ausführungen fußen auf der Annahme, daß für eine historische Betrachtung der Bürokratie und des Beamtentums nicht der Übergang zum Kapitalismus maßgeblich ist, sondern vielmehr die verstärkt militärischen und fiskalischen Erfordernisse der Staaten, die Tendenz zu einer immer größeren Kontrolle über ihre Territorien und zu stärkerer sozialer Disziplinierung sowie die Entwicklung von Kriterien, die der Machtlegitimation dienten. Jedenfalls gilt dies für die europäischen Staaten, auf die ich mich hier, der Zweckmäßigkeit und meiner Kompetenz entsprechend, beschränken muß. Dabei handelt es sich nicht um einen schnellen und linearen, sondern um einen langsamen und komplizierten Prozeß mit Phasen der Beschleunigung und der Unterbrechung einerseits, der Stockung und Konsolidierungen andererseits; dieser verlief in den verschiedenen Ländern nicht notwendig parallel. Wenn sich also, wie ich meine, einige Züge bürokratischer Einstellung und Handlungsweise bereits bei den »Beamten« der Fürsten oder italienischen Stadtstaaten der Renaissance finden, so entwickeln sich andere erst in den großen absolutistischen Monarchien, als »die königliche Verwaltung Ähnlichkeit mit einer zentralisierten Verwaltungsstruktur gewann, die sich auf Ämter und feste, allgemein respektierte Vorschriften und Verfahrensabläufe gründete« (Kamenka 1989, S. 93). Andere Züge wiederum werden sich erst mit dem großen Umbruch der Französischen Revolution zeigen. In jedem Fall stellt das Zeitalter der Aufklärung ohne Zweifel eine bedeutende Etappe auf diesem langen und verschlungenen Weg dar; nicht so sehr aufgrund der Zunahme an Verwaltungen, die in einigen Fällen allerdings erheblich war, als vielmehr durch das Aufkommen einer Gemeinwohl-Ideologie, die sogar einige »aufgeklärte Despoten« dazu brachte, sich zu »ersten Dienern des Staates« zu erklären. Es würde hier zu weit führen, ihren Ursprüngen nachzugehen: vom Pietismus zum aufgeklärten Katholizismus freimaurerischer Prägung, vom Naturrechtsdenken zum österreichisch-deutschen Kameralismus[1], vom Gesellschaftsvertrag nach dem Vorbild Lockes zur öffentlich propagierten Wohltätigkeit des Abtes von Saint-Pierre oder des Marquis d'Argenson. Das Auftauchen modernerer Formen von öffentlich Bediensteten wie den Inspektoren und Ingenieuren der Brücken- und Straßenbaubehörde, in denen einige französische Historiker die erste wirkliche Verkörperung des Beamten sehen (vgl. Mousnier 1974-80, Bd. II, S. 79f. u. 545ff., und Antoine 1989, S. 329), vertrug sich dennoch sehr wohl mit den klassischen Strukturen des Ancien régime: so etwa, um in Frankreich zu bleiben, mit der Ämterkäuflichkeit und -vererbung, dem Vorherrschen persönlicher Treueverhältnisse gegenüber einer unpersönlichen Dienstauffassung, der Existenz von Pfründen ohne Amtsgeschäfte, der privaten Verwendung öffentlicher Gelder etc.

Diese Überlegungen machen deutlich, daß man bei der Betrachtung der vielschichtigen Verhältnisse im 18. Jahrhundert auf allzu klare Unterscheidungen und zu strenge Klassifikationskritierien verzichten kann. Trotzdem sind einige Abgrenzungen unseres Untersuchungsgegenstandes notwendig, um zu große Ungenauigkeit zu vermeiden. Erstens gibt es heute genauso Beschäftigte im Staatsdienst wie in der Privatwirtschaft, so daß erklärt werden muß, warum letztere von dieser Untersu-

---

1 Deutsche Sonderform des Merkantilismus, die wie dieser v. a. ein System wirtschafts- und finanzpolitischer sowie regierungswissenschaftlicher Kenntnisse im Interesse des absolutistischen Staates zu entwickeln suchte; daher der Ausdruck »Kameralwissenschaft« für Wirtschaftswissenschaft, der bis in die 30er Jahre dieses Jahrhundert verwendet wurde. (A. d. Ü.)

chung ausgeschlossen bleiben. Die Erklärung ergibt sich zum einen daraus, daß man vor dem 19. Jahrhundert kaum von einer Angestelltenschicht in der Privatwirtschaft sprechen kann (was nicht bedeutet, daß alle Angestellten Staatsbedienstete waren, man denke nur an die städtischen und kommunalen Verwaltungen, an Hospitale und religiöse Einrichtungen). Zum anderen unterschieden sich – damals mehr als heute – Ämter im königlichen wie im öffentlichen Dienst durch eine besondere Würde, die sehr gut in C. Loyseaus Definition vom Beginn des 17. Jahrhunderts zum Ausdruck kommt: »ein reguläres Ehrenamt mit öffentlicher Obliegenheit«. Eine wichtige Ausnahme bilden hier allerdings Organisationen, die der Vermehrung des in sie investierten Privatkapitals dienten, gleichzeitig aber aus unterschiedlichen Gründen den Schutz des Staates genossen: die privilegierten Handelsgesellschaften, die Bank von England (gegründet 1694) und die Steuerpachtgesellschaften. Es ist nicht ohne Bedeutung, daß der Ausdruck *civil servant,* mit dem in der angelsächsischen Welt Staatsbedienstete bezeichnet werden, ursprünglich für Angestellte der Ostindischen Kompanie verwendet wurde. In der französischen Generalfinanzpachtgesellschaft *(Ferme),* die 1774 fast 30 000 Beschäftigte und 5–6 000 *buralistes* (Hilfsbeamte) hatte und der Monarchie zirka ein Drittel ihrer Einnahmen lieferte, wurden früher und durchgreifender als anderswo Neuerungen wie eine Formalisierung der Karrieren, Belobigungen für Bedienstete und eine einheitliche Pensionsregelung mit regelmäßigen Zahlungen der Anteilseigner und der Gesellschaft eingeführt. Zurecht bemerkt Vida Azimi, Autorin der jüngsten und bestdokumentierten Studie zu diesem Thema, daß man daher »vom privaten Charakter dieser Institution absehen« könne: »Die Pacht ist die alte Form der Konzession, die eine besondere Form der Organisation des öffentlichen Dienstes ist.« (Azimi 1987, S. 3) Ähnliche Überlegungen ließen sich auch über die lombardische Generalfinanzpachtgesellschaft *(Ferma generale lombarda;* 1751–1770) und die von Friedrich II. 1766 eingesetzte Steuererhebungsbehörde *(Régie)* anstellen, beides typische Beispiele für »parallele bürokratische Strukturen« (Johnson 1975, S. 201), die nicht nur ohne substantielle Veränderungen in die staatliche Verwaltung einmünden sollten, sondern einzelnen Bereichen der Verwaltung auch als Vorbild dienten.

Auch das höfische Personal kann vom öffentlichen Dienst im weiteren Sinn nicht ausgeschlossen werden, auch wenn nur auf wenige königliche Diener im wahrhaft riesigen Heer von adligen Würdenträgern,

Kammerherrn, Majordomus, Stallmeistern, Almosenieren, Jagdbeamten, berittenen und unberittenen Wachen, Amtsdienern, Vorratsverwaltern, Mundschenken, Köchen, Kammerdienern, Musikern, Sängern, Malern etc. Webers Bürokratiebegriff zutrifft. Doch obwohl der Hof entscheidend dazu beitrug, die Aristokratie im Zaum zu halten, nach außen hin eine Leitbild für Größe und Macht darzustellen und Geschmacks- und Verhaltensvorbilder zu schaffen, darf nicht übersehen werden, daß die

»fürstliche Herrschaft (…) bis zum Ende der absoluten Monarchie patrimonial strukturiert (blieb). Auch die Verwaltungsbeamten waren selbstverständlich ›Diener‹ ihrer Herren, die sich am ›herrschaftlichen‹ Interesse zu orientieren hatten und nicht etwa an dem des ›Staates‹. Das zeigt sich an der häufigen personellen Verbindung von Hof- und Verwaltungsstellen ebenso wie an der durchweg fehlenden finanziellen Trennung zwischen den beiden Bereichen.« (von Kruedener 1973, S. 3f.)

Gesondert müßten jene Honoratioren behandelt werden, die in Webers Typologie zur patriarchalischen Herrschaft gehören. Weber selbst führt das Beispiel der englischen Friedensrichter an, deren Aufgabe es war, einen »Komplex von sich im Laufe der Zeit ständig differenzierenden polizeilichen und kriminal-richterlichen Befugnissen« zu übernehmen, die zwar »formell widerruflich« aber »faktisch lebenslänglich« waren (Weber 1947, Bd. II, S. 716). Sie wurden nach ihrem Vermögen und ihrer lokalen Bedeutung ausgewählt und waren gewillt, ihren Dienst unentgeltlich zu versehen. Einzeln, in den kleinen Gruppen der *petty sessions* oder in den vierteljährlichen Grafschaftsversammlungen *(quarter sessions)* übernahmen sie nicht nur Aufgaben der niederen Gerichtsbarkeit, sondern schlichteten Auseinandersetzungen und lokale Zwistigkeiten, legten die Gehälter fest, kontrollierten die Einhaltung von Maßen und Gewichten, wachten über den Zustand der Straßen und die Armenfürsorge, vergaben Konzessionen für Gasthäuser oder zogen sie ein. Die Friedensrichter verkörperten, so die Autorin der jüngsten und gründlichsten Studie zu diesem Thema, »sowohl eine Vaterfigur, die die lokale Gemeinde symbolisierte, als auch den entrückteren viktorianischen *pater familias,* dessen Regiment mit den gerechten, aber unpersönlichen Gesetzen der Natur übereinstimmt«. Das allmähliche Überwiegen der letzteren Eigenschaft im Laufe des 18. Jahrhunderts und die damit verbundene Betonung der Unparteilichkeit und Uneigennützigkeit des Friedensrichters mußten ihn zum Modell des zukünftigen *civil servant* machen (vgl. Landau 1984, S. 5-16 u. S. 359ff.). Angesichts des freiwilligen und dilettantischen Charakters seines Dienstes – wenige Friedensrichter waren juristisch versiert – kann man ihn nicht als Beamten bezeichnen, doch sollte nicht vergessen werden, daß im 18. Jahrhundert nicht nur in England diese Form »patrizischer« Autorität neben der »patrimonialen« Herrschaft der Feudalherren, deren Spuren noch heute in einem Großteil des Kontinents deutlich sichtbar sind, ein äußerst wichtiges Instrument der sozialen Kontrolle auf unterster Ebene war.

Weniger problematisch erscheint der Ausschluß anderer Gruppen, vor allem der Militärs und Kleriker, die zwar – wenn auch in unterschiedlicher Funktion – ebenfalls in öffentlichen Diensten standen, aber zu stark durch besondere Rekrutierungsmethoden, Geisteshaltungen und Lebensformen geprägt sind, als daß man sie anderen Staatsbediensteten gleichstellen könnte. Dennoch war die Grenze zwischen militärischer und ziviler Funktion, besonders in Ländern wie Rußland und Preußen, fließend. Zu vernachlässigen ist hier die hauptsächlich in den lutherischen Territorien auftretende Tendenz, Geistliche zu »verbeamten«. Ihnen war ein ordentliches Regierungsministerium, das sogenannte Konsistorium, vorgeschaltet; eine solche Tendenz war am Ende des 18. Jahrhunderts in der Idee des »guten Pfarrers« Joseph II. auch im katholischen Einflußbereich präsent. Als Beamte im eigentlichen Sinn können selbstverständlich die Priester und Äbte angesehen werden, die in verschiedener Form in die staatlichen Verwaltungen eingegliedert waren, auch wenn ihre Zahl im Vergleich zu vorangehenden Jahrhunderten geringer war. Einen Sonderfall stellt schließlich der Kirchenstaat dar. Über seine Bürokratie, die auf den höchsten Ebenen fast ausschließlich mit Prälaten besetzt war, finden sich interessante Ausführungen bei Renata Ago.

Dagegen läßt sich die Justiz von der Verwaltung nicht trennen, auch wenn gerade im 18. Jahrhundert die Theorie der Gewaltenteilung aus der Taufe gehoben und in Ansätzen bereits praktisch umgesetzt wurde (wie beispielsweise im Kernland der österreichischen Monarchie und ihren italienischen Territorien). Die Vorstellung von Rechtsprechung als Ausübung einer (mehr oder weniger delegierten) Autorität – sei es zur Beendigung von Zwistigkeiten und zur Bestrafung von Rechtsbrüchen, sei es um solchen Fällen mit all jenen Maßnahmen vorzubeugen, die unter den Begriff »Polizeigewalt« fielen – blieb nämlich trotz Montesquieu im Europa zur Zeit des Ancien régime nicht nur tief verwurzelt, sondern die juristische Ausbildung blieb auch fast das ganze 18. Jahrhundert hindurch der privilegierte Bildungsgang für angehende Beamte, unabhängig von ihrem späteren Arbeitsgebiet. Was die Professoren der Universitäten und die Schullehrer betrifft (der Beruf des Schullehrers wurde mit der Einführung der allgemeinen Schulpflicht in Preußen und Österreich zunehmend staatlich bestimmt), so setzte sich gerade im 18. Jahrhundert in vielen Ländern die Idee durch, daß die Schulbildung der Bürger und die Ausbildung einer Führungsschicht für die öffentliche Verwaltung zu den vornehmsten Aufgaben der Regierenden gehöre. Damit verminderte sich die Unabhängigkeit des Lehrkörpers (die dann im Zeitalter des Liberalismus wieder wuchs), und der Lehrer war »immer mehr öffentlicher Bediensteter (wenn auch *sui generis)* und immer weniger Mitglied eines Berufsstandes« (McClelland 1980, S. 92).

Schließlich muß noch das große Problem der Käuflichkeit oder besser der Vererbung von Ämtern berührt werden. Oft wird das Bonmot des Grafen von Pontchartrain, des Finanzkontrolleurs Ludwigs XIV., zitiert: »Jedesmal wenn es Euer Majestät gefällt, ein neues Amt zu schaffen, schafft Gott einen Schwachkopf, der es kauft.« Die Kreativität des Monarchen wie die seines direkten Vorgesetzten erschöpfte sich bekanntermaßen im 18. Jahrhundert, aber am Vorabend der Revolution gab es immer noch 50 000 vererbbare Ämter, von denen nach den Berechnungen von Necker 4 000 mit einem Adelstitel verbunden waren (vgl. Behrens 1985, S. 50f.). Teilweise handelte es sich um echte Sinekuren, wie beim Amt des *secrétaire du roi,* die klassische *savonnette à vilains* (käufliches Amt, das den Adel gab), und es war gerade deshalb sehr begehrt und äußerst teuer. In der Mehrzahl der Fälle entsprachen dem Titel jedoch wirkliche Amtspflichten, die bestimmte Qualifikationen erforderten, wie das Jurastudium für Richter oder militärische Erfahrung bei den Beamten der Maréchaussée (eine Art berittene Polizei). Wenn der Patrimonialcharakter von Ämtern grundsätzlich der modernen, auf Professionalität und Verdienst beruhenden Vorstellung von Bürokratie zuwiderläuft, so ist andererseits richtig, daß diese Eigenschaft den Amtsträgern eine Unabhängigkeit verlieh, die in einer so streng hierarchischen Gesellschaft wie der französischen des Ancien régime auf anderem Wege nur schwer zu erreichen gewesen wäre. So gab Ludwig XIV. den *Grands Maîtres des eaux et forêts* (etwa »Oberaufseher über Wasser und Wälder«) ihren einst verlorenen Status als *officiers* zurück, um sie besser von der Versuchung, die Wälder wahllos auszubeuten, abhalten zu können (vgl. Waquet 1978, S. 323f.). Auch die Herausbildung ganzer Dynastien von Richtern und hohen Beamten verhinderte nicht notwendig das Entstehen einer »proto-bürokratischen« Mentalität (ein Ausdruck von Giesey 1983, S. 207), denn persönliche und familiäre Ambitionen konnten sich durchaus mit Berufsstolz und aufrichtiger Hingabe an den Dienst für den Monarchen verbinden. Ein Beispiel dafür waren die mächtigen Persönlichkeiten der sechs Finanz- und vier Handelsdirektoren im 18. Jahrhundert. Alle hatten ererbte Ämter inne, die oft vom Vater auf den Sohn übergingen, alle waren Adlige mit einer juristischen Ausbildung und stammten aus dem Kollegium der »Bittschriftenberichterstatter« *(maîtres des requêtes)*, jenem »Nest« von Verwaltungsbeamten, aus dem sich auch die Provinzdirektoren rekrutierten. Sie hatten Zugang zum Rat des Königs, hatten in Streitfällen Recht sprechende Gewalt und trafen sich zu regelmäßigen Kollegiumssitzungen mit oder ohne den Generalkontrolleur, den sie eher als Kollegen oder Rivalen denn als Vorgesetzten ansahen. Im Vergleich zu ihnen »waren die gemeinen Staatsdiener in einer niedrigen Position, auf einer Stufe mit Hausdienern, und wurden als bloße Anhängsel ihrer Herren, den hohen Beamten, verzeichnet, da sie, was immer ihr Verantwortungsbereich war, in den Augen der privilegierten Stände weder Würde noch Autorität haben konnten« (Bosher 1970, S. 57). Ein typischer Widerspruch am Ende des Ancien régime war jedoch, daß diese Repräsentanten einer aristokratischen und patrimonialen Amtskonzeption gleichzeitig Technokraten waren, Träger moderner und dynamischer Vorstellungen von Verwaltung. Als Beispiel mag etwa der Beitrag von Vater und Sohn Trudaine zur Entwicklung des zivilen Ingenieurs- und Straßenbauwesens (darüber später noch mehr) dienen, oder die drei Generationen der Lefèvre d'Ormesson, die mit bemerkenswertem Reformeifer das Steuer-Département führten (vgl. Mosser 1978). In der Praxis also verschwamm die traditionelle Unterscheidung zwischen *officiers* und *commissaires,* die im Hinblick auf Frankreich damit auch nicht zu einem gültigen Unterscheidungskriterium zwischen »patrimonialer« und moderner Bürokratie erhoben werden kann. In jedem Fall hat diese Frage in bezug auf die anderen europäischen Länder weit geringere Bedeutung. Wo der Ämterkauf formal nicht abgeschafft wurde (wie 1694 im Vatikanstaat und 1749 in der österreichischen Lombardei) verschwand er faktisch oder betraf (zum Beispiel in Spanien oder im Königreich Neapel) nachgeordnete Ämter und Funktionen in den städtischen Verwaltungen.

2. Nach diesen notwendigen Präzisierungen müssen wir nun zunächst die Frage stellen, ob eine numerische Einschätzung des öffentlichen Dienstes im Europa der Aufklärung möglich ist. Für England wird allgemein die 1760 von Joseph Massie genannte Zahl von 16 000 öffentlich Bediensteten akzeptiert (vgl. Brewer 1989, S. 65). Das Verhältnis zur Gesamtbevölkerung wäre folglich 1:500 gewesen. Vierzig Jahre zuvor, am Beginn der Ära von Walpole, betrug die Zahl, mit Ausnahme der Hofbeamten, etwa 12 000 Beschäftigte (vgl. Holmes 1982, S. 255). Der wirkliche Boom fand allerdings am Ende der Stuart-Dynastie zur Zeit des Friedens von Utrecht (1713) statt, als sich England für die lange militärische und finanzielle Auseinandersetzung mit dem französischen Sonnenkönig rüsten mußte: Der Übergang vom Steuerpachtsystem zur direkten Zollerhebung, dem traditionellen Pfeiler der britischen Finanzen, die erforderliche komplizierte Organisation der Fabrikationssteuererhebung (Fabrikakzise), die neue Verbrauchssteuer (Akzise) auf alkoholische Getränke (die dann auf Salz und andere Massenkonsumgüter ausgeweitet wurde) und die administrativen Erfordernisse für den Flottenausbau und die Mobilisierung staatlicher Landstreitkräfte (d. h. fast 150 000 Männer unter Waffen im letzten Jahr des Spanischen Erbfolgekrieges) erklären die Verzehnfachung bei den Angestellten im Staatsdienst, die Aymler in seiner bedeutenden Studie über das Interregnum Cromwells auf 1 200 geschätzt hatte (vgl. Aylmer 1973, S. 169). Es verwundert daher nicht, daß wenigstens zwei Drittel der Bediensteten mit der Erhebung und Verwaltung von Geldmitteln beschäftigt waren: Die Abteilung für die Erhebung der allgemeinen Fabrikakzise beschäftigte allein 6 000 Staatsdiener und weitere 6 000 arbeiteten in der Zollbehörde.

Für Frankreich haben wenige Forscher Gesamtschätzungen gewagt. Die von Finer (vgl. Fischer/Lundgreen 1975, S. 462) vor einiger Zeit vorgeschlagene Zahl von 300 000 Bediensteten und *officiers* scheint stark übertrieben zu sein. Andererseits schwankt noch für das 19. Jahrhundert – je nach den angelegten Kriterien – die Zahl der Beschäftigten in der öffentlichen Verwaltung zwischen 135 000 und 250 000 (vgl. Wright 1985, S. 221). Zu den über 50 000 *officiers* sind jedenfalls viele der 35 000 Vollzeitbeschäftigten und Beamten des Fiskus hinzuzurechnen, von denen Necker spricht (vgl. Necker 1784, Bd. I, S. 194ff.). Rechnet man die Staatssekretäre und ihre Ämter ein, d. h. 670 Personen im Jahre 1788 (nach Church 1981, S. 326), sowie die 32 Provinzdirektorien mit ihren Sekretariaten und nachgeordneten Bezirksverwaltungen, die Bedienste-

ten des Hofes, die 4 000 Beamten der Maréchaussée und die über 2 000
Beamten des Statthalters von Paris, dann darf man als sehr wahrscheinlich annehmen, daß sich im vorrevolutionären Frankreich die Zahl der
Bediensteten in der öffentlichen Verwaltung (jedoch ohne die Stadtver-
waltungen und Herrschaftshäuser) um die 100 000 bewegte[2], ein Verhältnis zur Gesamtbevölkerung von 1:270.

Kaum geringer (etwa 1:350) dürfte am Ende des 18. Jahrhunderts die
administrative »Dichte« Spaniens gewesen sein, legt man die Zählungen
von 1787 und 1797 zugrunde, die 36 485 beziehungsweise 27 243 *emplea-
dos del rey* (königliche Bedienstete) bei einer Bevölkerung von zirka elf
Millionen angeben (vgl. Domínguez Ortiz 1981, S. 394). Auch hier sind
im übrigen die Grenzen der staatlichen Verwaltung unsicher und fließend, da – abgesehen von der Ausweitung der kastilischen Zentralverwaltung auf die aragonischen Königreiche und die Entmachtung der
alten Ständeversammlungen *(cortes)* zugunsten von Staatssekretariaten,
die modernen Ministerien ähnelten – »im Verlauf des 18. Jahrhunderts
weder die Verwaltungslaufbahnen noch die Arbeitsorganisation bemerkenswerte Veränderungen erfuhren« (Fernández Albadalejo 1985, S.
2321). Beibehalten wurde unter den Bourbonen zum Beispiel die Ämterkäuflichkeit, wenn sie auch nicht wie in Frankreich gesetzlich geregelt
war und sich auf Ämter ohne Recht sprechende Gewalt beschränkte;
der Einzug dieser Ämter diente hier sogar dem Ziel, sie zu einem höheren Preis wieder verkaufen zu können (vgl. Thomás y Valiente 1982, S.
151-77).

Entgegen einer verbreiteten Meinung blieb die Stärke der Verwaltung
im Königreich Preußen recht begrenzt. Am Ende der Regierungszeit
Friedrich Wilhelms I. (1740) war die Zahl der Staatsdiener anscheinend
nicht höher als 2 000, und auch nach der Einverleibung Schlesiens im
Jahre 1750 stieg sie nur um 1 000 an (vgl. Johnson 1975, S. 16f., offenbar
nicht eingerechnet sind hier allerdings die Gerichtsbeamten). Man kann
davon ausgehen, daß das Militär viele der Aufgaben übernahm, die anderswo von einer zivilen Verwaltung erfüllt wurden, da Preußen nach
dem berühmten Ausspruch von Mirabeau nicht ein Staat war, der sich
eine Armee, sondern eine Armee, die sich einen Staat hielt. Mit der Einrichtung der *Régie,* den neu eroberten Gebieten, der Justizreform und

---

2 Selbst C.H. Church scheint diese Zahl nahezulegen, wenn er »die Gesamtstärke der
nichtkäuflichen Verwaltungsämter im Jahre 1788« auf 50 000 schätzt.

der Förderung der Schulbildung wuchs in der zweiten Hälfte der Regierungszeit Friedrichs II. und unter Friedrich Wilhelm II. die Verwaltung zweifellos stark an. Das Ausmaß läßt sich aber nur schwer angeben, da sich die Untersuchungen fast ausschließlich auf Beamte höherer Dienstgrade beschränken. Fischer und Lundgreen schätzen die Zahl der königlichen Bediensteten in Preußen um 1 800 auf 23 000, während die Bevölkerung 11,5 Millionen überstieg; die Quote wäre folglich 1:500 gewesen (vgl. Fischer/Lundgreen 1975, S. 462). Für die österreichische Monarchie verfügen wir heute über die genauen Untersuchungen von Dickson, der die Zahl der königlichen Bediensteten im Jahre 1762, einschließlich Ungarns, aber ohne Belgien und die österreichische Lombardei, auf 10 000 schätzt (vgl. Dickson 1987, Bd. I., S. 309). Da die Einwohnerzahl der Kernländer des Kaiserreichs etwa 14 Millionen betrug, lag das Verhältnis hier noch niedriger als in Preußen. Zählt man dagegen zu den kaiserlichen Bediensteten jene der Länderverwaltungen hinzu, gelangt man auch hier zu einem Koeffizienten von zirka 1:1000. In den folgenden Jahrzehnten kam es hier allerdings ebenfalls zu einem schnellen Anstieg des Personalbestandes, bis 1841 im gesamten Königreich schließlich 130 000 erreicht wurden (vgl. Heindl 1991, S. 140).

Einen wesentlich höheren, mit Frankreich vergleichbaren Anteil von königlichen Beamten an der Bevölkerung wiesen die italienischen Staaten auf. Bei einer Bevölkerung von etwa 1,5 Millionen waren im savoyischen Piemont nach den Reformen von Viktor Amadeus II. allein »in der Justizverwaltung 2 000 Beamte beschäftigt und noch einmal so viele im Bereich der Finanzverwaltung«, zu denen noch »wenige hundert politische Beamte der Kulturverwaltung und des Hofes« hinzukamen (Balani 1981, S. 597). 3 500 »Gehaltsempfänger« gab es bei der Thronbesteigung von Peter Leopold im toskanischen Großherzogtum mit einer Bevölkerung von knapp einer Millionen Einwohner.

Zum Schluß dieser kurzen Teilübersicht noch einige Zahlen zu Rußland, wo die Entwicklung der zaristischen Bürokratie das schnelle Bevölkerungswachstum noch übertraf: 1755 waren es 10 000 Beamte, 16 500 im Jahre 1765 und 38 000 im Jahre 1800, als sich das Verhältnis zur Gesamtbevölkerung im Vergleich zum vorangegangenen Jahrhundert halbiert hatte, nämlich von 1:2000 auf 1:1000 (vgl. Pintner 1980, S. 292).

Obwohl die genannten Zahlen nicht präzise sind und eher die groben Verhältnisse widerspiegeln, läßt sich doch wohlbegründet feststellen, daß im ausgehenden Zeitalter der Aufklärung die staatliche Bürokratie in Europa einen variablen Anteil zwischen einem Dreihundertstel und einem Tausendstel der Bevölkerung ausmachte. Dieses Verhältnis gewinnt seine volle Aussagekraft, wenn man bedenkt, daß der Koeffizient in den wichtigsten europäischen Ländern heute um die 1:15/20 schwankt. Dennoch verglichen die Zeitgenossen die Verhältnisse natürlich mit der Vergangenheit, wenn sie die übertriebene Präsenz des Staates in ihrem Leben beklagten. Zu berücksichtigen ist ferner, daß die Beamtenkonzentration in den Hauptstädten der Länder und Provinzen damals größer war als in späterer Zeit und ihre Anwesenheit daher sozusagen sichtbarer und hinderlicher erschien. In Berlin kamen 1786 3500 Staatsbedienstete auf ca. 150000 Einwohner; in Madrid, wo weniger als 200000 Menschen lebten, waren es am Ende des Jahrhunderts 6372 und im nur wenig größeren Wien 4500. Es verwundert daher nicht, daß dieses Phänomen die Aufmerksamkeit der Zeitgenossen erregte. So beschrieb Johann Pezzl 1789 das »Heer« der Wiener Beamten, die früh am Morgen zur Arbeit gingen (zit. in Heindl 1991, S. 227), und Sébastien Mercier sprach mit offenkundiger Übertreibung von einem Drittel der Pariser Bevölkerung, das damit befaßt sei »unter dem Banner des Fiskus Tinte aufs Papier zu gießen« (Mercier 1782-83, Bd. VII, S. 176f.).

3. Der Umfang des Untersuchungsgegenstandes und der ungleichmäßige Forschungsstand erlauben keine systematische Behandlung entscheidender Aspekte unseres Themas wie die Frage nach der sozialen Herkunft der Beamten, ihrer Anwerbung und beruflichen Ausbildung, der hierarchischen Schichtung des Beamtenapparates, den Gehältern, den Beförderungen und Laufbahnen sowie den Dienstplänen und Arbeitsvorschriften. Daher muß ich mich hier auf wenige Anmerkungen und einige anschauliche Beispiele beschränken.

Daß Fürsten zu Beginn der Neuzeit Bürgerliche in ihre Dienste nahmen, erklärt sich aus der humanistisch-juristischen Kultur, deren Träger fast ausschließlich aus diesen Schichten kamen, sowie aus dem Mißtrauen gegenüber dem Schwertadel, der seine politischen Ambitionen noch nicht aufgegeben hatte. Für die Zeit zwischen dem 17. und 18. Jahrhundert entfielen diese Motive jedoch: Statt den Staat zu bekämpfen, war es nun das Ziel der Aristokratie, wichtige Machtpositionen im Staat zu besetzen. Daher hatte sie sich damit abgefunden, die notwendigen Voraussetzungen an den Universitäten, den Jesuitenschulen und in den *public schools* zu erwerben und sie sogar durch lange und teure Reisen

ins Ausland (die *grand tour* oder Kavalierstour) zu erweitern. Diese Entwicklung des Adels erfolgte auf unterschiedlichen Wegen: vom Hamster-
kauf der wichtigsten öffentlichen Ämter (in Spanien) über die Herausbildung einer breiten Schicht adliger Amtsträger, zunehmend ergänzt
durch den alten Adel (in Frankreich), bis hin zum Sieg über die Herr-
schaftspläne des absolutistischen Königtums und die Verlagerung des
politischen Gewichts auf die Ständevertretungen (in England und, zwischen 1720 und 1772, in der Schweiz). Aber das führte fast überall dazu,
daß die höchsten Ränge der öffentlichen Verwaltung nun weitgehend in
der Hand einer mehr oder weniger alten Adelsschicht waren. Im Spanien der Bourbonen waren die Granden von den einflußreichsten Posten ausgeschlossen, jedoch zugunsten des mittleren und niederen Adels
und durchaus nicht des Bürgertums, so daß namhafte Forscher wie Domínguez Ortiz und P. Molas Ribalta sogar von der Geburt einer »Ver-
waltungsaristokratie« sprechen (Molas Ribalta 1980, S. 93). Die Mitglieder des kastilischen Staatsrates, den Janine Fayard erschöpfend untersucht hat, gehörten größtenteils Familien des Adels *(hidalgos),* des ländlichen Altadels *(solariegos)* und der Notabeln *(notorios)* an, d. h. »Eigen-
tümern bescheidener Güter im Norden der iberischen Halbinsel, und
zu einem Drittel *regidores* oder *veinticuatros*« (Inhaber erblicher Sitze
in den Ständeräten). Nur 8 % von ihnen hatten das Recht, einen Titel zu
führen. Unter der neuen Dynastie der Bourbonen waren niedrigere
Ränge stärker bevorzugt, vor allem aber wurde die Vormachtstellung
der Juristen aus den Colegios Mayores von Salamanca, Valladolid und
Alcalá geschwächt (im kastilischen Staatsrat sank ihr Anteil zwischen
dem 17. und 18. Jahrhundert von 77 % auf 47 %). Die Revanche der
manteistas, jener Studierten, die nicht aus diesen mächtigen Fakultäten
kamen, bedeutete den Aufstieg von Justizbeamten und Bürokraten in
die oberen Ränge der spanischen Verwaltung, die »der absoluten Monarchie ergeben und neuen Ideen gegenüber aufgeschlossen« waren; unter
Karl III. belegte man sie mit dem abwertenden Spitznamen *golillas*
(Halskrausen) (vgl. Lynch 1989, S. 253ff. u. S. 293ff.).

In Frankreich steht das Problem der sozialen Zusammensetzung der
königlichen Bürokratie unvermeidlich in Verbindung mit der Debatte
über die sozialen Ursprünge der Revolution und der Frage nach einer »aristokratischen Reaktion«. Die Untersuchungen über die angesehendsten
Verwaltungsbereiche haben zweifelsfrei die absolute Dominanz der Adligen in ihren Reihen gezeigt: »unter Ludwig XVI. entstammten alle Mini-

ster dem alten und ältesten Adel, alle Staatsräte, alle Direktoren (bis auf einen), alle Bischöfe und Äbte (...) vor den Begabten ohne Titel und den frisch Geadelten schloß sich eine Tür nach der anderen« bemerkt Pierre Goubert (1984, S. 595). Andere Forscher haben solche Zugangsbeschränkungen bestritten und statt dessen die kontinuierliche Vorherrschaft der Adligen seit Ludwig XIV. betont oder sogar die – relativ gesehen – größere Zugänglichkeit der Ämter für Nichtadelige in den letzten Jahrzehnten des Ancien régime postuliert (vgl. z.B. Doyle 1976, S. 13ff.). Ohne sich hier in diesen Disput zu vertiefen kann man doch feststellen, daß der übereinstimmende Anteil an Nichtadeligen in manchen Verwaltungen und Gerichten zu Beginn und am Ende des 18. Jahrhunderts nicht darauf hindeutet, daß auch die Zugangsmöglichkeiten für die ständig wachsende Zahl von Bewerbern gleich geblieben sind (vgl. Lucas 1976, S. 107ff.). Das Problem sozialer Mobilität stellt sich darüber hinaus nicht so sehr an der Spitze, sondern im Mittelbau von Verwaltung und Justiz. Der von Gresset untersuchte Fall Besançon belegt, daß es mit der Herausbildung echter Beamten-Dynastien im 18. Jahrhundert immer schwieriger wurde, den Sprung vom Juristen auf einen der lokalen Parlamentssitze zu schaffen. Dies erklärt auch die große Unterstützung der *avocats* für die Revolution von 1789 (vgl. Gresset 1978).

Während der Herrschaft der Hannoveraner in England stammte der Großteil der neuen Beamten aus der *gentry,* jener »ämterhungrigen Klasse« des niederen Adels mit geringem Vermögen (Holmes 1982, S. 250). Auch in der Schweiz war der Beginn der »Freiheitsära«, die mit den Konstitutionen von 1719-1720 einsetzte, von einer erbitterten Jagd des verarmten Adels auf hohe Beamtenposten gekennzeichnet: 1750 wurden zwei Drittel der ca. 500 gehobenen Ämter von Adligen besetzt, eine Zahl, die in der zweiten Jahrhunderthälfte merklich sinken sollte (Roberts 1986, S. 74). Über 60 % betrug der Anteil an Adligen bei den etwa 500 mittleren Ämtern der österreichischen Zentralverwaltung zu Beginn und am Ende des letzten Regierungsjahrzehnts von Kaiser Joseph I. Berücksichtigt man aber die Bewertung Waltraut Heindls, derzufolge »die Mitglieder des niederen Adels in Lebensstil und Einkommen mit dem Bürgertum mehr gemein hatten als mit dem Hochadel«, und beschränkt sich auf die Träger von Titeln, so fällt der Anteil auf unter 20 % (Heindl 1991, S. 147f.).

In keinem Land wurden Aristokratie und Dienst für den Monarchen so deutlich miteinander in Verbindung gebracht wie in Rußland, sei es aus

Schwäche des Adels, der auf den Zaren angewiesen war, um Ländereien
als Lehen zu erhalten *(pomjestje)* und Landflucht und Revolten der ländlichen Bevölkerung zu unterbinden, sei es weil eine bürgerliche Alternative fehlte. Die berühmte Rangeinteilung Peters des Großen (1722) legte
vierzehn Rangstufen für die Zivilverwaltung, parallel zu den Rängen des
Heeres und der Marine, fest und sah die automatische Adelung derjenigen vor, die den achten Rang erreicht hatten. Wie es einerseits eine große
Mehrheit von adligen Anwärtern gab, so waren darunter andererseits
nicht wenige Plebejer oder Ausländer, die sich auf diese Weise in die russische Elite eingliedern konnten. Nach der Untersuchung von Troitski
(vgl. Meehan Waters 1980, S. 80ff.) sah um die Mitte des 18. Jahrhunderts
die soziale Zusammensetzung wie folgt aus:

	Summe der gezählten Fälle	Adlige	Nichtadlige
I (Rang 1-5)	145	127 (88 %)	18 (12 %)
II (Rang 6-8)	562	432 (77 %)	130 (23 %)
III (Rang 9-14)	1 344	463 (34 %)	881 (66 %)
IV (ohne Rang)	3 328	138 (4 %)	3 190 (96 %)
Gesamtzahl	5 379	1 160 (22 %)	4 219 (78 %)

Wie zu erkennen ist, gehörte zu diesem Zeitpunkt die große Mehrheit der
Bediensteten noch keinem der Ränge an. Aber der Anteil der Rangträger
stieg von da an ständig und erreichte ein Jahrhundert später 72 % (vgl.
Pintner 1980, S. 192). Der enorme Einfluß dieser Rangeinteilung auf die
Mentalität der russischen Aristokratie spiegelt sich noch in der Tatsache
wider, daß der Begriff *dvoriane* (»Diener« nach und nach durch den Ausdruck *činovniki* (*čin* = Grad, Rang) ersetzt wurde, um Beamte zu bezeichnen. Obwohl die Verpflichtung, auf Lebenszeit in der Bürokratie oder in
der Armee zu dienen (wobei zwischen beiden sehr häufig gewechselt
wurde), von den Nachfolgern Peters des Großen im Laufe der Zeit abge-
mildert und von Peter III. praktisch abgeschafft wurde, blieb sie unverändert die Regel, vor allem, weil die gewaltige Mehrheit der Adligen nicht
über eine hinreichende Zahl von Leibeigenen verfügte, um ein müßiges
und kostspieliges Leben führen zu können. Da zudem der Rang (anders
als der Adelstitel) nicht vererbbar war, mußte jeder seine Karriere auf der
niedrigsten Stufe beginnen. Das Gefühl der Entwurzelung durch die ständigen Versetzungen, die der Dienst für den Zaren mit sich brachte, die Ge-

wöhnung an eine Hierarchie und Disziplin militärischen Typs und eine ambivalente Haltung gegenüber westlichen Bürokratiemodellen, die von oben oktroyiert wurden, spiegeln sich in den großen russischen Erzählungen des 19. Jahrhunderts: »das Gefühl der Ungewißheit und Unsicherheit im Hinblick auf ihren Status, noch befördert durch die politische und soziale Realität, spielte eine wichtige Rolle bei der Wandlung des Adligen zu einem Mitglied der Intelligenzija« (Raeff 1966, S. 41).

Einen Sonderfall stellen natürlich die italienischen Adelsrepubliken oder die deutschen oder Schweizer Stadtstaaten dar, wo es eine konstitutionelle Unterscheidung von politisch wichtigen Ämtern gab, die sich das Patriziat vorbehielt, und untergeordneten Ämtern, die für einen zweiten Stand (den »cittadini originari« in Venedig) zugänglich waren. In einigen deutschen Staaten scheint sich die Tradition des 16. Jahrhunderts am besten bewahrt zu haben, nach der einer Schicht von Juristen bürgerlicher Herkunft das Privileg zukam, die qualifiziertesten Bediensteten des Fürsten zu stellen. Von 180 hohen Beamten, die Charles Ingrao in Hessen-Kassel gezählt hat, hatten 130 nichtadlige Eltern, auch wenn 32 von ihnen später geadelt wurden (vgl. Ingrao 1987, S. 24). Im Kurfürstentum Hannover vergrößerte sich dagegen während des 18. Jahrhunderts die adlige Vorherrschaft bei den höchsten Verwaltungsämtern, während sich der bürgerliche Anteil auf klägliche 12 % beschränkte: die Monopolstellung des Hannoveraner Adels beruhte weitgehend auf der Abwesenheit des Kurfürsten und seiner Respektierung der konsolidierten sozialen Beziehungen (vgl. Lampe 1963, Bd. I, S. 237). Auch im Königreich Preußen stieß die Anwerbung von Bürgerlichen, die der »Soldatenkönig« Friedrich Wilhelm I. gefördert hatte, unter seinem Nachfolger Friedrich II. auf erhebliche Widerstände, weil er überzeugt war, daß der Adel der erste »Stand im Staate« sei, dem »nach seiner Bestimmung (...) die Verteidigung des Staates, so wie die Unterstützung der äußeren Würde und inneren Verfassung desselben« obliege (zit. in Schieder 1983, S. 61). Während so zum Beispiel 1737 nur 17 % der Mitglieder des Generaldirektoriums, der Kriegskammern der Provinzen und des Domänenamtes Adlige waren, stieg ihr Anteil in den folgenden Jahrzehnten auf 25-32 % (vgl. Johnson 1975, S. 254). Von den 20 Mitgliedern des Generaldirektoriums, die zwischen 1740 und 1786 ernannt wurden, war nur eines nichtadlig (vgl. Rosenberg 1958, S. 162). Grundsätzlich adlig waren die Landräte, die eine Mittelstellung zwischen Notablen und Beamten einnahmen. Sie übten in den Landkreisen administrative, juristische und fiskalische Funktionen aus und wurden von den örtlichen Junkern nach Listen gewählt, die der Souverän gebilligt hatte.

Auch im savoyischen Piemont erlebte der Adel in der zweiten Hälfte des 18. Jahrhunderts wieder einen Aufschwung. Dabei handelte es sich aber überwiegend um Adlige, die erst kurz zuvor und gerade wegen ihrer Ämter geadelt worden waren. Außerdem war vorher der Adelsanteil äußerst niedrig gewesen (16 % Adlige unter den hohen und kaum 2 % bei den unteren Beamten; vgl. Balani 1981, S. 598). Langfristig führte der savoyische Absolutismus, wie Giuseppe Ricuperati schreibt, »zur Schaffung eines Amtsadels mit ausgeprägtem Staatssinn, meritokratischer Gesinnung und einer bemerkenswerten Fähigkeit, in ihrem Berufsethos Politik und Kultur zu vereinen« (Ricuperati 1990, S. 853). So entstand eine Schicht, die sich sowohl vom Bürgertum als auch vom Adel unterschied. Sie kontrollierte »im Laufe weniger Generationen nicht nur die politischen Karrieren, sondern auch benachbarte Laufbahnen, von der Armee bis hin zur Diplomatie, dem Hof und der Kirche« (ebd. S. 870). Auf eine in vielerlei Hinsicht analoge Entwicklung stößt man im toskanischen Großherzogtum, wo die alten Patrizierfamilien, die vom Beginn des 17. Jahrhunderts bis zum Ende der Medici-Dynastie (1737) die einträglichsten und angesehendsten Positionen in der Justiz und bei den Festanstellungen an sich gerissen hatten, ihre Bedeutung verloren. Ihr Anteil ging von 31 % (1736) über 20 % (1773) auf 12-13 % (1784) zurück. Weitaus besser behaupteten sich dagegen die »neuen Patrizier und Neuadligen«, deren Namen in dem Adelsregister aufgeführt sind, das nach dem Gesetz von 1750 überarbeitet worden war (Litchfield 1986, S. 315).

Neben den geistlichen und militärischen Laufbahnen stellte die Ausübung öffentlicher Ämter also in ganz Mittel- und Westeuropa eine wichtige zusätzliche Einnahmequelle besonders für den weniger begüterten Adel und eine ideale Ausweichmöglichkeit für die Kadetten dar. Für die Bürger waren sie eines der wichtigsten Mittel, um in den Adelsstand erhoben zu werden. Im Laufe der Generationen verschmolzen die Inhaber mittlerer öffentlicher Ämter immer mehr zu einer Schicht mit eigenem Charakter; sie wurde durch das Allgemeine Landrecht von 1794 in Preußen auch rechtlich verankert. Auch anderswo erhielt diese Schicht Anerkennung und Privilegien, die nicht länger an die Geburt, sondern an die öffentliche Funktion gebunden waren.

Im kosmopolitischen Europa des 18. Jahrhunderts ist neben der sozialen auch die geographische Mobilität ein sehr verbreitetes Phänomen, d.h. der häufige Wechsel von Zivilbeamten und nicht weniger von Militärs von einem Land ins andere. Gelegentlich wurden sie regelrecht »ausgeliehen«, wie der Toskaner Pompeo Neri nach Mailand, wo er die Erstellung des Katasters für Maria Theresia leitete, oder der Schlesier Ignaz von Felbiger, der von der preußischen Verwaltung in die österreichische wechselte, wo er von 1774 an eine entscheidende Rolle als Organisator der Volksschulen spielte. Während im Habsburger Kaiserreich der Zustrom von Bediensteten aus dem Ausland Tradition hatte, war er in Rußland ein neues Phänomen, das mit der Politik der Modernisierung und Westorientierung zusammenhing, die Peter der Große eingeleitet hatte. Nicht geringer war jedoch der Austausch bürokratischer Eliten in Deutschland und Italien. Von den hohen und mittleren Beamten in Hessen-Kassel stammte etwa ein Drittel aus anderen Gebieten Deutschlands (vgl. Ingrao 1987, S. 29), und ein hoher Ausländeranteil fand sich auch in der Verwaltung Württembergs (vgl. Vann 1984, S. 178). Im Obersten Kommerzienrat, den Maria Theresia 1765 in Mailand einsetzte, stammten der Präsident und sechs von zehn Räten aus anderen Teilen Italiens oder Gegenden jenseits der Alpen, und in Neapel waren die beiden führenden Minister Karls III. der spanische Graf Montealegre und der Toskaner Bernardo Tanucci. Die Häufigkeit solcher Wechsel erklärt sich nicht nur aus der seinerzeit von Ernesto Sestan vermerkten Tatsache, daß technisch-administrative Fähigkeiten im 18. Jahrhundert Mangelware und folglich ein Exportgut waren (vgl. Sestan 1955, S. 20f.). Reformorientierte Herrscher verspürten auch die Notwendigkeit, sich der Dienste von Ausländern zu versichern, die nichts mit der lokalen Herrschaftsschicht zu tun hatten und sich daher nicht an der Verteidigung der herrschenden politisch-institutionellen Ordnung beteiligten. Der beste Beweis für diese Annahme sind gerade die genannten Fälle der gebürtigen Toskaner Pompeo Neri und Bernardo Tanucci, die in ihrer Heimat für Kontinuität mit dem alten Regime und »republikanische« Traditionen standen, die dagegen in der Lombardei beziehungsweise in Neapel zu kompromißlosen Verfechtern der absolutistischen Monarchie und der eingeleiteten Reformen wurden.

4. Sowohl für die Adligen wie für die *roturiers* (Bürgerliche), die in den öffentlichen Dienst strebten, stellte sich das Problem einer angemessenen allgemeinen und speziellen Vorbereitung. Erwähnt wurde bereits die weiterhin zentrale Bedeutung des Jurastudiums für die Bediensteten in der Justiz und in höchsten Beamtenpositionen. Überall gab es eine enge Verbin-

dung von Universitätsstudium und Beamtenlaufbahn, außer in England, wo »sich im 18. Jahrhundert die juristische Ausbildung (...) über juristische Praktika und in den *Inns of Court* vollzog. In der königlichen Verwaltung waren Einstellung und Beförderung von Patronage und Klientelbeziehungen abhängig und nahezu überhaupt nicht von der Universitätsausbildung« (Stone 1975, S. 51). Nach einem heute allgemein akzeptierten Urteil hatten die europäischen Universitäten im 18. Jahrhundert längst aufgehört, Schrittmacher des intellektuellen Lebens zu sein, und beschränkten sich darauf, eine eng begrenzte und traditionelle Kulturbildung weiterzugeben, die auf der Verehrung der Klassiker und des römischen Rechts beruhte. Dennoch gab es an einigen Orten ernste Erneuerungsbemühungen, zum Beispiel durch die Schaffung von Kursen für öffentliches Recht und den Ausbau von Lehrveranstaltungen über Landesrecht. Während viele deutsche Universitäten unter einem desolaten Geld- und Ideenmangel litten, wurde Göttingen, 1734 vom Kurfürsten von Hannover gegründet, sehr bald zum Aushängeschild für humanistische Kultur und Geschichtswissenschaft. Der Akademikeranteil in den höchsten Verwaltungsrängen stieg von 56 % (1714-1736) auf 82 % (1737-1760) (vgl. McClelland 1980, S. 50). Halle und Frankfurt an der Oder erhielten 1727 Lehrstühle für Kameralwissenschaften. Ihre Studentenzahlen stiegen erheblich an, und zwar als Reaktion auf die Forderung Friedrich Wilhelms I., nur solche Beamte in das 1723 gegründete Generaldirektorium zu berufen, »die treu und redlich sind, die offene Köpfe haben, welche die Wirtschaft verstehen und sie selber betreiben, die von Commercien, Manufactur und anderen dahin gehörigen Sachen gute Information besitzen, dabei auch der Feder mächtig« sind *(Acta Borussica,* 1901, S. 577). Auch im Hinblick auf die Einrichtung regulärer Aufnahmeprüfungen für Staatsbeamte gehörte Preußen zur Avantgarde. Diese Praxis, die 1755 für die Ämter in der Justiz und 1770 für die Ämter der Verwaltung eingeführt wurde, »fuhrte dazu, daß ein Universitätsstudium für Beamtenanwärter zur Regel wurde« (Hellmuth 1985, S. 111), wie es auch in Österreich ab 1766 der Fall war.

In Italien spielte das Athenäum von Pisa eine bedeutende Rolle bei der Ausbildung einer neuen Führungsschicht. In Neapel wurde für Antonio Genovesi nach der im Jahre 1736 von Celestino Galiani durchgeführten Universitätsreform ein Lehrstuhl für Kommerz und Mechanik eingerichtet (1754). Im Gefolge der bereits in Wien vollzogenen Reformen bewirkten der 1771 in Pavia eingeführte Lehrplan und der Wissenschaftsplan von 1773 eine echte Revolution der Inhalte und Lehrmethoden, die »den Geist schulen und die Herzen erziehen und somit der Heranbildung und Vermehrung aufgeklärter und vorurteilsfreier Untertanen« dienen sollten, »welche die nützliche Ordnung stützen und befördern mögen« (königlicher Erlaß vom 24. November 1764; zit. in Capra 1984, S. 407f.). Aber vor allem in Piemont gab es eine sehr enge Verbindung zwischen Universitätsausbildung und Verwaltungslaufbahn. Die Universitätsreform von Turin unter Viktor Amadeus II. wurde von der Einführung eines in Europa einmaligen Mittelschulsystems begleitet. In ihrer bereits erwähnten Studie hat Donatella Balani gezeigt, daß zwischen 1720 und 1789 etwa die Hälfte der mehr als 4000 Studienabgänger der Juristischen Fakultät von Turin eine Anstellung in der öffentlichen Verwaltung fand und daß bereits bei der Immatrikulation auf die Bedürfnisse der staatlichen Verwaltung geachtet wurde (vgl. Balani 1981, S. 690ff.). Der in Frankreich beschrittene Weg bestand weniger in einer Reform der Lehrpläne als in der Schaffung von besonderen Schulen für die Ausbildung des technischen Personals, das die Regierung zur Erfüllung neuer Aufgaben benötigte. Über die 1747 gegründete Ecole des ponts et chaussées (Schule für Brücken- und Straßenbau) und die Ausbildung, Einstellung und Arbeit des Ingenieurkorps hat Luigi Blanco eine reichhaltige und gutdokumentierte Monographie vorgelegt (1991). Erwähnenswert ist aber auch die Marineschule, die 1748 im Louvre eröffnet wurde, und die Schule für Ingenieurwesen, die im selben Jahr in Mézières gegründet wurde. Wien konnte sich seit 1750 mit dem Theresianum schmücken, einer Schule für Adlige, die in den Staatsdienst eintreten wollten. Schließlich wurden in Rußland seit Peter dem Großen alle Anstrengungen unternommen, dem Adel zwangsweise Bildung zu verordnen, unter anderem durch die Aufnahme seiner Sprößlinge in ausgewählte Garderegimenter und in das Kadettenkorps, das 1721 in Sankt Petersburg gegründet wurde. Trotzdem blieb für die große Mehrheit der Zivilbeamten die wichtigste praktische Ausbildung die Zeit, die sie in ihrer Eigenschaft als Reservisten in den Ämtern verbrachten (mit der Hoffnung auf eine freiwerdende Planstelle) oder als Lehrlinge (*Auscultator* in Preußen). Häufig wurde zudem das notwendige theoretische und praktische Wissen bereits innerhalb der Familie weitergegeben, und zwar von den Vätern an die Söhne oder von den Onkeln an die Neffen. Das ein wenig nostalgische Bild, das Antonio Gil Zarate 1843 von den guten alten Zeiten malte, besitzt nicht nur für Spanien Gültigkeit:

»Eine übliche Praxis erlaubte es, daß ein Beamter den nächsten zeugte. Kaum daß der Sohn eines Beamten die Schule beendet hatte, so setzte man ihn als Lehrling *(meritorio)* an die Seite des Vaters. Dort bildete er sich im Schreiben, vervollkommnete sich in der Buchführung und lernte die bürokratischen Regeln. Nach sechs oder mehr Jahren wurde schließlich ein Platz frei, und der Neuling wurde zu einem festen Beamten mit einem Gehalt von dreihundert Dukaten im Monat (…).« (Zit. in Correa Calderón 1950, S. 1023)

Neben verwandtschaftlichen Banden war für die Aufnahme in öffentliche Ämter Protektion durch mächtige Personen entscheidend. Nehmen wir zum Beispiel das *Bureau des dépêches* im französischen Finanzministerium, das von 1778 an vom *premier commis* (Bürovorsteher) Charles Hersemulle de la Roche geleitet wurde:

»(…) in seinem Büro arbeiteten sein Schwiegersohn Etienne-Marie Denois, der außerdem der Sohn eines *premier commis* des Kriegsministeriums war; de Bouconvillier, ein Neffe von de la Roche; Pardon (wahrscheinlich sein Cousin); Meslin, für den sich eine Tante des Königs, Madame Victoire, verwendet hatte; Vassal, Schwiegersohn von Cochereau, eines *premier commis,* der sich gleich mit zwei ›Beschützern‹ brüsten konnte, Madame Adélaide, eine andere Tante des Königs, und de Villevalt, *maîtres des requêtes;* de Glatingny, Sohn eines Kammerdieners der Königin; Nay, Neffe von Cadet de Chambine, *premier commis* des Brücken- und Straßenbauamtes; François Delorme, Verwandter eines *premier commis* im Kriegsministerium, und schließlich Charles Coster, der zu einer großen und mächtigen Familie gehörte, die viele Mitglieder in königlichen Diensten hatte.« (Bosher 1970, S. 61)

Zur Arbeit des englischen *Navy Board* (Marineamt) trugen zwischen 1660 und 1800 »nicht weniger als 47 Familien mit drei oder mehr Mitgliedern bei« (Brewer 1989, S. 81). Daß Empfehlungen und Förderung unabdingbar oder die Ämter gar käuflich waren, bedeutete allerdings nicht, daß Ausbildung und Verdienst völlig vernachlässigt worden wären. Vielmehr versuchte man, wie Ajello bemerkt, beides miteinander zu verbinden: »wollte die Regierung nicht die Effizienz ihrer Verwaltung und damit ihr Überleben aufs Spiel setzen, konnte sie sich nicht erlauben, den Wert besonderer Befähigung außer acht zu lassen« (Ajello 1981, S. 348).

5. Die Einteilung nach Rängen in Rußland ist ein einmaliges Beispiel für eine Hierarchie, die ohne Unterschiede im Hinblick auf Funktionen und Verwaltungsbereiche für den ganzen bürokratischen Apparat einheitlich war. Andernorts waren unterschiedliche Qualifikationsanforderungen und hierarchische Verhältnisse die Regel, und die Einstufung des Perso-

nals nach festgelegten Funktionen und Rängen begann erst langsam
Form anzunehmen. In den französischen Ministerien zeichnete sich in
der zweiten Hälfte des 18. Jahrhunderts eine Rangunterteilung in »premier secrétaire, second secrétaire, chefs de bureaux, commis du premier
ordre, commis du second ordre, ›scrivains‹ und ›copistes‹« ab (Mousnier
1974-80, Bd. II, S. 546). Neues und Althergebrachtes verbanden sich un-
auflöslich im größten der französischen Ministerien, der Allgemeinen Fi-
nanzrevision. Sie vereinte Zuständigkeitsbereiche, die heute beim Innen-
ministerium, dem Finanzministerium, dem Schatzamt, dem Wirtschafts-
ministerium, dem Ministerium für Arbeit und noch anderen Ministerien
liegen. Am Ende des Ancien régime beschäftigte der Generalrevisor 360
Beamte, darunter 30 *premier commis,* eine beinahe ebenso große Zahl von
chefs wie Untergebenen, zirka 205 *commis* und etwa 30 *garçons de bureau.* Aber nicht das ganze Personal arbeitete in einem der 38 Büros, aus
denen das Ministerium bestand. Es gab auch individuelle Gehaltsempfänger mit Spezialaufgaben, die etwa Informationen über die Bevölkerung
sammelten oder ein Ökonomiewörterbuch erstellen sollten (Trudaine
übertrug diese Aufgabe dem Abt André Morellet, dem Übersetzer von
Beccaria, ohne daß dieser damit je fertig wurde). Einerseits unterschieden
sich die Arbeitsmethoden der Beamten dieses Ministeriums deutlich von
denen der anderen Ministerien, wo noch eine kollegialere Arbeitsweise
vorherrschte: »(sie) waren in ihrer Arbeitsweise moderner, eher von
einem administrativen als juristischen Geist beseelt, versessen auf Berichte, Untersuchungen, Rund- und Antwortschreiben, die eher von
einem *commis* in einer einsamen Amtsstube studiert, ausgewertet, abge-
wogen und zusammengefaßt wurden, als in Dienstbesprechungen von Juristen« (Antoine 1970, S. 327). Andererseits war die Hierarchie des Ministeriums durchaus nicht pyramidenförmig aufgebaut. Teilweise lagen die
Büros in Versailles, zum weitaus größten Teil aber in Paris, über die ganze
Stadt verteilt: »jeder *premier commis,* der einem oder zwei Büros vorstand, mietete normalerweise die Räumlichkeiten, teilte sie auf, richtete
sie ein und ließ sich die Ausgaben vom Minister erstatten« (Bosher 1970,
S. 53). Zudem verkehrte der Minister bis zu den Reformen von Necker
(1777) mit seinen Untergebenen größtenteils über die bereits erwähnten
Finanz- und Handelsdirektoren. Zu erwähnen ist ferner, daß die Bediensteten der *Contrôle général* nur zum Teil für die Verwaltung der französischen Finanzen verantwortlich waren. In Wirklichkeit bestand ein Großteil ihrer Aufgaben in der Kontrolle der *officiers,* die nicht dem Ministe-

rium angehörten (der Schatzmeister, der Zahlungsempfänger und Schuldner, der Inhaber käuflicher und in der Verwaltung ihrer Finanzen weitgehend unabhängiger Ämter, mit denen sie Privatgeschäfte abwickelten und die sie sogar als Kreditgeber der Krone nutzten). Sie kontrollierten auch Gesellschaften wie die Generalfinanzpachtgesellschaft zur Erhebung indirekter Steuern, das Amt für die Verwaltung der königlichen Domänen und die mit der Erhebung der Fabrikakzisen *(aides)* betraute Behörde, die beide zwischen 1777 und 1780 von Necker unter Eingliederung bereits bestehender Ämter und Behörden geschaffen wurden.

Als echtes bürokratisches Organisationsmodell, das in den letzten zwei Jahrzehnten des 18. Jahrhunderts als Vorbild diente, kann man die Akzisenverwaltung in England bezeichnen (die Verbrauchssteuern auf Alkohol und eine Reihe von Massenkonsumgütern, von Salz über Kerzen bis hin zu Seife), die »nicht nur die größte Regierungsbehörde« war, »sondern auch die meisten Kontakte mit der Öffentlichkeit hatte« (Brewer 1989, S. 102). Geführt wurde die Behörde von neun Kommissaren, die wöchentlich dem Lord Schatzmeister Bericht erstatteten und im Jahre 1770 einen Mitarbeiterstab von über 200 Untergebenen hatten. Im Büro des Generaleintreibers gingen die Einnahmen von 72 Londoner Agenten direkt ein, die von einem Inspektorenkorps kontrolliert wurden. Komplizierter war die Organisation in den Grafschaften, wo 53 von ebenso vielen Schreibern unterstützte Steuereinnehmer die Einnahmen von 2 704 Agenten sammelten, die unter der Aufsicht von 253 Kontrolleuren standen (die Zahlen beziehen sich ebenfalls auf das Jahr 1770). Für die Aufnahme waren recht schwierige Prüfungen zu bestehen, die fortgeschrittene mathematische und geometrische Kenntnisse voraussetzten: »Thomas Paine, vielleicht der berühmteste Beamte im Akzisenamt, bereitete sich vierzehn Monate vor, bevor er 1761 Anwärter wurde.« (Brewer 1989, S. 104) Die Agenten, die *gaugers* (Schätzer) genannt wurden, mußten tausende von Meilen zu Fuß oder zu Pferde zurücklegen, um die Fabriken zu inspizieren und den Verkauf der Waren zu kontrollieren (etwa 100 000 in ganz England am Ende des 18. Jahrhunderts), die Außenstände eintreiben und Empfangsbestätigungen ausstellen. Sie mußten außerdem detaillierte Register anlegen, die regelmäßig zusammen mit jenen der Kontrolleure den Zentralbüros zugeschickt wurden. Das Kontrollsystem war so angelegt, daß Täuschungen und Betrug sehr erschwert wurden und sich die Leistung jedes Bediensteten realistisch einschätzen ließ. Eine solche Einschätzung bildete die Grundlage für Beförderungen und Maßregelungen. Die häufigen Versetzungen von einer Abteilung *(division)* in eine andere erschwerten die Bildung persönlicher Beziehungen zwischen den Fiskalbeamten und den Fabrikanten oder lokalen Gewerbetreibenden. Neben dem natürlichen Produktionswachstum, dem vermehrten Warenverkehr und der periodischen Erhöhung der Tarife ist das gute Funktionieren dieser Maschinerie darauf zurückzuführen, daß sich die Akzisen im 18. Jahrhundert zur dynamischsten Einnahmequelle der englischen Monarchie entwickelten und von zirka 30 % Anteil an den Gesamteinnahmen im ersten Jahrzehnt auf fast 50 % zwischen 1740 und 1780 anstiegen.

Ganz anders war die Atmosphäre in den Büros des britischen Schatzamtes, das ein Forscher in einer jüngeren Untersuchung als »mittelalterliches Fuhrwerk, besetzt mit überflüssigen Beamten und kostspieligen Sinekuren« bezeichnet hat (Roseveare 1969, S. 95). Gerade deshalb waren die Posten sehr begehrt und in der Regel den Verwandten oder der Klientel von amtierenden Ministern und hohen Adligen vorbehalten. Einer der Bewerber schrieb an seinen Gönner, daß er sich mit einem Gehalt von 70-100 Pfund Sterling im Jahr zufrieden geben würde, aber 2-300 fordern müßte, sollte man von ihm ernsthaft verlangen zu arbeiten (vgl. ebd., S. 96). Die Höhe dieser Summen wird anschaulich, wenn man sie mit den Gehältern der Steuerbeamten *(excismen)* vergleicht, die von 50 Pfund Sterling im Jahr für die Agenten über 90 Pfund für die Kontrolleure bis hin zu 120 Pfund für die Steuereinnehmer reichten. Zudem genossen sie, wenn überhaupt, nur wenige jener Vergünstigungen, die ihren Kollegen im Schatzamt zukamen.

Mit Zahlen ließe sich leicht belegen, daß die Vergütung im öffentlichen Dienst durchschnittlich recht niedrig war, bei gleichem Rang in den einzelnen Behörden unterschiedlich ausfiel und die Höhe der Besoldung eine weit größere Bandbreite umfaßte als heute. In Piemont entsprach der Abstand zwischen Spitze und Basis der Verwaltungspyramide einem Verhältnis von 15-20:1 (vgl. Balani 1981, S. 607). In Wien reichte die Vergütung von 20-30 000 Gulden für Minister bis hinunter zu 500 Gulden und weniger für die Untergebenen mit den wenigsten Vergünstigungen. Im französischen Kriegsministerium variierte die Besoldung von 200 Livres im Jahr für die schlechtbezahltesten Portiers und Bediensteten bis hin zu Summen zwischen 4 000 und 8 000 Livres für die höchsten Beamten. 1776 erließ der Minister Saint-Germain eine neue Gehälterverordnung für seine Beschäftigten mit folgender Abstufung: 15 000 Livres im Jahr für einen *chef de bureau* (was einem ehemaligen *premier commis* entsprach), von 1 000 bis 5 200 Livres für die *commis,* die in drei Gehaltsstufen unterteilt waren, und 600 Livres für einen Lehrling (vgl. Church 1981, S. 33). Das Vorhaben stieß auf unüberwindliche Widerstände, vor allem weil in den Gehältern all jene Einkünfte zusammengefaßt werden sollten, die traditionell einen wichtigen Teil und oft den Großteil der »Lohntüte« eines Beamten ausmachten: Sondervergütungen, Taxen und Gebühren für Bescheinigungen und andere Schriftstücke, die die Beamten für Antragsteller ausstellten, Sporteln (bei Richtern), Steuerbefreiungen und verschiedene Privilegien. Noch zu Beginn des 18. Jahrhunderts führten im Staat Mailand solche

»zusätzlichen Einkünfte durchschnittlich fast zur Verdoppelung der Gehälter bei den höchsten Beamten, d.h. dem Hofmeister, dem *Gran Cancelliere,* den Senatoren und dem Polizeipräsidenten (…), während sie die Einnahmen niedriger Beamter sogar versechsfachten. Nimmt man hohe und niedrige Beamte und alle Behörden zusammen, dann wären die entsprechenden Ausgaben von 459 134 Lire unter Einschluß der Gebühren, Zuschläge und Nebeneinnahmen, die in den Halbjahresbüchern zugelassen und registriert wurden, auf 1 283 256 Lire angestiegen.« (Pugliese 1924, S. 383)

Für die Regierung hatte dieses System den Vorteil, einen Großteil der Unterhaltskosten für die »officiali« auf die Bevölkerung abwälzen zu können, besonders auf jene, die öffentliche Dienste in Anspruch nahmen. Andererseits begünstigte es natürlich jede Art von Mißbrauch und Erpressung durch die Beamten, wie Chabod für Mailand und Mantelli für das Königreich Neapel unter spanischer Herrschaft ausführlich gezeigt haben. Dieses System war unlösbar mit einem patrimonialen Amtsverständnis verbunden, das wie eine Investition betrachtet wurde, die sich auszahlen mußte. In der Lombardei war eine der ersten Reformen während der Regentschaft Maria Theresias der »neue Plan« für die Mailänder Justizverwaltung, den Gianluca Pallavicini 1749 einführte, und bezeichnenderweise verbot er gleichzeitig die Ämterkäuflichkeit, sah anständige Gehälter für die Beamten vor und reduzierte die Nebeneinkünfte, die von nun an von einer Zentralkasse verteilt wurden, auf ein bescheidenes und festgelegtes Niveau (vgl. Mozzarelli 1972, S. 134-40).

Ähnliche Maßnahmen wurden in anderen Ländern der Habsburger Monarchie getroffen, wo die Beamtenbesoldung allerdings spürbar niedriger blieb als in Mailand und die fehlende Angleichung an die gestiegenen Lebenshaltungskosten in den letzten Jahrzehnten des 18. Jahrhunderts zu erheblichem Unmut führte. In der preußischen Justizverwaltung nahm Samuel von Coccej ab 1748 mit großem Elan den Kampf für die Anhebung der Gehälter, die Beseitigung der Sporteln und die Einführung einer Anwerbepraxis nach Qualifikation auf. In den anderen deutschen Staaten, wo während des gesamten 18. Jahrhunderts die Gehälter noch zu einem großen Teil weiterhin in Naturalien bezahlt wurden (Getreide-, Holz- und Weinzuteilungen, die die Beamten dann verkaufen mußten), ließen vergleichbare Reformen noch längere Zeit auf sich warten. Dennoch wurde in Baden, Württemberg und Bayern während des napoleonischen Zeitalters zum ersten Mal ein Beamtenrecht kodifiziert, das unter anderem einen »triftigen Grund« für Entlassungen und einen privilegierten Rechtsstatus für alle Staatsbediensteten und nicht nur für die Adligen vorsah: »nicht durch Bestrafung, sondern durch Belohnungen sollte die Beamtenehre zu unbedingtem Einsatz bewegt und ständig angestachelt werden« (Wunder 1986, S. 28). Ein bedeutsamer Indikator für den Übergang zu einem modernen Verständnis von Beamtentum ist überall der veränderte Charakter der Pensionen, die nicht länger als Gnade galten, die der Souverän von Fall zu Fall erwies, sondern zu einem gesetzlich festgelegten, an das Dienstalter gebundenen Recht wurden. Stützten sie sich in Frankreich und England, wie erwähnt, zunächst auf freiwillige Beitragszahlungen, so sicherte die Pensionsregelung, die Joseph II. 1781 einführte und bald von anderen Regierungen übernommen wurde, allen Beamten unterschiedslos ein Drittel des Gehaltes nach 15 Jahren, die Hälfte nach 25 Jahren und das volle Gehalt nach 40 Jahren zu. Andere Regelungen betrafen Invalidität und Pensionszahlungen an Verwandte im Todesfalle des Pensionsberechtigten. Auch Beförderungen wurden in der österreichischen Verwaltung nach Maßgabe des Dienstalters geregelt, was mit der Zeit negative Auswirkungen auf die Initiative der Beamten haben sollte, aber den Vorteil hatte, einen gewissen Schutz gegen den Einfluß von Klientelenbildung und persönlichen Beziehungen zu bieten.

Die systematische Korruption in den Staatsapparaten Europas während des Ancien régime hat Van Klaveren aus rein ökonomischer Sicht als eine den Marktgesetzen folgende Ausbeutung der öffentlichen Ämter zu erklären versucht, die nur durch die weitgehende Autonomie der Beamten in den oligarchischen Republiken und gemäßigten Monarchien möglich geworden sei. Andere haben sie mit der ungenügenden Beamtenbesoldung in Verbindung gebracht. Kürzlich hat Jean-Claude Waquet eine funktionalistische Erklärung vorgeschlagen. Nach dieser, mit zahlreichen

Beispielen aus der Geschichte des toskanischen Großherzogtums des 17. und 18. Jahrhunderts illustrierten These hatte die Korruption »eine doppelte Funktion: sie versorgte die Beamten mit flüssigen Geldmitteln, die sie als Mitglieder der örtlichen Aristokratie, der sie in ihrer Mehrzahl angehörten, dringend benötigten, und bewirkte zugleich eine Umverteilung der Macht zugunsten einer Geburtselite, die sich mit ihrem Machtverlust nie ganz abgefunden hatte« (Waquet 1984, S. 236). Waquet warnt jedoch auch vor einer mechanischen Anwendung dieses Schemas auf Staaten mit politisch-institutionell unterschiedlichen Verfassungen und betont die Bedeutung der mehr oder weniger großzügigen moralischen Bewertung der Korruption in der Bevölkerung und durch die Täter selbst. Wo im 18. Jahrhundert Fortschritte bei der Korruptionsbekämpfung erzielt wurden, wie in Preußen und England, in Österreich und in der Toskana unter den Lothringern, läßt sich dies auf eine doppelte Entwicklung zurückführen. Sie beruhte einerseits auf einer erhöhten Wachsamkeit des Staates (auch durch eindeutige Formen von Spionage, wie in Preußen durch die berüchtigten »Fiskalbeamten« oder in Österreich durch die Geheimpolizei, die Joseph II. gegründet hatte), auf rigideren Disziplinarvorschriften und der systematischen Anwendung strenger Sanktionen. Andererseits hatte sie ihre Ursache darin, daß die meisten Beamten eine neue Ethik des Gemeinwohls und einen Ehrbegriff verinnerlichten, der sich von dem aristokratischen unterschied und sich nach Sonnenfels auf das Ideal des »rechtschaffenen Bürgers« stützte (vgl. von Sonnenfels 1819, Bd. I, S. 370). Ihren berühmtesten Ausdruck fand diese Beamten- und Staatsethik im »Hirtenbrief Josephs II.« vom Dezember 1783:

»Ich habe die liebe, so ich fürs allgemeine beste empfinde, und den eifer für dessen dienst jedem staatsbeamten einzuflössen gesucht (...) Aus diesem folgt, dass bey allen stellen ohne ausnahm jederman einen solchen trieb zu seinem geschäft haben muss, dass er nicht nach stunden, nicht nach tägen, nicht nach seiten seine arbeit berechnen, sondern alle seine kraften anspannen muss, wenn er geschäfte hat, um selbe vollkommen nach der erwartung und nach seiner pflicht auszuführen (...) Der nicht liebe zum dienst des vaterlandes und seiner mitbürger hat, der für erhaltung des guten nicht von einem besonderen eifer sich entflammt findet, der ist für geschäfte nicht gemacht (...) Eigennutz von aller gattung ist das verderben aller geschäften und das unverzeihlichste laster eines staatsbeamten.« (In Walter 1950, S. 123-26)

Sicher war die Wirklichkeit weit von diesem Ideal entfernt, wie gleich noch deutlich werden wird. Trotzdem sind sich die Historiker einig, daß die Ursprünge einer in ihrer Gesamtheit ehrlichen, disziplinierten und dem Dienst ergebenen Bürokratie, die sich von jeder Idee territorialer oder schichtspezifischer »Repräsentanz« gelöst hatte, in der zweiten Hälfte des 18. Jahrhunderts liegen und daß es diese Bürokratie war, die einen der Pfeiler darstellte, der bis zum Ersten Weltkrieg das eindrucksvolle Gebäude der österreichischen Monarchie stützte und seine »grandiose Statik« gegen vielfältige, zersetzende Kräfte sicherte. Das gleiche gilt mit den nötigen Abänderungen für Deutschland, das Otto Hintze in einem Aufsatz von 1911 stolz als »das klassische Land der Bürokratie in der europäischen Welt« definierte (Hintze 1967). Einer neueren Studie zufolge

»gab es im späten 18. Jahrhundert in den deutschen Bürokratien einen Kern professioneller Beamter, die an den Universitäten studiert hatten und im allgemeinen ehrlich und fleißig waren. Obwohl es in ihren Reihen auf allen Ebenen einen hohen Prozentsatz von Nichtadligen gab, waren sie dank eines meritokratischen Systems, das Begabung höher bewertete als Geburt, in die Machtapparate und Sozialstrukturen der jeweiligen Staaten gut integriert.« (Ingrao 1990, S. 230)

6. Die Trennung von Arbeitsplatz und Wohnung war im 18. Jahrhundert allgemein üblich. Über Dienstpläne gibt es nur bruchstückhafte Informationen, doch die Dienstdauer war in jedem Fall weit von den endlosen Arbeitstagen der Handarbeiter entfernt. Im englischen Schatzamt, wo die Disziplin besonders locker war, ging die 1752 festgelegte Dienstzeit von neun Uhr morgens bis drei Uhr nachmittags an fünf Wochentagen, aber viele Beamte ließen sich erst nach elf Uhr blicken, und einige entfernten sich oft und gerne vom Dienst (vgl. Roseveare 1969, S. 106). Nicht anders war es im Marineministerium, wo ein Bürovorsteher dazu ermahnt werden mußte, »Zertifikate und andere Papiere in seinem Büro auszustellen und nicht, wie bis dahin üblich, in Tavernen und Cafés« (Baugh 1965, S. 60f.). In Frankreich dauerte der Arbeitstag in den Ministerien traditionell sieben bis acht Stunden, aber auch diese Norm wurde noch zu Zeiten Balsacs sehr flexibel gehandhabt (vgl. Thuillier 1976, S. 28ff.). In den Wiener Kanzleien reichten die Bürostunden von neun bis zwölf Uhr am Vormittag und von 15 bis 18 Uhr am Nachmittag an sechs Wochentagen, aber diese Dienstzeiten wurden um so weniger streng beachtet, je höher man in der Hierarchie kam. Sieben Bürostunden waren nach der Reform von 1771 in den Vorschriften für die Mailänder Finanzverwaltung festgelegt (vgl. Mozzarelli 1981, S. 456). Was wirklich zählte, war jedoch auch in den Augen der anspruchsvoll-

sten Regierungen nicht so sehr die Regelmäßigkeit der Leistung, sondern die Bereitschaft, zugewiesene Aufgaben sofort und vollständig zu erledigen. Selbst Joseph II., der, wie wir gesehen haben, verlangte, daß man die Arbeit »nicht nach Stunden, nicht nach Tagen, nicht nach Seiten« bemesse, gestand auch dem Beamten zu, daß er »derjenigen Erholung, die man so billig doppelt empfindet, wenn man seine Pflicht erfüllt zu haben sich bewußt ist, geniesse« (in Walter 1950, S. 125). Vincenzo Lancetti aus Cremona, der im Kriegsministerium des italienischen Königreichs beschäftigt war und zur Zeit Napoleons eine interessante (noch unveröffentlichte) Abhandlung mit dem Titel *Delle qualità e dei doveri degli impiegati pubblici* (Von den Fähigkeiten und Pflichten der öffentlichen Bediensteten) schrieb, pries die »süße Befriedigung (...) eines Bediensteten, der jeden Tag seine Amtsstube ohne unerledigte Papiere hinterläßt«, bestritt aber, daß es angemessen sei, die Beamten an feste Bürostunden zu binden:

»Immer ist es ratsam, in den Ministerien jene Stunden festzulegen, in denen sie geöffnet und zugänglich sind (...). Wohl aber röche es nach Schule oder Kloster, verlangte man in den Ministerien, zumal in dero wichtigsten, daß die Bediensteten jedweden Ranges dort unbedingt und stets von einer bestimmten Stunde bis zu einer anderen, ebenso festgesetzten Stunde sich befänden, ob nun eine entsprechende Arbeit ansteht oder nicht.«

Der gute Beamte, bemerkt Lancetti, verbringt auch die Nacht im Büro, wenn es die Arbeit verlangt, doch »wenn es ihr enthoben ist, weiß er die Stunde zu nutzen und ohne schlechtes Gewissen fernzubleiben.« (Zit. in Capra 1986, S. 66) Es lohnt, aus Lancettis kleiner Abhandlung auch die Definition für Diensteifer zu zitieren, »jener spontane und resolute Wille, deine Dienstpflichten zu erfüllen, jenes Einnehmen deines Platzes ohne große Vorreden und großes Hin und Her von Besuchen, Unterhaltungen, Klatsch, Imbissen, Gazettenlektüre und Dienstgängen, von all den Dingen, in denen sich gewohnlich ein Drittel der Arbeitszeit verbraucht« (ebd.). Das hier durchscheinende Bild des Büroalltags, das uns nur allzu vertraut ist, findet seine Entsprechung in anderen Zeugnissen über diese Epoche, wie den folgenden »allgemeinen Fehlern« der toskanischen Staatsbediensteten, die der Großherzog Peter Leopold auflistete, bevor er Florenz 1790 verließ:

»(...) die Pflichtvergessenheit, sich den Geschäften kaum zu widmen und wenig Zeit im Büro zu verbringen; die Details der Geschäfte ganz den Untergebenen zu überlassen; nur des Anscheins wegen und so selten und spät wie möglich ins

Büro zu kommen und dort die Zeit mit Gerede und Geschwätz hinzubringen oder seine eigenen Angelegenheiten zu erledigen; sich wichtig zu tun, Begünstigung in Aussicht zu stellen und den Leuten Sand in die Augen zu streuen, besonders in Florenz, indem man ihnen vorspiegelt, mit Geschäften und Pflichten beladen zu sein; allen mit einem bedeutsamen und heimlichtuerischen Ausdruck Versprechungen zu machen, um sich Beifall spenden zu lassen, Reverenz und Verbeugungen zu erheischen und für das, was getan wird, alle Ehre auf sich zu ziehen; sich der Öffentlichkeit und Privatpersonen auch mit falschen Entschuldigungen zu entziehen und den Tadel für Mängel immer auf einen einzelnen abzuwälzen, auf einen anderen Beamten oder den Regenten.« (Peter Leopold von Habsburg-Lothringen 1969-74, Bd. I, S. 57)

In der österreichischen Monarchie schienen die Beamten der Provinzbehörde von Bozzolo das strenge Ideal Josephs II. zu verkörpern, so wie sie von ihrem Vorgesetzten Luigi Berti in einer Schilderung von 1787 beschrieben wurden: »Alle Beamten kommen am Morgen (...) spätestens um acht Uhr (ins Büro) (...), bleiben dort bis um zwei Uhr mittags, kehren um fünf zurück und bleiben bis Mitternacht (...).« Schenkt man ihm Glauben, so waren »alle fähig, gewissenhaft und gebildet. Ihr Lebenswandel ist beispielhaft, aber nicht erzwungen, sondern durch Gemütsart und Charakter (...). Wenn sie an einem Festtage einen Moment der Muße haben, so verwenden sie ihn, um alle gemeinsam einen Spaziergang zu machen, halten sich von den Müßiggängern und Prassern des Ortes fern und schaffen sich ihre Abendunterhaltung, indem sie im Büro bleiben und mit ihrem Direktor über die Geschäfte reden« (zit. in Capra 1984, S. 524). Es fehlte jedoch nicht an Belegen für eine weit weniger heroische Wirklichkeit, die näher an jenes »bürokratische Ideal (herankommt), das so typisch für das Österreich ist, wie wir es kennen« und das seine Existenz nicht so sehr »dem aufgeklärten Willen zur Erneuerung des Staates« verdankt, sondern vielmehr »einem System sorgfältiger Nachlässigkeit, in dem man skrupulös und umsichtig die Gesetze einhielt (...) und gleichzeitig mit saumseliger Unbeweglichkeit jeder wirklichen Reform oder Verfassung auswich« (Magris 1976, S. 30). Der *Herr Kaspar* von Joseph Richter (1787) findet sein kleines Paradies in einem Büro der Regierung, wo niemand vor Erschöpfung umfällt: »Um sich herum sah er nichts als liebenswerte und fröhliche Gesichter; statt zu arbeiten, setzten sich seine Herren Kollegen in einen Kreis, schnupften Tabak, erzählten sich gegenseitig die Neuigkeiten der Stadt oder spielten eine Partie Pik. Die Vorgesetzten sah man oft wochenlang nicht, und wenn der Tag schön war, ging manchmal die ganze Kanzlei zum Kegeln.« An einem bestimmten Punkt kommt es Kaspar zur Verwunderung seiner Kollegen in den Sinn, ernsthaft zu arbeiten »und keine zwei Stunden waren vergangen, da war das Wunder bereits in der ganzen Stadt bekannt: die Kanzlei hatte einen Beamten, der arbeitete« (Richter 1787, S. 196ff.).

Meines Wissens ist dies einer der ganz wenigen Romane des 18. Jahrhunderts, in denen der Held ein Beamter ist. Der Bürokrat war noch nicht zu einer literarischen Figur geworden, und ein Äquivalent für die Angestellten *(employés)* von Balzac oder die Bürokraten *(ronds-de-cuir)* von Courteline, für Bancbano von Grillparzer, den Akakij Akakievic von Gogol, für Monsù Travet und Demetrio Pianelli in Italien oder noch jüngere Figuren, wie Joseph Roths von Trotta oder Musils Kompaniechef Tuzzi, gab es im Zeitalter der Aufklärung nicht. Hilfreicher als die bereits zitierten karikaturhaften Schilderungen Sébastien Merciers ist daher die Memoirenliteratur, um etwas von jener »administrativen Anthropologie« oder »bürokratischen Erfahrung« zu rekonstruieren, für die Guy Thuillier in bezug auf das Frankreich des 19. Jahrhunderts so anregende Beispiele angeführt hat (vgl. Thuillier 1987, S. 39-52). Im 18. Jahrhundert gibt es nichts, was so minutiös und einnehmend wäre wie die Tagebücher von Samuel Pepys und John Evelyn. Dennoch fehlt es nicht an Autobiographien von ehemaligen Beamten, wie die schon erwähnte von Thomas Paine oder die *Souvenirs* von Jacob Nicolas Moreau, der von 1759 an *avocat de finance* und von 1764 an Rat am Rechnungshof der Provence war. Zu nennen sind ferner die Autobiographie von Ernst Ferndinand Klein, einem herausragenden Vertreter der preußischen Bürokratie, oder die Erinnerungen von Francesco Maria Gianni in *Educazione diretta agl'impieghi e cariche per mezzo delle passioni che vi conducono*, der in der Toskana unter Peter Leopold eine blendende Karriere »vom Beamten zum Politiker« machte (Diaz 1966). Eine Tochter des österreichischen Beamten Johann Georg Obermayer etwa hat uns ein lebhaftes Portrait über Ausbildung, Karriere und Lebensstil ihres Vaters hinterlassen, von der ersten denkwürdigen Begegnung mit Kaunitz, der seine Aufnahme in die Hofkanzlei beschloß, bis zur Erlangung des »hohen Beamtengrades«, der ihm neue soziale Würde verlieh und ihm durchaus eine Lebensführung mit Komfort und intellektueller Verfeinerung ermöglichte. »Mein Vater verehrte Kaiser Joseph wie einen Gott und teilte beinahe alle freien Meinungen seiner Zeit«, erinnert sich seine Biographin (von Weckbecker

1929, S. 39). Sie nährte erhebliche Zweifel am plötzlichen Tod des unbestechlichen Obermayer, der bei seinen Kollegen verhaßt gewesen war, weil er ihnen oft auf die Finger gesehen hatte.

7. Der Formalismus, das unsinnige Festhalten an der Routine, der Kult um Verordnungen und Papierkram, die Servilität gegenüber Vorgesetzten und Dünkelhaftigkeit gegenüber Untergebenen und in der Öffentlichkeit, kurz: die negativen Seiten der Bürokratie jeder Epoche begannen, allgemein Unmut und Klagen hervorzurufen, die dann im revolutionären und napoleonischen Zeitalter noch häufiger wurden. Einer von denen, die sich 1789 gegen die Arroganz und Korruption der *commis* auflehnten, gegen »jenen Ton des Geheimnisses und der Intrige, der bei der Behandlung der für die Wohlfahrt und den Frieden der Bürger wichtigsten Angelegenheiten herrscht«, war Jacques Peuchet (Thuillier 1987, S. 53ff.). Auch Peuchets Zeitgenosse Pietro Verri wandte sich gegen den von Joseph II. errichteten »Beamten-Despotismus«:

»Es ist wahr, daß die Ministerialbeamten verzagen, daß ihr Amt prekär und unsicher geworden ist, daß alle, wenn sie ihr Gehalt empfangen, bangen, es sei das letzte Mal, und daß sie genau auf den Gesichtsausdruck ihrer Vorgesetzten achten, bevor sie ihre Meinung vortragen, um ihnen nicht zu mißfallen, denn von ihnen hängt das Schicksal eines jeden ab. Aber niemand von ihnen legt Eifer an den Tag, damit die neuen Vorschriften glücklich umgesetzt werden, niemanden treibt im Geheimen der Ruhm und das Glück Eures Reiches um, jeder arbeitet gerade genug, um weiter sein Gehalt zu beziehen (…). Alle Papiere sind mit fortlaufenden Nummern versehen und nichts gerät durcheinander; alle Vorschläge sind niedergeschrieben und zur Prüfung eingesandt. Aber die Vorschläge sind nicht ehrlich, und auch die Einsendungen sind es nicht. Alles ist servil gekrümmt, und eine ehrliche Meinung wagt niemand zu äußern, da alles vom Despotismus Eurer Vorgesetzten abhängt (…) Die Organisation eines Ministeriums ist sicher ein Gut für sich, aber ein zweitrangiges, denn das erstrangige Gut ist der gute Wille, die Rechtschaffenheit und die Bildung der Beamten, Eigenschaften, die ohne Zweifel nach einer ungefährlichen Freiheit der Meinung verlangen.« (»Dialogo fra l'imperatore Giuseppe II ed un filosofo« in: Verri 1854, S. 74f. des Anhangs)

Hier scheint ein alternatives Ideal durch, das Verri (mit den nötigen Abstrichen) mit den Physiokraten und mit Turgot ebenso wie mit den *tories* in England teilte. Der Beamte ist danach ein Mitglied und Repräsentant der »natürlichen« Führungsschicht eines Landes, der Grundeigentümer, die dank ihrer materiellen Verbindung zum Boden die Bürgerrechte innehaben, als einzige von einer uneigennützigen Liebe zum Vaterland erfüllt sind und gleichzeitig über die notwendige Bildung und das Wissen verfügen, um mit der Regierung zusammenzuarbeiten:

»Diese Schicht, die nicht an Nahrung und Bequemlichkeit denken muß, weil sie diese schon besitzt, wird das Seminar sein, aus dem die besterzogensten jungen Männer kommen, um hohe Beamte, Literaten und Kommandanten zu werden; junge Männer, denen nicht die Mittel für ihre Bildung fehlen und denen man ihren Dienst nicht vergelten muß wie jenen, die nichts als ihr Gehalt haben, um ihr Leben zu fristen.« (Verri 1964, S. 208f.)

Diese Vision einer von Notabeln beherrschten öffentlichen Verwaltung, die wir bereits teilweise bei den englischen Friedensrichtern und den preußischen Landräten verwirklicht sahen und die 1787 auch zur Schaffung der französischen Notabelnversammlung führte, mußte mit dem Ancien régime, wo sie feste Formen angenommen hatte, untergehen. Gleiches galt auch für die Rousseausche Vision vom Magistrat als Vertreter des unmittelbaren Volkswillens, dessen Mitglieder wie der römische Staatsmann Cincinnatus in jedem Moment bereit sein sollten, die Feder mit dem Pflug oder dem Schwert zu vertauschen. Es würde zu weit führen, an dieser Stelle die Frage nach den Gründen für den historischen Untergang dieser Konzeptionen aufzuwerfen; diese liegen sicher nicht nur in einer schwerwiegenden Unterschätzung technisch-administrativer Kompetenz. Wir wollen daher diesen Überblick mit einer Erinnerung an die positiven und fortschrittlichen Leistungen schließen, die Beamte nicht nur in Erfüllung zugewiesener Aufgaben, sondern auch durch Anregung und Planung von Reformen erbrachten.

An erster Stelle ist zu betonen, daß in den Ländern des aufgeklärten Absolutismus, d.h. in der österreichischen Monarchie, im Spanien der Bourbonen, in den deutschen und italienischen Staaten, das Schicksal und das Verhalten der Intellektuellen ganz anders war als in Frankreich. Während sich in Frankreich die *philosophes* als »Partei« organisierten, die dem monarchischen Staatsapparat entfremdet war und ihm grundsätzlich feindlich gegenüberstand, wurden die Intellektuellen im aufgeklärten Absolutismus häufig Ratgeber der Fürsten. In Deutschland waren dies in unterschiedlichen Funktionen Kant, Goethe, Herder und Wieland, in Österreich Martini und Sonnenfels, in Italien Verri, Beccaria, Galiani, Filangieri und Galanti und in Spanien Campomanes, Olavide und Jovellanos. Nicht immer war ihre Beziehung zum Souverän und seinen höchsten Ministern harmonisch (wie wir bei Pietro Verri

sahen oder wie es bei Goethe der Fall war, der am Ende seiner zehnjährigen Erfahrung als Minister denjenigen, der seine Zeit mit Verwaltungstä-
tigkeit verbrachte, ohne selbst der Souverän zu sein, als »Philister, Schur-
ken oder Verrückten« bezeichnete). Ebenso wahr ist es jedoch, daß sie
meinten, wenigstens eine Zeitlang auch auf diese Weise einen Beitrag
zur Schaffung einer zivileren und gerechteren Gesellschaft zu leisten.
Immer stärker richtet sich das Augenmerk der historischen Forschung
weg vom literarischen und philosophischen Schaffen dieser berühmten
Persönlichkeiten hin zu hohen Justizbeamten, Administratoren und
Technikern, deren Schriften konkrete Fragen behandelten und nicht für
ein breites Publikum bestimmt waren, oder zur anonymen Masse der Beamten und Bediensteten, deren Wirken und Einstellung notwendige Bedingungen für die Verwirklichung der Reformprogramme waren.

Die ältere deutsche Geschichtsschreibung pries die preußische Bürokratie als Trägerin universeller Werte und einer ethischen Staatskonzep-
tion. Dagegen wandte sich nach dem Zweiten Weltkrieg eine Richtung,
die von Hans Rosenberg vertreten wurde, der die Verteidigung schich-
tenspezifischer Interessen in der preußischen Verwaltung und den erfolgreichen Kampf betonte, den diese zwischen dem 18. und 19. Jahrhundert gegen die Monarchie führte, um eine »formale Transformation der
monarchischen Autokratie in ein System des bürokratisch-aristokrati-
schen Autoritarismus« zu erreichen (Rosenberg 1958, S. 173). Trotz
ihrer Verdienste haben jüngere Studien von Möller, Hellmuth und Tortarolo die Einseitigkeit dieser Auffassung deutlich gemacht und auf die
vielfältigen intellektuellen Interessen und den aufrichtigen Reform-
drang eines gleichbleibenden Teils dieser Schicht hingewiesen. So hat
sich etwa herausgestellt, daß von den Autoren der Artikel, die in der Berlinischen Monatsschrift erschienen, der wichtigsten aufklärerischen Zeitschrift Berlins, 20 % Staatsbeamte und weitere 26,7 % Schul- oder Uni-
versitätslehrer waren (vgl. Möller 1974, S. 252). Nach den Berechnungen
eines zeitgenössischen Beobachters bekleideten 138 von 172 Literaten
der preußischen Hauptstadt, die keine gebürtigen Berliner waren, öffentliche Ämter (vgl. Tortarolo 1989, S. 273). Den »starken, häufig unnach-
giebigen Reformwillen, der in der Generation der jungen Beamten verbreitet war«, belegt Tortarolo unter anderem an den Vorbereitungen
zum Allgemeinen Landrecht von 1794 (ders. 1989, S. 217).

»In den letzten beiden Jahrzehnten neigen Historiker«, auch in bezug
auf die anderen deutschen Staaten wie Charles W. Ingrao schreibt, »zu

einer Neubewertung der Bürokratie als Instrument fortschrittlicher Innovation.« (Ingrao 1987, S. 12) Helen Liebel hat als Reaktion auf die einseitige Aufmerksamkeit, die viele Forscher in der Vergangenheit den Einstellungen und Direktiven vermeintlich »aufgeklärter« Herrscher schenkten, den Begriff »aufgeklärte Bürokratie« vorgeschlagen. In dem von ihr untersuchten Beispiel Baden »gelang es den Bürokraten schließlich, dem Markgrafen eine Art gemäßigter Monarchie aufzuzwingen und in diesem Sinn erlangten sie einen Sieg, der später die starke Behauptung des Liberalismus im Südwesten Deutschlands ermöglichte« (Liebel 1965, S. 12). So deutlich hier in Liebels Argumentation eine »anti-tyrannische« Stoßrichtung durchscheint: auch andere Historiker (wie Gerteis, 1983) betonen die weit verbreitete protoliberale Haltung in den Reihen der südwestdeutschen Bürokratie. Was die Habsburger Monarchie angeht, vollzog sich in den letzten beiden Jahrzehnten des 18. Jahrhunderts mit der von Joseph II. gewährten Pressefreiheit deutlich ein rascher Meinungswandel, wobei der fortschrittlichste Teil der Bürokratie wesentlich beteiligt war und »die Beschränkungen des aufgeklärten Despotismus, in dem er gediehen war, hinter sich gelassen hatte« und damit »begann, die grundlegenden Postulate des Adelsprivilegs, des Christentums und der absolutistischen Monarchie in Frage zu stellen« (Wangermann 1969, S. 12). Wangermann hat auch eine Studie über einen der Vertreter dieser Bewegung vorgelegt: Gottfried van Swieten, Sohn des berühmten Arztes und Ratgebers von Maria Theresia, Gerard van Swieten. Unter der Protektion von Kaunitz wurde Gottfried, der von seiner religiösen Haltung Deist und von seiner politischen Einstellung Konstitutionalist war, 1781 zum Präsidenten der Studien- und Bücherzensurhofkommission ernannt. In mehreren Fällen gelang es ihm unter Mithilfe seiner Kollegen, weit fortschrittlichere und »liberalere« Maßnahmen durchzusetzen, als der Kaiser beabsichtigt hatte, so etwa bei der Zahl und Qualität der Universitatsfacher, die nach Joseph II. »ausschließlich zur Ausbildung von Staatsbeamten dienen« sollten (Wangermann 1978, S. 23ff.).

Solche Beispiele ließen sich endlos fortsetzen, zöge man, wie es erforderlich wäre, auch die italienischen und iberischen Staaten, Rußland, die skandinavischen Länder, aber auch die weniger vom aufgeklärten Absolutismus berührten Staaten wie vor allem Frankreich und England heran. In ihrer jüngsten Studie über die österreichische Bürokratie von 1780 bis 1848 hat Waltraut Heindl das überzeugende Bild einer Kraft gezeichnet, die bis zum Höhepunkt der Französischen Revolution und darüber hinaus ihren dynamischen und progressiven Schwung behielt und sich erst danach in einen Faktor politischer und sozialer Unbeweglichkeit verwandelte. Dies gilt, mit den nötigen Angleichungen, für einen Großteil des alten Kontinents. Die übliche Gleichsetzung von bürokratischer Mentalität mit einer neuerungsfeindlichen und konservativen Haltung gilt nicht für jene Epoche, in der sich der alte »Amtmann« zum modernen Beamten wandelte: das Zeitalter der Aufklärung.

Kapitel 7

Der Priester

Dominique Julia

»Sein innigster Wunsch war es, Pfarrer zu werden. Das Geschick und die Tugend für dieses wichtige Amt zu erlangen, bemühte er sich ohn' Unterlaß mit großem Eifer. ›Ich kenne auf Erden keine Tätigkeit, die eines Menschen würdiger wäre‹, so pflegte er mit Begeisterung zu sagen, ›als die eines Pfarrers. Seine Brüder zu unterrichten, ihnen bei ihren Sorgen beizustehen, sie in ihrem Schmerz zu trösten; ihre Tugenden zu bestärken; ihnen die rechte Nutzung ihrer Vermögen zu weisen, ihnen den Weg ins Leben zu ebnen, die Schrecken des Grabes von ihnen fernzuhalten und ihnen süße Hoffnung als Begleiterin zu geben, wenn sie hinabfahren; dies alles sind die Pflichten eines guten Pfarrers.‹ So sah die Vorstellung aus, die sich Monsieur de Sernin von seinem Amte gemacht hatte. In welch' glücklicher Lage wäre ein Stand, wenn dessen Diener sich ähnliche Vorstellungen von ihren Pflichten machten! Sintemalen die guten Sitten und der Friede im Volke der ordentlichen Amtsführung der Vorsteher unserer Sprengel anheimgegeben sind. Allein an ihnen hängt das häusliche Glück der Familien. Das Gesetz kann nichts tun als die ausgemachten Bösewichter in Schranken halten und die äußere Ordnung wahren; allein den Hirten ist die innere Ordnung anvertraut, deren zahllose, bis ins Unendliche reichenden Verzweigungen sich dem Gesetz entziehen [...] Mit einem Wort, ein guter Pfarrer ist das am wenigsten unvollkommene Abbild eines Gottes des Friedens und der Barmherzigkeit.« (Picot de Clorivière 1779)

Der gute Pfarrer ist für das 18. Jahrhundert durchaus kein neues Thema. Gleichwohl erlebt es, von den Verfassern geistlicher Schriften bis zu den Philosophen, einen neuerlichen Aufschwung, bei dem der Akzent eher auf der dem Pfarrer übertragenen *sozialen* Aufgabe als auf der *unio mystica* mit dem Christusopfer liegt. So ist Teotimus, der Seelenarzt und gute Priester bei Voltaire, zuallererst ein Morallehrer, der sich um das öffentliche Wohlergehen und die Ordnung im Gemeinwesen sorgt und

den Auftrag hat, unter seinen Schäfchen Tugend und Sittsamkeit zu erhalten. Und der savoyische Vikar bei Jean-Jacques Rousseau hält sich
ausschließlich an die »wirklich nützlichen« Lehren der Kirche und
spricht das Herz seiner Pfarrkinder an: Ihm geht es nicht darum, »in
jene Tiefen der Metaphysik einzudringen, die weder Grund noch Ufer
haben«, noch »bei dem Streit über das göttliche Wesen jene allemal
kurze Zeit zu verlieren, die uns zu seiner Verehrung gegeben ist«; wahr
ist die Religion, die »Gott gefällig und den Menschen zum Nutzen ist«.
Als Wohltätigkeitsbeamter und Friedensdiener ist der gute Pfarrer der
Vater seiner Pfarrkinder, die er zur Glückseligkeit führt, indem er sie
durch Ermahnungen und Ratschläge zur erhabenen Moral des Evangeli-
ums zurückbringt, die von allem Unrat des Aberglaubens befreit ist, mit
welchem die Geschichte der Kirchen sie belastet hat. Ebensogut könnte
man als Beleg den Dorfvikar bei Bernardin de Saint-Pierre anführen
oder das von Rétif de la Bretonne beschriebene Arkadien im Auxerrois
aus *La vie de mon Père* und *Monsieur Nicolas*. Betrachtet man diese philosophischen oder literarischen Vorbilder, so gewinnt man den Eindruck, daß die Handlungen des Klerus, die ohnehin schon gänzlich auf
dem Grundsatz des gesellschaftlichen Nutzens fußen, nunmehr das Ziel
verfolgen, eine politisch verfaßte Zivilgesellschaft aufzubauen. Denn die
religiösen Überzeugungen, für deren Festigung die Pfarrer da sind, erscheinen weniger wichtig als das Ergebnis ihrer seelsorgerischen Aufsicht über das Tun und Treiben der Gemeinde und deren Deutung und
Befolgung der Predigten: Die Pfarrer sind zu Erziehern geworden, die
ein ganzes Volk zivilisiert haben. Dies ist im übrigen genau die These,
die uns Pierre de Clorivière in seinem Bericht über das Leben von Monsieur de Sernin nahebringen möchte: Dieser, als neuer Pfarrer in eine Gemeinde geschickt, die sich, mitten in einem Wald gelegen, sieben Meilen
fernab von nächsten bewohnten Ort befindet, wird beizeiten gewarnt
vor dem »wilden und grausamen Wesen der ihm zur Führung anvertrauten Menschen«, von denen die meisten als Wilddiebe, »ohne weiter ihrer
Familien zu achten, Tage und Nächte in den Wäldern zubringen«. Doch
er vermag, mit der Rückendeckung des Provinzstatthalters, seine Pfarrkinder dem abgrundtiefen Elend zu entreißen, in dem sie sich befanden;
die Flinten werden im Pfarrhaus niedergelegt und sodann der nächst er-
reichbaren Polizeibrigade übergeben, während zugleich Werkzeug, Saatgut, Dünger und Vieh unter die Leute verteilt werden: »innerhalb kaum
eines Jahres konnte man sehen, wie aus einem in seiner Ödnis und durch

die Rohheit seiner Bewohner schrecklichen Stückchen Erde ein freundlicher und fruchtbarer Flecken wurde, auf dem arbeitsame und tugendhafte Menschen wohnten.« Die Lehre des Monsieur de Sernin ist einfach: »Die Menschen über alles, was ihnen hier und für die Ewigkeit von Nutzen sein kann, aufzuklären, eben dies, so sagte er des öfteren, ist das einzige Mittel, sie in der Ordnung zu halten und glücklich zu machen.« (Picot de Clorivière 1779, S. 25f., 45, 52) Entspricht indessen diese literarische Fiktion, die den Landpfarrer jener Kategorie von Sittenbeamten zuordnet, die, neben der Gendarmerie, in den Dörfern über den Frieden und in den Familien über das einträchtige Zusammenleben wachen sollen, überhaupt irgendeiner historischen Realität?

Die Zwänge des Benefizialsystems

Bevor diese Frage beantwortet werden kann, ist der gesellschaftliche Status des Priesters in der Neuzeit eingehender zu untersuchen. Für den Historiker liegt es natürlich nahe, bis zu den Dekreten des Tridentinischen Konzils zurückzugehen, die ein doppeltes Ziel verfolgten: eine dogmatische Antwort auf Luthers Verwerfung der Priesterweihe zu finden und die Mißstände abzustellen. Das dogmatische Dekret vom 15. Juli 1563 betont den Opfercharakter des Priesteramts: Von Christus eingesetzt, ist das Priesteramt im wesentlichen mit der zweifachen Befugnis betraut, zu *konsekrieren* und die Absolution zu erteilen (die Befugnis zum Predigen wurde absichtlich übergangen, eben weil die Reformatoren den Priester auf sein Predigeramt beschränken wollten). Kraft Übertragung durch ein wirkliches *Sakrament* (was von den Lutheranern in Abrede gestellt wird, denen zufolge die Ordinierung mit ihren Zeremonien bloße Erfindung der Menschen ist) trägt die Priesterweihe ihren Teil zur *hierarchischen* Struktur der Kirche bei, da die geistlichen Befugnisse von oben kommen, von Christus, und nicht von den Gemeinden delegiert werden. Dementsprechend steht der Priester *über* dem Laien, und so ist das Reformdekret vom 17. September 1562 eine logische Folge der verkündeten Lehrmeinung:

»Nichts belehrt und erhebt mehr zur Gottesfurcht und zum heiligen Dienst als Leben und Vorbild jener, die sich dem heiligen Amte geweiht haben. Sobald sie nämlich in einen Stand über den weltlichen Dingen erhoben sind, richten alle übrigen auf sie ihre Blicke wie auf einen Spiegel und nehmen sie zum Vorbild, dem sie nacheifern sollen. Daher müssen die Kleriker, denen es bestimmt ist, ihr Leben mit dem Herrn zu teilen, ihr Leben und ihr ganzes Verhalten so einrichten, daß sie in ihrer Kleidung, ihrem äußeren Auftreten, ihrem Handeln, ihren Reden und in allem Übrigen nichts als Ernsthaftigkeit, Zurückhaltung und der Religion Gemäßes an den Tag legen.« (Erlaß des Tridentinischen Konzils vom 17. September 1562, in: *Concilium Tridentinum*, Bd. 8, 1919, S. 965)

Die Durchführung der Reform des Priesteramtes war in die Hände der Bischöfe gelegt und verlief natürlich nicht ohne Widrigkeiten. Die Zahl der Bewerber, die in den Klerus drängen, hängt ja nicht allein von den Schwankungen des theologischen Diskures über die Berufung zum Priesteramt ab, sondern ebensosehr, wenn nicht sogar stärker, von den objektiven Bedingungen, die den Zugang zu kirchlichen Amtsstellen bestimmen: Typologie und ökonomische Staffelung der Pfründe, Regelungen für deren Übertragung, demographische Entwicklung der eigentlichen Klerikergruppe. Unter diesem Gesichtspunkt hat die Komplexität des Benefizialsystems, auf das die Pfarrer nur beschränkten Einfluß nehmen konnten, erheblichen Anteil an der zögernden Durchsetzung der katholischen Reform sowie an der Beeinträchtigung und Abwandlung ihrer Auswirkungen nicht nur von Staat zu Staat, sondern auch von Diözese zu Diözese. Aus dem Mittelalter überkommene Pfründenstrukturen haben sich während der gesamten beginnenden Neuzeit erhalten, ja sogar verstärken können. Die Beibehaltung einer unermeßlichen Anzahl gestifteter Messen, Domherrenämter, Kaplansstellen und Klosterbruderschaften hat zumindest zwei Konsequenzen gehabt. Zunächst einmal war dieser Umstand dem Entstehen einer pfarramtlichen Geistlichkeit nicht gerade förderlich, da durch ihn das geistliche Amt nicht in erster Linie über die Seelsorge definiert war und jeder Pfründeninhaber ohne Mühe einen Substituten finden konnte, der seine mit der Pfründe verbundenen Pflichten übernahm. Zum anderen und vor allem folgte daraus, daß, vermittels der von Geistlichen oder Laien ausgeübten Stiftungspraxis, der Einfluß örtlicher und familialer Strategien bei Stellenbesetzungen im Klerus gestärkt wurde, was einer effektiven Kontrolle durch den zuständigen Bischof nur wenig Raum ließ.

Unter diesen Voraussetzungen ist die Entwicklung der Ordinierungen weniger unter dem Gesichtspunkt der »Berufung« zum Priesteramt als im Verhältnis zur Zahl und zu den Besonderheiten der vorhandenen freien Stellen zu untersuchen: Die Neigung, eine solche Stelle zu beset-

zen, wird in dem Maße wachsen, wie sie als eine Art Erbbesitz anzusehen ist. Bevor also das Auf und Ab der Ordinierungen gedeutet werden
kann, ist es daher angebracht, die Struktur des Pfründenmarktes in den
einzelnen Diözesen wie auch die Staffelung der Einkünfte unter die
Lupe zu nehmen (vgl. Julia 1986). So ist es zum Beispiel nicht unwichtig,
daß sich in der Bretagne eine regelrechte Klerikergemeinschaft von Kap-
lanen erhalten hat, die zwar nicht gerade im Reichtum leben, aber in
einem engen Verhältnis zum lokalen Adel stehen (Berthelot du Chesnay
1984). Ebenso bestehen im Burgund, in der Franche-Comté und in der
Auvergne Priestergemeinschaften fort – *méparts* (Hilfsprediger), *consor-
ces, familiarités* (Benefiziare, die den Messen beiwohnen müssen), Gemeinschaften von *filleul*-Priestern –, durch die sich vor Ort eine Unzahl
von Priestern halten konnte, die aus dem Sprengel gebürtig waren, in
dem die Gemeinschaft bestand – was im übrigen unabdingbare Voraussetzung war, um in sie aufgenommen zu werden –, und deren Amt es
war, die Gottesdienste der Stiftung abzuhalten. Allerdings erleidet diese
eigentümliche Einrichtung in Frankreich im Laufe des 18. Jahrhunderts
einen sehr deutlichen Rückgang, zum einen infolge eines über das Jahrhundert hin zunehmenden Verfalls der als Vermögensmasse verwalteten
Einkünfte, zum anderen aufgrund der Amtsautorität der Bischöfe, die
sich den Gemeinschaften gegenüber immer mehr durchsetzen können.
So verpflichtet zum Beispiel im Jahre 1726 der Bischof von Clermont,
Massillon, der in dieser Frage das Parlament von Paris hinter sich weiß,
jeden zukünftigen *filleul*-Priester, für wenigstens drei Jahre in seiner
Diözese die Amtsgeschäfte eines Vikars wahrzunehmen, bevor er in die
Gemeinschaft seines Herkunftssprengels aufgenommen werden kann;
den Gemeinschaften selbst schreibt er vor, voll und ganz die Amtsautorität des (nicht unbedingt aus ihrem Kreis bestimmten) Pfarrers anzuerkennen, der bei ihren Versammlungen den Vorsitz führen soll. Damit
soll jenem öffentlichen Skandal abgeholfen werden, zu dem die von den
»überflüssigen« Priestern heraufbeschworenen Streitereien geführt haben, die »ihr ganzes Tun und ihren ganzen Eifer (ausschließlich darauf
verwenden), den Pfarrern die an ihr Amt gebundenen Rechte streitig zu
machen«, und sich als die »Herren der Kirche (erachten), deren untergeordnete Diener und Hilfsgeistliche sie doch nur sind« (Welter 1949).
Während indessen dieser Typus in Frankreich vielerorts bereits wie ein
Anachronismus erschien – so wurden in der Diözese von Clermont von
den im Jahre 1729 gezählten 145 Gemeinschaften mit *filleul*-Priestern

mehr als die Hälfte ausschließlich vom Pfarrer beziehungsweise vom Pfarrer und lediglich einem oder zwei *filleuls* vertreten –, so bildet er im *Mezzogiorno* von Italien das Rückgrat der Kirchenstrukturen. Hier, in diesem Teil des Landes und ganz besonders in den adriatischen Küstenregionen des südlichen Apennins (Molise, Basilicata, Capitanata, Provinzen von Bari und Otranto), zeugen die *chiese ricettizie,* die dort die Hälfte bis zu zwei Drittel der Sprengel ausmachen, vom Einfluß der Familienverbände auf die lokale Organisation der Kirche (vgl. De Rosa 1975; Placanica 1975; Rosa 1976; De Vitiis 1982). Die *chiese ricettizie,* die in den Augen der Juristen des Königreichs Neapel als zum Laienvermögen gehörig gelten, sind Privatvereinigungen von Priestern, die aus dem Sprengel kommen und unter sich einen Pfarrer zum Vorsteher bestimmen (der Bischof begnügte sich damit, die Eignung des erwählten Kandidaten für die auszufüllende Stelle zu bestätigen) und einen gemeinsamen Vermögensfonds von beträchtlichem Umfang verwalten, wobei jeder Anspruchsberechtigte im Turnus für einen gewissen Zeitraum einen Teil der betreffenden Vermögensmasse betreut. Insgesamt machen die *chiese ricettizie* nur etwas weniger als ein Drittel der Sprengel des Königreichs Neapel aus (29 %), vereinigen aber in der ersten Hälfte des 19. Jahrhunderts 55 % der jährlichen Nettoeinkünfte aller Pfarreien auf sich, was die realistische Schätzung erlaubt, daß dieser Prozentsatz im 18. Jahrhundert bei 70 bis 75 % lag. Sowohl durch ihre Eigenständigkeit als auch durch ihren Wohlstand stellen diese Einrichtungen ein beständiges Ärgernis für die seelsorgerische Tätigkeit des Bischofs dar. So bemerkt Domenico Rossi, der Bischof von Potenza, in dessen Diözese die *chiese ricettizie* 93,4 % aller Pfarreien ausmachen, im Jahre 1771 in seinem Bericht *ad limina:*

»Dem Bischof verbleibt keine Pfründe zur Kollation nach freier Wahl, durch die er verdiente Priester auszeichnen könnte, weshalb es geschieht, daß Geistliche, kaum sind sie Priester geworden, da sie von ihren Prälaten nichts zu erhoffen haben, nicht mehr die Bücher studieren und sich dem Müßiggang und Laster hingeben. Der zweite Nachteil besteht darin, daß die Domherren, da sie Abstammung und Blutsbande [d. h. die Verwandtschaftsverhältnisse] in höherer Wertschätzung halten als die Verdienste [die ein Geistlicher vorzuweisen hat], häufig denen den Vorzug geben, die es am wenigsten verdienen.« (Zit. n. De Rosa 1975, S. 26)

Ohne Mühe ließe sich Ähnliches für den gesamten Teil Spaniens feststellen, der sich zwischen Pyrenäen und Atlantik erstreckt, von den Kronländern Aragóns bis Galizien über Altkastilien und León. Die entscheidende Rolle, die hier das Stiftungsrecht der Ansässigengemeinschaft spielt, der Vermögenscharakter der den im Sprengel oder der Region Ansässigen vorbehaltenen Pfründe, die Vielzahl von adligen Kaplansämtern, die ausschließlich direkten Abkömmlingen des Stifters vorbehalten waren, das dichte Netz von »Kapitularsprengeln«, deren als *in solidum* betrachtete Pfarrei der Gruppe von Pfründeninhabern gehört, die die Chormesse zelebrieren und häufig ihre Haupteinkünfte als Anwesenheitsprämien aus einem gemeinsamen Vermögensfonds beziehen, all dies waren Besonderheiten, die die Einflußmöglichkeiten des Bischofs erheblich einschränkten und für einen ständigen Zustrom von *Klerikern* sorgten, welche alles andere als eine Priesterwürde anstrebten (vgl. Hermann 1988, S. 23, 260f.). So blieb, um nur ein Beispiel zu nehmen, in der Diözese von Santiago de Compostela die Zahl der Ordinierungen zum niederen Priesterstand während des ganzen 18. Jahrhunderts mehr als doppelt so hoch wie die zur Priesterwürde (vgl. Barreiro Malon 1988). Mithin ist hier eine offene Konzeption des Klerikerstatus erhalten geblieben, die zwischen dem Laienstand und der Priesterwürde verschiedene Stufen des Eintritts in den Klerus ermöglicht: Die Kirche definiert sich in erster Linie durch ihre Verankerung an einem bestimmten Ort, dessen Anwohner der Auffassung sind, daß als Gegenleistung für das von ihren Vätern zusammengebrachte Kirchenvermögen sowie für den jährlich eingetriebenen Zehnten, der ein Teil der Pfründe ist, die entsprechenden geistlichen Dienste von Klerikern verrichtet werden sollten, die eng in den lokalen Zusammenhang von Verwandtschaft und Gemeinschaft gehören.

Diese wenigen Beispiele zeigen, in welchem Maße die Gestalt des Priesters im 18. Jahrhundert in jeweils unterschiedliche soziale, wirtschaftliche und kulturelle Zusammenhänge eingebunden ist und wie verfehlt es wäre, sie auf ein Einheitsmuster zurechtzustutzen. Vielmehr ist der Priester in jedem Einzelfall als Teil der vor Ort oder in der Region bestehenden Gesellschaft aus Geistlichen und Laien zu betrachten, wobei die Staffelung der Pfründeneinkünfte, die vorherrschenden Stiftungsformen und die jeweils angewendeten kanonischen Zulassungsverfahren im einzelnen in ihrer Tragweite zu untersuchen wären. Es ist einleuchtend, daß die in Frankreich mit dem Recht der Anrufung Roms oder des Vize-Legaten von Avignon gebotenen Erleichterungen bei der Erlangung einer begehrten Pfründe (die *preventio,* die unmittelbar nach dem

Tod des rechtmäßigen Pfründeninhabers stattfindet und bei der es darum geht, als erster ein Datum in den Büchern der Datarie vermerken zu lassen und die *resignatio in favorem)* die Kompetenzen der ordentlichen Kollatoren zu umgehen erlaubt. Sie tragen so mit dazu bei, ein Benefizium, das infolge einer Übertragung vom Onkel auf den Neffen, vom Bruder auf den Bruder oder vom Vetter auf den Vetter als Teil des Familienvermögens angesehen wird, innerhalb einer Sippe zu behalten. In Spanien herrscht das System der apostolischen »Reserven«, durch die dem Heiligen Stuhl das Recht zuerkannt wird, für einen Zeitraum von acht Monaten pro Jahr Ernennungen für eine große Zahl von Pfründen vorzunehmen. Das hat zur Folge, daß der Nuntius, welcher die Vollmachten eines päpstlichen Legaten mit geistlicher Autorität besitzt, mit einer Fülle entsprechender Anträge von Klerikern überhäuft wird, denen wenig daran gelegen ist, sich jenen Reformvorschriften zu unterwerfen, die die ordentlichen Prälaten am jeweiligen Orte durchsetzen möchten. Ebenso müßte nach dem tatsächlichen Umfang des Auswahlverfahrens für die Pfarreien gefragt werden, das gerade in den sogenannten Obödienzländern oder auch deutschen Konkordatsländern während der dem Heiligen Stuhl vorbehaltenen Monate Usus ist. Man hat zum Beispiel für die ehemalige Diözese von Toul errechnet, daß in den Jahren zwischen 1750 und 1789 die Auswahl lediglich 30 % der im Prinzip in dieses Verfahren einbezogenen Pfarreien betraf, obschon doch dem Papst in den drei Bistümern sechs und in Lothringen acht Monate zustanden: Das kann nur heißen, daß die Pfründeninhaber die Möglichkeiten, die sich ihnen mit der *resignatio in favorem* boten, zu nutzen verstanden, um den Entscheidungen des Bischofs zuvorzukommen (vgl. Ory 1984). Der Kirchenrechtler Durand de Maillane, ein ausgezeichneter Kenner der Materie, meint sogar, daß die »schlichte Rückgabe«, die die Pfründeninhaber in die Hände ihres ordentlichen Kollators oder Bischofs vornehmen, »meistenteils nichts anderes ist als eine Art heimlicher *resignatio in favorem* dank des bereitwilligen Entgegenkommens der Kollatoren, dem Wunsch des Verzichtleistenden, wenn auch in freier Entscheidung und ohne jede Simonie, zu Nutz und Frommen einer bestimmten, von jenem vorgeschlagenen Person zu entsprechen.« (Maillane 1776, S. 276) Mit diesem Verweis auf die Regeln, nach denen das Pfründensystem funktioniert, soll keineswegs die Wirkung der katholischen Kirchenreform in Abrede gestellt werden, aber es ist doch hervorzuheben, in welchen Grenzen und unter welchen Voraussetzungen sie verlief. Die große oder geringe Zahl der Geistlichen einer Region bedeutet also nicht *a priori,* daß sie »christlicher« oder »weniger christlich« als die Nachbarregion ist – mit welcher Elle wollte man ihre Vitalität auch messen? –, sondern beweist ganz einfach nur, daß als Langzeitphänomene zu erachtende, historisch überkommene Strukturen, die anderswo schon längst verschwunden sind, sich hier und da länger erhalten haben. (Zur Bedeutung der Familienstrategien im Zusammenhang mit dem außergewöhnlichen Anstieg der Geistlichen im 17. Jahrhundert besonders im Mittelmeerraum vgl. Stella 1979.)

Die Einrichtung von Seminaren zur Priesterausbildung

Eine der durch die tridentinischen Kanones festgelegten Hauptaufgaben hatte darin bestanden, durch die Einrichtung besonderer *Seminare* eine bessere Priesterausbildung zu gewährleisten. So hatte die 23. Sitzung in Kanon 18 vorgesehen, daß jede Bistumskirche »nach Maßgabe ihrer Fähigkeiten und der Größe ihrer Diözese« gehalten sei, eine bestimmte Anzahl von Kindern der Bischofsstadt und der Diözese, die in einem Kollegium am Bischofsitz zusammenzuziehen seien, »zu ernähren und in Gottesfurcht zu erziehen und im geistlichen Beruf zu unterrichten«. Diese Kinder sollten wenigstens zwölf Jahre alt sein und bereits »verständig lesen und schreiben« können. Ihre Eltern sollten vor allem arme Leute sein – die Kinder reicher Eltern waren nicht ausgeschlossen, mußten aber »auf eigene Kosten ernährt und unterrichtet« werden. Die kleinen Seminaristen sollten eine »gute Wesensart« und »gute Anlagen« haben, die zu der Hoffnung berechtigten, daß sie willens seien, zeit ihres Lebens in geistlichen Ämtern zu dienen. Das Seminar ist in erster Linie ein Internat, in dem die Kinder bei ihrem Eintritt die Tonsur bekommen und stets geistliches Gewand tragen müssen. Zugleich ist es vom Konzil als höhere Schule *(collège)* konzipiert, in der die Schüler, in Klassen »entsprechend ihrer Zahl, ihrem Alter und ihren Fortschritten in der geistlichen Zucht« aufgeteilt, »Grammatik, Gesang, kirchliches Rechnen und alles, was die Literatur angeht,« lernen und sich dem »Studium der Heiligen Schrift, der Kirchenbücher, der Homilien der Heiligen und allem widmen, was zur Austeilung der Sakramente gehört«, und sich dabei anleiten lassen von »allen Riten und Zeremonien der Kirche«. Das Priester-seminar leitet sich unmittelbar von seinem mittelalterlichen Vorläufer her, dem von Stipendiaten besuchten Universitätskolleg, das nun in den Dienst der geistlichen Zucht gestellt wird und vollständig bischöflicher Rechtssprechung untersteht. Finanziert werden sollte das Priestersemi-nar über eine Umlage, die aus einem Teil der Einkünfte sämtlicher Bene-fizien der Diözese stammte, »auch von den Ordensgeistlichen, gleich welcher Stiftung, auch wenn sie freigestellt sind«, sowie aus allen übri-gen kirchlichen Einkünften. Der jeweilige Bischof sollte dabei das Recht besitzen, nach seinem Ermessen die Hilfe des weltlichen Arms in An-spruch zu nehmen, »um zur Zahlung des besagten Teils und Beitrags zu veranlassen« (Tanner 1990, S. 750ff.). Aber zwischen Wunsch und Wirk-lichkeit wie zwischen der Definition und dessen Realisierung liegt ein weiter Weg. Was also ist unter einem Priesterseminar des 18. Jahrhun-derts zu verstehen? Für die einzelnen katholischen Länder und von Diö-zese zu Diözese fällt die Antwort auf diese Frage höchst unterschiedlich aus. Wir wollen an dieser Stelle nur versuchen, einige Hauptzüge jener Schulform zu veranschaulichen, die die »Institution« des Priesters si-cherstellen sollte.

Der relative Mißerfolg des tridentinischen Seminarmodells hat meh-rere entscheidende Gründe. Der erste Grund ist finanzieller Natur: Es erwies sich als unmöglich – insbesondere in einer Zeit des Verfalls der Grundrente –, eine allgemeine Steuer auf die Pfründe zu erheben, und es gab Widerstände gegen jede Zusammenlegung von Prioreien oder Ab-teien; beides zusammen verhinderte das Zustandekommen einer soliden finanziellen Basis für derlei Ausbildungseinrichtungen, außer in den sel-tenen Fällen, wo die Prälaten selbst einen beträchtlichen Teil ihres Ver-mögens dafür hergaben. So weigerten sich die Domkapitel in schöner Einmütigkeit, ihren Teil zur Einrichtung von Seminaren beizutragen, unter dem Vorwand, sie unterhielten bereits eine Singschule für Chor-knaben, und wenn es dann ihrem Bischof gelegentlich glückte, seinen Willen durchzusetzen, so hatten die Domherren nichts Eiligeres zu tun, als die Seminaristen zur Teilnahme an sämtlichen Chormessen zu ver-pflichten. So geschehen in Cádiz, Córdoba, Granada, Málaga oder Mur-cia. Zum anderen waren die Bischöfe selbst nicht alle völlig vom Nutzen der tridentinischen Seminare überzeugt: Ihre Präferenz gilt dem maßgeb-lichen Modell des universitären Stipendiatenkollegs, und so sind sie der Ansicht, daß die Ausbildung ihrer Geistlichen auf diesem Wege ausreichend gewährleistet sei. Dies ist denn auch der einfache Grund dafür, daß so gewichtige Bischofssitze wie Salamanca, Sevilla, Toledo oder Santiago de Compostela vor Ende des 18. Jahrhunderts und im 19. Jahrhundert noch kein Seminar ihr Eigen nannten (vgl. Martín Hernández 1964; F. u. J. Martín Hernández 1973). In dieser Hinsicht ist auch die Entscheidung des Konzils der Kirchenprovinz von Cambrai, das 1586 in Mons zusammengetreten war, von Bedeutung. Man beschloß, an der Universität zu Douai ein »Provinzialseminar« zu eröffnen, für das 20 Stipendiaten aus dem Erzbistum und 12 aus jedem der Suffraganbistümer ausschließlich zum Studium der Theologie zugelassen werden sollten, wobei die Finanzierung nach dem Wunsch der Konzilsväter durch die Besteuerung sämtlicher Pfründen sichergestellt werden sollte. Schließlich hat die Ausweitung des Netzes von Kollegien der Societas Jesu, die sich schon auf ihrer zweiten Kongregation im Jahre 1565 ausdrücklich weigerte, die von den Bischöfen vorgeschlagenen Seminare, von Ausnahmefällen abgesehen, für sich zu übernehmen, ein deutliches Gegengewicht gegen die Bemühungen der Prälaten gebildet, die nicht umhin können, den Erfolg des Unternehmens der Jesuiten anzuerkennen. Aufgrund ihrer äußerst beschränkten Mittel konnten also die »tridentinischen« Seminare nur einen geringen Teil der zukünftigen Diözesangeistlichen aufnehmen, da das Stipendienangebot äußerst dürftig war.

Im Verlauf des 17. Jahrhunderts erfolgten einige wichtige Veränderungen, die die institutionelle Struktur der Seminare beträchtlich gewandelt haben. Zunächst hat sich, zumal in Frankreich, eine Vielzahl von Laienkongregationen gebildet, durch die die über alles erhabene Würde des Priesteramtes, die durch Trunksucht und Ausschweifung der Pfründeninhaber gelitten hatte, wiederhergestellt werden sollte. Unter Anleitung ihrer Gründer, des Kardinals Bérulle für die Oratorianer oder des Geistlichen Jean-Jacques Olier für die Sulpizianer zum Beispiel, sind sie zu einer geistlichen Definition des Priesteramtes gelangt, bei der vor allem auf die mystische Verbindung des Priesters mit dem Opfer Christi (»Hostie und Opfer Gottes«) Wert gelegt wird, das der Priester mit dem Abendmahl vergegenwärtigt. Die Kongregationen beharren auf der Heiligkeit des Priesterstandes, welcher Vollkommenheit und die notwendige Abkehr von der Welt verlangt, und sehen ihre Mission darin, die Bischöfe bei allen geistlichen Aufgaben zu unterstützen, die diese gewillt sind, ihnen zu übertragen (Missionsarbeit, Predigen usw.), vor allem aber die Priester, wie es im Stiftungsentwurf des französischen Oratoriums heißt, »im Gebrauche des Wissens, das von der Schule und den Büchern nicht gelehrt wird, sowie in den eigentlichen kirchlichen Tugenden und in der Art und Weise, wie die kirchlichen Aufgaben, worin für gewöhnlich niemand einen Lehrmeister noch eine Richtschnur hat als das eigene Genügen und die eigene Erfahrung«, zu »instituieren« (Entwurf zur Errichtung der Kongregation des Oratoriums Jesu, 1610, veröffentlicht in Dagens 1937, S. 119). Zugleich haben sie sich bewußt außerhalb des Benefizialsystems gestellt, denn sowohl die Laienbrüder des hl. Ambrosius, die auf Betreiben des Bischofs von Mailand, Carlo Borromeo, gegründet wurden, wie auch die Oratorianer geben das Gelübde, niemals »weder unmittelbar noch mittelbar« um Pfründe nachzusuchen, auch wenn sie sich mit deren Annahme »ohne Sünde von dem, was des Körpers ist, und ohne Schande von dem, was der Welt ist, abkehren« könnten (ebd., S. 118). Ebenso erklärt sich der Entschluß des hl. Vincent de Paul, den Lazaristen das einfache Gelübde aufzuerlegen, darunter auch das Armutsgelübde, aus dem Willen, den missionarischen Eifer für eine apostolische Lebensführung zu erhalten; seine Erfahrung hatte ihm nämlich gezeigt, daß unter seinen Ordensbrüdern die sehr starke Versuchung bestand, sich nach einigen Jahren in der Kongregation auf ihre Pfründe zurückzuziehen. Sein Entschluß wurde letztlich im Jahre 1655 durch die Bulle *Ex Commissa Nobis* bekräftigt. Unter der Fülle der Priesterkongregationen, die im 17. und 18. Jahrhundert entstanden und die sich ausdrücklich eine Verbesserung der Priesterausbildung zum Ziel gesetzt hatten, ist das Beispiel Frankreichs einzigartig: Gegenüber den spanischen (man denke an die *Pios Operarios*, die in den zwanziger Jahren des 18. Jahrhunderts von Francisco Ferrer im Königreich Aragón gegründet wurden) (vgl. F. u. J. Martín Hernández 1973, S. 56-83) oder italienischen Kongregationen (wie zum Beispiel die Laienbrüder des hl. Ambrosius oder einer ihrer Zweige, die 1721 gegründeten Missionslaienbrüder von Rho), (zu den Missionslaienbrüdern von Rho vgl. Toscani 1976) die zumeist an die Diözese gebunden bleiben, verfügen die französischen Kongregationen über eine feste Struktur, die unter der Führung eines Generalsuperiors zentralisiert ist, und sind, was die Erfüllung und Wahrnehmung kirchlicher Aufgaben angeht, den sie berufenden Bischöfen unterstellt; was indessen Verwaltung und Hausordnung betrifft, sind sie nicht von ihnen abhängig. Dadurch ist eine Vereinheitlichung der religiösen Übungen möglich, welche durch den Verkehr der Ordensbrüder zwischen den Häusern einer geistlichen Familie noch befördert wird.

Unter diesen Voraussetzungen münden die Bestrebungen der Kongregationen nach vielen Anläufen in ein Konzept der Priesterausbildung, das darauf angelegt ist, Anwärter auf das Priesteramt für eine bestimmte Zeit vor der Ordinierung aufzunehmen, um sie durch eine Reihe von Übungen – Methode und Einübung des Betens, besondere und gemeinsame »Prüfungen«, geistliche Ansprachen, Lesungen, Beichten – auf die notwendige Verinnerlichung ihres Amtes vorzubereiten. Besonderer Wert wird auf die Einhaltung der Vorschriften gelegt, die, an einen sehr strikten Stundenplan gebunden, der den einzelnen Seminaristen von früh bis spät einspannt, jene innige Verbindung zu Christus als Priester bewirken soll. In dem Maße, wie die Bischöfe in ihren Reden die Reform des Hirtenamtes in den Vordergrund stellen, sehen sie in einem längeren Aufenthalt im Priesterseminar ein wesentliches Mittel, ihrem Klerus die für die Wahrnehmung des Amtes erforderliche Regelmäßigkeit der Lebensführung nahezubringen. Die Geistlichen rücken also allmählich von der Vorstellung einer bloßen »Klausur« der zu ordinierenden Priester vor jeder Ordinierung ab und befreunden sich mit dem Gedanken eines obligatorischen Durchgangs durch das Seminar für einen bestimmten Zeitraum. Dieser ist zwar variabel, wird aber mit der Zeit immer länger, mit immer kürzeren Zwischenaufenthalten in der Welt. Die Modelle, die je nach den finanziellen Ressourcen und den zur Verfügung stehenden Personen gefunden werden, sind allerdings weiterhin äußerst unterschiedlich.

Wir wollen einstweilen nur das französische Beispiel näher anschauen, das aufgrund der bereits erwähnten Zentralisierung der Kongregationen ohne Zweifel in Europa die größte Geschlossenheit aufwies. Dabei kann man zu Beginn des 18. Jahrhunderts mehrere, recht stark voneinander abweichende Typen von Seminar feststellen. Ein erstes Beispiel ist das Seminar, das der bloßen Vorbereitung auf die geistlichen Aufgaben diente: Dorthin begibt sich der zu ordinierende Priester, nachdem er andernorts (im allgemeinen in einem Kolleg oder einer Universität) sein Theologiestudium abgeschlossen hat, und er bleibt dort für einen gewissen Zeitraum, dessen Dauer vor jeder Weihe vom Bischof bestimmt wird. Das Seminar soll dem angehenden Priester helfen, die diesem Amt entsprechende moralische und geistige Gesinnung in sich aufzunehmen und sich für die ihn erwartenden Aufgaben zu wappnen, als da sind: Liturgie, Predigt, Austeilen der Sakramente, Katechismus. So schreibt der Erzbischof von Auch, Jean-François de Montillet,

in seinem Hirtenbrief aus dem Jahre 1770, der der Sammlung der Syn-
odalverfassungen der Diözese beigegeben ist, daß das Studium, dem der
angehende Priester in dieser Art von Bildungsinstitution nachgehen
werde, nicht theologischen Fragestellungen gelte:

»Hier ist nicht die Zeit dafür. Diese Dinge müssen bereits gelernt sein, bevor
man hierher kommt. Hier geht es vielmehr um die Schrift, die heiligen Vorschriften der Kirche bei der Austeilung der Sakramente, insbesondere des Bußsakra-
ments, die Zeremonien, die Rubriken, das Ritual, die Diözesanverfassungen, vor
allem um das Studium der großen Weisheit der Heiligen und dessen, der sie zu
Heiligen macht; das heißt jener vortrefflichen Weisheit, die lehrt, wie man zu
Gott spricht, wie man betet und meditiert, das Studium der Führung eines sittlichen Lebenswandels, der Gefühle, der Sprache, des Inneren wie des Äußeren
eines würdigen Priesters in allen Ämtern, in die ihn die göttliche Vorsehung gestellt haben mag.« *(Recueil des status synodaux du diocèse d'Auch* 1770, S. 42)[1]

Für die zweite Hälfte des 18. Jahrhunderts repräsentieren die Seminare
von Cambrai, Le Mans oder Saint-Malo durchaus diesen Typus. Im Erzbistum Cambrai, wo die Anwärter auf die Priesterweihe zwischen sie-
beneinhalb Monaten und einem Jahr auf Schloß Beuvrages nahe Valen-
ciennes zubringen, sind 83,5 % der Seminaristen bei ihrem Eintritt zwischen 22 und 26 Jahre alt und haben drei (32,7 %) oder vier (49,3 %) Studienjahre entweder an der Universität von Douai (62,6 %) oder im be-
nachbarten Löwen (22,8 %) oder auch bei den Jesuiten in Mons (9 %)
hinter sich (Deregnaucourt 1991, S. 173-181, 204). Die zukünftigen Priester der Diözese von Le Mans, denen der Bischof ein dreijähriges Studium der Theologie abverlangt, verteilen sich zu gleichen Anteilen auf
die Diözesankollegien (Le Mans und insbesondere Domfront) und die
außerhalb der Diözese gelegenen Ausbildungsstätten (ein der Universität von Angers angegliedertes Philosophieseminar, Kollegien oder Kleri-
kergemeinschaften in der französischen Hauptstadt). Allerdings erfolgte hier der Besuch des Seminars der Bischofsstadt häufig zwischen
den Studiengängen der Philosophie und der Theologie (Poyer 1986, S.
65). In der Diözese von Saint-Malo haben, bis zur Ausweisung der Jesuiten aus Frankreich im Jahre 1762, die meisten Diakone, die sich nach
ihrem Aufenthalt im von Lazaristen unterhaltenen Diözesanseminar
von Saint-Méen zur Prüfung für das Priesteramt anmelden, ihr Theolo-

---

1 Die vorgesehene Studienzeit am Seminar beträgt hier insgesamt ein Jahr, verteilt auf
vier Lehrgänge von drei Monaten vor jeder Ordinierung, allerdings müssen die Kleriker nachweisen, daß sie drei Studienjahre Theologie absolviert haben.

giestudium entweder am Laienkolleg von Dinan oder mehr noch an den im Umkreis der Diözese gelegenen Jesuitenkollegien (hauptsächlich Rennes, aber auch Vannes) absolviert (Berthelot du Chesnay 1984, S. 147). Man stellt hier also durchaus eine Rollenverteilung zwischen den Internatsseminaren, die eine geistliche Vorbereitung auf das Klerikerleben leisten, und den Kollegien mit externen Studenten fest, die für die Unterrichtung des Geistes zuständig sind.

Die gleiche Zweiteilung findet man auch bei dem zweiten Seminartypus: Es ist das Internat, das die jungen Leute *während* ihres Philosophie- oder Theologiestudiums besuchen, welches selbst außerhalb stattfindet, und zwar entweder im Kolleg oder auf der Universität der gleichen Stadt. Dieses Modell hat sich insbesondere gegen Ende des 17. Jahrhunderts in verschiedene Richtungen entwickelt. Manche Seminare werden einem alten Kolleg angeschlossen, das bereits in den Händen einer Kongregation ist. Dies ist zum Beispiel bei den von der Societas Jesu übernommenen Seminaren der Fall. Sie alle wurden eröffnet, nachdem sich im Jahre 1682 auf Bitten mehrerer Bischöfe sowie von Pater de la Chaize, dem Beichtvater Ludwigs XIV., die zwölfte Generalkongregation bereit gefunden hatte, die Aufnahmebedingungen für die Bildungsstätten der Klugheit des Ordensgenerals anheimzustellen, ging es doch darum, die als schädlich angesehene Ausbreitung des Jansenismus unter dem französischen Klerus zu bekämpfen. Andere Seminare werden gegründet, nachdem das Kolleg der Stadt an eine Kongregation übergeben worden ist, die ab da für beide Einrichtungen zuständig ist. Und schließlich kann es auch vorkommen, daß sich Philosophie- und Theologieprofessoren, die allgemein zugängliche Vorlesungen abhalten, und Seminarleiter in ihrer Tätigkeit grundsätzlich ergänzen; das betrifft zumal die Universitätsstädte und vor allem Paris als die für das Theologiestudium wichtigste Stadt. Hier besuchen die Seminaristen zweimal täglich Theologievorlesungen im Gebäude der Sorbonne oder am Kollegium von Navarra und kehren danach in ihre Gemeinschaften zurück, die von den jeweiligen Priesterkongregationen (Sulpizianer, Lazaristen, Oratorianer und Priester der Gemeinschaft des hl. Nikolaus von Chardonnet) unterhalten werden.

Allerdings ist unübersehbar, daß sich im 18. Jahrhundert bei der Institution des Seminars mehr und mehr die Schulform durchsetzt, und dies aus zwei Gründen: Zum einen sind die bischöflichen Seminare in jenen Diözesen, in denen ein weniger dichtes Netz an Kollegien besteht, gehalten, den sonst fehlenden Philosophie- und Theologieunterricht zu erteilen. Zum anderen möchten etliche Bischöfe wegen theologischer Konflikte aus Anlaß der jansenistischen Glaubenskrise Lehrveranstaltungen in der Stadt ihres Amtssitzes wieder ihrer unmittelbaren Aufsicht unterstellen, jedenfalls sofern sie von Kongregationen durchgeführt werden, die der Irrlehre verdächtig sind. Das gilt zum Beispiel für Angers und Nantes, wo die Kollegien von Oratorianern betrieben werden. Schließlich mag auch die Vertreibung der Jesuiten (1762) diese Entwicklung zur »vollen« Schulform noch beschleunigt haben, insoweit nämlich die in den ehemaligen Jesuiten-Kollegien bestehenden Lehrstühle für Theologie abgeschafft wurden und der entsprechende Unterricht fortan im bischöflichen Seminar stattfand: so geschehen in Aix-en-Provence, Cahors, Carcassone, Le Puy, Pau oder auch Toulouse, um nur einige Beispiele zu nennen. Zudem haben sich vom 17. zum 18. Jahrhundert die eigentlich schulischen Anforderungen an die Anwärter auf ein Priesteramt erhöht. Im Jahre 1668 hatte die Generalversammlung der Kongregation der Missionsbrüder bei der Befassung mit den Seminaren noch erklärt, daß »bei der Auswahl der zu unterrichtenden Autoren die Aufnahmefähigkeit der Seminaristen, der mögliche Zeitraum ihres Aufenthalts am Seminar, der Vorteil des Besitzes von Büchern, der Wille des Bischofs und ähnliche Umstände mehr zu berücksichtigen sind; gleichwohl könnte man in einigen unserer Seminare gedankenreichere Autoren unterrichten als derzeit üblich.« (Avis et résolutions, 1877, S. 90) Zu dieser Zeit bedeutet ein solcher Satz das Zugeständnis, daß der Theologieunterricht an den lazaristischen Seminaren nicht gerade sehr entwickelt und die Wissensvermittlung im wesentlichen auf das Erlernen der geistlichen Übungen und die Erledigung der kirchlichen Aufgaben gerichtet war. Im 18. Jahrhundert scheinen dann die Prüfungen zur Priesterweihe von Mal zu Mal ernsthafter zu werden. In Limoges etwa werden alle Seminaristen dreimal jährlich vor dem jeweils für die Ordinierungen festgesetzten Termin (Weihnachten, Fastenzeit, Pfingsten) geprüft. Die Prüfung wird von zwei oder drei Seminardirektoren im Beisein der Großvikare des Bischofs abgenommen und bezieht sich auf »die Abhandlungen zu Scholastik und Moral, die sie gelesen haben, und auf die Weihen, die sie anstreben«, so daß die Bewerber es »zuweilen mit sechs oder sieben Traktaten zu tun haben, auf die sie antworten müssen«. Dem Superior obliegt es, diejenigen Seminaristen, mit deren Leistung man nicht zufrieden ist, aufzufordern, sich nicht erst zur Prüfung

zu melden; der geistliche Direktor »sorgt dafür, daß die bittere Pille be-
hutsam verabreicht wird, damit es geräuschlos und ohne Aufsehen geschieht.« (Tronson 1904, S. 416, Brief von Thomas Bourget, Direktor
des Seminars von Limoges an M. Tronson, Direktor des Seminars Saint-
Sulpice zu Paris, 8. April 1695) Am Ende des Jahrhunderts zeigen die *or-
dines* einiger Diözesen die Programme mit den Prüfungsfragen in den
Fächern Dogma und Moral an, die die Anwärter für das Priesteramt im
laufenden Jahr zu beantworten haben. Freilich wäre es neben diesen allgemeinen Feststellungen von Interesse, etwas über die Bewertungsskala
zu erfahren, auf die sich die Prüfer bei ihrer Zulassung oder Ablehnung
von Bewerbern beziehen (wie im übrigen auch, soweit es sie gibt, für die
Zulassungsprüfung zum Seminar). Derartige Prüfungsunterlagen sind
noch aus der Diözese Saint-Malo vorhanden, wo die meisten Ablehnun-
gen tatsächlich auf mangelhaften Kenntnissen zu beruhen scheinen, wie
zum Beispiel bei jenem Subdiakon von 27 Jahren, der, zur Schöpfungsge-
schichte befragt, Gedächtnislücken für seine unzureichenden Antworten verantwortlich macht und erläuternd meint, daß, »auch wenn er
sechs Jahre lang für sie gelernt hätte, sein Gedächtnis ihm nicht mehr
würde liefern können«; die Diözesanprüfer, die ihn durchfallen lassen,
erwidern nur trocken, daß »er länger als zwölf Jahre Subdiakon bliebe,
wenn er sich nicht mehr anstrengen würde«. Ein anderer wird trotz seiner dürftigen Antworten zugelassen, allerdings mit dem Vermerk, daß
er, »wenn er Geistlicher auf dem Lande bliebe, ohne eines der Kollegien
zu besuchen, an dem er sich üben könne, nie mehr als Diakon sein wird«
(Berthelot du Chesnay 1984, S. 147). Im übrigen ist die Durchfallquote
vor der Tonsur beziehungsweise den niederen Weihen am höchsten, da
die Prüfer lieber keinen Kleriker »in den Priesterstand« aufrücken lassen möchten, um nur ja niemanden, wie die evangelische Formel lautet,
»ad duritiam cordis« zulassen zu müssen.

Am auffälligsten ist die Ausprägung der Schulform womöglich bei
der Umwandlung der »kleinen« Seminare, die so etwas wie Internate
sind, in die Kinder in einem Alter aufgenommen werden, in dem sie
Humaniora studieren, das heißt ab 12 Jahren. Die Meinungen waren
im 17. Jahrhundert äußerst geteilt über die Frage, ob es sinnvoll sei,
schon in der Kindheit die Berufung zum Priester auszubilden. Pater
Charles Faure etwa, der Generalsuperior der Ordensdomherren von
Sainte-Geneviève, sieht darin eine Möglichkeit, sich dem Drängen der
Eltern zu widersetzen, die für gewöhnlich »die dumpfsten Köpfe und

mißgestaltetsten Sprößlinge ihrer Familie« in die großen Seminare stecken; wenn sie aber »Kinder in so jungem Alter schicken, daß sie sehr wenig oder keine Kenntnis von ihrem Geist und ihrem Talent haben«, dann werde es möglich sein, »mit der Zeit, da man deren eine große Zahl habe, die besten Köpfe, die sich am besten für die großen Seminare eigneten, auszuwählen« (vgl. Pater du Molinet). Vincent de Paul hat demgegenüber vermutlich die heftigste Kritik am Erlaß des Tridentinischen Konzils geübt, den er gleichwohl befolgen will, »als komme er vom Heiligen Geist«:

»Die Erfahrung zeigt indessen, daß in der Art und Weise, wie man ihn in Betreff des Alters der Seminaristen angeht, die Sache weder in Italien noch in Frankreich recht gelingt, daß die einen vorzeitig aufgeben, die anderen keine Neigung für den kirchlichen Stand verspüren, wieder andere sich in die Gemeinschaften zurückziehen, und manche schließlich die Orte fliehen, an die sie pflichtgemäß durch ihre Ausbildung gebunden sind, und lieber das Glück anderswo herbeizwingen. Vier solche Seminare gibt es im Königreich, in Bordeaux, Reims, Rouen und vormals in Angers. Keine der zuständigen Diözesen hat davon irgendeinen Nutzen gehabt, und ich fürchte, daß, abgesehen von Mailand und Rom, die Dinge in Italien nicht anders liegen.« (Brief von Vincent de Paul an Bernard Codoing, Superior des Missionsordens in Rom, 13. Mai 1644, in: Coste 1920, S. 408-411)

Die eigentlichen Priestergemeinschaften haben mithin eine gewisse Zögerlichkeit bei der Übernahme der Zuständigkeit für die kleinen Seminare an den Tag gelegt: »Es ist weder unsere Berufung noch unser Wunsch«, erwidert zum Beispiel Monsieur de Tronson im Jahre 1692 auf das vom Bischof von Autun geäußerte Anliegen, die Sulpizianer sollten die Leitung eines kleinen Seminars übernehmen (Tronson 1904, S. 162, Brief an Monsieur Le Vayer de Pressac, 14. Dezember 1692). So sind denn auch im 17. Jahrhundert die Berufungen zum Priesteramt häufiger in »Marienkongregationen« und anderen frommen Vereinigungen gepflegt worden, die in regelmäßigen Abständen die gottesfürchtigsten Schüler der städtischen Kollegien zu wiederholten geistlichen Übungen zusammenrufen. Zudem ist anzumerken, daß zahlreiche »kleine« Seminare jener Zeit kollegähnliche Eliteinternate waren, auf die die herrschenden Schichten ihre Söhne schickten, weil sie ihnen eine glänzende kirchliche Karriere zugedachten; so in Pontlevoy, Sorèze, anfangs auch in Juilly oder in Saint-Vincent de Senlis. Sehr bald schon setzt sich indessen, bedingt durch die soziale Herkunft der an

den Seminaren vertretenen Schülerschaft, die »weltliche« Berufung der
Ausbildungsstätten gegenüber ihrer ursprünglichen geistlichen Ausrichtung, der Unterricht als gedankliche Zerstreuung gegenüber den
geistlichen Übungen durch. In Süd- und Mittelitalien ist im übrigen an
den von den Bischöfen im 18. Jahrhundert gegründeten kollegähnlichen Seminaren eine ähnliche Entwicklung festzustellen: Sie werden
von zahlenden Internatszöglingen besucht, die aus dem Adel oder der
Bourgeoisie kommen, und der dort abgehaltene Unterricht gleicht
immer mehr dem der *seminaria nobilium,* so zum Beispiel in Pistoia, in
Reggio nell'Emilia oder in Siena (vgl. Fantappiè 1989). Andererseits bildet sich in Frankreich ab den achtziger Jahren des 17. Jahrhunderts ein
anderes Modell von »kleinem« Seminar aus, das äußerst zukunftsträch-
tig ist. Es ist dies das Seminar für »arme« Geistliche, das von der Freigebigkeit der Bischöfe und adeligen Spenden lebt. Von Paris ausgehend
hatte François de Chanciergues, ein Diakon aus der Gascogne, an den
Kollegien ein Dutzend Gemeinschaften junger Schüler gegründet, die
sich rasch im ganzen Land verbreiteten. Diesem Modell geht es darum,
durch einen gebührenfreien Unterricht – an den großen Seminaren
muß Schulgeld bezahlt werden – Berufungen gerade aus den untersten
sozialen Schichten zu ermuntern, damit auch die unbeliebtesten Stellen
besetzt werden können: Vikariate oder Landpfarreien mit bescheidenen Einkünften, Lehrämter, Stellen also, um die sich die jungen Leute
aus der wohlhabenden städtischen Bevölkerung nicht gerade zu reißen
scheinen. Das kleine Seminar dient hier also dazu, das Land mit »ordentlichen« Priestern zu versorgen: Als Gegenleistung für ihr Stipen-
dium (das zuweilen *titulum seminarii* heißt) verpflichten sich die mittellosen Kleriker, jede Stelle anzunehmen, die man ihnen zuweist. Die
Aufgabe der Bildungsstätte besteht demnach darin, möglichst umgehend die Berufung der Seminarzöglinge, die Söhne von Handwerkern
oder Bauern sind, zu ermitteln, indem »ihre Begabungen, ihre Neigun
gen und die Beweggründe für ihren Eintritt in den kirchlichen Stand
(auf die Probe gestellt werden, indem) sie davon abgehalten werden,
diesen Weg gegen den Willen Gottes einzuschlagen, sofern sie ungeeig-
net sind, (...) sie aus ihrer heimatlichen Umgebung und dem Eltern-
haus zu entfernen und ihnen den Wunsch nach Reichtümern und den
Freuden der Welt abspenstig zu machen«. 1686 verfaßte der Bischof
von Angers, Henry Arnauld, eine Satzung für eine »Gemeinschaft
armer Scholaren, welche in der Stadt Angers eingerichtet wurde, um

sie in kirchlichem Geiste gemäß der Absicht des Konzils von Trient und nach dem Willen des großen hl. Karl auszubilden«. Darin heißt es, einer der schweren Mängel bei den Berufungen aus den armen Schichten der Bevölkerung sei es, daß

»(...) die armen Leute sich nur nach dem Willen ihrer Eltern richten, denen gegenüber, weil sie eine starke Anhänglichkeit an sie haben, sintemalen sie wegen ihres Lebensunterhalts von ihnen abhängen, sie es gleichsam zu einer Notwendigkeit machen, ihren Anweisungen, die sie ihnen für den Empfang der heiligen Weihen erteilen, blind zu folgen, welche sie denn auch nur mit gemeinen und begehrlichen Blicken ansehen, wie einen seelenlosen Beruf, der dazu taugt, ihren Lebensunterhalt zu verdienen und sie in einen Rang zu versetzen, der sie über ihre Geburt erhebt.« (Letourneau 1893, Bd. 2, S. 487ff.)

Es ist daher nicht verwunderlich, daß eines der gebräuchlichsten Zulassungskriterien für die kleinen Seminare der armen Kleriker eine Prüfung auf der Grundlage der schulischen Leistungen war. Die Landpfarrer suchten die klügsten Köpfe an den Pfarrschulen ihrer Gemeinde aus und schickten sie ans kleine Seminar des Bistums, in das sie nach einer strengen Prüfung ihrer Fähigkeiten aufgenommen wurden. Dem Schulgeld, das im Vergleich zu dem, was Internatszöglinge an den Kollegien zu zahlen hatten, sehr gering war – oft wurde es nach den finanziellen Möglichkeiten der einzelnen Familie veranschlagt –, stand ein System von Gebührenbefreiungen gegenüber, deren Höhe sich nach den Schulleistungen des Seminarzöglings bemaß. Auf diese Weise faßte in der eigentlichen Priesterausbildung allmählich eine Meritokratie Fuß. Nach der Vertreibung der Jesuiten sahen die französischen Prälaten das Modell des kleinen kollegähnlichen Seminars umso wohlwollender, als sie für den rapiden Rückgang der Berufungen – der ab Mitte des 18. Jahrhunderts als allgemeines Phänomen unbestreitbar war – eine Verschlechterung des Religionsunterrichts an den Kollegien verantwortlich machten, galt doch das Internat, das eine Ausbildung in alten Sprachen erteilte, als das beste Gegenmittel, um die zukünftigen Diener der Kirche vor den immer zahlreicheren Angriffen der »Philosophen« zu bewahren. Hier hat ein System seine Wurzeln, das ein Jahrhundert später zu voller Blüte kommen sollte.

Läßt sich die hier für Frankreich schematisch dargestellte Situation auch auf andere europäische Staaten übertragen? Was Italien betrifft, so kann man natürlich den Einfluß des frühen, von Carlo Borromeo in Mailand durchgesetzten Modells, das ein absoluter Bezugspunkt für jedwede Neugründung eines Seminars war, nicht hoch genug veranschlagen. Für die Mailänder Seminarzöglinge begann das Leben mit einer Woche geistiger Übungen, die unterteilt war in tägliche Frömmigkeitsübungen, welche entweder in der Kapelle des Seminars oder in der erzbischöflichen Kirche abgehalten wurden; dem eigentlichen Studium, das von den Anfängen der Grammatik bis zu den kirchlichen Fächern im engeren Sinne reichte, gingen sie in der vom Erzbischof gegründeten Ausbildungsstätte nach. Das Studium unterstand der strikten Aufsicht von Präfekten, die über das Betragen der ihnen anvertrauten Zöglinge dem Rektor regelmäßig Bericht erstatteten. Mit Hilfe einer Disziplinarordnung, die für die Entfaltung des einzelnen keinerlei Platz ließ und jeden überflüssigen Kontakt mit der Außenwelt zu unterbinden trachtete, sollte den Zöglingen ein Ideal der Abtrennung von der Welt eingebleut werden, das sich dem Priester für die Dauer seiner Amtszeit nachhaltig einprägte. Zugleich sollten die bis ins einzelne geregelten Vorschriften, nach denen die jeder Priesterweihe vorhergehenden Prüfungen abliefen, nicht nur der Feststellung dienen, ob die Bewerber ausreichend vorbereitet waren; es sollten auch ihre moralischen und geistigen Fähigkeiten getestet werden, ein bestimmtes Amt auszuüben, denn in der Vorstellung von Carlo Borromeo entsprach der Klassifizierung der Individuen eine Rangordnung der zu besetzenden kirchlichen Stellen. Diese Rangordnung bestand aus fünf verschiedenen Kategorien, entsprechend der Bedeutung der jeweils damit verbundenen pastoralen Verantwortung (vgl. Guasco 1986). Allerdings darf man sich über die tatsächliche Verbreitung des borromäischen Modells nicht täuschen; zwar kann man mehr als 70 Gründungen »tridentinischer« Seminare zwischen 1563 und 1570 sowie ungefähr 50 zwischen 1571 und dem Jahrhundertende und noch einmal 45 in der ersten Hälfte des 17. Jahrhunderts ausmachen, aber wie viele davon entsprechen tatsächlich dem Mailänder Vorbild? Wie viele haben einen dauerhaften Bestand gehabt und wie groß war ihre faktische Aufnahmekapazität? Dazu müßte man in jedem Einzelfall die tatsächliche Funktionsweise der betreffenden Institution kennen. Es hat den Anschein, daß gemessen an der Zahl der auszubildenden Geistlichen die Seminare über eine sehr lange Zeit hin nur eine äußerst geringfügige Zahl an Zöglingen aufgenommen haben. Wir wollen uns diesbezüglich mit zwei Beispielen begnügen. Als die Erzbischöfe von Neapel, Innico Caracciolo und Giacomo Cantelmo Stuart, gegen

Ende des 17. Jahrhunderts eine rigorose Politik für das »Priestertum« ihrer Geistlichkeit in die Wege leiten und hierfür strenge Bedingungen in wirtschaftlicher (Nachweis eines Vermögensanteils ab der Tonsur, um die Zahl der Scheinberufungen zu verringern), intellektueller (Prüfungen vor jeder Weihe) und disziplinarischer Hinsicht aufstellen, schaffen sie sich ein echtes Kontrollinstrument, nämlich die *Congregazione degli ordinandi,* die die Aufgabe hat, den wirtschaftlichen Wert der Vermögen, die intellektuellen Qualitäten der Prüfungskandidaten und ihr ordnungsgemäßes Verhalten zu prüfen. Sobald es aber um die Prüfung der geistlichen Ausbildung der zukünftigen Priester geht, muß sich der Erzbischof an fromme Vereinigungen wenden, an »Kongregationen«, bei deren geistlichen Übungen Laienbrüder oder Kirchenleute unter der Leitung von weltlichen, in Gemeinschaft lebenden Ordensgeistlichen (in erster Linie Jesuiten, aber auch *Pii Operai* und Oratorianer) zusammenkommen: Von den 381 zu ordinierenden Priestern (aller Stufen der Weihe) aus Neapel im Zeitraum von 1692 bis 1702 haben 257 (67,4 %) mehr oder weniger regelmäßig die »Kongregationen« besucht, demgegenüber zählt man immer noch nicht mehr als 62 Seminarzöglinge (16,3 %). Und doch ist dies im Vergleich zur Situation davor schon ein großer Fortschritt für die geistliche Erziehung der zukünftigen Priester (vgl. Garzya 1982b). Die Zunahme des Klerus, die sich in Italien bis zur Mitte des 18. Jahrhunderts fortsetzt und nicht nur auf familienstrategische Interessen, sondern auch auf eine wachsende Nachfrage nach priesterlichen Dienstleistungen auf seiten der Gemeinden (vgl. Toscani 1986) zurückzuführen ist (eine Nachfrage, die ihrerseits bei den einzelnen, in Betracht kommenden sozialen Schichten Hoffnungen auf den Erwerb einer Pfründe geweckt hat, die in keiner Weise ihrem tatsächlichen Umfang entsprachen),[2] hat den Prälaten erhebliche Anstrengungen in Sachen Finanzierung und Bautätigkeit abverlangt. Um das Beispiel der Lombardei zu nehmen, der X. Toscani eine eingehende Untersuchung gewidmet hat, so verdoppelt, ja in einigen Fällen verdreifacht sich dort die Zahl der Ordinierungen zum Priesteramt zwischen dem letzten Jahrzehnt des 17. Jahrhunderts und den dreißiger Jahren des 18. Jahrhunderts und verharrt bis in die

---

2 Zum Nachweis eines Überhangs an Geistlichen, der in keinem Verhältnis zum Bevölkerungswachstum, noch zu den Möglichkeiten des Benefizialsystems stand, vgl. die Hinweise zur Situation in Friaul bei Donati 1981.

fünfziger Jahre auf einem hohen Niveau: innerhalb von 40 Jahren also
hat sich die Gesamtzahl des Klerus der einzelnen lombardischen Diözesen annähernd verdoppelt. Die Seminare, die gegen Ende des 17.
Jahrhunderts nicht mehr als 10 bis 15 % der Anwärter auf ein Priesteramt aufzunehmen vermochten, erweisen sich dementsprechend als
immer weniger geeignet, ihrer Aufgabe als geistlicher Bildungsstätte
gerecht zu werden. Von daher ist leicht einzusehen, warum die lombardischen Prälaten ein regelrechtes Baufieber ergreift: in Brescia wird
das Seminar ab 1710-1711 von 60 auf 120 Plätze erweitert und kann
im Jahre 1755, beim Tod von Kardinal Querini, 150 Internatszöglinge
aufnehmen; in Cremona wird die Aufnahmekapazität des Seminars
zwischen dem Ende des 17. Jahrhunderts und den dreißiger Jahren des
18. Jahrhunderts von 40 auf 80 Internatsplätze erhöht; ebenso kann
man in Lodi für die zwanziger Jahre des 18. Jahrhunderts eine Verdoppelung der Unterbringungsmöglichkeiten für nunmehr 50 Internatszöglinge feststellen. Diese starke Zunahme der Bautätigkeit ist allerdings nur eine Begleiterscheinung des Anstiegs der Ordinierungen,
denn nur wenige Bistümer (darunter das winzige Bistum von Colma,
wo mit nur 50 Sprengeln, die sich um die Bischofsstadt gruppieren,
60 % der Diözesangeistlichen im dortigen Seminar untergebracht
sind) können noch für sich in Anspruch nehmen, der Mehrheit der
Anwärter auf das Priesteramt in den Räumen des bischöflichen Seminars Unterkunft zu geben. In Wirklichkeit erhalten die meisten ihre
Ausbildung bei den Landpfarrern, in den Kollegien oder an Schulen,
die in den Klöstern der Ordensgeistlichen eröffnet wurden. Daraus erklärt sich die von den Prälaten geförderte Entwicklung von Kongregationen und Gruppen weltlicher Priester, die sich insbesondere der
geistlichen Übungen für den Klerus annehmen. So werden denn in
großer Zahl *case per esercizi spirituali al clero* gegründet, die eine wichtige Unterstützungsfunktion bei der Durchsetzung einer dem Priesteramt zugedachten Spiritualität von größerer Nüchternheit sowie bei
der allmählichen Ausbreitung eines neuen Typus des Priesters haben
(vgl. Toscani 1979; ders. 1982). Wenn auch die lombardischen Bischöfe
das Internat als Dauerlösung nicht für alle Priesteranwärter verbind-
lich machen konnten, so haben doch ihre anhaltenden Bemühungen
eine erhebliche Verbesserung des kulturellen und geistlichen Ausbil-
dungsstandes der Kleriker und damit der kirchlichen Disziplin gebracht.

Die »Bescheidenheit« des Priesters

Wir haben so ausführlich auf die Bedeutung des Seminars hingewiesen, weil ungeachtet der Vielfalt der von uns dargestellten Modelle, durch die es natürlich zu recht erheblichen Unterschieden kommt, was den Grad der Belehrung im kirchlichen Geiste betrifft, allen Bemühungen ein Zug gemeinsam ist: Indem besonderer Nachdruck auf die Einhaltung der Vorschriften gelegt wird, soll den jungen Leuten beigebracht werden, sich von den Irrungen des Lebens dadurch fernzuhalten, daß sie in sich jene Würde und Bescheidenheit ausbilden, die die *Außenseite* eines inneren Zustandes sind, der in der innigen Übereinstimmung des Priesters mit dem Hirtenamt Jesu Christi in vollkommener Anbetung Gottes besteht. Unter diesem Gesichtspunkt könnte der Text der von Monsieur Tronson, des Direktors am Seminar von Saint-Sulpice, verfaßten *Examens particuliers* (die 1690 zuerst erschienen und regelmäßig nachgedruckt wurden), den wir in diesem Zusammenhang als Beispiel anführen wollen, durchaus symptomatisch sein für die Durchsetzung eines kirchlichen *Stils* mittels eines geeigneten pädagogischen Modells (Goichot 1975). Die Welt wird darin als ein fortwährender Gefahrenherd gesehen, gegen den man sich durch eine Reihe von Abschottungen schützen muß. Nicht nur sind die überflüssigen Besuche, die »die Gedanken an die Welt, die Vorstellung von Ablenkungen, die Erinnerung an unsere früheren Verfehlungen« wiedererwecken, auf ein Minimum zu reduzieren; nicht nur ist die Frau in dieser Welt geächtet – der Seminarzögling (Kleriker) hat darauf zu achten, daß er niemals allein mit »einer Person des anderen Geschlechts« in einem Raum ist, und er wird es auch vermeiden, sie anzusehen, »denn um die Leidenschaft der Liebe zu heilen, dürfen die Blicke nicht auf Geschöpfen verweilen, die das Herz betrüben oder erweichen können« –, sondern vor allem kommt es auf das tägliche Praktizieren einer geistigen Hygiene an, durch die es möglich wird, durch die Welt zu gehen, ohne sie anzusehen. Die Gänge in die Stadt zu den Theologievorlesungen, die in öffentlichen Schulen gehalten werden, oder auch die Spaziergänge zum Landhaus sind geprägt von Exerzitien in Frömmigkeit, die jede Zerstreuung vertreiben sollen. So erzählt der Domherr Baston, der um 1770 Schüler einer Gemeinschaft des Priesterseminars von Saint-Sulpice war, daß die Seminarzöglinge sich zu zweit oder zu dritt zu den Vorlesungen an der Sorbonne begaben und dabei abwechselnd laut den Rosenkranz herunterbeteten:

»Dank dieser harmlosen List verlief der Weg vom Seminar zum Kolleg
und vom Kolleg zum Seminar für gewöhnlich so, daß man sein Umgebung nicht wahrnahm. Vielmehr schien es so, als sei man von einem
Raum in einen anderen gegangen. Man hatte keine Menschenseele getroffen.« (Loth/Verger 1897, S. 55) Ein einheitlicher Raum ohne Abwechslung grenzt also zu jeder Tageszeit den Seminarzögling gegen die
Außenwelt ab. Allerdings bringen es die natürlichen Bedürfnisse mit
sich, daß profane Handlungen auch innerhalb dieser abgeschotteten
Welt präsent sind; dementsprechend werden, um die Versuchung auszutreiben, das Aufstehen, die Mahlzeiten und das Schlafengehen jedesmal
als Probe fürs Kasteien dargestellt – und sollen auch so erlebt werden –,
die den Zögling drastisch an sein sündiges Dasein erinnert. Auf diese
Weise wird also eine Symbolik aufgefahren, die noch die banalsten, aber
auch »gefährlichsten« Augenblicke des Alltagslebens in ein sakrales
Licht taucht. Während die Soutane ein »Ehrenkleid« ist, gilt die Unterwäsche als »Folge« und »Wirkung« der Sünde und muß als »tierisches
Überbleibsel und Überrest des Animalischen, unter das uns unser Ungehorsam noch herabgedrückt hat,« angesehen werden; unsere Unterkleider dürfen wir nicht anlegen, ohne »den Verlust unserer Unschuld zu bejammern«. Der äußere Ablauf des Zubettgehens soll nicht nur bestimmt
sein von »Gehorsam«, »Bescheidenheit« und »Religion«, vielmehr soll
der Zögling (Kleriker) beim Entkleiden den »großen Wunsch verspüren, sich von sich und allen sonstigen Dingen freizumachen«, um »der
Entblößung Unseres Herrn im Leiden Ehre zu erweisen« und »an jener
großen Erlösung des ganzen alten Adam teilzuhaben, von der der hl.
Paul spricht. *Exspoliantes vos veterem hominem cum actibus suis*«. Das
Bett ist ein »Grabmal«, die Laken sind »unser Schweißtuch«, der Schlaf
ist »das Abbild des Todes«. Alle diese Ermahnungen zielen darauf, Trugbilder aus der vagabundierenden Fantasie zu vertreiben.

Unabhängig von dieser grundsätzlichen Zweiteilung entfalten die
Examens particuliers des Monsieur Tronson eine Dialektik des Blicks,
die vielen geistlichen Texten, von den *Ejercicios de perfección* des Alfonso Rodriguez bis Pierre de Bérulle, gemeinsam ist: Zwar soll der Priester seine Blicke nicht an eine Welt heften, an die er sich zu verlieren
droht, indessen darf er nie aus den Augen verlieren, daß er selbst von ihr
beobachtet wird. Von daher erklärt sich der starke Nachdruck, der auf
die äußere Anlage der Person gelegt wird: Das Erscheinungsbild ist hier
der Zugang zum Wesen des Priesters Christi, dessen ganzes priesterli-

ches Verhalten in gewissem Sinne ein für seine Zeitgenossen erkennbares Abbild darstellen soll. Es geht also darum, einen *habitus* zu vermitteln, jene »Bescheidenheit« des Geistlichen, die zu Beginn des 19. Jahrhunderts bei einem so scharfen Beobachter wie Stendhal eine unwiderstehliche Abneigung hervorrief. Diese klerikale Bescheidenheit übernimmt natürlich etliche Züge aus dem Gesellschaftskodex des gesitteten Umgangs von Erasmus, sie dient aber nicht nur dazu, jegliche unangebrachte Spontaneität des Körpers zu unterdrücken, sondern vor allem dazu, den Priester in einer würdigen Haltung und einem Schwerpunkt zu halten, der ihn die Extreme vermeiden und ihn eine Position gleichermaßen abseits von Pflichtvergessenheit und Verstellung, von Zerknirschung und ungebärdigem Lachen, vom Geschwätz der Welt und vom grämlichen oder verächtlichen Schweigen wahren läßt. Nach den Verhaltensmaßregeln, die ihm erteilt werden, erscheint der Priester im 18. Jahrhundert als eine Art *Neutrum*, das sich durch die Kategorie des *Weder-noch* definiert. Er muß sämtliche Unebenheiten seiner Persönlichkeit abschleifen und sich als Individuum zurücknehmen, ist doch das Auslöschen jedes *eigenen* Wesenszugs zusammen mit der Abkehr von der Welt das, was in den Augen der Erzieher des modernen Klerus die Bedingung für das Sichtbarwerden des Priesteramtes in Christi ausmacht. Paradoxerweise hat dieses Erziehungsmodell in Frankreich seine Blütezeit erst im 19. Jahrhundert, als sich die Bischöfe im Gefolge des Konkordats auf eine Konzeption des Priesterseminars einigen, bei der über einen entsprechend langen Zeitraum die gesamte priesterliche Ausbildung in intellektueller, geistlicher und seelsorgerischer Hinsicht wahrgenommen wird. Vom Erfolg dieses Modells legen im übrigen die zahlreichen Neuauflagen der *Examens particuliers* während des ganzen Jahrhunderts ein beredtes Zeugnis ab. Aber ist dieses Modell, im Vergleich zu den eingetretenen Entwicklungen, nicht bereits anachronistisch?

Geselligkeit und Kultur der Priester

Wie groß auch immer die Diskrepanz zwischen dem Modell und seiner tatsächlichen Aneignung durch die Geistlichkeit gewesen sein mag, die Ausbildung am Priesterseminar hat ohne jeden Zweifel zu einer deutlichen sittlichen Besserung des Klerus geführt. Während noch im 17. Jahr-

hundert die Protokolle der Bistumsinspektionen und die Akten der Offi-
zialate vor unseren Augen ein regelrechtes Panoptikum von Priestern erstehen lassen, die gewalttätig und jähzornig sind, die ihre Zeit beim
Spiel, bei der Jagd oder mit der Flasche zubringen, die in wilder Ehe
leben oder herumhuren, so werden Vermerke dieser Art im Frankreich
des 18. Jahrhunderts sehr viel seltener: Ein Irrtum ist wenig wahrscheinlich, wenn man unter Diözesangeistlichen den Anteil von Personen, die
nach 1720 in derartige abweichende Praktiken verwickelt sind, auf 5 %
schätzt (Deregnaucourt 1991, S. 329-340). Gewiß werden noch um die
Mitte des 18. Jahrhunderts jährlich an die hundert Geistliche von Polizei-
inspektoren aufgegriffen, die man in »Unzucht mit Dirnen« antraf, aber
zur Hälfte handelt es sich dabei um Inhaber großer Pfründen, die häufig
bloß eine Stippvisite in Paris machen, und es ist schwerlich zulässig, von
dieser Statistik der Liebesdelikte in flagranti, in die liederliche Geistliche
verwickelt waren, auf die allgemeine Verfassung priesterlicher Moral zu
schließen (vgl. Benabou 1980). Auch sind einige Diözesen bei der Verbesserung der moralischen und seelsorgerischen Einstellung des Klerus
im Rückstand. So findet man etwa in der bretonischen Diözese von Tréguier zwischen 1700 und 1730 unter insgesamt 530 Priestern 147, die
sich regelmäßig betrinken (also fast ein Drittel), 41 weitere, die ein
Leben in Unzucht führen, 27, die Tätlichkeiten begangen haben, 11, die
sich diverser Unredlichkeiten schuldig gemacht haben, und schließlich
8, die sich um ihre Amtspflichten drücken; alles in allem sind es also 237
Geistliche, die sich, was ihren Lebenswandel angeht, strafbar gemacht
haben. Dabei sind diejenigen Priester, die in seelsorgerischer Hinsicht
ihre kirchlichen Aufgaben nur unzureichend erfüllen, noch nicht mitgezählt. Demgegenüber sind die Erfolge des von den Prälaten der Region
um Tréguier durchgeführten Reformwerks – insbesondere ist Hochwür-
den Olivier Jegou de Kervilio zu nennen, der von 1694 bis 1731 Bischof
war und zwischen 1695 und 1729 jedes Jahr eine Inspektionsreise durch
sein Bistum unternahm, – unübersehbar: Aus den Akten des Offizialats
geht hervor, daß es nur noch sehr wenige Fälle von Priestern gibt, die
wegen sittlicher Verstöße verurteilt wurden, und daß Fehlverhalten die
Ausnahme ist; im übrigen muß fortan jeder Priester, der vom rechten
Wege abkommt, postwendend mit einer schweren Strafe rechnen. So bildet sich ein neuer Typus von Priester heraus, mit einer besseren Ausbildung, mit größerer geistlicher Ausstrahlung, aber vielleicht auch dem
Leben seiner Pfarrkinder stärker entrückt (Minois 1987, S. 196f.,

254-270). Auf ein solches Musterbeispiel von »gutem Priester« ist das überschwengliche Lob gemünzt, das der 1823 in Tréguier geborene Ernest Renan in Erinnerung an seine Kindheit jenen »würdigen« Priestern spendet, die die Anfänge seiner geistlichen Erziehung begleiteten und denen er verdankte, wie er sagt, was »an Gutem« in ihm steckte: »Seither habe ich noch viele geistvolle und kluge Lehrmeister gehabt, aber nie hatte ich welche, die verehrungswürdiger waren (...). Tatsache ist, daß das, was über den Lebenswandel der Geistlichen gesagt wird, nach meiner Erfahrung jeder Grundlage entbehrt. Dreizehn Jahre meines Lebens war ich Priestern anvertraut, und nie habe ich auch nur den Schatten eines skandalösen Verhaltens bemerkt; ich habe nur gute Priester erlebt.« (Renan 1959, S. 53, 129)

Als Mensch, der abgetrennt von der Welt lebt, wird der Priester dazu angehalten, sich regelmäßig aufs neue in seiner Berufung zu bestärken. Aus diesem Grund wird das jährliche Abstandnehmen von den Amtspflichten, das dem einzelnen dringend angeraten wird, in einigen Diözesen zu einer regelrechten allgemeinen Klausurtagung, zu der an bestimmten Wochen im Jahr im Priesterseminar entweder alle oder nur ein Teil der als Pfarrer tätigen Geistlichen zusammenkommen und dort unter Anleitung eines Prädikators eine Woche lang gemeinsam meditieren und beten. Diese Praxis, die sich im Laufe des Jahrhunderts auf ganz Frankreich auszudehnen scheint, hat zwangsläufig den Gemeinschaftssinn unter den Priestern gestärkt. Bei einem weiteren Exerzitium, das zu festen Zeiten stattfindet – jeden Monat oder alle zwei Monate –, versammeln sich die Priester eines Sprengels, um bestimmte Themen zu behandeln. Solche »Kirchenkonferenzen« (die auch Dekanatsversammlungen oder Versammlungen der Landvikare genannt werden) finden unter der Leitung des Domherrn (sofern die Gebietseinteilung der Diözese eingehalten wurde) oder eines »Direktors« statt, die in ihrer Gemeinde zehn bis zwanzig Amtsbrüder benachbarter Gemeinden zusammenrufen. Sie befassen sich in der Regel mit drei Themen: Mit der Erläuterung der Heiligen Schrift, mit einem »geistlichen« Thema – zumeist zu den Pflichten und Tugenden der Geistlichen – und mit »praktischer« oder Moraltheologie, das heißt mit der Untersuchung von Gewissensfragen, die bei den Zusammenkünften allmählich einen immer größeren Raum einnimmt (zur Literatur zu den Kirchenkonferenzen vgl. Gouesse 1974; de Certeau 1975, S. 208-210; Berthelot du Chesnay 1984, S. 427-432; Deregnaucourt 1991, S. 340-344). Die monatlichen oder zweimonatlichen The-

men werden von der Bischofskurie vorgegeben; oftmals ist ihnen eine
imposante Bibliographie beigefügt, die die Teilnehmer an den Versammlungen bei ihren Vorbereitungsarbeiten anleiten soll. Die »Ergebnisse«
oder »Konklusionen« werden in Form einer theologischen Erörterung
der Bischofskanzlei vorgelegt, wo die Einzelbeiträge mit Anmerkungen
versehen werden. Die Kanzlei verfügt damit über ein Mittel der intellektuellen Kontrolle des Klerus, das später bei der Beförderung der teilneh-
menden Priester von Belang sein kann. Freilich führen diese von den Ge-
neralvikaren korrigierten »Aufgaben« am Ende zu einem Einheitsdis-
kurs – aber geht es denn nicht auch darum, wie der Bischof von Saint-
Malo es 1750 ausgedrückt hat, »die Einheitlichkeit von Lehre und Verhalten, die Liebe zum Studium« zu bewirken? Tatsächlich mündet das
Bücherwissen, das die Verfasser geflissentlich zur Schau stellen, indem
sie ihre Aufsätze mit geschickt gewählten Zitaten schmücken, in eine stereotype Sprache, die fortan weder der persönlichen Erfahrung der Teilnehmer noch dem wirklichen Leben der Gemeindemitglieder zugänglich ist. Die Absicht, eine für alle Beichtväter einheitliche Rechtsprechung zu entwickeln, führt zu einer Reihe abstrakter »Fälle«, die alle in
der gleichen Weise abgehandelt werden. Allerdings täuscht sich die Kir-
chenhierarchie nicht über diese schöne Einmütigkeit, wie etwa aus einer
Bemerkung des Domherrn des Domkapitels von Cambrai zu den »Dekanatsversammlungen« der Diözese hervorgeht: »Nach einer auf Latein
gehaltenen Predigt, die die Geistlichen nacheinander vortragen, debattie-
ren sie über das, was ihre Gemeinden angeht, und der Dekan erläutert ihnen, was sie nach Meinung des Erzbischofs sagen sollten, oder er sagt
weiter, was die Pfarrer ihm als Auftrag mitgegeben haben. Nach dieser
Versammlung gehen sie gemeinsam essen.« (Zit. n. Deregnaucourt 1991,
S. 344) Mit einer derart kodifizierten Gruppensprache scheint daher bei
den Geistlichen das Moment der Geselligkeit der eigentlich intellektuellen Tätigkeit den Rang abzulaufen. In dieser Hinsicht bietet das untypi-
sche Beispiel des Jean Meslier, Pfarrer der Gemeinde von Etrepigny in
den Ardennen, der bei seinem Tod ein höchst brisantes »Memorandum«
seiner Gedanken und Gefühle hinterließ, in welchem er alle Religionen
und vor allem die christliche Religion als Betrug und als Lehren der Ungerechtigkeit verurteilt, da sie das gemeine Volk in Götzenanbetung und
Aberglauben hielten, den *a contrario* Beweis für die Wirkung jener Kon-
ferenzen. Seine Überlegungen zur »Ungewißheit der Evangelien« und
zu den »vorgeblich Heiligen Schriften«, die »kein Zeichen übermenschli-

cher Gelehrsamkeit und Weisheit an sich tragen«, wie seine Kritik an
den »geistigen« oder »mystischen« Deutungen lehnen sich nicht nur an
die auf den Kirchenkonferenzen der Diözese von Reims gestellten Fragen, sondern auch an die von der erzbischöflichen Behörde zu deren
leichterer Erörterung zusammengestellte Bibliographie an. Der Ausgangspunkt für die Entwicklung von Mesliers ganz und gar heterodo-
xen Gedanken mag denn auch durchaus das Zusammentragen von
Schriften gewesen sein, die Kompilation, die für diese Kirchenkonferenzen geleistet werden mußte (vgl. Julia/McKee 1983). Es ist wohl kaum
nötig darauf hinzuweisen, daß es Jean Meslier nicht für angeraten hielt,
seinen Amtsbrüdern seine Gefühle mitzuteilen, und daß er sich folglich
über seine Gedanken absolut ausschweigt, weil es ihm »wohlgefällt«,
»so friedlich« zu sterben, wie er gelebt habe, und er sich nicht zu Lebzeiten »dem Unwillen der Priester und der Grausamkeit der Tyrannen (aus-
liefern möchte), die, so mag ihnen wohl scheinen, keine Pein finden
möchten, die streng genug wäre, eine solche angebliche Keckheit zu be-
strafen« (Deprun/Desné/Soboul 1970, S. 33, Vorwort zum *Mémoire*).
Somit bewirkt die Einrichtung einer Instanz, mit der die Praxis der
Geistlichen kontrolliert werden kann, nichts anderes als den Konformis-
mus im Sprachgebrauch einer ganzen Körperschaft beziehungsweise die
Entscheidung für ein Doppelleben, das hinter der offiziellen Person eine
innere Erfahrung kaschiert, über die sich nicht mehr offen sprechen läßt.

Die Kirchenkonferenzen sind ein Zeugnis dafür, daß an die Stelle der
früheren Unwissenheit bei den Geistlichen eine Bildung getreten ist, die
im wesentlichen auf den Schriften des hl. Thomas von Aquin und der
Kirchenväter, auf neueren Kommentaren zu den heiligen Texten und auf
den Büchern der Moraltheologie beruht. Allerdings bewirken die Syn-
odalverfassungen wie die bischöflichen Anordnungen, daß die Liste der
Bücher, die die Bibliothek eines ordentlichen Priesters ausmachen sollen, ständig länger wird, und aus den Protokollen der Bistumsinspektionen geht hervor, daß diese Normen im 18. Jahrhundert auch eingehalten
wurden. So zeigt eine Untersuchung, daß im Jahr 1729 sämtliche Geistlichen des Erzdiakonats von Autun zumindest die wenigen unbedingt erforderlichen Bände besitzen, etliche aber noch weitaus mehr: Neun Pfarrer haben zum Beispiel zwischen zwanzig und fünfzig Bücher, fünf zwischen 100 und 300 (Schmitt 1957, S. 133; vgl. auch Julia/McKee 1983).
Eine noch detailliertere Untersuchung der Inventarbücher der Bibliotheken verstorbener Geistlicher aus den großen Städten Westfrankreichs

(Normandie, Maine, Anjou, Bretagne) belegt die rasche Zunahme der Bestände, die im` Verlauf des 18. Jahrhunderts erfolgte; demzufolge haben am Ende des 17. Jahrhunderts 30 % der Priester aus der herangezogenen Stichprobe weniger als zehn Bände, und manch einer besitzt überhaupt kein Buch; nur 5 % verfügen über eine Bibliothek von mehr als 100 Bänden. Erst im Verlauf des ersten Drittels des 18. Jahrhunderts legen sich jene Priester, die in den Seminaren die dafür nötige intellektuelle Bildung erhalten haben, eine entsprechende »Bücherei« zu. So machen Büchersammlungen von mehr als 100 Bänden schon um 1730 45 % der untersuchten Fälle aus; 1755 bis 1760 sind es bereits 60 % und 1790 75 %. Im letztgenannten Untersuchungsjahr haben neun von zehn Geistlichen mehr als 50 Bände, einer von dreien mehr als 100. Innerhalb eines Jahrhunderts ist somit die Ausnahme zur Regel geworden. Zugleich aber hat sich die Zusammensetzung der Bücherbestände deutlich geändert: Waren es zunächst flämische und spanische Kommentatoren der Heiligen Schrift (wie etwa Maldonat, Estius oder Cornelius a Lapide), sowie die *Summa Theologiae* des Thomas von Aquin und die Kirchenväter, so sind nunmehr eher praktisch orientierte Handbücher an deren Stelle getreten, Bücher in französischer Sprache und mit einer großen Verbreitung wie etwa gedruckte Sammlungen der Kirchenkonferenzen, Homiliensammlungen, Anweisungen für die Erteilung der Sakramente, moraltheologische Werke, Meditationsbücher oder Bücher über den Geist des Priestertums. Andererseits sind jene Bibliotheken, die sich der weltlichen Bildung öffnen, ganz eindeutig in der Minderzahl: Bei den Büchersammlungen, die aus weniger als 300 Bänden bestehen, beträgt der Anteil der religiösen Literatur stets zwischen 80 und 90 %. Man kann daran das Gefälle ermessen, das sich zwischen der Bildung der Geistlichen und der der Eliten unter den Laien im Amtsadel und bei den Bürgern »mit Talenten« herausbildet, bei denen man ein deutliches Desinteresse an religiösen Büchern, insbesondere nach 1760, feststellen kann (vgl. Quéniart 1978, S. 69-77 u. 260-273).

Vergleichbare Beobachtungen sind bei den Gemeindebüchereien des Piemont gemacht worden, deren Inventarlisten, die in der ersten Hälfte des 19. Jahrhunderts erstellt wurden, sich auf das zurückliegende Jahrhundert beziehen: Von 57 der aufgefundenen Inventarlisten betreffen 26 (d.h. 45,7 %) Büchersammlungen von mehr als 100 Bänden, 11 (d.h. 19,3 %) geben den Bestand von »Büchereien« mit 50 bis 100 Bänden wieder, elf weitere enthalten weniger als 10 Titel (Allegra 1978). Dies beweist, daß auch hier das Buch mittlerweile zum Standardgepäck des Stadt- oder Landpfarrers gehört. Allerdings ist das Buch noch wesentlich religöser Natur. Läßt man nämlich die vier Bücherbestände mit mehr als 400 Bänden unterschiedlichster Interessenrichtung außer acht, dann liegt der Prozentsatz der religiösen Literatur ansonsten bei 84 % aller Bücher. Neben »klassischen« Texten wie den *Confessiones* und dem *Gottesstaat* des Augustinus, der *Summa Theologiae* des Thomas von Aquin oder den *Epistolae* des hl. Hieronymos, die sich in zahlreichen Bibliotheken finden, allerdings nur 5 % der Gesamtheit aller Bücher ausmachen, sind die Herzstücke jeder piemontesischen »Librarei« zum einen die theologischen Kompendien, die vermutlich zunächst im Priesterseminar benutzt und sodann von den Pfarrern in ihre Pfründen mitgenommen wurden. Es sind dies im wesentlichen Traktate zur Moraltheologie etwa von Daniel Concina, Idalfonso da Bressanvido, aber auch von französischen Autoren wie Paul-Gabriel Antoine, Pierre Collet oder Louis Habert. Sie umfassen ein Fünftel der Werke. Ebenso wichtig sind Erbauungsbücher, Bücher über geistige Exerzitien oder das Leben der Heiligen, die ebenfalls ein Fünftel des Bücherbestands ausmachen. Hier trifft man auf die Bestseller der Erbauungsliteratur aus der katholischen Reformation von der *Introduction à la vie dévote* von François de Sales bis zu den *Ejercicios de perfección* des Alfonso Rodriguez, vom *Combattimento spirituale* des Theatiners Lorenzo Scupoli bis zu den Werken des Jesuiten Paolo Segneri: Alle diese Bücher tragen den deutlichen Stempel einer geistlichen Haltung, die von den *Geistlichen Exerzitien* des Ignatius von Loyola herstammt. Katechismen, Beichthandbücher und Homiliensammlungen, die dem Seelsorger bei seinen Alltagsaufgaben helfen sollen, vervollständigen das Ganze.[3] Überraschend ist, in welch ähnlicher Weise berufsbezogen die Büchersammlungen der französischen und piemontesischen Priester angelegt sind, eine Ähnlichkeit, die durch drei besondere Merkmale noch betont wird: Im Piemont, einer Region, in der das Französische im Alltag stärker verbreitet ist als auf der restlichen italienischen Halbinsel, liegt der Anteil der in

---

3 Hirtenbriefe, Katechismus- und Beichthandbücher machen 9,9 %, Predigtbücher 8,8 %, Bücher über Bibelstudien oder Kirchengeschichte sowie die Texte von Synoden oder Konzilen 7,4 % aus. Was die profane Literatur betrifft, liegt der Anteil der schöngeistigen Literatur bei 5 %, von Geschichte, von Geographie und Philosophie bei 3 %, von Wissenschaft und Technik bei 2,5 %. Diese Prozentzahlen ergeben sich unter Ausschluß der vier Pfarrbibliotheken mit mehr als vierhundert Bänden, die das Gesamtbild verfälschen würden.

Frankreich gedruckten Bücher bei 18,7 %. Außerdem gibt es zahlreiche Übersetzungen aus dem Französischen von geistlichen Autoren und Kanzelrednern (wie François de Sales oder Bourdaloue); im übrigen verbreiten sich auch jansenistische Gedanken auf diesem Wege, denn in vielen Bibliotheken trifft man auf Übersetzungen der Texte von Joseph Duguet, Pierre Nicole oder des Katechismus von Montpellier des Oratorianers François Pouget. Die Anmerkungen in den sehr ins einzelne gehenden Protokollen der allgemeinen Bistumsinspektion, die der Weihbischof von Trient, Leopold Ernest Firmian, in den Jahren 1749 bis 1751 unternahm, bestätigen ganz und gar die für den Piemont getroffenen Feststellungen: Der Klerus der Diözese von Trient zeigt sogar in den abgelegensten und unzugänglichsten Gemeinden ein reges Interesse für die zeitgenössische, kirchliche Bildung, von den Kommentaren über die beiden Testamente des Paters Noël Alexandre bis zu denen des Dom Augustin Calmet und den Texten von Muratori und Tartarotti (vgl. Donati 1975, S. 174-178). Die Beschaffenheit der Bücherbestände des Klerus zeigt auf ihre Weise, daß, wenn auch unter dem Druck der Disziplinarmaßnahmen, die »neuen« Priester die ihnen auf dem Seminar beigebrachten Normen, die sie auf die richtige Wahrnehmung ihrer Aufgaben vorbereiten sollen, weitgehend verinnerlicht haben.

Die Alltagspraxis der Geistlichen

Die Priester sind durch ihre Sonderstellung gegenüber Gesellschaft und Kultur gehalten, die Scheidelinie zwischen Heiligem und Profanem zur Geltung zu bringen und für die rechtgläubige Wahrung der religiösen Vorstellungen und Anschauungen einzustehen; damit wurden sie zum Brennpunkt, durch den sich die Kirche von anderen gesellschaftlichen Gruppen unterscheidet. Zugleich haben sie teil an der Administration von Praktiken, deren Sinn nicht mehr an die Religion gebunden ist, sondern fortan nach dem Kriterium des gesellschaftlichen Nutzens beurteilt wird (de Certeau 1975, S. 153-212). Nur einige Beispiele seien an dieser Stelle aus verschiedenen Bereichen herausgegriffen. Da die Landpfarrer jetzt gebildeter sind, können sie dem Provinzgouverneur bei der Inventarisierung der landwirtschaftlichen Produktion assistieren (so 1774 in der Franche-Comté) oder bei der systematischen Registrierung der Taufen, Hochzeiten und Todesfälle helfen, um die der Abt Expilly, durch Vermittlung der Dienststellen des Gouverneurs, für sein *Dictionnaire des Gaules* gebeten hatte. Nach wie vor ziehen sie zwar, wie von ihren Schäfchen gefordert, bei Weih- und Bittprozessionen über die Felder der Gemarkung des Sprengels, um den »Schutz der Früchte des Bodens« zu erflehen, aber sie begnügen sich nicht mehr damit, das Pfarrgärtlein zu bestellen, sondern arbeiten an landwirtschaftlichen Experimenten, die darauf zielen, die Getreideproduktion und die Qualität des Viehs zu verbessern. Durch eine zweckmäßigere Nutzung der Ländereien ihrer Pfründe »mehren sie das Wissen der Landwirte ihrer Gemeinden … die aufgeschlossensten unter ihnen folgen ihrem Beispiel« (Text eines Pfarrers aus dem Jura, zit. n. Vernus 1987, S. 112). So bekunden etwa die Rektoren (Pfarrer ohne eigene Gemeinde) der bretonischen Diözese Saint Pol de Léon in ihrer Antwort auf eine Enquete zum Bettelwesen, die ihnen von ihrem Bischof Jean-François de la Marche in Beantwortung eines Ersuchens von Finanzminister Turgot im Jahre 1774 übermittelt worden war, ihre Ablehnung der mittelalterlichen Praxis der Almosen. Geläufigste Ursache der Bettelei ist in ihren Augen die »Faulenzerei«, der »Widerwille zumal gegen die mühselige Arbeit«, die Vorliebe fürs »Herumtreiben«. Zwar erkennen sie an, daß es ökonomische und demographische Gründe für die Armut gibt – die unerschwinglichen Weizenpreise, die Erbteilungen, welche zu kleine Höfe übriglassen, und Familien mit zu vielen Kindern. Eine Besserung aber erhoffen sie nur von der Polizei, die sich vor allem die »gemeindefremden« Bettler vorknöpfen solle – könnte man sie nicht einsperren oder vielleicht sogar in die Kolonien schicken? –, und davon, daß man die Herumtreiber von Kind an zur Arbeit anhält, entweder in den allgemeinen Armenhäusern der Provinz oder in den Armenhäusern, die unter Leitung des Pfarrers von der Gemeinde betrieben werden[4] (Roudaut/Collet/Le Floc'h 1988). Einer erwägt sogar ein »Heiratsverbot für diejenigen, bei denen absehbar ist, daß sie nicht in der Lage sein werden, die weltlichen Bürden der Ehe zu tragen. Ich habe immer mit einem gewissen Mißfallen mitansehen müssen, wenn Bettler heirateten, und wenn ich die Folgen dieser Eheschließungen bedenke, dann scheint mir, daß der Staat dabei verliert und die Religion nichts dabei gewinnt.« (Antwort des Pfarrers von Ploci-

---

4 Nach Meinung einiger Pfarrer könnten die Armenhäuser sogar mit dem Vermögen der Orden gegründet werden.

der, ebd., S. 129) Hier wird der Priester zum Sachwalter der öffentlichen
Ordnung, der voll und ganz in der Logik von Rationalität und Nützlich-
keitsdenken der Aufklärung und deren Unterordnung unter ein Produktionssystem handelt. Von daher ist es nicht erstaunlich, daß die Pfarrer
zu Beginn des 19. Jahrhunderts nicht nur in Frankreich, sondern auch in
den Niederlanden oder den annektierten italienischen Départements zu
den eifrigsten Befürwortern einer allgemeinen Impfung gegen die Pocken-
epidemie gehörten (vgl. Bercé 1984, S. 121-135; Darmon 1986, S.
201-207; Havelange 1990, S. 251-267). Um seine Gemeinde zu massiver
Zustimmung zu bewegen, läßt sich mancher Pfarrer selbst impfen; andere begleiten ihre Pfarrkinder zum Impfarzt oder veranstalten kosten-
lose Impftermine im Pfarrhaus. Sie sehen darin eine regelrechte Pflicht
dem Staat gegenüber; da die Priester »Diener des Gottes der Wahrheit«
sind, obliegt es ihnen, die im Volk verbreiteten Irrtümer über die Säfte,
die den Menschen injiziert werden, zu zerstören. So berichtet im Jahre
1805 ein Pfarrer des im späteren Belgien gelegenen Départements
Ourthe voller Begeisterung dem Sekretär des Präfekten von der ersten
Impfaktion in seinem Dorf:

»Ich kann Ihnen versichern, verehrter Herr, jener Tag, an dem der Impfstoff
gegen die Pocken von den Gemeindegliedern mit Begeisterung begrüßt und mit
Freude entgegengenommen wurde, war, wie mir scheint, ein Triumphtag für
jenen bewundernswürdigen Sieger über die schrecklichste und tödlichste aller
Krankheiten, und so sollte denn die Hoffnung des Herrn Präfekten nicht verge-
bens gewesen sein. Endlich ist das Licht bis in unsere Strohhütten gedrungen
und die Finsternis der Vorurteile hat sich aufgelöst.« (Zit. n. Havelange 1990, S.
261)

Indessen stößt diese Aufsicht über Religion und Alltagspraxis, die der
Pfarrer ausübt, bei seinen Pfarrkindern auf lebhaften Widerstand. Das
zeigt das Beispiel des Glockenläutens, das von der Bevölkerung bei Ge-
wittern als »günstig wirkend« erachtet und daher gefordert wird, während die Pfarrer im 18. Jahrhundert einen immer stärkeren Widerwillen
empfinden, die bei dieser Gelegenheit vorgesehenen Beschwörungsri-
tuale zu praktizieren.[5] Sie sprechen sich für die Abschaffung dieser litur-
gischen Zeremonie aus, weil ihnen deren *Zweideutigkeit* durchaus bewußt ist: Das Volk erwartet vom Ritual der Beschwörung eine unmittel-

---

5 Die gleiche Abneigung gegen das Glockenläuten ist auch bei Pfarrern der Diözese von
   Trient anzutreffen.

bare Wirkung. Erfolg oder Mißerfolg hängen von der Macht dessen ab, der das Ritual praktiziert, und die Weigerung, es zu praktizieren, gibt zu finsteren Drohungen Anlaß. Bei einem Mißerfolg nimmt die Gemeinde gegen ihren Gottesdiener, der dadurch jegliches Ansehen verliert, eine aggressive Haltung ein, erweist es sich doch, daß er kein »Hagelvertreiber« ist. Gegen den magischen Zauber, der diesem zeremoniellen Kanonendonner zugeschrieben wird und der den Priester in eine Art *Schamanen* verwandelt, setzen die Pfarrer des 18. Jahrhunderts die Macht der Vernunft und des Wissens, der die Gemeindemitglieder als Unwissende gegenüberstehen (sie seien *abergläubisch,* voller *Vorurteile* und *fanatisch)* (vgl. Julia o.J., S. 311-415; vgl. Donati 1975, S. 96f.). Schelmisch erläutert etwa der Pfarrer der Diözese von Tarbes 1783 in Beantwortung einer Enquete seines Bischofs, wie er versucht hat, Benjamin Franklins Erfindung in seinem Dorfe heimisch zu machen:

»Bei Gewitter werden die Glocken geläutet. Kirchturm und Glöckner sind folglich zweimal in kaum 50 Jahren vom Blitz getroffen worden. Uns selber würde der Blitz der Dorfbewohner treffen, wenn wir dieser Bimmelei Einhalt geböten. Ich wollte ihnen darum mehr Vertrauen in einen elektrischen Blitzableiter einflößen, den ich gerade hoch oben auf unserem Kirchturm anbringen lasse; damit sie ihn aber überhaupt für tauglich hielten, mußte er in irgendeiner Form geweiht werden, woraus die Physiker sich indessen bis jetzt nicht viel gemacht zu haben scheinen. Im übrigen machen wir nach wie vor die Beschwörungen und Gebete, und das Ritualbuch ist stets zur Hand: So hat uns persönlich der Blitz bis heute nichts anhaben können.« (Antwort eines Pfarrers aus Auriebat. Stadtbibliothek Tarbes, Ms. Nr. 60, S. 609-619)

Angesichts der Wirksamkeit der Technik verfrachtet dieser »aufgeklärte« Pfarrer die Segnungs- und Weiherituale in die Rubrik des unnützen Beiwerks. Angesichts jenes umfassenden Versuchs, die Religionsausübung von jeglicher »Anstößigkeit« zu befreien, durch die sie in ein schiefes Licht geraten war, und zugleich das Verhalten der Gemeindemitglieder zu prägen, ist es denn auch nicht erstaunlich, daß der Gesichtspunkt der Bildung bei den moralischen Urteilen, die der Hirte über seine Schäfchen abgibt, eine durchaus wichtige Rolle spielt. Als zum Beispiel im Jahre 1774 die Pfarrer der Diözese von Reims und 1783 die der Diözese von Tarbes von ihren jeweiligen Bischöfen aufgefordert werden, »die vorherrschenden Charakterzüge der Gemeindemitglieder, ihre guten Eigenschaften, ihre allergeläufigsten Laster und Fehler« zu beschreiben, da finden sich in ihren Antworten zwei für den heutigen

Leser bedeutsame Punkte.[6] Zum einen kann man feststellen, daß das Interpretationsmuster, das die Pfarrer anlegen, unmittelbar dem kategorialen Rahmen der Moraltraktate entstammt, die ihnen auf dem Priesterseminar beigebracht wurden. Es handelt sich also um einen systematischen Katalog, der, in der Reihenfolge des Grades ihrer Verwerflichkeit, alle möglichen Laster ächtet: Trunksucht und Wirtshausbesuche – im übrigen eine regelrechte Obsession, die allgegenwärtig ist und auch mit der Machtstellung innerhalb der Gemeinde zu tun hat, da der Wirt in gewisser Hinsicht ein »Anti-Pfarrer« ist, der in einer Weise »gesellschaftsbildend« wirkt, die direkt mit der Kirche konkurriert –, Eigennutz, Verleumdung, üble Nachrede, Streit und Zwietracht, Tätlichkeiten, Betrug und Hinterlist, die Freizügigkeit der Jugend, Mißbilligung und Lästerung. Und noch deutlicher prägt sich das Handbuch des Beichtpfarrers in dem Assoziationsnetz aus, durch das in den Antworten die einzelnen »Laster« untereinander verbunden sind. Im Vergleich dazu werden die guten Eigenschaften weitaus weniger häufig angeführt. In den Augen ihrer Pfarrer sind die Gemeindemitglieder hauptsächlich »arbeitsam«, »barmherzig« und »mildtätig«, »fromm« oder »gläubig«. Andererseits fällt an den Antworten auf, daß der Aspekt der *zivilen Gesittung* so sehr ins Gewicht fällt. So wird zum Beispiel der Gesichtspunkt der Erziehung im Verhältnis des Pfarrers zu seinen Pfarrkindern stärker betont, etwa der Gehorsam, den ihm letztere bezeugen. Einerseits wird von ihnen gesagt, sie seien »sanft«, »höflich«, »ehrlich«, »freundlich«, »verträglich«, »willig«, »umgänglich«, »fügsam«, »gehorsam«, wenn auch dieser oder jener Pfarrer seine Zweifel an der Aufrichtigkeit dieses Verhaltens haben mag: »ihrem Seelsorger gegenüber stellen sie tiefen Gehorsam und Achtung zur Schau, zumal wenn er zu ihnen spricht«. Andererseits erscheinen sie häufig als »hochmütig«, »stolz«, »unbeugsam«, »störrisch«, »eigensinnig«, »republikanisch«, »grob und hemmungslos in ihrem Verhalten«, »ungehobelt«, »unzivilisiert wie die Weiler, in denen sie hausen«, »ungesellig, weil sie beständig in den Bergen mit ihren Herden umherstreunen«, »von Natur aus grausam«. Gewiß haben sich die Hirten und Bauern der Pyrenäen den Anstandskodex der gesitteten Umgangsformen eines Erasmus nicht zu eigen gemacht, und sie haben eben

---

6 Zur Untersuchung in der Diözese von Reims im Jahre 1774 vgl. Julia 1967 und ders. 1968. Zur bischöflichen Untersuchung in Tarbes im Jahre 1783 vgl. Stadtbibliothek Tarbes, Ms 59 bis 64. Die Zitate sind diesen beiden Untersuchungen entnommen.

»keine Erziehung« und »keine Freude am Lernen«. Unter diesen Umständen hat der Pfarrer vorrangig *Erziehungs-* und *Zvilisierungsarbeit* zu leisten. So sieht etwa der Pfarrer von Beaudean in der Diözese von Tarbes seine Aufgabe; er kämpft gegen die »feudale Willkür« des Adligen am Ort an, der sich stets der Einrichtung einer Schule widersetzt hat, die aber der Geistliche nichtsdestotrotz hat gründen können:

»Bei meiner Ankunft waren die Bewohner von Beaudean – und sind es teilweise auch jetzt noch – in einem Zustand, den ich kaum charakterisieren kann, denn das Herabsinken in die äußerste Knechtschaft ist kein Charaktermerkmal, sondern eine Verrohung. Man muß diesen unglücklichen Wesen allmählich Gesittung geben. Zuallererst mußte ich diese Leidgeprüften lehren, daß sie Menschen sind, die in Gesellschaft leben, daß ihnen alle Segnungen zustehen, die ihnen die Zivilisation zu bieten hat (...) Meine Fortschritte waren nur darum so gering, weil ich unaufhörlich mit der Zwingherrnhand zu tun bekam, die meine Pfarrkinder in Eisen hält. Gleichwohl glaube ich, soweit ich in diese, durch lange und harte Versklavung erniedrigte und verkümmerte Seelen hineinzuschauen vermochte, daß meine Pfarrkinder für das Gute sehr empfänglich sind. Ihr Herz ist gut, und sie haben von Grund auf Verstand; sie sind gläubig und unfähig, Böses zu tun; jene Tugenden, die Mut und Tatkraft erfordern, werden ihnen noch auf lange Zeit fehlen.« (Antwort des Pfarrers von Beaudean, Alexis Doleac, Stadtbibliothek Tarbes, Ms. Nr. 60, S. 33-43)

Die Lebensbeschreibung Monsieur de Sernins war mithin keine fiktive Erzählung. Als Erzieher und »Zivilisator« hat der »gute« Priester jedenfalls teil an einer Bewegung, für die die soziale Ethik zum Bezugsrahmen des praktischen Handelns wurde. Was die Entwicklung des Bildes vom Priester auf ihre Weise im 18. Jahrhundert bezeugt, das ist in der Tat die Indienstnahme religiöser Strukturen für eine Ordnung, die sie nicht länger prägen und die nach und nach ihre eigenen Kriterien durchgesetzt hat. Als gegen Ende des Jahrhunderts im Österreich Josephs II. der Priester als Geistlicher und zugleich Staatsbeamter definiert wird, der gleichermaßen der Landwirtschaftsexperte seiner Gemeinde ist und seinen Gemeindemitgliedern zweckmäßige Ratschläge bei der technischen Bewirtschaftung ihrer Höfe erteilen kann, da ist dies nichts anderes als die Zuspitzung einer gemeinsamen Erfahrung. Ohne jeden Zweifel haben die Historiker dem Konflikt zwischen Joseph II. und dem Papst ein zu großes Gewicht eingeräumt (ohnehin geht es dabei mehr um die Abschaffung der Ordensgeistlichkeit). Denn wenn etwas im 18. Jahrhundert unübersehbar ist, dann ist es die Tatsache, daß der Vatikan den Vorrang des Staates fortan anerkennt, was auch die gesamte Konkordatspolitik Benedikts XIV. mit dem Königreich Beider Sizilien (1741), Spanien (1753) und der Lombardei (1757) belegt. Indem der Papst in diesem Zusammenhang die Besteuerung der Kirchengüter durch den Staat sowie den Verzicht auf die anachronistischen Privilegien der römischen Kurie bei der Pfründenstiftung akzeptiert, setzt er auf eine Reform der Religion unter der Schirmherrschaft des Staates, die sich gegen die Übel einer übermäßigen Zunahme untätiger und unkontrollierbarer Geistlicher richtete. Die sich dergestalt herausbildende Ordnung ist allerdings nicht mehr die des Tridentinischen Konzils, vielmehr definiert sie sich als die nationale Souveränität moderner absolutistischer Monarchien, in deren Dienst die religiösen Einstellungen und Institutionen fortan funktionieren, ohne daß diejenigen, die diese Einstellungen und Institutionen am Leben erhalten, sich des Funktionswandels bewußt wären. Die praktische Verfügung über die religiösen Rituale und Symbole folgt allmählich anderen Interessen und erstarrt zu einer Form sozialer Kontrolle, unter der die Gläubigen zu *Objekten* staatlicher Politik werden. Dem bereits erwähnten gemeindelosen Pfarrer des Départements Finistère ist der Gedanke, die gesellschaftliche Plage der Bettelei mittels Armen- oder Arbeitshäusern und unter tätiger Mithilfe einer aus der Gendarmerie zu bildenden, hart durchgreifenden »Polizey« abzustellen, keineswegs fremd. Und so erscheinen, wenn sie von den Bettlern reden, diese an keiner Stelle als *Subjekte*. In ihrem *Stil* einzigartig ist freilich die Antwort des Pfarrers der Insel Molène vor der bretonischen Westküste, der sich durch ein *wir* mit seinem Kirchenvolk identifiziert und Bischof Jean-François de la Marche anfleht, er möge

»Mitleid haben mit Ihrem armen Volke, das im Elend klagt und jammert; ich bin dessen ganz gewiß, daß es in Ihrer Diözese keinen einzigen Ort gibt, der so wenige Vorräte zum Leben hat wie dieser. Sie kommen zu mir, weil sie nicht mehr aus noch ein wissen, und beteuern unter Tränen, daß sie und ihre Kinder Hungers sterben. Mehr als einmal habe ich Ihnen das Brot von meinem Tisch gegeben, ohne selbst noch ein anderes zu haben. Aber die Not im Volk ist zugleich die Armut des Pfarrers. Alles in allem hatte ich für mich als Zehnten nur 50 Scheffel Gerste, nach dem Maß von Brest, die bald erschöpft sein werden. Was sollen diese Unglücklichen bis zum Ende des Jahres tun? Wir haben niemanden sonst, an den wir uns wenden könnten, und der an unserem Schicksal Anteil nimmt, als Sie, Ehrwürden.« (Antwort des Pfarrers von Molène, Joseph Bégoc; zit. n. Roudaut/Collet/Le Floc'h 1988, S. 103f.)

Kapitel 8

Die Frau der Aufklärung

Dominique Godineau

Madame d'Epinay, die in ihrem Salon die hervorragendsten Geister ihrer Zeit versammelte, die Marquise de Pompadour, Förderin der Kunst und der Literatur, Madame Roland, »der gute Geist der Girondisten«, die Marquise de Merteuil oder Marcellina aus der *Hochzeit des Figaro,* die mit Bitterkeit die Stellung der Frauen beklagten – sie und viele andere historische oder imaginäre Frauen kommen einem in den Sinn, sobald man an das 18. Jahrhundert denkt.

Ist das Jahrhundert der Aufklärung somit auch das Jahrhundert der Frau, wie auch schon behauptet wurde (vgl. Hoffmann 1977)? In mancher Hinsicht scheint diese Formulierung durchaus gerechtfertigt. Denn nicht nur in der Öffentlichkeit und in der Literatur treten Frauen vermehrt in Erscheinung, sondern *die Frau* steht selbst im Zentrum einer Fülle von Schriften, in denen sich Philosophen, Ärzte und Schriftsteller fragen, wie es mit ihrer Physiologie, ihrer Vernunftbegabung, ihrer Erziehung und ihrer gesellschaftlichen Rolle bestellt ist. Sei es in der Lebenswirklichkeit, als Produkt der Einbildungkraft oder als Gegenstand wissenschaftlicher Untersuchung, die Frau ist ohne Frage allgegenwärtig: Ob man durch die Stadtviertel streift, in denen das gemeine Volk lebt, einen Blick in die Werkstatt eines Handwerkers wirft, sich in einer Schenke an einen Tisch setzt oder sich einem literarischen Zirkel beigesellt, ob man bei Hof eingeführt wird oder einer öffentlichen Veranstaltung beiwohnt, ob man einen Roman oder einen Essay überfliegt oder vor einer Theaterbühne Platz nimmt – man kann sich ihrer Gegenwart nicht entziehen. In diesem Sinn ist das Jahrhundert der Aufklärung tatsächlich das Jahrhundert der Frau. Einer Frau allerdings, die noch immer eine untergeordnete Stellung einnimmt und als unmündig gilt. Ohne Rechts- und Politikfähigkeit, bleibt sie von den Positionen der Macht ausgeschlossen und existiert rechtlich nur vermittelt über die Männer. Ihre beruflichen, bürgerlichen und politischen Rechte sind nicht anerkannt. Darüber sollte man sich auch angesichts einiger emblematischer Persönlichkeiten nicht hinwegtäuschen lassen: Zwar geben die Frauen in den literarischen, philosophischen und politischen Salons den Ton an, zwar verschmähen es die größten zeitgenössischen Philosophen keineswegs, mit ihnen in Gedankenaustausch zu treten, und zeigen sich für ihre Ansichten empfänglich, aber die *Encyclopédie* – daran sei hier eingangs noch einmal erinnert – hat keine weibliche Autorin zugelassen. Da wiegen Madame Merteuil und Marcellina, diese Symbole des Aufbegehrens gegen die Stellung der Frauen, nur wenig, zumal angesichts des Frauenideals der Aufklärung, das da heißt Sophie, die unterwürfige Lebensgefährtin von Emile, die nur für ihn geschaffen wurde und deren Hauptaufgabe darin besteht, für das Wohlergehen und Glück ihres Gatten zu sorgen. Und als die Revolutionäre gegen Ende des Jahrhunderts versuchten, die Ideen der Aufklärung zu verwirklichen und ein neues Gemeinwesen aufzubauen, in dem jeder als verantwortungsbewußter Bürger an der Souveränität teilhat, da sollten die Frauen abermals außen vor bleiben. Eben deshalb kamen die Widersprüche dieses »paradoxen Jahrhunderts«, in dem die Frauen genötigt waren, in einer »Gemeinschaft der Geschlechter ohne Gleichheit« (Farge, »Il secolo al feminile«, S. 177-189) zu leben, nun mit Macht zum Ausbruch.

Das Thema, die Frau der Aufklärung zu behandeln, birgt eine Falle, denn es gibt ja nicht die Frau, sondern viele verschiedene Frauen der Aufklärung. Man kann darunter die Frau verstehen, wie die Aufklärung sie dachte, wie sie in den philosophischen Schriften erscheint, die mehrheitlich von Männern verfaßt wurden. Die Frau der männlichen Aufklärung also, deren rein theoretisches Porträt den zeitgenössischen Frauen keineswegs gerecht wird. Man kann darunter aber auch die in der Literatur dargestellte Frau verstehen, die Frau der Schriftsteller, die wie Choderlos de Laclos oder Beaumarchais die richtigen Worte zu finden wußten, die Stellung der Frauen ihrer Zeit zu beschreiben. Vielleicht ist aber auch die Frau gemeint, die durch ihre Schriften oder dank ihrer Fähigkeit, in ihrem Umkreis einen Ort der geistigen Auseinandersetzung zu schaffen, an der Bewegung der Aufklärung teilnahm? Und schließlich kann unter der Frau der Aufklärung auch generell die Frau, die im Jahrhundert der

Aufklärung lebte, verstanden werden. In diesem Fall gibt es aber nicht nur eine Frau, sondern verschiedene Typen von Frauen, die unterschiedlichen sozialen Milieus angehören: die Kurtisane, die Aristokratin, die Bürgersfrau, die Frau aus dem Volk, die Bäuerin usw. Desgleichen dürfen auch die landesspezifischen Unterschiede nicht vergessen werden: Denn ist zwar die Aufklärung der gesamten westlichen Welt gemeinsam, so ist gleichwohl jedes Land weiterhin durch seine eigene Kultur geprägt, und die Frauen führen hier und dort ein unterschiedliches Dasein. Hier soll jedoch kein erschöpfender Katalog der verschiedenen Typen von »Frauen der Aufklärung« erstellt werden, sondern es gilt ganz allgemein, die gesellschaftliche Stellung der Frau im Jahrhundert der Aufklärung darzulegen. Im Mittelpunkt der Fragestellung steht jene widersprüchliche Entwicklung, durch die die Frauen einerseits ins Zentrum der Gesellschaft, der Schriften und des Denkens rücken, andererseits aber tendenziell an den Rand gedrängt werden und eine untergeordnete Stellung zugewiesen bekommen. Dieser Konflikt, der sich aus dem Verhältnis der Geschlechter ergibt und dieses widerspiegelt, durchzieht die gesamte Epoche. Die Frau der Aufklärung behandeln zu wollen, bedeutet daher auch und gerade, dieses Verhältnis zu analysieren, es in seiner Vielschichtigkeit darzulegen, sein Zustandekommen zu verstehen und zu untersuchen, wie es das Leben der Frauen (und der Männer) und ganz allgemein die Entwicklung der Gesellschaft prägte. Zunächst einmal müssen wir also in Erfahrung bringen, welches Bild sich die Männer der Aufklärung von ihren Lebensgefährtinnen machten.

Der Blick der Männer

Die weibliche Natur

Im Laufe des 18. Jahrhunderts setzt sich die Vorstellung durch, es gebe eine spezifisch weibliche Natur. Der Siegeszug dieser Anschauung verdankt sich in erster Linie den Ärzten und Philosophen. Mehr denn je zuvor fragen sie sich, was eine Frau eigentlich ist, was sie vom Mann unterscheidet und trennt. Zwar sprechen sie dabei im Namen des ganzen Menschengeschlechts und meinen neutrale Beobachter der Unterschiede zwischen den Geschlechtern zu sein, aber sie schreiben als Män-

ner, und Bezugspunkt und Maß ihrer Analyse des anderen Geschlechts
ist ihr eigenes. So wird die Frau unter dem gleichnamigen Eintrag in der
Encyclopédie von Diderot als »Weibchen des Mannes« *(femelle de
l'homme)* vorgestellt, während sich unter dem Stichwort »Homme« wenige Seiten weiter eine allgemeine Definition der ganzen Gattung findet.
Hier tritt eines der Hauptprobleme der Aufklärung zutage: Wie läßt
sich der Geschlechterunterschied mit einer universalen Philosophie in
Einklang bringen? Sämtliche Autoren stimmen darin überein, daß die
Frauen die Hälfte des Menschengeschlechts ausmachen. Aber dies einmal gesetzt, gehen die Positionen weit auseinander. Eine Strömung wird
von den geistigen Erben von Poullain de la Barre repräsentiert, dessen
Schriften – vor allem seine 1673 veröffentlichte Abhandlung *De l'égalité
des deux sexes. Discours physique et moral où l'on voit l'importance de se
défaire des préjugés* – einen grundlegenden Wendepunkt im Denken des
Begriffspaares männlich/weiblich markieren. Anstatt wie bisher üblich
die Überlegenheit des einen – des männlichen oder des weiblichen – Geschlechts über das andere zu behaupten, führt Poullain de la Barre in
diese »Kontroverse« den Begriff der Gleichheit ein. Als überzeugter
Cartesianer weist er die hergebrachten Vorurteile unter Berufung auf
die Vernunft zurück und stützt seine Auffassungen auf ein zusammen-
hängendes philosophisches System anstatt auf persönliche Vorlieben.
Mit dem Argument, »der Geist hat kein Geschlecht«, versichert er, die
Vernunft, durch die sich die Zugehörigkeit zur menschlichen Gattung
definiert, eigne Frauen wie Männern. Diese gemeinsame Menschlichkeit
sei gegenüber den Unterschieden, die sich im übrigen ebenso der Kultur
und Erziehung wie der Natur verdanken, das Ursprünglichere. Daher
müßten die Frauen dieselben Rechte und dieselbe Erziehung genießen
wie die Männer – wodurch sie in der Lage wären, die Fehler abzulegen,
derer man sie bezichtigt – und dieselben beruflichen, geistigen und politischen Funktionen ausüben. Poullain stellt die Geschichte der Abhängigkeit der Frau in den Zusammenhang der Geschichte der Institutionen und beurteilt die Rollenteilung als Ergebnis eines historischen Prozesses. Obgleich seine Abhandlungen nur auf geringen Widerhall sto-
ßen, werden sie im 18. Jahrhundert neu aufgelegt (ja sogar ins Englische
übersetzt) und unter anderem von Montesquieu und Choderlos de Laclos gelesen. Manche Philosophen, darunter Helvétius und Condorcet,
greifen seine Theorien wieder auf; die herrschende Ideologie der Männer der Aufklärung aber repräsentieren sie nicht.

Die entgegengesetzte Haltung, die bei weitem überwiegt, hat zwei berühmte Wortführer, einen Philosophen und einen Arzt, Jean-Jacques Rousseau und Pierre Roussel. Ersterer widmet den letzten Teil seines Buches *Emile oder Von der Erziehung* (1762) dem Thema »Sophie oder die Frau«; letzterer veröffentlicht 1775 ein *Système physique et moral de la femme*, eine Untersuchung über den Körper und das Wesen der Frau. Rousseau und Roussel beeinflußten das Denken der Aufklärung nachhaltig. Ihre Systematisierung einer landläufigen Meinung setzt eine Dynamik in Gang, in deren Folge zahlreiche medizinische und/oder philosophische Schriften über die Besonderheit der Frau erscheinen. Deren Verfasser gehen zwar davon aus, daß die Frau die Hälfte der menschlichen Gattung bildet, aber als solche eben grundsätzliche Unterschiede aufweist. Der Schritt vom Unterschied zur Ungleichheit und von der Ungleichheit zur Minderwertigkeit ist dann schnell getan. Aber folgen wir der Argumentation doch in ihrem logischen Fortgang. Ausgangspunkt ist eine offenkundige Tatsache: Männer und Frauen weisen unterschiedliche Körpermerkmale auf. Die Natur hat es so gewollt und wird ihre Gründe dafür gehabt haben. Sicher gibt es auch Gemeinsamkeiten. Sie sind »der Gattung« geschuldet, schreibt Rousseau, während die Unterschiede auf das »Geschlecht« zurückgehen. Mit anderen Worten: »In allem, was nicht das Geschlecht betrifft, ist die Frau wie der Mann.« (Rousseau 1979, S. 466) Das Problem dabei ist nur, daß bei den Frauen alles mit dem Geschlecht zusammenhängt: »Der Mann ist nur in gewissen Augenblicken Mann; die Frau ist ihr ganzes Leben lang Frau, oder wenigstens ihre ganze Jugend hindurch. Alles erinnert sie ohne Unterlaß an ihr Geschlecht [...].« (Ebd., S. 471) Diese Auffassung ist keineswegs der Frauenfeindlichkeit Rousseaus zuzuschreiben; Diderot zum Beispiel denkt exakt dasselbe: »Die Frau besitzt einen Sinn, der bis zu den fürchterlichsten Krämpfen reizbar ist, sie beherrscht [...].« (Diderot 1967, S. 328) Ihr Leben, so fügt er hinzu, folgt dem Rhythmus ihrer Geschlechtsfunktionen: Regel, Schwangerschaft, Menopause. Und Roussel versichert, daß »die Frau nicht nur von einer Seite besehen Frau ist, sondern unter allen Gesichtspunkten, unter denen sie betrachtet werden kann». Dabei ist die Gebärmutter das weibliche Organ schlechthin, denn von ihm hängen alle anderen ab. Es beherrscht und bestimmt die Frau, die somit durch ihr Geschlecht und nicht wie der Mann durch die Vernunft definiert ist.

Die Vernunft der Frauen

Die Frau kann nicht dieselbe Art von Vernunft haben wie der Mann. Wie ihre ganze Person ist auch ihre Vernunft den Geschlechtsorganen unterworfen. Daher rührt ein Gutteil ihrer Schwäche und also ihrer Minderwertigkeit. Einerseits ist sie ewig leidend und hat regelmäßig Krankheiten, die nur bei ihr auftreten, ein wahrhaftes Handicap, das es ihr verbietet, aktiv am gesellschaftlichen Leben teilzunehmen. Andererseits macht die alles beherrschende Gebärmutter sie zu einem überaus empfindsamen Wesen, das seiner zügellosen, übersteigerten Phantasie hilflos ausgeliefert ist. Diderot zum Beispiel notiert, daß dieses Organ »sie beherrscht und in ihrer Phantasie Phantome jeder Art erweckt« (ebd., S. 328). Die Ärzte wiederum, wie Roussel, erklären die größere Empfindsamkeit der Frauen durch die feinere Verästelung ihrer Blutgefäße und Nerven. Nun entsteht nach Anschauung des damals vorherrschenden Sensualismus Condillacscher Prägung die Vernunft aus der Empfindung. Sind die Frauen aufgrund ihrer ausgeprägteren Empfindsamkeit in dieser Hinsicht also im Vorteil? Nein, denn gerade wegen ihrer übermäßigen Empfindsamkeit wird diese Entwicklung blockiert: Ein Zuviel an Empfindungen verhindert die Reifung der Gedanken, den Übergang vom Empfundenen zum Begrifflichen. Die Frauen bleiben im ersten Stadium stehen, im Stadium der Phantasie, einer negativen mit »Phantomen jeder Art« bevölkerten Phantasie, ja einer unkontrollierbaren (vgl. Crampe-Casnabet 1994, S. 333ff.), gefährlichen kindlichen Phantasie. So schreibt Diderot: »O Frauen, ihr seid merkwürdige Kinder.« (Diderot 1967, S. 330)

Unfähig zu weitergehender Begriffsbildung, muß sich die Vernunft der Frauen dem Konkreten, Praktischen zuwenden. »Sie müssen die Prinzipien anwenden, die der Mann entdeckt hat, und sie müssen die Beobachtungen machen, die den Mann zur Feststellung der Prinzipien führen. [...] die Frau beobachtet, und der Mann zieht Schlüsse.« (Rousseau 1979, S. 508) Da die Abstraktion nicht ihre Sache ist, kann sich ihre Reflexion nur auf das Besondere, nicht jedoch auf das Allgemeine beziehen. Sie soll nicht über den Menschen philosophieren, sondern »den Geist der Männer, die um sie sind, [von Grund auf studieren], den Geist der Männer, denen sie unterworfen ist, sei es nun durch das Gesetz oder durch die Meinung« (ebd.). Der Gebrauch der Vernunft richtet sich bei ihr auf die anderen, ihren Ehemann und ihre Kinder. So ist sie in der

Lage, sich um deren Glück und Wohlergehen zu kümmern und auf diese Weise ihre Rolle als Frau zu erfüllen.

Die Rolle der Frauen

Den anatomischen und geistigen Unterschieden zwischen beiden Geschlechtern entsprechen so gesehen je unterschiedliche gesellschaftliche Rollen. Es ist die »Bestimmung der Frau« (ebd., S. 473), Mutter zu sein, behaupten Rousseau und die Ärzte unter dem Hinweis, daß sie durch ihre Anatomie dazu prädestiniert sei. Diese Funktion als Mutter und die physiologische Schwäche führen zu einem weniger aktiven Leben, einem »passiven Zustand« (Roussel), den die Natur verfügt hat. Die Frau, wie die Männer der Aufklärung sie verstehen, ist seßhaft, und ihre Hauptbeschäftigung ist der Haushalt. Im übrigen, so fügen die Ärzte hinzu, ist sie für körperliche Anstrengungen durchaus nicht gemacht, da ihre Knochen nicht so hart sind und die Form des Beckens und der Hüften ihr einen unsicheren Gang verleihen. Während ihr Mann über die Bestimmung des Menschen nachdenkt oder sich hinaus ins gesellschaftliche Leben begibt, bleibt sie zu Hause, um sich um die Kinder zu kümmern und das traute Heim so angenehm wie möglich zu gestalten. Jedes Geschlecht hat, naturgewollt, seine besonderen Aufgaben, der Mann im öffentlichen, die Frau im privaten Leben, und will man nicht die Gefahr der Subversion laufen, sollte man an dieser Trennung nicht rütteln. Sobald sich das Denken der Aufklärung dem Unterschied und dem Verhältnis der Geschlechter zuwendet, wird es zutiefst deterministisch und funktionalistisch. »Sophie soll eine Frau sein, so wie Emile ein Mann ist; das heißt, sie soll alles haben, was der Beschaffenheit ihrer Art und ihres Geschlechtes zukommt, um ihren Platz in der physischen und sittlichen Ordnung auszufüllen.« (Ebd., S. 466)

Das Jahrhundert der siegreichen Vernunft ist also keineswegs gegen das Paradox gefeit. So triumphiert in einer Gesellschaft, in der (zumindest in Frankreich) die Geschlechter auf Schritt und Tritt zusammenleben und die Frauen, ob auf der Straße oder in den literarischen Zirkeln, mitten im gesellschaftlichen Leben stehen, eine Ideologie, die den beiden Geschlechtern unwiderruflich je unterschiedliche Eigenschaften, Aufgabenfelder und soziale Rollen zuschreibt. Zwar tauschen die Männer der Aufklärung regelmäßig mit Frauen ihre Gedanken aus, aber an den geistigen Fähigkeiten »der Frau« zweifeln sie durchweg. Während die Aufklärung gegen die Vorurteile, die Feinde der Vernunft, zu Felde zieht, kommen die Philosophen gar nicht auf die Idee, sie aufzugeben, um das Weibliche zu denken. Und während sie den Begriff des Allgemeinen und das naturrechtlich begründete Gleichheitsprinzip in den Mittelpunkt ihres Diskurses stellen, verfechten sie gleichzeitig den Gedanken einer separaten, minderwertigen »weiblichen Natur«. Der Glaube an die Vervollkommnungsfähigkeit der menschlichen Gattung gehört zu den grundlegenden Maximen der Aufklärung: Die Fortschritte der Vernunft bilden einen Motor der Geschichte. Aber die Frauen sind eben geschichtslose Wesen: Durch und durch von ihrer Physiologie bestimmt, stehen sie unter dem Zeichen des Unbeweglichen; ihre Vernunft, ihre Aufgaben und ihre »Natur« entwickeln sich nicht weiter. »Zu allen Zeiten« haben sie dieselben Pflichten.

Diese Widersprüche rühren zu einem Großteil aus der Schwierigkeit her, die Geschlechterdifferenz in den Griff zu bekommen: aus der philosophischen Schwierigkeit, den Diskurs über das Allgemeine mit dem Diskurs über das Anderen zu verbinden, wenn man als Mann über die Frauen spricht, und aus der grundlegenderen Schwierigkeit, sich vorzustellen, daß der Andere kein potentieller Feind ist, der einem den Tod bringt. Denn ganz unvermittelt taucht plötzlich eine wahrhafte Angst vor der Frau auf: die Angst vor ihrer »grenzenlosen« (Rousseau) Sexualität und die Angst, die Anziehung, die sie auf die Männer ausübt, könnte diese in den Tod führen. Ein Glück, daß die Natur den Frauen zum Ausgleich Bescheidenheit, Schamgefühl und Anstand verliehen hat, um ihre Unersättlichkeit zu bremsen. Der weibliche Körper, dessen Funktionsweise für die Wissenschaft noch im Dunkeln liegt, erschreckt durch seine Andersartigkeit und Heftigkeit. Die Seiten, die die Philosophen und Ärzte zum Thema Frau füllen, sind voller Widersprüche, ein übergangsloses Hin und Herschwanken zwischen zwei entgegengesetzten Bildern: der sanften, mütterlichen und der ins Maßlose gehenden, wilden Frau. So daß man sich schließlich fragt, ob die ausschweifenden Ausführungen über die weibliche Schwäche und Schamhaftigkeit nicht eher eine exorzistische Handlung darstellen, um sich selbst zu beruhigen, als eine in sich gesicherte Beweisführung. Wesentlich deutlicher scheinen diese Ängste in einer anderen Textsorte durch, in der sogenannten Volksliteratur, in der sie offen zutagetreten.

Die Frau in der Literatur

Der Roman des 18. Jahrhunderts rückt die Frauen in den Mittelpunkt des Geschehens. Die Persönlichkeitsmerkmale seiner Heldinnen sind äußerst vielschichtig. Der Krieg der Geschlechter entwickelt sich zu einer Sprungfeder der dramatischen Handlung. Ob bemitleidet und/oder verherrlicht, die Frau wird nicht zur Karikatur stereotypisiert, sondern ist eine reale Figur der Handlung, deren Lage, Probleme und Psychologie die Schriftsteller sorgfältig beschreiben.

Ein ganz anderer Ton herrscht dagegen in jenen Werken, die für das (aber nicht vom) Volk geschrieben wurden und die im 18. Jahrhundert erneut großen Erfolg haben. Diese Kolportage-Literatur, die wegen der Farbe der Heftumschläge als *Bibliothèque Bleue* bekannt ist, verbreitet von der Frau ein klischeehaftes Bild, dessen Gehässigkeit überrascht. Böse, grausam, listig, eingebildet, faul, aufbrausend, geschwätzig, habgierig, verschwenderisch und herrschsüchtig, scheint sie nur zum Unglück der Männer geschaffen. Als Anhängerin Satans, hat sie den Tod auf die Erde gebracht. Als Gott Eva aus einer Rippe Adams erschuf, ließ er ihn vorsichtshalber in tiefen Schlaf versinken, »damit er nicht mit ansehen muß, wie die Ursache, die ihn ins Grab bringen sollte, aus ihm hervorging« *(Le Miroir des Femmes,* 1717). In der irdisch schönen und faszinierenden, daher aber umso gefährlicheren Hülle verkörpert die Frau den Tod und ihre Umarmung ist fatal für den Mann. Um den Tod zu bannen, muß die Frau daher unterworfen und gezähmt werden, zumal der Mann gezwungen ist, mit ihr zusammenzuleben. Um durch seine Heirat nicht auf ein Nichts reduziert zu werden, muß der Mann seine Frau beherrschen, ihre Begierden und ihren unersättlichen sexuellen Appetit unterdrücken und ihre Persönlichkeit zunichte machen. So wird aus der aktiven Tod-Frau eine »aufgrund persönlicher und gesellschaftlicher Inexistenz tote Frau« (Farge 1982, S. 35). Nur unter dieser Bedingung läßt sich mit ihr leben. Die *Bibliothèque Bleue* erklärt die Ehe zu einem wahren Krieg, in dem der Mann die Frau besiegen muß, will er nicht selbst besiegt werden. In dieser Überspitzung kommen der Konflikt zwischen Männern und Frauen und die durch ihn hervorgerufenen Ängste der Männer weit deutlicher zum Ausdruck als in den zivilisierten Sätzen der Philosophen. Die Ehe ist einer der wichtigsten Orte dieser Auseinandersetzung. Nun stellt die Aufklärung aber die traditionelle Ehe in Frage und begünstigt eine neue Sichtweise des Verhältnisses zwischen Mann und Frau.

Verheiratete Frauen

Natürlich entspricht dem Wunsch nach Unterwerfung der Frauen auch ihre rechtliche Stellung. In allen westlichen Ländern gelten sie als unmündig und besitzen praktisch keinerlei Rechtsfähigkeit. Im allgemeinen haben sie nicht das Recht, vor Gericht zu ziehen oder Verträge zu unterzeichnen. Ihre Güter werden in den meisten Fällen von ihren Männern verwaltet, wobei ihnen mitunter nicht einmal ein Mitspracherecht zugestanden wird. Das französische Gewohnheitsrecht unterstellt die Frau der Autorität ihres Mannes, ohne dessen Einwilligung sie nichts unternehmen darf. In manchen Gegenden werden die Mädchen des väterlichen Erbes beraubt. Überall sind die Frauen von der Leitung der Berufsverbände ausgeschlossen, ebenso wie natürlich auch von sämtlichen politischen Instanzen, ob auf kommunaler, regionaler oder nationaler Ebene.

Diese wohlbekannten flagranten Ungerechtigkeiten sollten hier nur noch einmal ins Gedächtnis gerufen werden, obwohl die Lage der Frauen zur Zeit der Aufklärung vielschichtiger ist und darin nicht aufgeht. Um dies zu zeigen, müssen wir *die Frau* der Philosophen, Ärzte, Romanschriftsteller und Juristen nun verlassen und uns *den Frauen* des 18. Jahrhunderts zuwenden. Ob reich oder arm, gebildet oder lese- und schreibunkundig, jede nutzt auf ihre Weise die Brüche im gesellschaftlichen Gefüge, um den Diskursen, den Vorurteilen und den Gesetzen zum Trotz an der Öffentlichkeit teilzunehmen.

Die Heirat wird in Frage gestellt

Ein Mädchen erfährt von ihrer Kammerzofe, daß man sie in Kürze verheiraten wird und bricht daraufhin in Tränen aus. Der Vater wundert sich: »Was ist denn Schlimmes daran, wenn wir Sie mit einem wohlgeborenen, sehr liebenswürdigen und vor allem steinreichen Mann verheiraten? – Ich glaube Ihnen, wenn Sie das sagen; aber es ist immer ziemlich grausam, einem Mann ausgeliefert zu werden, den man nicht kennt.« Nachdem der Vater ihr erklärt hat, schlimm seien nur Heiraten aus Zuneigung, schließt er mit den Worten: »Die kleinen Leute müssen sich lieben, um zusammen glücklich zu sein; aber bei den reichen Leuten sorgt der Wohlstand dafür, daß sie sich einig werden, vorausgesetzt, sie leben vernünftig zusammen.«

Daß dieser erfundene Dialog von Louis Sébastien Mercier recht stereotyp wirkt, tut seiner Wahrscheinlichkeit keinen Abbruch (Mercier 1783-86). In wohlhabenden Kreisen wird die Heirat noch immer weitgehend als gesellschaftliche und wirtschaftliche Transaktion behandelt, die von den Männern der Familie beschlossen wird. Der künftige Ehegatte wird nach Maßgabe seiner gesellschaftlichen Stellung und seiner Einkünfte von den Eltern ausgewählt, in der Hoffnung, eine gute Partie zu stiften und ihrer Tochter ein angemessenes Auskommen zu sichern. Ob der glückliche Auserwählte ein Greis ist, ob seine Verlobte einen anderen Mann liebt oder ob er ihr ganz einfach nicht gefällt, spielt dabei keine Rolle: Sie hat nichts zu sagen, denn ihre Eltern sind überzeugt, daß sie nur das Beste für sie tun. Gegen Ende des Jahrhunderts können sich die jungen Frauen aus aufgeklärten Adels- und Bürgerfamilien schon leichter Gehör verschaffen. Obwohl auch die Väter von Victorine de Chastenay (geboren 1771) und von Manon Phlipon (der künftigen Madame Roland, geboren 1754) bestrebt sind, für ihre Töchter eine gute Partie zu finden, widersetzen sie sich nicht, als diese wiederholt die Bewerber ablehnen, die sie ihnen vorstellen. Der Adlige und der Graveurmeister, beide Adepten der Philosophen, haben sicher einen Teil der reichhaltigen Literatur – Essays, Romane und Theaterstücke – gelesen, in der die arrangierten Heiraten angeprangert werden.

In der Tat ist die traditionelle Eheschließung eine bevorzugte Zielscheibe der Aufklärung. »Die Heirat ist ein schwer lastendes Joch geworden«, schreibt der bereits zitierte Mercier in seinem *Tableau* (»Filles nubiles«). Was wird ihr vorgeworfen? Zunächst einmal, daß sie durch gesellschaftliche Rücksichten und finanzielle Überlegungen verdorben ist. (Mercier fordert die Aufhebung der Mitgift, die für ihn eine Hauptquelle der Ehestreitigkeiten darstellt.) Es werden Stücke über Eheleute inszeniert, die schlecht zusammenpassen und deren Verbindung in einer Katastrophe endet. Man bedauert die jungen Frauen, die der Familienpolitik geopfert werden, Greisen ausgeliefert, die ihren Widerwillen erregen, Lebemännern, die ihr Vermögen verschleudern, Geizhälsen, die ihnen ein Leben im Elend bereiten usw. Wer von diesen Frauen resigniert, ist zum Unglück verurteilt; die anderen betrügen ihren Mann. Solche Ehen werden also im Namen der Freiheit der jungen Frauen und im Namen der guten Sitten, die dadurch zu Grabe getragen werden, abgelehnt.

Also wird auch die Unauflösbarkeit der Ehe scharf angegriffen. In zahlreichen protestantischen Ländern gibt es die Scheidung bereits, aber im katholischen Teil Europas sind die Eheleute, auch wenn sie sich hassen lernen, verdammt, bis zum Tode zusammenzubleiben. Zwar bieten die Gütertrennung und die Trennung von Tisch und Bett einen Ausweg, aber die getrennten Eheleute können nicht wieder heiraten. Sie werden daher, weil sie keine Nachkommen zeugen, »für den Staat unnütz« oder sind zu einem »Leben als Libertin verurteilt«, wie Mercier in seinem *Tableau* im Abschnitt *Séparation* schreibt. Auch hier bringt der Schriftsteller die Gedanken seines Jahrhunderts auf den Punkt und fordert daher, wie könnte es anders sein, die Zulassung der Scheidung. Gegen die religiöse Begründung der Unauflösbarkeit der Ehe entwickelt sich nach und nach die Vertragsidee. Ihr zufolge wird die Heirat als freier, daher lösbarer Vertrag zwischen zwei gleichen Parteien verstanden. Diese Auffassung findet während der Französischen Revolution ihre Verwirklichung, als die Verfassung von 1791 bestimmt, daß »das Gesetz die Ehe nur als einen Vertrag des bürgerlichen Rechts betrachtet«. Eine wahrhaft revolutionäre Definition, die die Frau zum Rechtssubjekt erklärt und den Weg zum Scheidungsgesetz vom 20. September 1792 ebnet.

Die Ehe der Aufklärung

Aus den genannten Überlegungen zur Heirat entsteht eine neue Sichtweise des ehelichen Verhältnisses. Die Ehe der Aufklärung soll keine Vernunftehe sein, sondern auf gegenseitiger Zuneigung beruhen. Sie wird nicht mehr als Ort der Auseinandersetzung zwischen Mann und Frau verstanden, sondern als ein von beiden Partnern gestalteter Ort der Harmonie und der persönlichen Entfaltung. Kant etwa definiert die Ehe in seinem 1797 veröffentlichten Eherecht als »Verbindung zweier Personen verschiedenen Geschlechts zum lebenswierigen wechselseitigen Besitz ihrer Geschlechtseigenschaften« (Kant 1993, S. 390). Und Fichte schreibt: »Die Ehe hat keinen Zweck außer ihr selbst; sie ist ihr eigner Zweck [...], ein natürliches und moralisches Verhältnis der Herzen.« (Fichte 1979; vgl. Hoock-Demarle 1987) Die Idee von einem freien Vertrag und von gegenseitigem Einverständnis wertet die Stellung der Frau auf. Diese Sichtweise bleibt keineswegs auf den kleinen Kreis einiger aufgeklärter Geister beschränkt, sondern verbreitet sich in der ganzen Gesellschaft und zeugt so von einem tiefgreifenden Mentalitätswandel. Denn während ein Sprichwort aus dem 16. Jahrhundert noch versicherte, »ein gutes wie ein schlechtes Pferd braucht die Sporen, eine gute wie eine schlechte Frau braucht den Stock«, ist im *Dictionnaire comique* von Leroux aus dem Jahr 1786 zu lesen, »man soll seiner Frau ein Lebensgefährte und seinem Pferd ein Herr sein« (zit. n. Flandrin 1984, S. 121). Was für ein paradoxes Jahrhundert der Aufklärung, möchten wir zum wiederholten Mal sagen, das uns zwei unterschiedliche Bilder der Ehe vermittelt, das erbärmliche der *Bibliothèque Bleue* und ein weitaus optimistischeres und beruhigenderes, in dem die Eheleute als Lebensgefährten erscheinen.

Und Rousseau, wird man fragen? Wo sind Emile und Sophie, das Modellpaar und Vorbild der Aufklärung zu verorten? Sophie ist für Emile durchaus eine Lebensgefährtin. Ihre Ehe ist keineswegs als Vernunftehe zu bezeichnen, denn Sophies Eltern haben ihre Tochter zwar mit Überlegung geführt, ihr aber gleichwohl die Möglichkeit gelassen, den Auserwählten ihres Herzens selbst zu bestimmen. Liebe und Zuneigung gingen der Verbindung voraus, »das Recht der Natur« hat die Oberhand behalten. Einmal verheiratet, behandelt Emile seine Frau keineswegs wie »sein Pferd«, sondern sehr wohl als seine Lebensgefährtin, und beide gründen im gegenseitigen Einverständnis eine glückliche Familie. Aber Sophie, so wird man einwenden, befindet sich in einer untergeordneten Stellung, und die Ehe beruht auf Ungleichheit! Wenn die Zwietracht darin keinen Platz hat, wenn Streit und Zank dort nicht zu hören sind, dann deshalb, weil Sophie »beizeiten [gelernt hat], selbst Ungerechtigkeit [zu] erdulden und das Unrecht eines Mannes, ohne sich zu beschweren, [zu] ertragen« (Rousseau 1979, S. 485), weil sie ihrem Mann ohne Widerrede gehorcht und nur versucht, ihm zu gefallen. Sophie also oder die Tod-Frau der Volksliteratur. Rousseau fällt trotz seiner überspitzten, derben Ausdrucksweise nicht aus dem Rahmen seines Jahrhunderts. Denn sämtliche Denker, so fortschrittlich sie auch sein mögen, stimmen darin überein, daß es nur natürlich ist, wenn der Mann in der Ehe die Vorrangstellung einnimmt und der Frau befiehlt. Daß die Frau dem Mann eine Lebensgefährtin sein soll, heißt nicht, daß sie ihm gleich sei. Und daß in der Ehe der Aufklärung Liebe, Vertrauen, ja ein inniges Zusammengehörigkeitsgefühl vorherrschen, heißt nicht, daß die Ungleichheit aus ihr verbannt wäre, ganz im Gegenteil.

Von den siebenunddreißig Feiertagen, die Robespierre am 7. Mai 1794 dem Konvent vorschlägt, ist der zweiundzwanzigste »der Liebe« gewidmet und die vier folgenden den Familientugenden, an erster Stelle »dem Eheglauben«, gefolgt von der väterlichen Liebe, der mütterlichen Zärtlichkeit und der Ehrfurcht der Kinder vor ihren Eltern. »Glaube« – das Wort versetzt in Erstaunen. Naiverweise hätte man »Liebe« erwartet. Aber der gewählte Ausdruck gibt eine Vorstellung von den Gefühlen, die nach den damals geltenden Kriterien das Verhältnis der Eheleute zu bestimmen hatten. Unter dem Direktorium wurden Robespierres Feiertage zum Teil beibehalten: Jedes Jahr wurde ein Tag der Eheleute gefeiert. Zu dieser Gelegenheit trugen die Notabeln des Direktoriums in normativen Reden ihre Sicht vom idealen Ehepaar vor. Eine Analyse dieser Texte[1] erlaubt es, den Sinn der Formulierung Robespierres besser zu verstehen. Glückliche Ehen, erfahren wir dort, sind »Ergebnis der Reflexion«. Die eheliche Liebe ist eine Liebe aus Vernunft. Die Leidenschaft, die in der Entstehungsphase der Ehe gerade noch geduldet wird, ist zu verbannen, wenn sie – reduziert auf einen »vorübergehenden Geschmack«, »eine lebhafte Empfindung, die nur ein Nichts und Gewissensbisse zurückläßt« – nicht von gegenseitiger Wertschätzung, Tugendhaftigkeit und dem Einklang der Charaktere begleitet ist. Denn die Leidenschaft geht vorüber, und wenn sie erlischt, müssen ihr Vertrauen und Freundschaft, die eigentlichen Bindemittel einer Ehe, folgen. »Die Liebe einigt die Eheleute«, liest man in einer dieser Reden, »aber die Freundschaft leitet sie.« Diese Freundschaft, die auf gegenseitiger Wertschätzung, Offenheit, »aufgeklärter Zärtlichkeit« und Treue beruht, muß »weise« und von der Vernunft geleitet sein. Bisweilen wenden sich die männlichen Redner eigens an die Mädchen, um ihnen ihre künftige Stellung zu verdeutlichen: als Untergeordnete, aber nicht als Sklaven. »In der Jugend des Mannes ist [seine Gattin] ihm Lebensgefährtin, im reiferen Alter ist sie ihm Freundin, im Alter ist sie ihm Amme.«

Und die Frauen? Was erwarten sie von der Ehe? Sie haben zwar weniger geschrieben als die Männer, aber ihre Sehnsüchte können aus anderen Texten in Erfahrung gebracht werden, insbesondere aus den Gerichts- und Polizeiarchiven, die uns auch über die Ehe der kleinen Leute unterrichten.

---

1   Rund zwanzig davon werden unter der Signatur Lb42 in der Blibliothèque nationale aufbewahrt.

Die Ehe der kleinen Leute

Leute aus dem Volk gehen freier eine Ehe ein als Leute aus wohlhabenden Kreisen, da die gegenseitige Anziehung den finanziellen Aspekt
überwiegt. Die junge Frau arbeitet und ist zumindest in der Stadt nicht
völlig von ihren Eltern abhängig, die sie mitunter sogar verläßt, um allein zu wohnen. Gelegenheiten zur Begegnung gibt es genug, und da die
Familien keine festen finanziellen Absichten verfolgen, findet man leichter zueinander – ob in legitimer oder in wilder Ehe, denn letztere ist
zwar nicht die Regel, findet in den Großstädten im 18. Jahrhundert jedoch zunehmend Verbreitung. Nicht daß die Heirat auf die leichte
Schulter genommen würde, aber sie unterliegt hier nicht denselben Regeln. Die Frau aus dem Volk erwartet sich von ihr Glück. In einem ansonsten recht unsicheren Dasein soll sie gleichbedeutend sein mit affekti-
ver und sozio-ökonomischer Stabilität. Denn auch die Heirat der kleinen Leute folgt nicht nur den Gesetzen der Liebe. Zwar spielt das Geld
bei der Eheschließung keine Rolle, dennoch erwarten die Eheleute, Männer wie Frauen, von ihrer Verbindung, daß es ihnen durch gemeinsame
Arbeit besser gehen wird.

Die in den Archiven erhaltenen Klagen zeigen ex negativo, wie die
eheliche Rollenverteilung zwischen Männern und Frauen aus dem
Volk aussieht. Vor dem Hindergrund der bitteren Enttäuschungen, der
unversöhnlichen Rachsucht und der Entrüstung der Zeugen zeichnet
sich das Bild des guten Ehemanns und der guten Ehefrau ab. Arbeitsam muß sie sein, überdies die Haushaltskasse verwalten und mit den
ihr zur Verfügung stehenden Mitteln, so gut es geht, dafür sorgen, daß
die Familie stets zu essen hat. Aus dieser Rolle der Frau als Ernährerin,
von deren Schwierigkeit die Männer nichts wissen wollen, erklärt sich
die Bedeutung der Frauen in den Subsistenzrevolten. Insofern sind es
nicht nur der Hunger und der Mutterinstinkt, die sie an die Spitze der
Menge führen, sondern auch die wahrhaft unerträgliche Niederlage,
ihrer sozialen Rolle nicht mehr gerecht werden zu können. Auch der
Mann hat bestimmte Pflichten zu erfüllen. Er darf seine Frau nicht
schlagen, sie nicht betrügen, nicht zu hart mit ihr reden und die gemeinsame Ehre der Eheleute durch sein Verhalten nicht in Gefahr bringen.
Er darf den Hausstand nicht vergeuden, sondern muß ganz im Gegenteil seiner Frau genug geben, damit sie ihn verköstigen kann. Allerdings erwartet die Frau von der Ehe nicht nur eine gewisse finanzielle

Sicherheit, sondern auch, daß ihr Mann ihr mit Wertschätzung begegnet und ihr und den Kindern Aufmerksamkeit schenkt. Wird dieser stillschweigende Pakt zu oft und zu weitgehend verletzt, zögert sie trotz der sie erwartenden wirtschaftlichen Schwierigkeiten nicht, das eheliche Heim mit ihren Kindern zu verlassen, um sich anderweitig eine neue Existenz aufzubauen. Darüber hinaus legt die Frau aus dem Volk ebenso wie ihr Mann Wert darauf, sich eine gewisse Unabhängigkeit zu bewahren. In manchen Dingen ist sie der Auffassung, daß er sich da nicht einzumischen hat und sie ihm auch keine Rechenschaft schuldig ist. Sie ist der Ansicht, daß sie, sobald sie ihre familiären Aufgaben erledigt hat, jederzeit ausgehen kann, um eine persönliche Angelegenheit zu regeln, mit ihren Freundinnen zu plauschen oder in einer Schenke einen Schoppen zu trinken – denn die Anwesenheit von Frauen, ob allein oder in Gesellschaft von Freund(inn)en, hat an diesen Orten, an denen beide Geschlechter gemeinsam verkehren, nichts Schockierendes an sich.

Frauen bei der Arbeit

Arbeiterinnen ...

Louis Sébastien Mercier hat diese relative Unabhängigkeit der Frauen (und Mädchen) aus dem Volk festgehalten und darauf zurückgeführt, daß diese Frauen, ob sie nun dem Handwerkerstand oder dem Kleinbürgertum angehören, eine berufliche Tätigkeit ausüben, weshalb sie »in ihrem Haushalt mehr Einfluß« und »stets ein bißchen Geld in der Tasche« haben, was, wie er schreibt, bei den Frauen aus den oberen gesellschaftlichen Schichten nicht der Fall ist. Die Bemerkung trifft die Sache genau. Die Mehrheit der Frauen im Jahrhundert der Aufklärung arbeitet entweder in der Stadt oder auf dem Feld. Nicht etwa aus freier Entscheidung, sondern aus wirtschaftlicher Notwendigkeit, denn in einer Zeit, da die Grenze zwischen Armut und Bedürftigkeit schnell überschritten ist, können die Familien nur durch die Arbeit der Frauen überleben. Als konstitutiver Bestandteil des sozialen und familiären Lebens ist die Arbeit der Frauen bei den kleinen Leuten die Regel und spielt im Wirtschaftsleben eine wesentliche Rolle.

Wer mit dem 18. Jahrhundert vertraut ist, weiß das. An jeder Ecke trifft man auf unzählige Händlerinnen und Straßenverkäuferinnen, Frauen in Armut, die einem alles und jedes anbieten, alte Klamotten, kleine Pasteten, Kräutertee, Blumen oder Tabak. Der Marktfrau und der Wäscherin, deren schlechter Charakter und loses Mundwerk sprichwörtlich sind, wird man ebenfalls häufig begegnen. Ebenso der Bediensteten, die vielfach vom Land kommt. (In einer Stadt wie Paris repräsentieren Frauen 80 Prozent der Hausbediensteten.) Darüber hinaus verdienen sich viele Frauen ihren Lebensunterhalt mit Näharbeiten, und die Chronisten der Zeit schimpfen über die Männer, die Nadel und Zwirn selbst in die Hand nehmen und den Frauen dadurch ihre Arbeit wegnehmen. Und daß die Bauersfrauen – die Mehrheit der Bevölkerung – im Familienbetrieb, wo die Aufgaben ebenfalls nach Geschlecht aufgeteilt sind, harte Arbeit leisten, muß nicht eigens betont werden. Diese traditionellen Bilder arbeitender Frauen sind im kollektiven Gedächtnis geblieben, und daraus hat man, wie es in solchen Fällen oft passiert, geschlossen, daß die Frauen nur in diesen Wirtschaftsbereichen tätig waren. Vergessen wird dabei ein bißchen vorschnell, daß zahlreiche Arbeiterinnen auch im Handwerk beschäftigt waren, und zwar nicht nur im Textilgewerbe, sondern auch in der Holz- und Metallbranche (als Poliererinnen und Nadelherstellerinnen), in der Papier- und Buchherstellung und in der Produktion von Fächern, Tabakdosen usw. Diese Frauen arbeiten entweder zu Hause, manchmal zusammen mit ihrem Mann, oder aber in Werkstätten Seite an Seite mit ihren männlichen Arbeitskollegen. Im übrigen ist im kleinen Handwerksbetrieb eine weibliche Person stets präsent, die Frau des Meisters. Als vollwertiges Mitglied des Werkstattlebens kümmert sie sich um den Vertrieb der Produkte, übernimmt die Werkstattleitung, wenn ihr Mann aus geschäftlichen Gründen außer Haus ist, und nicht selten führt sie die Bücher oder legt in der Produktion selbst mit Hand an.

... mit ungleichem Status

Zwar sind die Frauen im Wirtschaftsleben unentbehrlich, aber sie haben nicht dieselbe Stellung wie die Männer. Sie sind weniger qualifiziert, dürfen also nur die untergeordneten Arbeiten der Vorbereitung und Endbearbeitung ausführen und werden daher schlechter bezahlt. Die Männer und Frauen, die diesen Teufelskreis durchbrechen und die Frauen in die Lage versetzen wollen, einen anständigen Lohn für ihre Arbeit zu erhalten, ziehen sich durch ihren Vorschlag, den Frauen dieselbe Ausbildung zukommen zu lassen wie den Männern, den Zorn letzterer zu. In Paris wird während der Revolution zum Beispiel eine Typographenschule für Frauen eröffnet. Bisher waren die in der Buchherstellung beschäftigten Frauen nur mit dem Broschieren und Binden befaßt und verdienten durchschnittlich ein Siebtel des Lohns eines Typographen. Als die Pariser Typographen nun erfahren, daß man die Frauen in die »noblen« Aufgaben des Typographenberufs einführen will, erhebt sich ein lautes Protestgeschrei, das sich namentlich gegen den Direktor der Schule und seine Kollegen richtet, die es wagen, den Frauen das Wissen der Männer zu vermitteln.

Darüber hinaus werden die Frauen mit Ausnahme einiger Berufe im Bereich von Handel und Mode von den Zunftorganisationen ferngehalten. Obwohl die Frau des Meisters für den reibungslosen Ablauf des Werkstattbetriebs unentbehrlich ist, ist sie für die Zunftorganisationen schlicht inexistent. Wenn ihr Mann stirbt und sie sich wieder verheiratet, geht die Meisterwürde auf den neuen Ehemann über. Die Arbeiterinnen hingegen, mögen sie selbst eine Lehrlingsausbildung absolviert haben, erhalten nie den Status eines Gesellen und werden von den ausschließlich männlichen Gesellenbruderschaften selbstverständlich abgelehnt.

Obwohl die Frauen also in fast allen Bereichen des Wirtschaftslebens präsent sind, haben sie zu den Vertretungsorganen der Arbeitswelt keinen Zugang und werden rechtlich ignoriert. Zum wiederholten Mal sind wir also mit jener für das Jahrhundert der Aufklärung charakteristischen Ambiguität konfrontiert, daß die Frauen im Zentrum des Geschehens stehen und doch an den Rand gedrängt werden.

Die Erziehung der Mädchen der Aufklärung

Die Diskussion

Die Lebensgefährtin des aufgeklärten Mannes darf natürlich nicht dumm sein. Sie braucht ein Minimum an Bildung, um in der Lage zu sein, ihren Mann zu verstehen, sich mit ihm auseinanderzusetzen und die Kinder zu erziehen, schreiben die einen. Da die fehlende Bildung der Frauen eine der Hauptursachen der Ungleichheit zwischen den Ge-

schlechtern ist, muß man etwas dagegen unternehmen, um die Frauen
von ihren Mängeln zu befreien, ihre wahre Natur herauszuprozessieren
und ihnen die Stellung in der Gesellschaft zu verschaffen, sagen die anderen. Welche Gründe auch immer ins Feld geführt werden, die Frage der
Frauenbildung wird heiß diskutiert. Dabei ist das Thema keineswegs
neu. Bereits das 17. Jahrhundert brachte einige Plädoyers zugunsten der
Frauenbildung hervor, teils in moderatem Ton wie aus der Feder von
Mademoiselle Scudéry, Madame de Sévigné oder Fénelon, teils radikal
und feministisch wie bei Poullain de la Barre oder Mary Astell (1694).
Mit der Aufklärung, die die Bildung in den Mittelpunkt ihres Denkens
stellt, gewinnt die Frage an Dringlichkeit, und vor allem in der zweiten
Hälfte des 18. Jahrhunderts nimmt die Zahl der dazu veröffentlichten
Schriften drastisch zu. Berühmte und unbekannte Männer, Frauen, Philosophen und Schriftsteller unterbreiten der Öffentlichkeit das Ergebnis
ihrer Überlegungen, arbeiten Vorschläge aus und entwerfen Pläne. Die
Provinzakademien, die stets die jeweiligen Modethemen aufgreifen, stellen die Frage: »Wie können die Menschen durch die Bildung der Frauen
gebessert werden?« (Besançon 1775) oder: »Mit welchen Mitteln könnte
die Bildung der Frauen am besten vervollkommnet werden?« (Châlons-
sur-Marne 1783). Als Antwort auf diese Frage schrieb Laclos seinen
Essay *De l'éducation des femmes*.

Auch die Frauen erheben in dieser Auseinandersetzung, die in erster
Linie sie betrifft, ihre Stimme. Madame de Miremont widmet einem umfangreichen *Traité de l'éducation des femmes* – sieben Bände, erschienen
zwischen 1779 und 1789 – mehrere Jahre ihres Lebens. Die Frauenpresse,
die in dieser Zeit entsteht (vgl. Sonnet 1991; Rattner Gelbart 1991; Sonnet
1987), macht dieses Thema zu ihrem bevorzugten Gegenstand. In *The
Nonsense of Common Sense* (1737) argumentiert Lady Montagu, eine
Freundin von Mary Astell, für die Bildung der Frauen. Eliza Haywood,
von 1744 bis 1746 Redakteurin des *Female Spectator*, von 1749 bis 1750
Redakteurin der *Epistles for the Ladies*, fordert ihre Leserinnen auf, sich
selbst zu bilden. *The Ladies Magazin* wie auch *Le Journal des Dames*
(1759-1778) widmen der Erziehung der Mädchen besondere Aufmerksamkeit. In Deutschland gibt Sophie von la Roche Frauenzeitschriften
mit pädagogischem Inhalt heraus, die *Briefe an Rosalie* von 1772 und *Pomona – Für Teutschlands Töchter* von 1783. Berühmt wurde die Schriftstellerin mit ihrem Roman *Die Geschichte des Fräuleins von Sternheim*
(1771), der die Erziehung der Mädchen behandelt. Auch andere Frauen

wählen die Romanform, um die Mängel der Mädchenerziehung anzu-
prangern und ein zufriedenstellenderes System vorzuschlagen, darunter
Madame de Graffigny mit ihren *Lettres d'une Péruvienne* (1752) und Marie-Jeanne Riccoboni mit ihrer *Histoire d'Ernestine* (1762).

Die Klöster sind eine bevorzugte Zielscheibe der Kritik, weil sie die
Mädchen in Unwissenheit halten. Die Erziehung in der Familie, wie bei
Emile und Sophie, wird dem vorgezogen. Manche Autoren und Autorinnen, die sich bewußt sind, daß diese Möglichkeit den privilegierten
Schichten vorbehalten ist, schlagen deshalb regelrechte Mädchenschu-
len vor. Dabei wird die Koedukation nicht nur aus Gründen der guten
Sitten abgelehnt, sondern auch weil weder Inhalt noch Ziel der Erziehung bei Jungen und Mädchen gleich sind. Während die Jungen nur für
sich selbst lernen, geht es bei den Mädchen um ihre spätere gesellschaftliche und häusliche Rolle. »Die ganze Erziehung der Frauen muß sich
also auf die Männer beziehen«, schreibt Rousseau (Rousseau 1979). Ihr
Ziel ist es, leistungsfähige, angenehme Ehefrauen und Mütter hervorzu-
bringen, die ihre Kinder richtig erziehen können. Haushaltsführung, Lesen, Schreiben und Rechnen, die Grundzüge der Geschichte, Geographie, Literatur und einiger Fremdsprachen, nicht zu vergessen natürlich
die Religion, den Tanz, die Musik und vielleicht noch Zeichnen, ist für
die Frauen völlig ausreichend. Wozu sollten ihnen die Kenntnis des Griechischen, Lateinischen und wissenschaftlicher Axiome auch nütze sein?
Sie würden sich nur zu lächerlichen Besserwisserinnen, erbärmlichen
Hausfrauen und griesgrämigen Jungfern wandeln, wie jene *blue stok-
kings,* über die man sich in England lustig macht. Diese eingeschränkte
Sichtweise wird mit zunehmender Vehemenz von einigen Frauen angeprangert, die eine wirkliche Veränderung der Bildungsinhalte fordern,
der Gleichheit der Geschlechter hinsichtlich des gelehrten Wissens das
Wort reden und ihre Schwestern auffordern, ihre Bildung auf allen Gebieten zu vervollkommnen.

Unterschiedliche Bildungswege

Wie sah das Bildungsniveau der Frauen der Aufklärung faktisch aus,
wenn wir von den erwähnten Diskussionen und Projekten einmal absehen? Unbestritten kam das Erziehungssystem, das im vorherigen Jahrhundert eingeführt worden war, den Frauen aus allen sozialen Schichten

zugute. Ende des 17. Jahrhunderts konnten 14 Prozent der Französinnen ihren Namen schreiben; hundert Jahre später hatte sich der Anteil mit 27 Prozent nahezu verdoppelt. Zwar bestand die diesbezügliche Ungleichheit zwischen den Geschlechtern fort, denn zur gleichen Zeit konnten 48 Prozent der Franzosen mit ihrem Namen unterschreiben, so daß auf 100 Frauen 177 Männer entfielen. Immerhin hatte sich der Abstand verringert, kamen doch noch hundert Jahre zuvor 207 Männer auf 100 Frauen. Im Jahrhundert der Aufklärung machte die Alphabetisierung der Frauen also schnellere Fortschritte als die der Männer. So unterzeichneten 1755 60 Prozent der Engländer und 35 Prozent der Engländerinnen in den Heiratsregistern der *Church of England* mit ihrem Namen; während der Anteil bei den Männern 35 Jahre später jedoch gleichgeblieben war, hatte er bei den Frauen um 5 Prozent zugenommen. Dieses Phänomen ist in der gesamten westlichen Welt zu beobachten. In Amsterdam unterschreiben 1630 57 Prozent der Männer und 32 Prozent der Frauen ihr Heiratsversprechen vor dem Notar mit ihrem Namen (178 Männer auf 100 Frauen); im Jahr 1780 liegt das Verhältnis bei 133 zu 100 (85 bzw. 64 Prozent). In der Region von Turin, wo das Ausgangsniveau sehr niedrig ist, holen die Frauen spektakulär schnell auf: Unterzeichnen noch 1710 lediglich 21 Prozent der Männer und 6 Prozent der Frauen ihren Heiratsvertrag mit dem Namen (350 Männer auf 100 Frauen), so kommen schon 80 Jahre später auf 100 Frauen nur noch 216 Männer (30 bzw. 65 Prozent). Im amerikanischen Neu-England ist der Unterschied geringfügiger und die Entwicklung weniger bezeichnend: Im 18. Jahrhundert unterzeichnen 84 Prozent der Männer und 46 Prozent der Frauen ihr Testament mit ihrem Namen (182 Männer auf 100 Frauen), während es hundert Jahre früher nur 61 beziehungsweise 31 Prozent waren (196 Männer auf 100 Frauen) (Chartier 1986). Allerdings verdecken diese Zahlen zahlreiche regionale und soziale Unterschiede. So liegt der allgemeine Alphabetisierungsgrad in Südfrankreich unter dem Landesdurchschnitt, wobei der Unterschied zwischen Männern und Frauen hier wesentlich ausgeprägter ist als nördlich der berühmten Linie Saint-Malo – Genf. Und die Tatsache, daß die Bildung eines Mädchens aus privilegierten Kreisen mit der eines Mädchens aus dem Volk nicht entfernt zu vergleichen ist, braucht nicht eigens betont zu werden.

Erstere wird, wenn die Familie reich genug ist, in einem der so verschrienen Klöster untergebracht werden, wo sie tatsächlich nicht viel lernen wird. Sind ihre Eltern hingegen den Ideen des Jahrhunderts gegen-

über aufgeschlossen, kommt sie möglicherweise in den Genuß einer ausgezeichneten Erziehung zu Hause. Zu diesen Glücklichen zählt zum
Beispiel Victorine de Chastenay, die in den letzten zwanzig Jahren des
Ancien Régime aufwächst. Bereits mit fünf Jahren erhält sie Unterricht
in Geschichte, Geographie und Grammatik. Der Vater verfolgt ihre
Fortschritte mit großer Sorgfalt und läßt sie am Arithmetikkurs teilneh-
men, den er sich selbst zu Hause erteilen läßt. Anschließend erhält sie
vom Hauslehrer ihres Bruders sechs Jahre lang Unterricht in Geometrie
und Algebra. Auch Latein und etwas Englisch lernen beide Kinder. Musik, Zeichnen und Religion vervollständigen den Lehrplan. Darüber hinaus veranlaßt Monsieur de Chastenay, ein Liebhaber der Botanik, seine
Tochter dazu, sich ein Herbarium zu halten. Wenn man ihr glauben
kann, ist die kleine Victorine sehr begabt, ein »Wunderkind«, »das leidenschaftlich gerne lernt«. Aber ihre Lehrer sind vor allem die Lehrer
ihres Bruders: Für ihn und mit Blick auf den Fortgang seiner Bildung
werden sie engagiert. Und auch wenn sie, wie sie schreibt, der Liebling
ihrer Lehrer ist, auch wenn ihr Lateinlehrer stolz ist auf seine »kleine La-
tinistin«, beschäftigt er sich doch in erster Linie mit ihrem Bruder. So
profitierte Victorine also nur vom Unterricht, der ihrem Bruder galt.
Trotz der geistigen Aufgeschlossenheit ihrer Eltern und der arbeitsamen
Atmosphäre zuhause ist fraglich, ob sie auch ohne einen Jungen in der
Familie eine so vollständige Bildung erhalten hätte.

Wie dem auch sei, jedenfalls trug ihre Erziehung Früchte. Das wis-
sensdurstige Mädchen verschlingt die Bücher der Familienbibliothek:
Mit zehn Jahren liest sie die *Histoire d'Angleterre* des Père d'Orléans,
Les Révolutions romaines von Vertot, die *Constitution d'Angleterre* von
Delolme, die Biographien von Feldherren und Staatsmännern von Plutarch, den *Britannicus* von Racine und vieles mehr. Im Alter von 12 Jahren übersetzt sie Horaz und beginnt Tagebuch zu schreiben. Zu Beginn
der Revolution – sie ist knapp sechzehn – wendet sie sich »selbstverständlich« Montesquieu, Locke und Mably zu. Eine vollendete Tochter
der Aufklärung, versteht sie sich als »junge Philosophin, der der Putz
der Damen, die leichten Vergnügungen, die eitlen Amüsements wenig
bedeuten« und die sich zeit ihres Lebens lieber der Lektüre und dem Studium widmet (Chastenay 1986).

Auch anderen Mädchen aus Adel und Bürgertum kommt im letzten
Drittel des Jahrhunderts eine umfassende Erziehung in der Familie zugute. Wer in ein intellektuelles Milieu hineingeboren wird, hat natürlich

größere Chancen, eine über das Übliche hinausgehende Bildung zu erhalten, so zum Beispiel Germaine Necker (de Staël) oder die beiden Professorentöchter Caroline Michaelis (Böhmer-Schlegel-Schelling) und Theresa Heine (Forster-Huber). Aber auch Kinder aus weniger glanzvollen Kreisen kommen, so sie aufgeklärte und nicht allzu arme Eltern haben, in den Genuß einer hervorragenden Erziehung. Die kleine Manon Phlipon gehört als einzige Tochter eines wohlhabenden Pariser Graveurs zu den höheren Kunsthandwerkerschichten, die dem aufstrebenden Bürgertum nahestehen. Mit vier Jahren kann sie lesen und erhält seit ihrem siebten Lebensjahr Unterricht in Schreiben, Geographie, Geschichte, Tanz, Musik und Latein. Ihre Lektüre umfaßt Appius, Plutarch, Fénelon, La Tasse, Voltaire und die Bibel.

Die Kollegien, in denen die Jugend des Jahrhunderts ihre Bildung erhält, nehmen keine Mädchen auf. Wo sollen dann die Töchter der vielen Familien unterkommen, die sich keinen Hauslehrer leisten können und aus weltanschaulichen oder finanziellen Gründen die Klostererziehung ablehnen? In den zahlreichen laizistischen Privatpensionaten, die in der Stadt eröffnet werden. Die englischen *boarding schools* und die französischen Erziehungsanstalten lassen den Töchtern des niederen Adels und des Bürgertums eine recht traditionelle Erziehung angedeihen, die sie zu guten christlichen Müttern machen soll.

Die Mädchen aus dem Volk (kleine Handwerker, Händler und Bauern) können in den kleinen Konfessionsschulen, die recht günstig und für die Ärmsten kostenlos sind, elementare Kenntnisse erwerben. Der Unterricht dort umfaßt nicht nur Religion und Moral, sondern auch Lesen, Schreiben und Rechnen. Außer diesen religiös orientierten Lehrinhalten erlernen die Mädchen auch zahlreiche Näharbeiten, mit denen sie auf ihr späteres Leben als Arbeiterinnen vorbereitet werden sollen, ohne doch eine reguläre Berufsausbildung zu erhalten.

Gebildete Frauen

Gebildeter als ihre Vorfahren, will die Frau der Aufklärung nicht im Abseits dieses an geistigen Neuerungen so reichen Jahrhunderts stehen. Die Bildung, die man ihr angedeihen ließ, um eine gute Ehefrau aus ihr zu machen, möchte sie nun auch als Quelle persönlicher Bereicherung erachten. Auch sie will an der Aufklärung teilhaben und ihrem Jahrhundert nicht fremd gegenüberstehen. Wie aber sich eine Kultur aneignen, die nicht unmittelbar für sie bestimmt ist? Indem sie sich unablässig weiterbildet, über das auf dem Laufenden bleibt, was gerade diskutiert und geschrieben wird, und – warum nicht – indem sie selbst eingreift und die Feder zur Hand nimmt.

Die Lektüre

Die Frau der Aufklärung ist eine große Leserin. Romane, die gerade in Mode sind (und die Schriftsteller wissen genau, daß auch die Frauen zu ihrem Publikum gehören), die Klassiker, Abhandlungen zur Erziehung, Zeitschriften, politische Pamphlete, philosophische Schriften und Geschichtsbücher – nichts entgeht ihr; die kleine Victorine de Chastenay ist diesbezüglich ein eindrucksvolles Beispiel. In ihrer Korrespondenz berichten Frauen immer wieder, was sie als letztes gelesen haben und was sie darüber denken. Angesichts der Eintönigkeit oder aber der Unruhen der Zeit finden die Frauen des Jahrhunderts Zuflucht in der Lektüre. Mit praktisch gleichlautenden Worten beschreiben Caroline Michaelis-Böhmer und Victorine de Chastenay, welche Stütze sie in ihren Büchern finden, die eine, um der Langeweile der kleinen Bergarbeiterstadt zu entfliehen, die andere in der Erwartung, daß die Unruhen der Terrorherrschaft sich legen.

Im 18. Jahrhundert sind auf bildlichen Darstellungen der einsamen Lektüre mehrheitlich Frauen zu sehen, ein Zeichen, daß Lesen zunehmend eine Sache von Frauen (und des Privatlebens) wurde (Chartier 1986). Während aber Lesen beim Mann als Zeichen geistiger Regheit gilt, wird die lesende Frau leicht als hochnäsige Besserwisserin oder faules Luder betrachtet. In beiden Fällen, weil sie aus ihrer traditionellen Rolle herausfällt. Weil sie sich das Wissen der Männer aneignen will. Weil sie die Zeit, die sie eigentlich ihrem Haushalt, ihrem Mann und ihren Kindern widmen sollte, anderweitig verwendet. Weil sie im Verhältnis zu ihrem Buch einen Innenraum schafft, aus dem der Mann ausgeschlossen ist. Daß Frauen lesen, stellt eine Gefahr dar. Hat die Leserin ein Buch mit ernstem Inhalt auf ihrem Tisch, will sie sich zur Gelehrten bilden und dem Mann seinen Platz streitig machen. Liegt ein Roman in ihren Händen oder auf ihren Knien, gibt sie sich ihren Träumen hin, läßt

sich gehen, wird lasziv. Diese Assoziationsketten ergeben sich mit aller
Deutlichkeit aus den einschlägigen Gemälden und den daran anknüpfen-
den Kommentaren. Sie finden sich auch in den Klagen eines Pariser Fabrikanten von Modeartikeln über seine Frau. Im Jahr 1774 beginnt er
ein Tagebuch zu schreiben, in dem er den Zusammenbruch seiner Ehe
schildert (vgl. Farge 1986): Seine Frau will nicht mehr arbeiten, sondern
sich amüsieren, ausgehen und Romane lesen. »Sie wollte sich mit einem
Buch ans Fenster setzen.« Abgesehen davon, daß uns dieses Dokument
einiges über die Beziehungen zwischen Männern und Frauen im Hand-
werkermilieu verrät, zeigt es uns, daß die Romanlektüre sowohl für die
Frau als auch für den Mann mit einem gewissen Müßiggang und der Lebensweise der privilegierten Klassen verbunden ist, mit denen sich diese
Frau, die ihre Stellung als Frau eines Handwerkers nicht länger erträgt,
zu identifizieren sucht. Mit einem Buch in der Hand gesehen zu werden,
ist für sie ein Zeichen sozialer Distinktion. Daß Lesen, Spazierengehen
und Austernschlürfen bei Frauen mit dem Wunsch nach sozialem Aufstieg verbunden ist und daher zur Nachahmung anregt, ist für die Epoche charakteristisch.

Die Leserin geht ihrer Tätigkeit nicht immer in der Zurückgezogen-
heit nach, deren Intimität durch die Gemälde verletzt wird. Um das
Buch spinnt sich ein Netz geistig motivierter Geselligkeit, an der auch
die Frau teilnimmt. In den deutschen Großstädten richten die Besitzer
von Lesesälen, die dem Wunsch ihrer Mitbürgerinnen aufgeschlossen gegenüberstehen, gesonderte Bereiche ein, wo die Frauen ihren Lesehun-
ger nach Belieben stillen können. Was die zahlreichen kleinen Lesezir-
kel der wohlhabenden und gebildeten Kreise angeht, so verkehren hier
Männer und Frauen im allgemeinen gemeinsam, wobei die Rollenverteilung zwischen den Geschlechtern weniger ins Gewicht fällt. Während
der Revolution abonnieren und lesen Männer und Frauen aus dem Volk,
die im selben Mietshaus wohnen, ihre Zeitung gemeinsam.

Der Salon

Beim Gedanken an die Aufklärung kommt einem immer wieder ein bestimmtes Frauenbild in den Sinn: die Salondame. Sie scheint im Mittelpunkt der geistigen Bewegung zu stehen, denn sie spielt mit Blick auf
die Entfaltung und Verbreitung der neuen Gedanken eine außerordent-

lich wichtige Rolle und fördert die Zusammenkunft von Denken, Geld und Macht. Der Salon des 18. Jahrhunderts ist einer jener neuen Orte der Geselligkeit, an dem Adlige, reiche Bürger, Schriftsteller und Wissenschaftler aller Nationalitäten miteinander verkehren. Ein Ort des geistigen und kulturellen Austauschs, der Kreativität und des Lernens voneinander, ein Ort aber auch, an dem beide Geschlechter intellektuell zusammenkommen. Geleitet wird er von einer Frau, bzw. im fortschreitenden Jahrhundert dann von einem jener neuen Ehepaare der Aufklärung, deren Beziehung auf gegenseitiger Achtung beruht: die Helvetius', die Condorcets, die Lavoisiers.

Die Führung eines Salons ist eine zeitraubende Verpflichtung. Man muß auf die Zusammensetzung der geladenen Gäste achten, es vermeiden, daß die Zusammenkunft aus dem Ruder läuft, einem jeden Gelegenheit geben, sich zu äußern usw. Erfüllt die Organisatorin ihre Aufgabe gut, winkt vielfältiger Lohn: die mondäne Befriedigung, in Kulturkreisen nun einen Namen zu haben und begehrt zu sein. Die intellektuelle Befriedigung, sich mit den größten Geistern der Zeit zu unterhalten, sie neue Ideen formulieren hören, ihnen ebenbürtig erwidern und die Möglichkeit bieten zu können, sich eventuellen Mäzenen vorzustellen. Das erregende Vergnügen, am Abenteuer der Aufklärung teilzuhaben, ja mitzuwirken. Aber auch die Illusion – worüber sich manche Frauen durchaus im klaren sind –, die Rang-, Vermögens- und Geschlechterunterschiede seien im zeitlichen und räumlichen Rahmen des Salons wie durch ein Wunder abgeschafft. Die Frauen spielen hier genau die Rolle, die die aufgeklärten Philosophen für sie erträumen: die Rolle der Lebensgefährtin, in unserem Zusammenhang: der Lebensgefährtin im Geist, die ihrem Gesprächspartner aufmerksam folgt und gebildet und intelligent genug ist, das Gespräch nicht versiegen zu lassen, den Mann (Autor, Denker) durch Ermutigung und Kritik zu leiten und durch die ihm gewidmete Aufmerksamkeit zu helfen, sein Werk zu schaffen. Nun spielen die Organisatorinnen der Salons in der Aufklärung zwar eine entscheidende Vermittlerrolle, aber wirklichen geistigen Einfluß haben sie keineswegs. So daß sich hier einmal mehr das Paradox des Jahrhunderts wiederfindet. Die Salons sind unzweifelhaft ein Ort der Frauenförderung. Sie gestatten den Frauen, an der kulturellen Geselligkeit der Zeit teilzuhaben und in diesem Zusammenhang sogar eine glänzende und anerkannt intellektuelle Rolle zu spielen, und doch sind gewisse Grenzen gesetzt und das hergebrachte Geschlechterverhältnis ist nicht grundsätzlich umgewälzt.

Die Geschichte hat die Namen der Frauen, die die begehrtesten Salons leiteten, bewahrt: Madame de Tencin, Madame de Lambert, Madame Geoffrin, Madame du Châtelet, Madame du Deffand, Mademoiselle de Lespinasse, Madame d'Epinay, Madame Necker und andere. Bei ihnen konnte man Montesquieu, Voltaire, Diderot, d'Alembert, Grimm, Marmontel, Buffon und die Enzyklopädisten antreffen. Andere Frauen in Paris und in der Provinz empfingen eine weniger glanzvolle Gesellschaft, bestehend aus zweitrangigen Schriftstellern, liberalen Adligen und Bürgern, die ebenfalls, wenn auch bescheidener, zum aufgeklärten Gepräge des Jahrhunderts beitrugen.

Zwar erreichte der Salon in Frankreich seine Vollendung, aber er war keineswegs eine ausschließlich französische Erscheinung. In ganz Europa finden solche intellektuellen und mondänen Zusammenkünfte im 18. Jahrhundert Verbreitung. In Italien nennt man sie *conversazione*, was ihren Zweck treffend beschreibt. Auch in Deutschland gibt es berühmte Salons, darunter den der Schriftstellerin Sophie von la Roche, den kein anderer als Goethe regelmäßig besuchte. Allerdings gleichen diese Treffen in Deutschland eher literarischen Teerunden als den Pariser Salons und sie werden auch nicht immer von einer Frau geleitet. Man trifft sich dort im kleinen auserwählten Freundeskreis, um gemeinsam zu lesen und sich über Literatur zu unterhalten, aber weder ist die gesellschaftliche Zusammensetzung so gemischt wie in Frankreich, noch haben politische, philosophische und wirtschaftstheoretische Höhenflüge hier ihren Platz. Gleichwohl markieren diese Runden einen Fortschritt in der Entwicklung des Geschlechterverhältnisses. Ähnlich in England, wo die *blue-stockings* die bisher auch im Geistesleben übliche Geschlechtertrennung seit der Mitte des 18. Jahrhunderts durch die Einrichtung von Salons nach französischem Vorbild über den Haufen werfen.

Schreiben

Gibt man sich einmal der Lektüre und dem Salongespräch hin, ist die Versuchung groß, zum Schreiben überzugehen. Briefwechsel, Lektürenotizen, persönliche Übersetzungen eines klassischen oder ausländischen Autoren, Tagebuchschreiben (womit Victorine de Chastenay im Alter von zwölf Jahren beginnt) – diese ersten Zugänge der Frauen zum Schreiben lassen in manchen den Wunsch reifen, ihre Werke zu veröffentlichen. In allen Ländern nimmt die Zahl der Publikationen von Frauen im 18. Jahrhundert zu (Dulong 1991), ein Zeichen nicht nur des steigenden Bildungsniveaus der Frauen, sondern auch ihres Wunsches, nicht mehr nur »Lebensgefährtinnen« zu sein, deren Begabung nur unmittelbaren Freunden zugute kommt. Manche bleiben aus Vorsicht lieber anonym oder verstecken sich hinter einem Pseudonym oder dem Autor, den sie übersetzt haben, andere hingegen zögern nicht, sich der Meinung auszusetzen. Die Romane von Sophie von la Roche und Marie-Jeanne Riccoboni sind regelrechte Erfolgstitel, die von den Schriftstellern der Zeit hochgelobt werden und den Verfasserinnen – was nicht zu vernachlässigen ist – finanzielle Unabhängigkeit verschaffen. Die Werke von Madame de Genlis und Madame d'Epinay entwickeln sich zu Standardwerken über Erziehungsfragen. Reduzierte man die Textproduktion von Frauen allerdings auf Romane und pädagogische Abhandlungen, so würde man die zahlreichen philosophischen, politischen und wissenschaftlichen Texte vergessen, die aus der Feder von Frauen stammen. Madame du Châtelet, die im übrigen Newton ins Französische übersetzt, veröffentlicht ein Werk über die *Institutions de physique*. Die monumentale *History of England from the Accession of James I* (8 Bde., 1763-1778) von Catherine Macaulay gilt rasch als Vorbild des Genres und bringt der Verfasserin die Bewunderung der Philosophen ein. Die Feindseligkeiten und Schwierigkeiten schließlich, auf die Olympe de Gouges bei ihrem Versuch stößt, sich in den 1780er Jahren in Paris als Dramaturgin Anerkennung zu verschaffen, erscheinen wie eine Wiederholung der Erfahrungen, die Louisa Bergalli in den 1750er Jahren in Venedig machen mußte.

Die politische Bühne

Vor den Revolutionen

Anne von England, Maria-Theresa von Österreich und Catherina von Rußland sind Frauen, die die Politik ihres Landes und ihres Jahrhunderts geprägt haben. Aber mit Ausnahme dieser Herrscherinnen und einiger königlicher Mätressen wie der Pompadour haben die Frauen keinen Zugang zu den politischen Machtzentren. Was sie natürlich nicht hindert, am öffentlichen Leben ihres Landes teilzunehmen. Die Salons des 18. Jahrhunderts sind auch politische Zirkel. Olympe de Gouges, Catherine Macaulay und viele andere stellten ihre Feder in den Dienst ihrer Ideen. Die Frauen aus dem Volk wiederum stehen in den Lebensmittel- und Steuerrevolten und in den religiösen und politischen Aufständen an vorderster Front. Als Beschützerinnen der Gemeinschaft achten sie auf die Wahrung ihrer Rechte. Dank ihrer Mobilität, ihrer permanenten Gegenwart auf der Straße, ihrer Kenntnis des öffentlichen Raumes und ihrer Rolle im Wohnviertel kommt ihnen jede Verletzung des Gleichgewichts zwischen der Herrschaft und ihren Untertanen sogleich zu Gehör. So sind sie stets bereit, sich gegen eine als unduldbar erachtete Situation zu erheben und die Männer mitzureißen. Dank zahlreicher historischer Arbeiten über verschiedene europäische Länder ist diese Rolle ebenso wie das Verhältnis zwischen Frauen und Männern im Aufstand nun gut erforscht (vgl. Farge 1991). Allerdings sehen die Machthaber in den Frauen nicht nur potentielle Aufständische, die es ängstlich zu überwachen gilt. Denn andererseits braucht die Monarchie auch die Zustimmung der Frauen. Bekanntlich muß das Volk den großen Feierlichkeiten beiwohnen, mit denen bedeutende Ereignisse – militärische Siege, Hochzeiten und Geburten im Königshaus usw. – begangen werden. Diese Menge, die durch ihre Gegenwart das symbolische Band zwischen dem König und seinem Volk verherrlicht, besteht aus Männern und Frauen. Mitunter aber lösen sich die Frauen aus der Menge, um dieses Band allein zu verkörpern, etwa wenn die Pariser Marktfrauen als Vertreterinnen des Volkes in Versailles empfangen werden, um dem König für die Geburt eines Thronfolgers ihre Glückwünsche zu überbringen. Hüten wir uns aber, aus diesem vielschichtigen Phänomen, das erst noch genauer erforscht werden muß, voreilige Schlüsse zu ziehen. Daß die Frauen durch ihre Schriften, ihre Gegenwart und ihre Aufstände faktisch eine politische Existenz haben, darf nicht vergessen machen, daß ihnen gerade diese politische Existenz rechtlich verweigert wird, was sich auf ihre Handlungsmöglichkeiten negativ auswirkt. Und daß das Königtum ihrem Verhalten Beachtung schenkt, heißt keineswegs, daß sie an der Macht beteiligt sind.

Das Denken der Aufklärung reflektiert über das politische Band zwischen Herrschaft und Untertanen und formuliert die Theorie vom Gesellschaftsvertrag. Aber während die Philosophen seitenlang über die beste Regierungsform und über den Begriff der Nation, der Staatsbürgerschaft, der Naturrechte usw. nachdenken, kommen die Frauen in diesem Zusammenhang bei den meisten ganz einfach nicht vor. Welcher Platz bleibt ihnen im idealen Gemeinwesen der Aufklärung vorbehalten? Der Haushalt – das scheint offenbar so selbstverständlich, daß man es nicht einmal zu erwähnen braucht. Bei näherem Hinsehen aber zeigt sich, daß es doch nicht so einfach ist, eine störende Frage mit einem Federstrich beiseite zu schieben oder erst gar nicht anzugehen. Selbst die Besten verwickeln sich in Widersprüche, ehe sie sich's versehen. So vertritt etwa Diderot in der *Encyclopédie* die Auffassung, »Citoyen«, der Träger politischer Rechte in einer freien Gesellschaft, sei ein ausschließlich männliches Substantiv: »Den Frauen, den kleinen Kindern, den Dienern erkennt man diesen Titel nur wie den Familienmitgliedern eines Staatsbürgers im eigentlichen Sinn zu; aber sie selbst sind nicht wirklich Staatsbürger.« Dieses »nicht wirklich« läßt die Verlegenheit des Philosophen erkennen. Die abrupte Behauptung, das Wort habe keine weibliche Form – wo »Citoyenne« im Französischen durchaus existiert, wenn auch im eingeschränkten Sinn der Stadtbewohnerin –, ist natürlich keine Lösung, ganz im Gegenteil. Mit den Revolutionen des ausgehenden Jahrhunderts soll dieses Problem in aller Schärfe zutage treten.

Die Revolutionäre

Das Ende des Jahrhunderts ist von einer Reihe von Revolutionen geprägt, die unter dem Zeichen der Aufklärung stehen. Von Amsterdam über Boston bis Paris stellt die westliche Welt die hergebrachte Ordnung in Frage. Auch die Sichtweise von der Stellung und der Rolle der Frauen sowie von den Beziehungen zwischen den Geschlechtern sind von diesen Umwälzungen betroffen. Nirgends jedoch werden den Frauen gesetzlich die Staatsbürgerrechte zugebilligt. Die neue politische Ordnung, die Vollendung der Aufklärung, scheint den Männern vorbehalten. Geschaffen wird sie jedoch auch von Frauen, nicht nur von Männern. Die Frauen stehen den Ereignissen alles andere als fremd gegenüber, und zudem sind sie aktiv daran beteiligt und setzen alles daran, nicht auf der Verliererseite des neuen Gemeinwesens zu stehen.

In den aufständischen Massen verkörpern die Frauen aus dem Volk ihre traditionelle Rolle und stehen am Anfang oder an der Spitze zahlrei-

cher Unruhen. Als die Orangisten von Rotterdam sich 1784 gegen die
Patrioten erheben, bemerkt man unter den Anführern eine Muschelver-
käuferin: Kaat Mussel. Am 5. Oktober 1789 ziehen die Frauen von Paris
zu Louis XVI. nach Versailles. Sechs Jahre später sind es abermals enga-
gierte Frauen, die zum Aufstand gegen die Herrschaft der Thermidoria-
ner aufrufen, die in ihren Augen das Volk verhungern lassen und die
Volksrevolution verraten haben. Und als der Aufstand am 1. Mai 1795
ausbricht, organisieren Frauen die ersten Demonstrationen und fordern
die Männer auf, sich einzureihen. Von den Behörden werden sie aus diesem Anlaß als »Sprengmeister« bezeichnet, und die Abgeordneten ver-
bieten ihnen, sich auf der Straße in Gruppen von mehr als fünf Personen
zu versammeln (Godineau 1988). Der Hunger ist dabei nicht der einzige
Beweggrund dieser aus Frauen bestehenden Massen: Im Oktober 1789
betonen einige Demonstrantinnen, sie wollten Brot, »aber nicht um den
Preis der Freiheit«. Und im Mai 1795 erklärt eine Näherin , die Abgeordneten müßten sich vor den Aufständischen, die das »souveräne Volk« repräsentierten, beugen. Freiheit und Souveränität, Schlüsselworte der
Aufklärung, die in diesem Zusammenhang zeigen, daß die Frauen, kommen sie auch aus bescheidenen Verhältnissen, den Ideen des Jahrhunderts nicht fremd gegenüberstanden und am revolutionären Versuch, sie
umzusetzen, beteiligt waren.

Im übrigen lassen es die Frauen nicht dabei bewenden, sich in Krisen-
zeiten zu erheben. In Frankreich besuchen sie regelmäßig politische Versammlungen, bilden Frauenclubs, in denen Zeitungen und die Erlässe
der Nationalversammlung gelesen, über Politik diskutiert und nicht gezögert wird, den Vertretern der Nation die Meinung zu sagen. Ein Gutteil der Petitionen und Schreiben, in denen die Abgeordneten ermutigt
oder mit den Überlegungen der Absender und ihren politischen Forderungen konfrontiert werden, stammen von Frauen. Manche Frauen veröffentlichen ihre Meinungen in Broschüren, in Pamphleten oder auf öffentlich ausgehängten Plakaten. Olympe de Gouges wurde übrigens
wegen eines ihrer Plakate, mit dem sie sich gegen den Konvent wendet,
im Herbst 1793 verhaftet. Bis dahin hatte sie seit 1789 rund dreißig politische Schriften in Form von Pamphleten, Büchern und Theaterstücken
veröffentlicht. Zwischen 1788 und 1799 zählt man in Frankreich rund
150 Veröffentlichungen von Frauen. Frankreich ist hier kein Einzelfall.
Vor der Publikation ihrer berühmten *Vindication of the Rights of
Women* (1792) hatte die britische Feministin Mary Wollstonecraft auf

Burkes Attacken auf die Französische Revolution bereits mit *A Vindication of the Rights of Men* (1790) geantwortet. Im Jahr 1794 veröffentlicht sie *An Historical and Moral View of the Origin and Progress of the French Revolution*. Auch ihre Landsmännin Catherine Macaulay verteidigt in mehreren Schriften die Französische Revolution. Die deutschen Schriftstellerinnen veröffentlichen zwar keine theoretischen Essays, übersetzen aber die Schriften der französischen Revolutionäre und führen die Revolution in ihre Romane ein, in denen sie ihre eigenen Überlegungen zu dem Ereignis zum Ausdruck bringen: Sophie Mereau in *Das Blüthenalter der Empfindungen* von 1794, Therese Heyne-Forster-Huber in *Die Familie Seeldorf* von 1795 und Sophie von La Roche in *Schönes Bild der Resignation* von 1795/96 und *Erscheinungen am See Oneida* von 1798 (Hoock-Demarle 1990).

Die Salons werden zu politischen Treffpunkten. Aufgrund ihres halbprivaten Charakters sind sie neutraler als die offiziellen Gremien und die Clubs. Worüber sich in der fieberhaften Atmosphäre der offiziellen Foren nicht diskutieren läßt, findet seinen Platz im gedämpften Ambiente des Salons. So treffen sich etwa die Demokraten und Traditionalisten Belgiens 1789 im Salon der Gräfin d'Yves.

Zwei Frauen der Aufklärung in der Revolution

Der Pariser Salon von Madame Roland zählt zu den berühmtesten. Im Jahr 1791 treffen sich dort regelmäßig die unterschiedlichsten Persönlichkeiten des patriotischen Milieus: Robespierre, Pétion, Abbé Grégoire, Brissot, Abbé Fauchet, Thomas Paine, Condorcet u.a. Er dient als Ort der Integration, an dem die frisch gewählten Abgeordneten aus der Provinz mit den Pariser Wortführern zusammentreffen können. In kurzer Zeit entwickelt er sich zu einem Zentrum der Girondisten, wo politische Maßnahmen gegenüber den Jakobinern und der Nationalversammlung ausgearbeitet werden. Bei dieser Gelegenheit gibt sich die Gastgeberin nicht damit zufrieden, die Empfangsdame zu spielen, sondern bringt immer wieder neuen Schwung in die Diskussion und übt auf ihre Gäste einen nicht zu unterschätzenden Einfluß aus. Mit ihrer Bildung, ihrer Lektüre, ihrer rousseauistischen Religion und ihrem Glauben an die Überlegenheit der angeborenen Fähigkeiten ist sie eine hervorragende Vertreterin des Geistes der Aufklärung. Bereits vor der Revolution arbeitete sie eng mit ihrem Mann zusammen und half ihm bei der Abfassung seiner Reden vor der Akademie, seiner technischen Abhandlungen, seiner Berichte über die Manufakturen und seiner Beiträge für die *Encyclopédie méthodique*. Die Revolution gibt dieser Zusammenarbeit der Eheleute eine neue Richtung. Manon Roland übt auf die Politik ihres Mannes, nunmehr Minister, einen tiefgehenden Einfluß aus und verfaßt für ihn offizielle Texte von größter Bedeutung.

Als wahrhafte Politikerin verstand sich Manon Roland keineswegs als Sprecherin oder Vertreterin ihres Geschlechts. »Ich glaube nicht, daß unsere Sitten es den Frauen noch erlauben, sich zu zeigen«, schreibt sie in einem Brief vom April 1791, »sie sollten zum Guten anregen und alle dem Vaterland nützlichen Gefühle nähren und entflammen, aber nicht als aktiv Beteiligte am politischen Werk in Erscheinung treten. Erst wenn sämtliche Franzosen es verdient haben, daß man sie als freie Menschen bezeichnet, können die Frauen wieder offen handeln.« Madame Roland selbst schrieb fast ausschließlich unter dem Namen ihres Mannes oder anonym. Insofern repräsentiert sie als politisch aktive Frau trotz ihrer unbestreitbaren Modernität eine recht traditionelle Figur, in der Nachfolge mancher Königinnen oder Lieblingsmätressen der Könige, deren Bedeutung im Verborgenen blieb und sich nur ihrer persönlichen Stellung und ihrem persönlichen Einfluß im Kreis der führenden Männer verdankte.

Dennoch wurde sie am 8. November 1793 wegen ihrer Ansichten und ihrer politischen Rolle guillotiniert. Nur wenige Tage nach ihrem Tod veröffentlichte das halbamtliche *Feuille de salut public* einen Artikel, der sich »Aux républicains« wandte und von *Le Moniteur* in seiner Ausgabe vom 19. November übernommen wurde. Dort steht zu lesen, daß »die Frau Roland, ein schöner Geist mit hochfliegenden Plänen«, »ein Monster in jeder Hinsicht«, »der Natur zuwiderhandelte, indem sie sich über sich selbst zu erheben trachtete; ihr Wunsch, eine Gelehrte zu werden, ließ sie die Tugenden ihres Geschlechts vergessen, und dieses Vergessen, das stets gefährlich ist, ließ sie auf dem Blutgerüst enden«. Die Warnung ist deutlich, Kommentar überflüssig: Die gebildeten Frauen sollen bloß aufpassen! Der Artikel attackiert auch Olympe de Gouges, die am 3. November guillotiniert wurde. Ihr wirft der Verfasser eine »übersteigerte Phantasie« vor, aufgrund derer sie sich zum »Staatsmann« aufschwingen wollte und »die ihrem Geschlecht geziemenden Tugenden« vergaß.

Olympe de Gouges war sicher keine Gelehrte, hatte sie doch nur eine recht oberflächliche Bildung genossen (sie selbst räumt ein, nicht besonders gut schreiben zu können). Das hat sie freilich nicht gehindert, sich als Schriftstellerin und Dramaturgin zu profilieren. Auch sie war vom Geist der Aufklärung beseelt und trat vehement für die naturverbrieften Rechte aller Menschen ein. Daß sie gegen die Sklaverei, für die Geschlechtergleichheit und die Wahrung der Autorenrechte kämpfte, ist bekannt. Denn im Unterschied zu Madame Roland trat Olympe de Gouges mit ihren Anliegen stets an die Öffentlichkeit und zögerte nicht, ihre Schriften namentlich zu zeichnen und mit einer Vehemenz aufzutreten, die sie bereits vor der Revolution wiederholt in Schwierigkeiten brachte. Vor allem aber schrieb sie im Namen der Frauen, trat als ihre Wortführerin auf, ermunterte sie, gegen ihre ungerechte Lage aufzubegehren und forderte – namentlich in ihrer *Déclaration des Droits de la Femme et de la Citoyenne* – die naturverbrieften Rechte für die Gesamtheit ihres Geschlechts ein. Kompromißlos, wenn es um Grundsätze geht, lehnte sie es ab, im Dunkeln zu agieren und mit Blick auf die politische Anerkennung der Frauen auf die weitere Entwicklung zu vertrauen.

Ein neues Geschlechterverhältnis?

Außer diesen beiden Frauen ist noch eine weitere Figur von besonderem Interesse: die ganz und gar theoretische Figur der nachrevolutionären Frau, die Frau der künftigen Gesellschaft. Diese neue Frau findet sich beiderseits des Atlantiks. Zahlreiche Amerikanerinnen und Französinnen weisen das Bild der koketten Verführerin, deren ganze Aufmerksamkeit ihrem Putz, ihrem Aussehen und ihrer Wirkung auf die Männer gilt, weit von sich. In diesem Frauentyp, dem Ergebnis eines verkorksten Geschlechterverhältnisses, spiegelt sich wider, wie sehr ein ganzes Volk unterjocht wurde. In einer Republik sind die Frauen nicht mehr frivol, schwach und passiv, sondern würdevoll, energisch und aktiv. Und die Männer sollen ihre Lebensgefährtinnen mit anderen Augen sehen und sie nicht mehr nach der Schönheit ihres Körpers, sondern ihren sittlichen Eigenschaften schätzen und lieben. Im Dezember 1793 verficht eine junge Frau aus Paris, Joséphine Fontanier, dieses neue Geschlechterverhältnis in einer Rede vor einer Versammlung von Sansculotten:

»Die Zeit ist vorbei, da die Frau, entwürdigt und herabgesetzt durch den falschen, frivolen Kult, den man ihr entgegenbrachte und vorgab, sie zu ehren, bestenfalls als ein Wesen der zweiten Ordnung (sic) betrachtet wurde, allein dazu bestimmt, ihren Mann zu bekränzen und der Gesellschaft eine Zierde zu sein wie die Rosen im Garten. Ach, Bürger! Würdet ihr es wagen, euch Republikaner zu nennen, wenn ihr Schönheit noch für die wichtigste Eigenschaft einer Frau hieltet [...]? Nein, nein, Bürger, überlassen wir den Höfen der Despoten und den verderbten Städten [...] diese falsche Manier, die Hälfte des Menschengeschlechts zu schätzen [...]. Betrachten wir diese frivolen Frauen, diese vergänglichen Wesen, die nur glänzen können und wollen, mit Verachtung oder vielmehr mit Mitleid [...]. Wir wollen von diesen frivolen Vorstellungen nichts mehr wissen. Ab sofort läßt uns die Farbe eines Bandes, die Feinheit einer Gaze und die Gestalt oder der Preis unserer Ohrringe gleichgültig, und unsere Tugenden sollen unsere einzige Zierde und unsere Kinder unser Schmuck sein.« (Archives nationales, F1c III Seine 17)

Die Amerikanerinnen betonen, welche Bedeutung die Erziehung der Republikanerinnen für die Entwicklung ihrer Eigenschaften und die Gewährleistung ihrer Unabhängigkeit, ihres *self-respect* und ihrer *self-reliance* hat. Und die Französinnen fügen dem hinzu, daß die Beziehungen zwischen den Geschlechtern nicht mehr den Stempel des »ehemännlichen Despotismus«, der dem Despotismus des Königs und der Adligen gleichgesetzt wird, tragen dürften. Sie fordern für die Frauen das Recht, ja die Pflicht, »an der öffentlichen Sache mitzuwirken«.

Aber für die Gesellschaft als ganzes ist die Republikanerin in erster Linie Mutter und hat daher vor allem die Aufgabe, ihre Kinder zu guten Staatsbürgern zu erziehen. So daß in der Diskussion, die in der zweiten Jahrhunderthälfte über die Frau und ihre besonderen Aufgaben anhebt, nun ganz neue Saiten zum Klingen kommen.

Staatsbürgerinnen?

Die Französische Revolution schuf einen neuen öffentlichen Raum, in dem jeder als Staatsbürger seine wiedererlangten naturverbrieften Rechte genießt. Dies wirft unmittelbar die Frage auf, ob dieser Raum beiden Geschlechtern offensteht und die Staatsbürgerrechte auch den Frauen zukommen. Die Antwort fiel bekanntlich negativ aus. Wie aber nun diese Verletzung des Grundsatzes der Allgemeingültigkeit, wie er der Menschenrechtserklärung, dem Fundament der neuen Gesellschaft zugrundeliegt, rechtfertigen? Durch Bezugnahme auf den Geschlechterunterschied, auf den Begriff einer besonderen weiblichen Natur. Der Rückgriff auf Rousseau ist bei den Revolutionären, die der politischen Mitwirkung der Frauen feindselig gegenüberstehen, gang und gäbe. Roussel wird zwar kaum zitiert, aber seine Theorien dienen als Argumentationsbasis: Die Frau ist aufgrund ihrer physischen Konstitution körperlich und geistig schwächer als der Mann und kann daher nicht in den Genuß der Staatsbürgerrechte kommen. Im übrigen hat die Natur sie zu anderen Aufgaben bestimmt, die, wie der Abgeordnete Amar in seinem Bericht vom 30. Oktober 1793 unmittelbar vor dem Verbot der Frauenclubs näher ausführt, »von der allgemeinen Ordnung der Gesellschaft herrühren«. Was nicht heißt, daß sie aus dem revolutionären Gemeinwesen ausgeschlossen wären, sondern daß ihr Platz im Haushalt und auf Seiten der Sitten ist. Sie sind dazu bestimmt, so Amar, »die Sitten der Männer zu mildern« und die künftigen Staatsbürger im Geist der »öffentlichen Tugenden«, des Guten und der Freiheit aufzuziehen. Kant wiederum behauptet in seiner *Anthropologie* von 1798, die Frau führe den Mann zu Moralität und Kultur (Kant 1991, S. 652). Eine Sichtweise, die von einigen Amerikanerinnen weiter entwickelt wird. Sie fordern keine öffentliche Funktion, sondern versichern, der revolutionäre Bruch habe ihrer familiären Rolle als Mutter einen neuen, staatsbürgerlichen Sinn verliehen. Außerdem seien sie, so ihre Argumentation, die Garanten der Moralität und der Tugend des Landes, ohne die letzteres nicht überleben könnte.

Die Französinnen hingegen, die in einer Gesellschaft leben, in der das soziale Leben der Frauen reichhaltiger ist, geben sich mit dieser »privaten Staatsbürgerschaft« nicht zufrieden. Sie lehnen die Aufgabenteilung zwischen den Geschlechtern zwar nicht rundweg ab, sehen aber nicht ein, warum sie mit öffentlichen Aktivitäten und weitergehend mit der Ausübung der Staatsbürgerrechte unvereinbar sein soll. So erklärt eine Gruppe von Pariser Frauen im Jahr 1793:

»Und warum sollten die Frauen, begabt mit sinnlichem Wahrnehmungsvermögen und der Fähigkeit, ihre Gedanken auszudrücken, von den öffentlichen Angelegenheiten ausgeschlossen werden? Die Menschenrechtserklärung gilt für das eine Geschlecht ebenso wie für das andere, wobei der Unterschied ihre jeweiligen Pflichten betrifft; derer gibt es öffentliche und private. Die Männer sind besonders berufen, erstere zu erfüllen ...«

Alle, die wie die Verfasserinnen dieser Erklärung für die politische Existenz der Frauen eintreten, betonen, was beiden Geschlechtern gemein ist: die Vernunft, die den Menschen als Träger von Rechten definiert. Gegen die Auffassung, es gebe zwei diametral entgegengesetzte Naturen, verstehen sie sich als geistige Erben von Poullain de la Barre. »Wir sind auf der Erde keineswegs eine andere Art als ihr: der Geist hat kein Geschlecht, ebensowenig wie die Tugenden«, schreibt Melle Jodin in *Vues législatives pour les femmes* von 1790. Die Konsequenz liegt auf der Hand: Beide Geschlechter sollten dieselben Rechte genießen.

Mehr noch als eine Frage der Gerechtigkeit ist dies eine Frage des Prinzips und der Logik. Die Ausgrenzung der Frauen aus dem Bürgerrecht, eine Verletzung des »Prinzips der Gleichberechtigung« ist ein »Akt der Tyrannei«, der nicht nur die unmittelbaren Opfer, sondern die ganze Gesellschaft angeht, schreibt Condorcet in seinem Artikel »Sur l'admission des femmes au droit de cité« *(Journal de la Société de 1789,* Juli 1790). Denn »der Grundsatz der Gleichberechtigung« setzt voraus, daß »entweder kein Individuum des Menschengeschlechts wirkliche Rechte hat oder daß alle dieselben haben«. Als Mann der Aufklärung bringt er die Vernunft gegen die Vorurteile und die eitlen Deklamationen (oder die »allgemeine Meinung«, auf die Amar sich 1793 stützt) in Anschlag. Den Verfechtern des physiologischen Arguments entgegnet er, daß nicht nur der weibliche Körper das traurige Privileg besitze, krank zu werden, und es lächerlich sei, einem Vernunftwesen unter dem Vorwand irgendeiner Körperschwäche seine Rechte abzusprechen:

»Aus welchem Grund sollten Wesen, die Schwangerschaften und vorübergehendem Unwohlsein ausgesetzt sind, nicht dieselben Rechte ausüben können wie Leute, die im Winter an Gicht leiden und sich leicht einen Schnupfen zuziehen, ist doch noch niemand auf die Idee gekommen, sie deshalb ihrer Rechte zu berauben.«

Condorcets Argumente finden sich in sämtlichen Schriften wieder, die für die politische Existenz der Frauen eintreten. Olympe de Gouges appelliert an die »Kraft der Vernunft« um der »Inkonsequenz« zu entgegnen und erklärt, es gebe keine Verfassung, es bedeute vielmehr Tyrannei, daß die Verfassung nicht von Männern *und* Frauen verfaßt worden sei. Und die Vorsitzende des Frauenclubs von Dijon vertritt unter Berufung auf die Grundsätze und die bestehenden Beziehungen zwischen den Geschlechtern die Auffassung, daß »überall da, wo die Frauen Sklavinnen sind (nicht die Gesamtheit ihrer Rechte besitzen), die Männer unter dem Despotismus gebeugt sind«.

Als Bruchstelle und Infragestellung beschließt die Revolution die Ära der Aufklärung. Die Frauen kommen (nicht für lange) in den Genuß der bürgerlichen Rechtsgleichheit, aber die Staatsbürgerschaft wird ihnen verweigert. Was allerdings nichts daran ändert, daß sie als Staatsbürgerinnen gehandelt und dieses Wort in seinem politischen Bedeutungsgehalt in die Wörterbücher und in die Geschichte eingeprägt haben. Durch die Schaffung eines auf dem Gleichheitsgrundsatz beruhenden politischen Raumes unterstreicht die Revolution das Paradox der Aufklärung, das Paradox einer »Gemeinschaft der Geschlechter ohne Gleichheit«. In einer auf dem Grundsatz der Ungleichheit beruhenden Welt konnte man sich damit abfinden, aber nun auch weiterhin damit zu leben, war einfach unmöglich. Die schlichte Tatsache, daß es nunmehr möglich war, die Gleichheit von Männern und Frauen ins Auge zu fassen, führte zu zunehmenden Spannungen. Das Bild von der Tod-Frau – die den Tod der Revolution, der Gesellschaft und des Mannes bedeutet – findet immer weitere Verbreitung. Die Angst vor einer Infragestellung des Geschlechterverhältnisses steigt ins Unermeßliche. Die Angst der Männer, die Macht mit den Frauen teilen zu müssen, was häufig als Machtverlust (in Politik, Gesellschaft, Geistesleben und im Haushalt) und als Versklavung der Männer verstanden wird. Die Angst vor einer möglichen Vermischung der Geschlechter mit angeblich chaotischen Folgen. Ängste, die man zu bannen sucht, indem man sich auf die Auffassungen der Ärzte-Philosophen der Aufklärung versteift, die für die Ausgrenzung der Frauen den argumentativen Grundstock lieferten. Und vielleicht liegt es gerade an der Tatsache, daß in einer zur Demokratie tendierenden Gesellschaft eine »Gemeinschaft der Geschlechter ohne Gleichheit« nicht länger haltbar ist, daß der *Code Civil* von 1804 einerseits stark betont, daß Gleichheit nicht in Frage kommt, und die Gemeinschaft der Geschlechter andererseits durch die strikte Aufteilung der Sphären zwischen Männern und Frauen im 19. Jahrhundert stark zurückgeht. Und dennoch – und dies ist das letzte Paradox – wurde die nunmehr anhebende Entwicklung des Feminismus gerade durch den revolutionären Bruch ermöglicht.

Bibliographie

(Die mit einem * gekennzeichneten Titel sind in der italienischen Originalausgabe nicht aufgeführt.)

Allgemeine Werke über die Epoche

Barudio, Günter, *Das Zeitalter des Absolutismus und der Aufklärung 1648-1779*, Frankfurt a. M. 1994*

Bornscheuer, L./Kaiser, H./Kulenkampff, J. (Hg.), *Glaube, Kritik und Phantasie. Europäische Aufklärung in Religion und Politik, Wissenschaft und Literatur*, Frankfurt a. M. 1993*

Cassirer, Ernst, *Die Philosophie der Aufklärung*, Tübingen 1973*

Darnton, Robert, *The Business of Enlightenment: A Publishing History of the Encyclopédie, 1775-1800*, Cambridge (Mass.)/London 1979 (dt.: *Glänzende Geschäfte. Die Verbreitung von Diderots Encyclopédie oder: Wie verkauft man Wissen mit Gewinn?*, Berlin 1993)*

Dilthey, Wilhelm, *Gesammelte Schriften. Bd. 3, Studien zur Geschichte des deutschen Geistes. Leibniz und sein Zeitalter. Friedrich der Grosse und die deutsche Aufklärung. Das achtzehnte Jahrhundert und die geschichtliche Welt*, hg. v. Paul Ritter, Göttingen 1992*

Dülmen, Richard van, *Die Gesellschaft der Aufklärer. Zur bürgerlichen Emanzipation und aufklärerischen Kultur in Deutschland*, Frankfurt a. M. 1996*

Durant, Ariel/Durant, Will, *Kulturgeschichte der Menschheit*, Bd. 15: *Europa und der Osten im Zeitalter der Aufklärung*, München 1979*

ImHof, Ulrich, *Das Europa der Aufklärung*, München 1995*

Knabe, Peter E. (Hg.), *Frankreich im Zeitalter der Aufklärung*, Köln 1985*

Kocka, Jürgen, *Geschichte und Aufklärung. Aufsätze*, Göttingen 1989*

Pope, Alexander, *Vom Menschen*, engl./dt., hg. u. übersetzt v. E. Breidert, Hamburg 1993*

Porter, Roy, *Kleine Geschichte der Aufklärung*, aus dem Engl. v. Ebba D. Drolshagen, Berlin 1991*

Pütz, Peter, *Die deutsche Aufklärung*, Darmstadt 1991*

Reinalter, Helmut (Hg.), *Aufklärungsgesellschaften*, Frankfurt a. M. 1993*

Stackelberg, Jürgen von, *Themen der Aufklärung*, München 1979*

Starobinski, Jean, *Le remède dans le mal*, 1989 (dt.: *Das Rettende in der Gefahr. Kunstgriffe der Aufklärung*, Frankfurt a. M. 1990)*

Vierhaus, R., *Deutschland im 18. Jahrhundert, Politische Verfassung, soziales Gefüge, geistige Bewegungen*, Göttingen 1987*

Weis, Eberhard, *Deutschland und Frankreich um 1800. Aufklärung, Revolution, Reform*, hg. v. W. Demel und B. Roeck, München 1990*

Der Adlige

Argens, Jean-Baptiste d', *Mémoires*, Paris 1807 (dt.: *Merkwürdige Lebensbeschreibung des Herrn Marquis von Argens: nebst dessen Briefen über verschiedene Materien*, Frankfurt/Leipzig 1749)

Baecque, A. de, »Le discours anti-noble, 1787-1792. Aux origines d'un slogan: ›Le peuple contre les gros‹«, in: *Revue d'Histoire moderne et contemporaine* 36, Jan.-März 1989, S. 3-28

Bauer, Volker, *Die höfische Gesellschaft in Deutschland von der Mitte des 17. bis zum Ausgang des 18. Jahrhunderts*, Tübingen 1993*

Bien, David, »La réaction aristocrate avant 1789: l'exemple de l'armée«, in: *AESS*, 1974, H. 1, S. 23-49 u. H. 2, S. 505-534

Billacois, François, »La crise de la noblesse européenne, 1560-1650. Une mise au point«, in: *Revue d'Histoire moderne et contemporaine* 23, April-Juni 1976, S. 258-277

Blomac, Nicole de, »Élites et généalogie au XVIIIᵉ siècle: le cheval de course, cheval de sang, la naissance d'un nouveau concept en France«, in: *Revue d'Histoire moderne et contemporaine* 36, Juli-Sept. 1989, S. 497-507

Bluche, F., *La vie quotidienne de la Noblesse Française au XVIIIᵉ siècle*, Paris 1973

Bohan, de, *Examen critique du militaire français*

Campomanes, *Cartas politico-economicas*, zit. n. Desdevises du Dézert 1925

Carré, H., *La Noblesse de France et l'Opinion publique au XVIIIᵉ siècle*, Genf 1977

Chaussinand-Nogaret, G., »Un aspect de la pensée nobiliaire au XVIIIᵉ siècle: l'anti-nobilisme«, in: *Revue d'Histoire moderne et contemporaine*, 1982

–, *La noblesse au XVIIIᵉ siècle. De la féodalité aux Lumières*, Brüssel 1981

Chevalier D'Arcq, *La Noblesse militaire ou le Patriote français* (dt. in: Johann H. Justi, *Der handelnde Adel, dem der kriegerische Adel entgegengesetzt wird*, Göttingen 1756)

–, *Le Roman du jour, pour servir à l'histoire du siècle*, London 1754

–, *Mes loisirs*, Paris 1756 (dt.: *Meine müßigen Stunden*, Helmstädt 1759)

Clavijo y Fajardo, Don José Gabriel, *Pragmática del Zelo y desagravio de las Damas*, Madrid 1755

Coyer, Abbé, *Bagatelles morales*, London 1754 (dt.: *Moralische Kleinigkeiten*, Leipzig 1755)

–, *Chinki. Histoire cochinchinoise*, London 1768 (dt.: F. Gabriel, *Chinki. Eine Cochinchinesische Geschichte, die anderen Ländern nützen kann*, Berlin 1770)

–, *La Noblesse commerçante*, London 1756 (dt. in: Johann H. Justi, *Der handelnde Adel, dem der kriegerische Adel entgegengesetzt wird*, Göttingen 1756)

–, *Observations sur l'Angleterre par un voyageur*, Paris 1779

–, *Trois Pièces sur cette question, les nobles doivent-ils commercer?* Paris 1758

–, *Voyage d'Italie et de Hollande*, Paris 1755

Cubells, M., »A propos des usurpations des nobles en Provence sous l'Ancien Régime« in: *Provence historique*, Bd. 20, H. 81, Juli-Sept., Aix-en-Provence 1970, S. 239-300

Cubells, M., *La Provence des Lumières. Les parlementaires d'Aix au XVIIIe siècle*, Paris 1984

Christian de Bertillat 1986 ([1]1906)

Delon, M., »De Thérèse philosophe à la philosophie dans le boudoir: la place de la philosophie«, in: *Romanistische Zeitschrift für Literaturgeschichte, Cahiers d'histoire des littératures romanes* 1, H. 2, 1983, S. 76-88

Desdevises du Dézert, G., *La société espagnole au XVIIIe siècle*. Auszug aus der *Revue Historique*, Bd. LXIV, New York/Paris 1925

Devyver, A., *Le Sang épuré. La naissance du sentiment et de l'idée de race dans la noblesse française, 1560-1720*, Diss., Brüssel 1973

Don Preciso, *Elementos de la Ciencia contradanzaria, para que los currutacos, pirracas, y Madamitas del Nuevo Cuno puedan aprender por principios a bailar las contradanzas por si solos o con las sillas de su casa*, 1796

Elorza, A. (Hg.), *Pan y toros, y otros papeles sediciosos de fines del siglo XVIII*, Madrid 1971

Fehrenbach, Elisabeth (Hg.), *Adel und Bürgertum in Deutschland 1770-1848*, München 1994*

Forster, R., »The Provincial Noble: A Reappraisal«, in: *The American Historical Review* 68, H. 3, April 1963, S. 681-691

–, *The Nobility of Toulouse in the Eighteenth Century: A Social and Economical Study*, Baltimore 1960

Huppert, G., *Bourgeois et Gentilshommes. La réussite sociale en France aux XVIe siècle*, Paris 1983

Jovellanos, *Satira sobre la mala educación de la nobleza*, Paris 1899

Labatut, J. P., *Les noblesses européennes de la fin du XVe siècle à la fin du XVIIIe siècle*, Paris 1978

Lavater, Johann Caspar, *Physiognomische Fragmente zur Beförderung der Menschenkenntnis und Menschenliebe* – 1. Versuch, Leipzig 1775

Le Roy Ladurie, Emmanuel, Vorwort zu *La noblesse au XVIIIe siècle. De la féodalité aux Lumières*, Brüssel 1984

Lely, G., *Leben und Werk des Marquis de Sade*, Düsseldorf 1962

Mémoire à consulter et consultations pour Madame la Comtesse de Mirabeau, Aix-en-Provence 1783

Meyer, Jean, »Un problème mal posé: la noblesse pauvre. L'exemple breton au XVIIIe siècle«, in: *Revue d'Histoire moderne et contemporaine*, April-Juni 1971, S. 161-188

–, »La noblesse française au XVIIIe siècle: aperçu des problèmes«, in: *Acta Polonia Historica* XXXVI, Warschau 1977, S. 9-45

–, *La noblesse bretonne*, Paris 1972

–, *Noblesses et Pouvoirs dans l'Europe d'Ancien Régime*, Paris 1973

Mirabeau, *Des lettres de cachet et des prisonniers d'État*, Paris 1835

–, *Essai sur le despotisme*, Paris 1935

Montlosier, Comte de, *Mémoires* Bd. VI, Paris 1830

Richard, G., »Les Dietrich en Alsace (1684-1789)« in: ders., *Noblesse d'affaires au XVIIIe siècle*, Paris 1974, S. 154-162

–, *Noblesse d'affaires au XVIIIe siècle*, Paris 1974

Roche, D., *Les Républicains des lettres. Gens de culture au XVIIIe siècle*, Paris 1988

–, *La culture des apparences*, Paris 1989

Rustin, J., *Le Vice à la mode. Étude sur le roman français dans la première moitié du XVIIIe siècle*, Paris 1979

Sade, Marquis de, *Correspondance*, in: *Œuvres complètes du Marquis de Sade*, Bd. 12, Paris 1964

–, *Les 120 Journées de Sodome*, in: *Œuvres complètes du Marquis de Sade*, Bd. 1, Paris 1986

Schalk, E., *From Valor to Pedigree. Ideas of Nobility in France in the Sixteenth and Seventeenth Centuries*, Princeton 1986

Serna, Pierre, »Aux origines culturelles d'un engagement politique: les notes de lecture d'Antonelle«, in: *AHRF*, Nr. 292, April-Juni 1993, S. 169-202

Tilly, Alexandre Comte de, *Mémoires*, 1828 (dt. *Memoiren*, Wien/Prag/Leipzig 1923)

Tocqueville, Alexis de, *Der alte Staat und die Revolution*, München 1978

Tuetey, L., *Les Officiers sous l'Ancien Régime. Nobles et roturiers*, Paris 1908

Vaissière, P. de, *Gentilshommes campagnards de l'Ancienne France*, Paris 1986

Vaublanc, Comte de, *Mémoires*, Paris 1857

Vierhaus, Rudolf (Hg.), *Der Adel vor der Revolution. Zur sozialen und politischen Funktion des Adels im vorrevolutionären Europa*, Göttingen 1971*

Vovelle, Michel, »L'élite ou le mensonge des mots«, in: *Annales ESC*, Jan.-Feb. 1974

–, »Sade, seigneur de village«, in: *Sade, colloque organisé par la faculté d'Aix, 1966*, Paris 1968

Der Geschäftsmann

Bergeron, Louis, *Banquiers, Négociants et Manufacturiers parisiens du Directoire à l'Empire*, Paris/Den Haag/New York 1978

Chassagne, Serge, *Oberkampf. Un entrepreneur capitaliste au siècle des Lumières*, Paris 1980

–, *Une femme d'affaires au XVIIIe siècle. La correspondance de Mme de Maraise, collaboratrice d'Oberkampf*, Toulouse 1981

Hirsch, Jean-Pierre, *Les deux rêves du commerce. Entreprise et institution dans la région lilloise (1780-1860)*, Paris 1991

Lamard, Pierre, »Japy et ses ouvriers au XIXe siècle«, in: *Société d'émulation de Montbéliard* LXXXI, H. 108, 1986, S. 103-133

–, *Histoire d'un capital familial au XIX^ee siècle: le capital Japy (1777-1910)*, Belfort 1988

Meyer, Rudolf, *Theoretische Einleitung in die praktische Wechsel- und Warenhandlung*, Hanau 1782

Monnier, Raymond, »Antoine-Joseph Santerre, brasseur et spéculateur foncier«, in: *Revue du Nord* 5, 1989, Sondernummer *La Révolution française et le Développement du capitalisme*, hg. v. Gérard Gayot und Jean-Pierre Hirsch, S. 333-346

Röthlin, Niklaus, *Die Basler Handelspolitik und deren Träger in der zweiten Hälfte des 17. und im 18. Jahrhundert*, Basel/Frankfurt a. M. 1986

Zorn, Wolfgang, »Gewerbe und Handel 1648-1800«, in: H. Aubin und W. Zorn (Hg.), *Handbuch der deutschen Wirtschafts- und Sozialgeschichte* Bd.1, Stuttgart 1971*

Zuber, Jean, *Réminiscences et Souvenirs*, Mulhouse 1895

Der Gelehrte

Alembert, Jean L. d', *Alemberts Versuch über den Umgang der Gelehrten und Großen, über den Ruhm, die Mäcenen, und die Belohnungen der Wissenschaften*, Leipzig 1775

Belanger, Terry, »Publishers and Writers in Eighteenth-Century England«, in: Isabel Rivers (Hg.), *Books and their Readers in Eighteenth-Century England*, New York 1982, S. 5-25

Birn, Raymond, »Rousseau et ses éditeurs«, Vorlesung an der Ecole des Hautes Études en Sciences Sociales, 14. Mai 1992

–, »Rousseau and Literary Property: from the *Discours sur l'inégalité* to *Émile*«, in: *Leipziger Jahrbuch zur Buchgeschichte*, Nr. 3, 1993, S. 13-37

Blackstone, William, *Tonson v. Collins. English Reports. Full Reprints*, Bd. 96, Edinburgh/London 1900-1930

Bödeker, Hans Erich, »Journals and Public Opinion. The Politicization of the
    German Enlightenment in the Second Half of the Eighteenth Century«, in:
    Eckhart Hellmuth (Hg.), *The Transformation of Political Culture. England
    and Germany in the Late Eighteenth Century,* Oxford 1990, S. 423-445

Brissot, Jean-Pierre, *Mémoires* (1754-1793), Bd. 1, Paris 1911

Camden, Lord, in: *The Cases of the Appelants and Respondents in the Cause of
    Literary Property before the House of Lords,* London 1774

Chartier, Roger, *Les Origines culturelles de la Révolution française,* Paris 1990
    (dt.: *Die kulturellen Ursprünge der Französischen Revolution,* Frankfurt/
    New York 1995)

Clery, E.J., »Women, Publicity and the Coffee-House Myth«, in: *Women: A Cul-
    tural Review* 2, H. 2, 1991, S. 168-177

Colaiacomo, Claudio, »Crisi dell' ›Ancien Régime‹: dall' uomo di lettere al lette-
    rato borghese«, in: *Letteratura italiana,* Bd. 2 *Produzione e consumo,* Turin
    1983, S. 363-412

Collins, Arthur Simons, *Authorship in the Days of Johnson, Being a Study of the
    Relation between Author, Patron, Publisher, and Public, 1726-1780,* London
    1927

–, *The Profession of Letters: A Study of Relation of Author to Patron, Publisher,
    and Public, 1780-1832,* London 1928

Cristin, Claude, *Aux Origines de l'histoire littéraire,* Grenoble 1973

Cuaz, Mario, »Elenco delle testate«, in: Carlo Capra/Valerio Castronovo/Giu-
    seppe Ricuperati, *La Stampa italiana dal Cinquecento all'Ottocento,* Bari
    1986, S. 371-386

Darnton, Robert, »Ein Polizeiinspektor ordnet seine Akten: Die Anatomie der
    literarischen Republik«, in: ders., *Das große Katzenmassaker. Streifzüge
    durch die französische Kultur vor der Revolution,* München/Wien 1989a, S.
    169-217

–, »Ideology on the Bourse«, in: *L'Image de la Révolution française, Communi-
    cations présentées lors du Congrès mondial pour le bicentenaire de la Révolu-
    tion, Sorbonne, Paris 6.-12. Juli 1989,* hg. von Michel Vovelle, Paris/Oxford
    1989b, Bd. 1, S. 124-139

–, »The Facts of Literary Life in Eighteenth-Century France«, in: Keith Michael
    Baker (Hg.), *The Political Culture of the Old Regime,* Oxford 1987, S. 261-291

–, »The High Enlightenment and the Low-life of Literature in Prerevolutionary
    France«, in: *Past and Present* 51, 1971, S. 81-115

–, »Un carrière littéraire exemplaire«, in: ders., *Gens de lettres, gens du livre,*
    Paris 1992, S. 47-67

Diderot, Denis, *Sur la liberté de la presse,* texte partiel établi, présenté et annoté
    par Jacques Proust, Paris 1964

Dodde, Nan L./Schmale, W. (Hg.), *Revolution des Wissens? Europa und seine
    Schulen im Zeitalter der Aufklärung (1750-1825). Ein Handbuch zur europäi-
    schen Schulgeschichte,* Bochum 1991*

Ellis, Aytun, *The Penny Universities: A History of the Coffee-Houses*, London 1956

Encyclopédie, ou Dictionnaire raisonnée des sciences, des arts et des métiers, par une société de gens de lettres, Paris 1751-1772

Enfield, William, *Observations on Literary Property*, London 1774

French Historical Studies 17, H. 1, Frühjahr 1981, S. 159-208

Fumaroli, Marc, *Le genre des genres littéraires français: la conversation*, Oxford 1992

Galiani, Claudio, *Die Briefe des Abbé Galiani*, Bd. 1, München/Leipzig 1907

Galiani, Ferdinando/Epinay, Louise d', *Correspondance*, Bd. 1 (1769-1770), Paris 1992a

–, *Helle Briefe*, Frankfurt a.M. 1992b

Garat, Dominique-Joseph, *Mémoires historiques sur le XVIIIe siècle et sur M. Suard*, Bd. 1, Paris 1821

Garnier, Jean-Jacques, *L'Homme de Lettres*, Paris 1764

Gibbon, Edward, *Memoirs of My Life*, hg. v. Georges A. Bonnard, London 1966, S. 125-128

Goodman, Dena, »Enlightenment Salons: The Convergence of Female and Philosophic Ambitions«, in: *Eighteenth-Century Studies* 22, H. 3, Frühjahr 1989, S. 329-350

–, »Governing the Republic of Letters: The Politics of Culture in the French Enlightenment«, in: *History of European Ideas* 13, H. 3, 1991, S. 183-199

–, »Pigalle's *Voltaire nu:* The Republic of Letters Represents Itself to the World«, in: *Representations* 16, 1986, S. 86-109

–, »Public Sphere and Private Life: Toward a Synthesis of Current Historiographical Approaches to the Old Regime«, in: *History and Theory* 31, H. 1, 1992, S. 1-20

Gordon, Daniel, »Public Opinion and the Civilizing Process in France: The Example of Morellet«, in: *Eighteenth-Century Studies* 22, H. 3, Frühjahr 1989, S. 302-328

Grimm u.a., *Correspondance littéraire*, Bd. 9, hg. von Maurice Tourneux, Paris 1879

Grimm, G.E., *Literatur und Gelehrtentum. Untersuchungen zum Wandel ihres Verhältnisses vom Späthumanismus bis zur Frühaufklärung*, Tübingen 1983*

Guicciardi, Jean-Pierre (Hg.), *Mémoires de l'abbé Morellet de l'Académie française sur le XVIIIᵉ siècle et sur la Révolution*, Paris 1988

Hanning, Barbara R., »Conversation and Musical Style in the Late Eighteenth-Century Parisian Salon«, in: *Eighteenth-Century Studies* 22, H. 4, Sommer 1989, S. 512-528

Harris, Michael, »Journalism as a Profession or Trade in the Eighteenth-Century«, in: Robin Myers und Michael Harris (Hg.), *Author/Publisher Relations during the Eighteenth and Nineteenth Centuries*, Oxford 1983, S. 37-62

Hesse, Carla, »Enlightenment Epistemology and the Laws of Authorship in Revolutionary France, 1777-1793«, in: *Representations*, Nr. 30, 1990, S. 109-137

Kant, Immanuel, *Kritik der reinen Vernunft I*, Werkausgabe Bd. 3, hg. von Wilhelm Weischedel, Frankfurt a. M. 1982

Kernan, Alvin, *Printing, Technology, Letters, and Samuel Johnson*, Princeton 1987

Kopitzsch, Franklin, »Esquisse d'une histoire sociale de l'*Aufklärung* en Allemagne«, in: Helmut Berding, Etienne François, Hans-Peter Ullmann (Hg.), *La Révolution, la France et l'Allemagne: Deux modèles opposés du changement social?*, Paris 1989, S. 348-365

Kors, A. C., *D'Holbach's Coterie, an Enlightenment in Paris*, Princeton 1977

La Vopa, Anthony, »Conceiving a Public: Ideas and Society in Eighteenth-Century Europe«, in: *Journal of Modern History* 64, März 1992

Lepape, Pierre, *Voltaire Le Conquerant. Naissance des intellectuels au siècle des Lumières*, Paris 1994 (dt.: *Voltaire. Oder die Geburt der Intellektuellen im Zeitalter der Aufklärung*, Frankfurt/New York 1996*)

Lougge, Carolyn, *Le Paradis des Femmes. Women, Salons, and Social Stratification in Seventeenth-Century France*, Princeton 1976

Marmontel, *Mémoires*, Kritische Ausgabe hg. von John Renwick, Bd. 1, Clermont-Ferrand 1972

Medlin, Dorothy, David, Jean-Claude, Leclerc, Paul (Hg.), *Lettres d'André Morellet*, Bd. 1, 1759-1758, Oxford 1991

Mercier, Louis-Sébastien, *Tableau de Paris. Nouvelle édition revue et augmentée*, Bd. VI, Amsterdam 1782/83

Möller, Horst, »Enlightened Socities in the Metropolis. The Case of Berlin«, in: Eckhart Hellmuth (Hg.), *The Transformation of Political Culture. England and Germany in the Late Eighteenth Century*, Oxford 1990, S. 219-233

Perrot, Jean-Claude, »Les dictionnaires de commerce au XVIIIᵉ siècle«, in: *Revue d'Histoire moderne et contemporaine* 1981, S. 36-67, wiederabgedruckt in: Jean-Claude Perrot, *Une histoire intellectuelle de l'économie politique, XVIIᵉ-XVIIIᵉ siècle*, Paris 1992, S. 97-125

Popkin, Jeremy, »Pamphlet Journalism at the End of the Old Regime«, in: *Eighteenth-Century Studies* Bd. 22, Heft 3, Frühjahr 1989, »A Special Issue: The French Revolution in Culture«, S. 361

Ralph, James, *The Case of Authors by Profession or Trade Stated*, London 1758

Ricuperati, Giuseppe, »Giornali et Società nell'Italia dell' ›Ancien Régime‹ (1668-1789)«, in: Carlo Capra, Valerio Castronovo, Giuseppe Ricuperati, *La Stampa italiana dal Cinquecento all'Ottocento*, Bari 1986, S. 67-370 und S. 208-215

–, »Periodici eruditi, riviste e giornali di varia umanità dalle origini a metà Ottocento«, in: *Letteratura italiana*, Bd. 1 (Il letterato e le istituzioni), Turin 1982, S. 921-943

Roche, Daniel, »Correspondance et voyage au XVIIIᵉ siècle: le réseau des sociabilités d'un académicien provincial, Séguier de Nîmes«, in: *Les Républicains des Lettres. Gens de culture et Lumières au XVIIIᵉ siècle*, Paris 1988a, S. 263-280

–, »Lumières et engagement politique: la coterie d'Holbach devoilée«, in: *Les Républicains des Lettres. Gens de culture et Lumières au XVIIIᵉ siècle*, Paris 1988b, S. 242-253

–, *Le Siècle des Lumières en province. Académies et académiciens provinciaux, 1680-1789*, Paris/La Haye 1978

Rogers, Pat, *Grub Street: Studies in a Subculture*, London 1982

–, *Hacks and Dunces*, London 1980

Rose, Mark, »The Author as Proprietor: Donaldson v. Becket and the Genealogy of Modern Authorship«, in: *Representations* 23, 1988, S. 51-85

Rousseau, Jean-Jacques, *Lettre à M. d'Alembert sur son article Genève*, Paris 1967

Sgard, Jean, »Journale und Journalisten im Zeitalter der Aufklärung«, in: Hans Ulrich Gumbrecht, Rolf Reichardt, Thomas Schleich (Hg.), *Sozialgeschichte der Aufklärung in Frankreich*, Bd. 2, München/Wien 1981

Tillet, Titon du, *Description du Parnasse François, exécuté en bronze, suivie d'une Liste Alphabétique des Poètes, et des Musiciens rassemblés sur ce Monument*, Paris 1727

Tissot, Samuel, *De la santé des gens de lettres*, Genf/Paris 1981 [1768]

Voltaire, *Der Mann mit den vierzig Talern*, Sämtliche Romane und Erzählungen Bd. 2, Frankfurt a. M. 1976

–, *Dictionnaire philosophique, comprenant les 118 articles parus sous ce titre du vivant de Voltaire avec leurs suppléments parus dans les Questions sur l'Encyclopédie*, Paris 1961

–, *Le Siècle de Louis XIV*, Bd. 1, Paris 1966

–, *Œuvres complètes, Dictionnaire philosophique*, Bd. 1, Paris 1878-1879

Ward, Albert, *Book Production, Fiction, and the German Readings Public, 1740-1800*, Oxford 1974

Wittmann, Reinhard, *Geschichte des deutschen Buchhandels*, München 1991

Woodmansee, Martha, »The Genius and the Copyright: Economic and Legal Conditions of the Emergence of the ›Author‹«, in: *Eighteenth-Century Studies*, Bd. XVII, Nr. 4, Sommer 1984, S. 425-448

–, *The Author, Art and the Market: Rereading the History of Aesthetics*, New York 1994

Der Wissenschaftler

Baker, Keith Michael, *Condorcet. From Natural Philosophy to Social Mathematics*, Chicago 1975

Carra, Jean-Louis, *Système de la raison ou le prophète philosophe*, 1782

Cassirer, Ernst, *Das Erkenntnisproblem in der Philosophie und Wissenschaft der neueren Zeit*, Bd. 2, Darmstadt 1995*

Darnton, Robert, *Mesmerism and the End of Enlightenment in France*, Cambridge (Mass.) 1968 (dt.: *Der Mesmerismus und das Ende der Aufklärung*, München/Wien 1983)

Ferrone, Vincenzo, *Scienza, natura, religione. Mondo newtoniano e cultura italiana nel primo Settecento*, Neapel 1982

–, *La nuova Atlantide e i lumi. Scienza e politica nel Piemonte di Vittorio Amedeo III*, Turin 1988

–, *I profeti dell'Illuminismo. Le metamorfosi della ragione nel tardo Settecento italiano*, Rom/Bari 1989

Gillispie, Charles Coulston (Hg.), *Dictionary of Scientific Biography*, New York 1970-1980

–, *Science and Polity in France at the End of the Old Regime*, Princeton 1980

Guerlac, Henry, *Essays and Papers in the History of Modern Science*, Baltimore 1977

Hahn, Roger, *The Anatomy of a Scientific Institution. The Paris Academy of Sciences, 1666-1803*, Berkeley 1971

Jacob, M. C., *The Newtonians and the English Revolution 1689-1720*, Ithaca 1976

Mallet du Pan, in: *Journal Historique et politique*, Genf, 1784

McClellan III, James E., *Science Reorganized. Scientific Societies in the Eighteenth Century*, New York 1985

Rausky, Franklin, *Mesmer ou la révolution thérapeutique*, Paris 1977

Roche, Daniel, *Le Siècle des Lumières en province. Académies et académiciens provinciaux 1680-1789*, Paris 1978

Ross, S., »Scientist: The Story of a Word« in: *Annals of Science XIX*, 1964, S. 65-85

Rossi, P., »Lo scienziato« in: R. Villari (Hg.), *L'uomo barocco*, Rom/Bari 1991, S. 299ff. (erscheint 1997 auf deutsch)

Rousseau, George Sébastien/Porter, R. (Hg.), *The Ferment of Knowledge. Studies in Historiography of Eighteenth-Century Science*, Cambridge 1980

Schimank, Hans, »Der Werdegang der Chemie im 18. Jahrhundert von der Ars zur Scientia«, in: H. Schimank und C. J. Scriba, *Exakte Wissenschaften im Wandel, Vier Vorträge zur Chemie, Physik und Mathematik in der Neuzeit*, Stuttgart 1980*

Venturi, Franco, *Settecento riformatore*, Bd. V, Teil I, »La caduta dell'Antico Regime (1776-1789)«, Turin 1984

Vierhaus, Rudolf (Hg.), *Wissenschaften im Zeitalter der Aufklärung*, Göttingen 1985*

Vucinich, Alexander, *Science in Russian Culture. A History to 1860*, Stanford 1963

Der Künstler

Batteux, Abbé, *Les Beaux-Arts réduits à un même principe*, 1748

Boime, Albert, *Art in the Age of Revolution, 1750-1800. A Social History of Modern Art*, Bd. 1, Chicago/London 1987

Busch, Werner, *Das sentimentalische Bild, Die Krise der Kunst im 18. Jahrhundert und die Geburt der Moderne*, München 1993*

Cassirer, Ernst, *Die Philosophie der Aufklärung*, Tübingen 1973

Honour, Hugh, *Neo-Classicism*, Harmondsworth 1968

Jaffe, Kineret S., »The Concept of Genius: Its Changing Role in Eighteenth-Century French Aesthetics«, in: *Journal of the History of Ideas*, Bd. 4, 1980, S. 578-599

Michel, R., *David contre David*, Actes du colloque organisé au musée du Louvre, Paris 1992, 2. Aufl.

Perez-Sanchez, Alfondo E./Sayre, Eleanor A., *Goya and the Spirit of Enlightenment*, Boston 1989

Pommier, Edouard, *L'Art de la Liberté. Doctrines et débats de la Révolution française*, Paris 1991

Powell, Nicolas, *Fuseli. The Nightmare*, London 1973

Rosenberg, Pierre/Julia, Isabelle, *De David à Delacroix. La peinture française de 1774 à 1830*, Paris 1974

Schnapper, Antoine/Serrulaz, Arlette, *Jacques-Louis David*, 1748-1825, Paris 1989

Starobinski, Jean, *1789. Les Emblèmes de la Raison*, Paris/Mailand 1973 (dt.: *1789. Die Embleme der Vernunft*, Paderborn/München/Wien/Zürich 1981)

Vovelle, Michel, *La Révolution française, images et récits*, Paris 1989

Der Beamte

Acta Borussica. Die Behördenorganisation und die allgemeine Staatsverwaltung Preußens im 18. Jahrhundert, Bd. III, hg. von G. Schmoller, D. Krauske und V. Loewe, Berlin 1901

Ago, Renata, *Carriere e clientele nella Roma barocca*, Rom/Bari 1990

Ajello, Raffaele, »Il modello napoletano nella storia del pubblico funzionario«, in: *L'educazione giuridica. IV: Il pubblico funzionario: modelli storici e comparativi*, Bd. I, Profili storici. La tradizione italiana, Perugia 1981, S. 329-379

Antoine, Michel, *Le Conseil du roi sous le règne de Louis XV*, Genf 1970

–, *Le Gouvernement et l'Administration sous Louis XV., Dictionnaire biographique*, Paris 1978

–, *Louis XV*, Paris 1989

Aylmer, Gerald E., *The State's Servants. The Civil Service of the English Republic, 1649-1660,* London/Boston 1973

–, »From Office-Holding to Civil Service: the Genesis of Modern Bureaucracy«, in: *Transactions of the Royal Historical Society,* V, Bd. XXX, 1980, S. 91-108

Azimi, Vida, *Un Modèle administratif de l'Ancien Régime: les commis de la Ferme générale et de la Régie générale des aides,* Paris 1987

Balani, Donatella, »Ricerche per una storia della burocrazia piemontese nel Settecento« in: *L'educazione giuridica.* IV: *Il pubblico funzionario: modelli storici e comparativi,* Bd. I, Profili storici. La tradizione italiana, Perugia 1981, S. 529-639

Baugh, David A., *British Naval Administration in the Age of Walpole,* Princeton 1965

Behrens, Catherine B. A., *Society, Government and the Enlightenment. The Experiences of Eighteenth-Century France and Prussia,* London 1985

Blanco, L., *Stato e funzionari nella Francia del Settecento: gli »ingénieurs des Ponts et Chaussées«,* Bologna 1991

Bosher, John Francis, *French Finances, 1770-1795. From Business to Bureaucracy,* Cambridge 1970

Brewer, John, *The Sinews of Power. War, Money and the English State, 1688-1783,* London 1989

Calderón, E. Correa, *Costumbristas españoles. Estudio preliminar y selección de textos,* Bd. 1, Madrid 1950

Capra, Carlo, »Il Settecento«, in: D. Sella und C. Capra, *Il Ducato di Milano, 1535-1796,* Turin 1984

–, »Il dotto e il ricco ed il patrizio vulgo ...‹ Notabili e funzionari nella Milano napoleonica«, in: *I cannoni al Sempione. Milano e la Grande Nation,* Mailand 1986, S. 37-72

Chabod, Federico, »Usi e abusi nell'amministrazione dello Stato di Milano a mezzo il Cinquecento«, in: ders., *Carlo V e il suo impero,* Turin 1985, S. 451-521

Church, Clive H., *Revolution and Red Tape. The French Ministerial Bureaucracy, 1770-1850,* Oxford 1981

Diaz, Furio, *Francesco Maria Gianni. Dalla burocrazia alla politica sotto Pietro Leopoldo di Toscana,* Mailand/Neapel 1966

Dickson, Peter G. M., *Finance and Government under Maria Theresia, 1740-1780,* 2 Bde., Oxford 1987

Domínguez Ortiz, Antonio, *Sociedad y Estado en el siglo XVIII español,* Barcelona/Caracas/Mexico 1981

Doyle, W., »Was there an Aristocratic Reaction in Pre-Revolutionary France?«, in: Douglas Johnson (Hg.), *French Society and the Revolution,* Cambridge 1976

Fayard, Janine, *Les membres du Conseil de Castille à l'époque moderne (1621-1746),* Genf 1979

Fernández Albadalejo, Pablo, »Spagna«, in: *L'amministrazione nella storia moderna*, Mailand 1985, Bd. 2, S. 2309-64

Fischer, W./Lundgreen, P., »The Recruitment and Training of Administrative and Technical Personnel«, in: Charles Tilly (Hg.), *The Formation of National States in Western Europe*, Princeton 1975, S. 456-561

Gerteis, Klaus, *Bürgerliche Absolutismuskritik im Südwesten des Alten Reiches vor der Französischen Revolution*, Trier 1983

Giesey, R.E., »State Building in Early Modern France. The Role of Royal Officialdom«, in: *Journal of Modern History* 55, 1983, Nr. 2, S. 191-207

Goubert, Pierre/Roche, Daniel, *Les Français et l'Ancien Régime*, 2 Bd.: *La société et l'état; Culture et société*, Paris 1984

Gresset, Maurice, *Gens de justice à Besançon, de la conquête de Louis XIV à la Révolution (1674-1789)*, 2 Bde., Paris 1978

Habsburg-Lothringen, Peter Leopold von, *Relazioni sul governo della Toscana*, hg. von A. Salvetrini, 3 Bde., Florenz 1969-1974

Heindl, Waltraut, *Gehorsame Rebellen. Bürokratie und Beamte in Österreich, 1780 bis 1848*, Wien/Köln/Graz 1991

Hellmuth, Eckhart, *Naturrechtsphilosophie und bürokratischer Werthorizont. Studien zur preussischen Geistes- und Sozialgeschichte des 18. Jahrhunderts*, Göttingen 1985*

Hintze, Otto, *Abhandlungen zur Staats-, Recht- und Sozialgeschichte Preußens*, hg. von Gerhard Oestreich, 3 Bde., Göttingen 1967

–, *Beamtentum und Bürokratie*, hg. v. K. Krüger, Göttingen 1981*

Holmes, George, *Augustan England. Professions, State and Society, 1680-1730*, London 1982

Ingrao, Charles W., *The Hessian Mercenary State. Ideas, Institutions and Reform under Frederick II, 1760-1785*, Cambridge 1987

–, »The Smaller German States« in: H. M. Scott (Hg.), *Enlightened Absolutism. Reform and Reformers in Later Eighteenth-Century Europe*, London 1990, S. 221-243

Johnson, Hubert C., *Frederick the Great and his Officials*, New Haven/London 1975

Kamenka, Eugene, *Bureaucracy*, Oxford 1989

Klaveren, Jakob, van, »Die historische Erscheinung der Korruption, in ihrem Zusammenhang mit der Staats- und Gesellschaftsstruktur betrachtet« in: *Vierteljahrschrift für Sozial- und Wirtschaftsgeschichte*, XLIV, 1957, S. 289-324

Kruedener, Jürgen von, *Die Rolle des Hofes im Absolutismus*, Stuttgart 1973

Lampe, Joachim, *Aristokratie, Hofadel und Staatspatriziat in Kurhannover. Die Lebenskreise der höheren Beamten an den kurhannoverschen Zentral- und Hofbehörden 1714-1760*, 2 Bde., Göttingen 1963

Landau, N., *The Justices of the Peace, 1679-1760*, Berkeley/Los Angeles/London 1984

Légendre, Pierre, *Histoire de l'administration de 1750 à nos jours*, Paris 1968

Liebel, H. P., »Enlightened Bureaucracy versus Enlightened Despotism in Baden, 1750-1792« in: *Transactions of the American Philosophical Society,* N.S., Bd. LV, Teil 5a, 1965, S. 1-132

Litchfield, R. Burr, *Emergence of a Bureaucracy. The Florentine Patricians, 1530-1790,* Princeton 1986

Lucas, C., »Nobles, Bourgeois and the Origins of the French Revolution« in: Douglas Johnson (Hg.), *French Society and the Revolution,* Cambridge 1976, S. 88-131

Lynch, John, *Bourbon Spain, 1700-1808,* Oxford 1989

Magris, Claudio, *Il mito absburgico nella letteratura austriaca,* Turin 1976 (dt.: *Der habsburgische Mythos in der österreichischen Literatur,* Salzburg 1966)

Mantelli, R., *Il pubblico impiego nell'economia del regno di Napoli: retribuzioni, reclutamento e ricambio sociale nell'epoca spagnuola (secc. XVI-XVII),* Neapel 1986

McClelland, Charles E., *State, Society and University in Germany, 1700-1914,* Cambridge 1980

Meehan Waters, B., »Social and Career Characteristics of the Administrative Elite« in: Walter M. Pintner, D. K. Rowney (Hg.), *Russian Officialdom. The Bureaucratization of Russian Society from the 17th. to the 20th. Century,* Chapel Hill 1980

Mercier, Louis Sébastien, *Tableau de Paris,* neue und verbesserte Ausgabe, Amsterdam, 1782-1783 (dt.: *Paris am Vorabend der Revolution. Entdeckung einer Weltstadt,* Karlsruhe 1967)

Möller, H., *Aufklärung in Preußen. Der Verleger, Publizist und Geschichtsschreiber Friedrich Nicolai,* Berlin 1974

Molas Ribalta, P., »La chancilleria de Valladolid en el siglo XVIII. Apunte sociológico« in: AA.VV., *Historia social de la Administración española. Estudios sobre los siglos XVII y XVIII,* Barcelona 1980, S. 87-116

Mosser, Françoise, *Les intendants de finances au VIIIᵉ siècle. Les Lefèvre d'Ormesson et le ›Département des impositions‹ (1715-1777),* Genf 1978

Mousnier, Roland, Les institutions de la France sous la monarchie absolue, 1598-1789, 2 Bde., Paris 1974-1980

Mozzarelli, C., *Per la storia del pubblico impiego nello stato moderno: il caso della Lombardia austriaca,* Mailand 1972

-, »Il modello del pubblico funzionario nella Lombardia austriaca« in: *L'educazione giuridica. IV: Il pubblico funzionario: modelli storici e comparativi,* Bd. 2: *L'età moderna,* Perugia 1981, S. 439-459

Necker, Jacques, *De l'administration des finances de France,* 2 Bde., Paris 1784 (dt.: *Von der Verwaltung des Finanzwesens in Frankreich,* 3 Bde., Lübeck 1785)

Pilbeam, P. M., *The Middle Classes in Europe, 1789-1914: France, Germany, Italy and Russia,* London 1990

Pintner, Walter M., »The Evolution of Civil Officialdom« in: ders., D. K. Rowney (Hg.), *Russian Officialdom. The Bureaucratization of Russian Society from the 17th to the 20th Century*, Chapel Hill 1980

Pugliese, S., »Condizioni economiche e finanziarie della Lombardia nella prima metà del secolo XVIII« in: *Miscellanea di Storia Italiana*, Bd. 52, Turin 1924

Raeff, Marc, *Origins of the Russian Intelligentsia. The Eighteenth-Century Nobility*, New York 1966

Rao, A. M., *Il Regno di Napoli nel Settecento*, Neapel 1983

Richter, Joseph, *Herr Kaspar. Ein Roman wider die Hypochondrie*, Wien 1787

Ricuperati, G., »Gli strumenti dell' assolutismo sabaudo: segreterie di stato e Consiglio delle finanze nel XVIII secolo« in: *Rivista storica italiana*, a. CII, 1990, S. 796-863

Roberts, M., *The Age of Liberty. Sweden 1719-1722*, Cambridge 1986

Rosenberg, Hans, *Bureaucracy, Aristocracy and Autocracy. The Prussian Experience, 1660-1815*, Cambridge (Mass.) 1958

Roseveare, Henry, *The Treasury. The Evolution of a British Institution*, London 1969

Schieder, Theodor, *Friedrich der Große: Ein Königtum der Widersprüche*, Frankfurt a. M./Wien 1983

Sestan, E., »Il riformismo settecentesco in Italia, orientamenti politici generali« in: *Rassegna storica toscana*, a. I, Heft II-III, 1955, S. 19-37

Sonnenfels, Joseph von, *Grundsätze der Polizey, Handlung und Finanzwissenschaft*, 3 Bde., Wien 1819

Stone, L., »The Size and Composition of the Oxford Student Body, 1580-1909« in: ders. (Hg.), *The University and Society*, 2 Bde., London 1975, Bd. 1, S. 3-110

Thuillier, Guy, *La vie quotidienne dans les Ministères au XIXe siècle*, Paris 1976

Tomás y Valiente, F., *Gobierno e instituciones en la España del Antiguo Régimen*, Madrid 1982

–, *La bureaucratie en France aux XIXe et XXe siècles*, Paris 1987

Torrance, J., »Social Class and Bureaucratic Innovation: the Commissioners for Examining the Public Accounts, 1780-1787« in: *Past and Present*, Nr. 78, 1978, S. 56-81

Tortarolo, Eduardo, *La ragione sulla Sprea. Coscienza storica e cultura politica nell'illuminismo berlinese*, Bologna 1989

Vann, James A(llen), *The Making of a State. Württemberg 1593-1793*, Ithaca/London 1984 (dt.: *Württemberg auf dem Weg zum modernen Staat*, Stuttgart 1986)

Verri, Pietro, *Scritti vari*, hg. von G. Carcano, 2 Bde., Florenz 1854

–, *Del piacere e del dolore ed altri scritti di filosofia ed economia*, hg. von R. De Felice, Mailand 1964

Walter, Friedrich (Hg.), *Die österreichische Zentralverwaltung*, II. Abt., *Von der Vereinigung der österreichischen und böhmischen Hofkanzlei bis zur Einrich-*

tung der Ministerialverfassung (1749-1848), Bd. 4: Die Zeit Josephs II. und Leopolds II., 1780-1792. Aktenstücke, Wien 1950

Wangermann, E., *From Joseph II to the Jacobin Trials. Government Policy and Public Opinion in the Habsburg Dominions in the Period of the French Revolution,* Oxford 1969

–, *Aufklärung und staatsbürgerliche Erziehung. Gottfried van Swieten als Reformator des österreichischen Unterrichtswesens, 1781-1791,* Wien 1978

Waquet, Jean-Claude, *Les Grands-Maîtres des eaux et forêts de France de 1689 à la Révolution,* Genf 1978

–, *De la corruption. Morale et pouvoir à Florence aux XVIIe et XVIIIe siècles,* Paris 1984

Weber, Max, *Grundriß der Sozialökonomik,* 3. Abt.: *Wirtschaft und Gesellschaft,* 2 Bde., Tübingen 1947

Weckbecker, E. von, »Der Lebenslauf des Rates in der Hof- und Staatskanzlei Johann Georg Obermayer (1733-1801)« in: W. Weckbecker (Hg.), *Von Maria Theresia zu Franz Joseph. Zwei Lebensbilder aus dem alten Österreich,* Berlin 1929

Wright, Vincent, »Francia« in: *L'amministrazione nella storia moderna,* Mailand 1985, Bd. 2, S. 216-242

Wunder, Bernd, *Privilegierung und Disziplinierung. Die Entstehung des Berufsbeamtentums in Bayern und Württemberg (1780-1825),* München/Wien 1978

–, *Geschichte der Bürokratie in Deutschland,* Frankfurt a. M. 1986

Der Priester

Allegra, L., *Ricerche sulla cultura del clero in Piemonte. Le biblioteche parrochiali nell'Arcidiocesi di Torino sec. XVII-XVIII,* Turin 1978

»Antwort eines Pfarrers aus Auriebat«, Stadtbibliothek Tarbes, Ms. Nr. 60, S. 609-619

»Avis et résolutions de l'Assemblée générale tenue en l'année 1668 touchant les séminaires«, in: *Recueil des principales circulaires des supérieurs généraux de la Congrégation de la Mission,* Bd. 1, Paris 1877, S. 90

Barreiro Malon, B., »El clero de la diócesis de Santiago: estructura y comportamientos (siglos XVI-XIX)«, in: *Compostellanum,* Bd. 23, 1988, S. 469-508

Benabou, E. M., »Amours ›vendues‹ à Paris à la fin de l'Ancien Régime: ›clercs libertins‹, police et prostituées«, in: *Aimer en France 1760-1860. Actes du Colloque international de Clermont-Ferrand,* Zusammenstellung und Einführung von P. Viallaneix und J. Ehrard, Bd. 2, Clermont-Ferrand 1980, S. 493-502

Bercé, Y. M., *Le chaudron et la lancette. Croyances populaires et médecine préventive, 1789-1830,* Paris 1984

Berthelot du Chesnay, Ch., *Les Prêtres séculiers en haute Bretagne au XVIIIe siècle,* Rennes 1984

Bischöfliche Untersuchung in Tarbes im Jahre 1783, Stadtbibliothek Tarbes, Ms. 59-64

Coste, P. (Hg.), *Correspondance de S. Vincent de Paul*, Bd. 2, Paris 1920

Dagens, J. (Hg.), *Correspondance du Cardinal Pierre de Bérulle*, Bd. 1, Paris/Löwen 1937

Darmon, P., *La longue traque de la variole. Les pionniers de la médecine préventive*, Paris 1986

De Certeau, M., *L'Écriture de l'histoire*, Paris 1975 (dt.: *Das Schreiben der Geschichte*, Frankfurt/New York 1991)

De Maillane, Durand, *Dictionnaire de droit canonique et de pratique bénéficiale*, Lyon 1776

De Montillet, Jean-François, »Hirtenbrief«, in: *Recueil des status synodaux du dioèse d'Auch. Instruction pastorale de Monseigneur l'archevêque d'Auch sur l'état sacerdotal*, Toulouse 1770

De Rosa, G., »Pertinenze ecclesiastiche e santità nella storia sociale e religiosa della Basilicata del XVIII al XIX secolo«, in: *Ricerche di storia sociale e religiosa*, Bd. 7-8, 1975, S. 7-68

De Vitiis, V., »Chiese ricettizie e organizzazione ecclesiastica nel Regno delle Due Sicilie dal Concordato de 1818 all'Unità«, in: Galasso, G./Russo, C. 1982, S. 349-473

Deprun, J./Desné, R./Soboul, A. (Hg.), *Œuvres complètes de Jean Meslier*, Bd. 1, Paris 1970

Deregnaucourt, G., *De Fénelon à la Révolution. Le clergé paroissial dans l'archevêché de Cambrai*, Lille 1991

Donati, C., »Dalla ›regolata devozione‹ al ›giuseppinismo‹ nell'Italia del Settecento«, in: M. Rosa (Hg.), *Cattolicesimo e Lumi nel Settecento italiano*, Rom 1981, S. 77-98

–, *Ecclesiastici e laici nel Trentino del Settecento (1748-1763)*, Rom 1975

»Erlaß des Tridentinischen Konzils vom 17. September 1562«, in: *Concilium Tridentinum*, Bd. 8, 1919, S. 965

Fantappiè, C., »Istituzioni ecclesiastiche e istruzione secondaria nell'Italia moderna: i seminari-collegi vescovili«, in: *Annali dell'Istituto Storico italo-germanico in Trento*, Bd. 15, 1989, S. 189-240

Galasso, G./Russo, C. (Hg.), *Per la storia sociale e religiosa del Mezzogiorno d'Italia*, Bd. 2, Neapel 1982

Garzya, G., »Reclutamento e nobiltà sociale nella seconda metà del Seicento«, in: Galasso, G./Russo, C. 1982, S. 241-306

–, »Reclutamento e sacerdotalizzazione del clero secolare della diocesi di Napoli. Dinamica di una politica pastorale nella metà del Seicento«, in: Galasso, G./Russo, C. 1982, S. 81-157

Gericke, W., *Theologie und Kirche im Zeitalter der Aufklärung*, Leipzig 1990*

Goichot, E., »»Sacerdos alter Christus‹. Modèle spirituel et conditionnement social dans les ›Examens particuliers‹«, in: *Revue d'Histoire de la Spiritualité*, Bd. 51, 1975, S. 73-98

Gouesse, J. M., »Assemblées et associations cléricales. Synodes et conférences ecclésiastiques dans le diocèse de Coutances aux XVIIᵉ et XVIIIᵉ siècles«, in: *Annales de Normandie*, 24. Jg., 1974, Nr. 2, S. 37-71

Guasco, M., »La formazione del clero: i seminari«, in: *Storia d'Italia, Annali, 9, La Chiesa e il potere politico dal Medioevo all'età contemporanea*, Turin 1986

Havelange, C., *Les figures de la guérison (XVIIIᵉ-XIXᵉ siècles). Une histoire sociale et culturelle des professions médicales au pays de Liège*, Lüttich 1990

Hermann, C., *L'Eglise d'Espagne sous le patronage royal (1476-1834). Essai d'ecclésiologie politique*, Madrid 1988

Jedin, Hubert (Hg.), *Handbuch der Kirchengeschichte* Bd. 4: *Die Kirche im Zeitalter des Absolutismus und der Aufklärung*, Freiburg 1970*

Julia, D., »La réforme post-tridentine en France d'après les procès-verbaux de visites paroissiales: ordre et résistances«, in: *La Società religiosa nell'età moderna. Atti del Convegno studi di Storia sociale e religiosa, Capaccio-Paestum, 18-21 maggio 1972*, Neapel o. J., S. 311-415

–, »Le clergé paroissial du diocèse de Reims. I. De la sociologie des mentalités; II. Le vocabulaire des curés: essai d'analyse«, in: *Etudes ardennaises*, Nr. 47, April-Juni 1967, S. 19-35 und Nr. 55, Okt.-Dez. 1968, S. 41-66

–, »Système bénéficial et carrières ecclésiastiques dans la France d'Ancien Régime«, in: *Historiens et sociologues d'aujourd'hui. Journées d'études annuelles de la Société Française de Sociologie, Universität Lille I, 14.-15. Juni 1984*, Paris 1986, S. 79-107

Julia, D./McKee, D., »Les Confrères de Jean Meslier. Culture et spiritualité du clergé champenois au XVIIᵉ siècle«, in: *Revue d'Histoire de l'Eglise de France*, Bd. 69, 1983, S. 61-86

Krause, Reinhard, *Die Predigt der späten Aufklärung*, Stuttgart 1965*

Letourneau, G., *Histoire du séminaire d'Angers depuis sa fondation en 1659 jusqu'à son union avec Saint-Sulpice en 1695*, Angers/Paris/Lyon 1893, Bd. 2, S. 487-503

Loth, J./Verger, Ch. (Hg.), *Mémoires de l'abbé Baston, chanoine de Rouen*, Bd. 1, Paris 1897

Martín Hernández, F., *Los seminarios españoles. Historia y pedagogía*, Bd. 1 *1563-1700*, Salamanca 1964

Martín Hernández, F./Martín Hernández, J., *Los seminarios españoles en la época de la Ilustración. Ensayo de una pedagogía eclesiastica en el siglo XVIII*, Madrid (Consejo Superior de Investigaciones Cientificas) 1973

Minois, G., *La Bretagne des prêtres en Trégor d'Ancien Régime*, o. O. 1987

Ory, J. M., »La carrière ecclésiastique dans le diocèse de Toul, 1750-1790«, in: *Annales de l'Est*, 5. Reihe, 36. Jg., 1984, S. 18-49

Pater du Molinet, *Histoire des chanoines réguliers de la Congrégation de France de l'an 1630 jusqu'en l'an 1640,* Bibliothek Sainte-Geneviève, Paris, Ms. Nr. 612, Fol. 273

[Picot de Clorivière, P.], *Le modèle des pasteurs ou précis de la vie de M. de Sernin, curé d'un village dans le diocèse de T***,* Paris 1779

Placanica, A., »Chiesa e società nel Settecento meridionale: vecchio e nuovo clero nel quadro della legislazione riformatrice«, in: *Richerche di storia sociale e religiosa,* Bd. 7-8, 1975, S. 121-189

Poyer, A., *Devenir curé dans le diocèse du Mans au XVIIIe siècle,* Maschinenschriftl. Diss. Universität Rennes II, 1986

Quéniart, J., *Les hommes, l'Eglise et Dieu dans la France du XVIIIe siècle,* Paris 1978

Renan, E., *Souvenirs d'enfance et de jeunesse,* Paris 1959

Rosa, M., *Religione et società nel Mezzogiorno tra Cinque e Seicento,* Bari 1976

Roudaut, F./Collet, D./Le Floc'h, J. L., *1774: Les recteurs léonards parlent de la mission,* Quimper 1988

Sage, P., *Le »Bon Prêtre« dans la littérature française d'Amadis de Gaule au Génie du Christianisme,* Genf/Lille 1951

Schmitt, Th. J., *L'Organisation ecclésiastique et la pratique religieuse de l'archidiacrie d'Autun de 1650 à 1750,* 1957

Stella, P., »Strategie familiari e celibato sacro in Italia tra '600 e '700«, in: *Salesianum,* Bd. 41, 1979, S. 73-109

Tanner S. J., N. P. (Hg.), *Decrees of the Ecumenical Councils,* lat. u. engl., Bd. 2, London/Washington 1990

Toscani, X., Ecclesiastici e società civile nel '700: un problema di storia sociale e religiosa, in: *Società e storia,* Bd. 5, 1982, S. 683-716

–, *Il clero lombardo dall'Ancien Régime alla Restaurazione,* Bologna 1979

–, »Il reclutamento del clero (secoli XVI-XIX)«, in: *Storia d'Italia, Annali, 9, La Chiesa e il potere politico dal Medioevo all'età contemporanea,* Turin 1986, S. 573-628

–, »La letteratura del buon prete di Lombardia nella prima metà del Settecento«, in: *Archivo Storico Lombardo,* Bd. 102, 1976, S. 158-195

Tronson, L., *Correspondance,* Bd. 1, Paris 1904

Vernus, M., *Le presbytère et la chaumière. Curés et villageois dans l'ancienne France XVIIe-XVIIIe siècles,* Rioz 1987

Welter, L., »Les communautés de prêtres dans le diocèse de Clermont au XVIIe et XVIIIe siècles«, in: *Revue d'Histoire de l'Eglise de France,* Bd. 35, 1949, S. 5-35

Die Frau der Aufklärung

Archives nationales, F1c III Seine 17

Astell, Mary, *A Serious Proposal to the Ladies,* 1694

Becker-Cantarino, Barbara, *Der lange Weg zur Mündigkeit. Frau und Literatur (1500-1800),* Stuttgart 1987*

Chartier, Roger, »Les pratiques de l'écrit«, in: Philippe Ariès und Roger Chartier, *Histoire de la vie privée,* Paris 1986, Bd. 3, S. 114-120 (dt.: »Die Praktiken des Schreibens«, in: *Geschichte des privaten Lebens,* Bd. 3, Frankfurt a. M. 1991, S. 147ff.)

Chastenay, Madame de, *Mémoires 1771-1881,* Paris 1986

Crampe-Casnabet, Michèle, »Saisie dans les œuvres philosophiques (XVIIIᵉ siècle)«, in: Duby/Perrot 1991, S. 327-357 (dt.: »Aus der Philosophie des 18. Jahrhunderts«, in: Duby/Perrot 1994, S. 333-366)

De Condorcet, Marie J., »Sur l'admission des femmes au droit de cité«, in: *Journal de la Société de 1789,* Juli 1790

Diderot, Denis, »Über die Frauen«, in: *Die Nonne. Über die Frauen. Erzählungen und Essays,* Karlsruhe 1967

Duby, Georges/Perrot, Michelle (Hg.), *Histoire des femmes,* Bd. 3, Paris 1991 (dt.: *Geschichte der Frauen,* Bd. 3, Frankfurt/New York 1994)

Dulong, Claude, »De la conversation à la création«, in: Duby/Perrot 1991, S. 403-425 (dt.: »Salonkultur und Literatur von Frauen«, in: Duby/Perrot 1994, S. 415-440)

Farge, Arlette, »Évidentes émeutières«, in: Duby/Perrot 1991, S. 481-495 (dt.: »Frauen im Aufstand«, in: Duby/Perrot 1994, S. 507-524)

–, »Il secolo al femminile: ruolo e rappresentazione della donna«, in: Banca Nazionale del lavoro (Hg.), *Europa moderna. La disgregazione dell Ancien Régime,* S. 177-189

–, in: *La Vie fragile. Violence, pouvoirs et solidarités à Paris au XVIIIᵉ siècle,* Paris 1986, S. 101-118

–, *Le Miroir des femmes,* Paris 1982

Fichte, Johann, Gottlieb, *Grundlage des Naturrechts nach Prinzipien der Wissenschaftslehre,* Hamburg 1979

Flandrin, Jean-Louis, in: *Familles. Parenté, maison, sexualité dans l'ancienne société,* Paris 1984

Godineau, Dominique, *Citoyennes tricoteuses. Les femmes du peuple à Paris pendant la Révolution française,* Aix-en-Provence 1988

Hauser, Margit, *Gesellschaftsbild und Frauenrolle in der Aufklärung. Zur Herausbildung des egalitären und komplementären Geschlechtsrollenkonzeptes bei F. Poullain de la Barre und J.-J. Rousseau,* Wien 1992*

Hoffmann, Paul, *La Femme dans la pensée des Lumières,* Paris 1977

Hoock-Demarle, Marie-Claire, *La Femme au temps de Goethe,* Paris 1987

–, *La Rage d'écrire. Femmes-écrivains en Allemagne de 1790 à 1815,* Aix-en-Provence 1990

Jodin, Melle, *Vues législatives pour les femmes,* o. O. 1790

Kant, Immanuel, *Anthropologie in pragmatischer Hinsicht,* Werkausgabe Bd. 12, hg. von Wilhelm Weischedel, Frankfurt a. M. 1991

–, *Metaphysik der Sitten,* Werkausgabe Bd. 8, hg. von Wilhelm Weischedel, Frankfurt a. M. 1993

Knibiehler, Yvonne, »Les médecins et la nature féminine au temps du Code Civil«, in: *Annales E. S. C.* Juli-August 1976

Kubes-Hofmann, Ursula, *Das unbewußte Erbe. Weibliche Geschichtslosigkeit zwischen Aufklärung und Frühromantik,* Wien 1993*

Mercier, Louis Sébastien, *Tableau de Paris,* 1783-86

Nenon, Monika, *Autorschaft und Frauenbildung. Das Beispiel Sophie von LaRoche,* Würzburg 1988*

Rattner, Gelbart, Nina, »Les femmes journalistes et la presse«, in: Duby/Perrot 1991, S. 427-443 (dt.: »Frauen als Journalistinnen«, in: Duby/Perrot 1994, S. 441-459)

Rousseau, Jean-Jacques, *Emile oder Von der Erziehung,* München 1979

Sonnet, Martine, »Éducation des filles«, in: Duby/Perrot 1991, S. 111-139 (dt.: »Mädchenerziehung«, in: Duby/Perrot 1994, S. 119-150)

–, *L'Éducation des filles au temps des Lumières,* Paris 1987

Autorinnen und Autoren

Daniel Arasse ist Directeur d'études an der École des Hautes Études en Sciences Sociales. Wichtigste Veröffentlichungen: *La guillotine et l'immaginaire de la terreur* (1987) und *Le détail. Pur une histoire rapprochée de la peinture* (1992). Auf deutsch ist erschienen: *Vermeers Ambition. Ein Essay über die Voraussetzungen von Malerei* (1996).

Louis Bergeron ist Directeur d'études an der École des Hautes Études en Sciences Sociales. Auf deutsch ist erschienen: *Das Zeitalter der europäischen Revolution* (zus. mit F. Furet und R. Koselleck; 23. Aufl. 1994).

Carlo Capra ist Professor für Neuere Geschichte an der Universität in Mailand. Wichtigste Veröffentlichungen: *Giovanni Ristori da illuminista a funzionario, 1755-1830* (1968) und *La Lombardia austriaca nell'età delle riforme* (1987).

Roger Chartier ist Directeur d'études an der École des Hautes Études en Sciences Sociales. Auf deutsch sind erschienen: *Die Geschichte des privaten Lebens*, Bd. 3 (hg. zus. mit Ph. Ariès; 1991); *Lesewelten. Buch und Lektüre in der frühen Neuzeit* (1991); *Die kulturellen Ursprünge der Französischen Revolution* (1995).

Vincenzo Ferrone ist Professor für Neuere Geschichte an der Universität in Venedig. Wichtigste Veröffentlichungen: *La nuova Atlantide e i lumi. Scienza e politica nel Piemonte di Vittorio Amedeo III* (1988) und *I profeti dell'Illuminismo* (1989).

Dominique Godineau ist Maître de conférences an der Universität Rennes II. Sein Forschungsschwerpunkt ist die Geschichte der Französischen Revolution.

Dominique Julia ist Directeur de recherche am Centre National de Recherches Historique. Veröffentlichungen v. a. zur Religions- und Bildungsgeschichte vom 16. bis zum 19. Jahrhundert.

Pierre Serna ist Dozent an der Universität in Catania. Er arbeitet seit Jahren mit Michel Vovelle zum Thema Adel im 18. Jahrhundert.

Michel Vovelle ist Emeritus der Universität Paris I und Leiter des Institut d'Histoire de la Révolution. Von seinen zahlreichen Veröffentlichungen sind auf deutsch erschienen: *Die Französische Revolution. Soziale Bewegungen und Umbruch der Mentalitäten* (1982) und *Die Jahrhundertwende und der Tod* (1986).